Operatoren im Fach Geographie

Operatoren sind handlungsinitiierende Verben, die signalisieren, welche Tätigkeiten beim Bearbeiten von Prüfungsaufgaben erwartet werden. In der Regel sind sie den einzelnen Anforderungsbereichen zugeordnet.

Anforderungsbereich I	Anforderungsbereich II	Anforderungsbereich III
• beschreiben	• ein-/zuordnen	• beurteilen
• be-/nennen	• erarbeiten	• bewerten
• aufzeigen	• kennzeichnen	• Stellung nehmen
• ermitteln	• erläutern	• entwickeln
• wiedergeben	• erklären	• überprüfen
• bestimmen	• analysieren	• diskutieren
• darstellen	• anwenden	• erörtern
	• übertragen	• reflektieren
	• vergleichen	• präsentieren
	• erstellen	

Anforderungsbereiche im Fach Geographie

Die Abiturprüfung soll das Leistungsvermögen der Prüflinge möglichst differenziert erfassen. Dazu dienen drei Anforderungsbereiche, die sich nach Art, Komplexität und Grad der Selbstständigkeit der von den Prüflingen geforderten Leistungen unterscheiden.
Darüber hinaus haben die Anforderungsbereiche wichtige Funktionen für die Aufgabenstellung, die Beschreibung, Erfassung und Beurteilung der erwarteten Prüfungsleistungen.

- Der **Anforderungsbereich I** umfasst die Wiedergabe von Sachverhalten aus einem begrenzten Gebiet im gelernten Zusammenhang sowie die Beschreibung und Verwendung gelernter und geübter Arbeitsweisen in einem begrenzten Gebiet und einem wiederholenden Zusammenhang.
- Der **Anforderungsbereich II** umfasst selbstständiges Ordnen, Bearbeiten und Erklären bekannter Sachverhalte sowie selbstständiges Anwenden und Übertragen des Gelernten auf vergleichbare Sachverhalte.
- Der **Anforderungsbereich III** umfasst planmäßiges Verarbeiten komplexer Gegebenheiten mit dem Ziel, zu selbstständigen Begründungen, Folgerungen, Lösungsansätzen, Deutungen und Wertungen zu gelangen; außerdem selbstständiges Auswählen und Anwenden geeigneter Arbeitsmethoden und Darstellungsformen in neuen Situationen und Beurteilung ihrer Effizienz.

➜ **Fortsetzung s. hinterer Einband.**

Grundkurs Geografie/Politik

Band 2

Geozonen
Wirtschaftsräume
Globalisierung

Herausgegeben von: Stephan Kurz-Gieseler

Autoren:
Jürgen Detemple
Inga Gryl
Karl Walter Hoffmann
Stephan Kurz-Gieseler
Stefan Müller-Dittloff
Wolfgang Schwehm

Schöningh
westermann

westermann GRUPPE

© 2013 Bildungshaus Schulbuchverlage
Westermann Schroedel Diesterweg Schöningh Winklers GmbH
Braunschweig, Paderborn

www.schoeningh-schulbuch.de
Schöningh Verlag, Jühenplatz 1–3, 33098 Paderborn

Druck A^3 / Jahr 2018
Alle Drucke der Serie A sind im Unterricht parallel verwendbar.

Umschlaggestaltung: Schöningh Verlag, Paderborn
Umschlagbild vorne: picture alliance/dpa (AFP/Joel Nito)
Umschlagbild hinten: picture alliance/Design Pics
Druck und Bindung: westermann druck GmbH, Braunschweig

ISBN 978-3-14-**035998**-6

Inhaltsverzeichnis

Vorwort

Dieses als Lern- und Arbeitsbuch konzipierte Unterrichtswerk orientiert sich an den Vorgaben des Lehrplans für das Grundfach Erdkunde/Sozialkunde in der gymnasialen Oberstufe. Im vorliegenden zweiten Teilband werden in sechs Kapiteln alle in der Oberstufe vorgesehenen Teilthemen in Erdkunde und Sozialkunde entfaltet.

Das Werk bietet Erdkunde- und Sozialkundelehrerinnen und -lehrern Hilfe und Anleitung für einen schüleraktivierenden, handlungs- und problemorientierten Unterricht. Schülerinnen und Schüler profitieren von produktions- und kompetenzorientierten Arbeitsaufträgen und Methodenschulungen, die auch selbstgesteuertes Lernen fördern. Angesichts der verfügbaren Stundenzahl im Grundfach werden nicht alle angebotenen Themen und Materialien umfassend bearbeitet werden können. Für eine Schwerpunktsetzung, die sich an der Aktualität der Themen und den Interessen der Schülerinnen und Schüler orientiert, bietet das Buch ausreichend Spielraum.

Hinweise zum Umgang mit dem Buch:

- Die **Auftaktdoppelseiten** am Anfang jeden Kapitels bieten einen Bildeinstieg, der zur ersten assoziativen Begegnung mit dem Thema einlädt. Ein knapper didaktischer Leitfaden eröffnet einen inhaltlichen Überblick, liefert Gliederungshinweise und weist zentrale Fragestellungen im Kapitel aus.

- Die Teilkapitel werden mit problemorientierten Überschriften eingeleitet. Neben kurzen Anmoderationen enthalten sie **informierende Verfassertexte** sowie **aktuelle und „zeitlose" Materialien** aus dem Bereich der geographischen und politischen Bildung: Karten, Bilder, Karikaturen, Tabellen und Statistiken, Grafiken und Schaubilder, wissenschaftliche und journalistische Texte. Die Auswahl und Platzierung der Materialien ist so angelegt, dass ein **fachliches Fundament** erworben werden kann, aber auch **aktuelle Kontroversen** und **unterschiedliche Perspektiven** im Unterricht Eingang finden.

- Die **materialnahen Aufgaben** unterstützen die kategoriale Erschließung der Texte, Bilder und Grafiken und geben Anregungen für einen produktions- und kompetenzorientierten Unterricht. **Projektvorschläge** verweisen auf über den Unterricht hinausgehende Vertiefungen. Sorgfältig ausgewählte **Internetadressen**, vor allem bei den Aufgaben, dienen der weiteren vertiefenden Recherche.

- Die **Methodenschulungen** stehen auf optisch hervorgehobenen Seiten; sie sind sowohl im Inhaltverzeichnis als auch im Einband ausgewiesen. Bei der Auswahl wurde darauf geachtet, dass wesentliche Methoden der geographischen und politischen Bildung im Buch berücksichtigt sind. Die Methoden werden immer an konkreten Inhalten und Materialien eingeübt und so erklärt, dass sie von den Schülerinnen und Schülern auch auf andere Inhalte angewendet werden können und damit selbstgesteuertes Lernen ermöglichen.

- Zu jedem Teilkapitel gibt es am Ende Anregungen zum **Anwenden und Vertiefen**, um erworbenes Fachwissen, gewonnene Erkenntnisse und Kompetenzen in wiederholenden und neuen Arbeitszusammenhängen anzuwenden. Das **Klausurtraining** ermöglicht anhand von Schlüsselmaterialien das Einüben verschiedener Aufgabentypen für schriftliche Leistungsmessungen.

- Zahlreiche **Querverweise** ermöglichen eine Recherche im Buch und vernetzen die Fragestellungen und Themen miteinander. Das **Glossar** kann zum buchinternen Nachschlagen genutzt werden. Der gesellschaftswissenschaftliche Unterricht in der Oberstufe kann aber auf eine Ergänzung durch Internetrecherchen nicht verzichten. Das **Register** hilft beim schnellen Aufspüren von Personen und Begriffen im Buch.

I. Raum, Umwelt, Gesellschaft, Politik – Wie betrachten Geographen die Welt?

Fukushima 2011:
Naturereignis oder durch menschliche Entschei-dungen und Handlungen bedingte Katastrophe?
Was sind (geowissen-schaftliche) Ursachen und Folgen?
Welche (politischen) Konsequenzen sollen gezogen werden?

Der vorliegende zweite Band des „Grundkurses Geographie/Politik" vermittelt Ihnen Inhalte und Methoden, die traditionell dem Schulfach Erdkunde bzw. Geographie zugeordnet werden. *Geographische Orientierung* wird dabei aber stets in ihrer Bedeutung in Bezug auf die Bedingungen und Möglichkeiten politischen Handelns in globalem Maßstab betrachtet. Erdkundliche und sozialkundliche Perspektiven sind aufeinander bezogen und ergänzen sich dabei wechselseitig.

Der Schulgeographie wohnt ein Perspektivenwechsel inne, weil ein *geographischer* Blick auf die *Eine Welt* sowohl die ökologische, ökonomische, soziale als auch die politische Dimension integriert. Geographische Bildung leistet damit einen wichtigen Beitrag zur politischen Bildung, indem sie eine ganzheitliche Betrachtung und Bewertung von politischem Handeln in verschiedenen Lebens-Räumen ermöglicht. Geographieunterricht liefert so Orientierungswissen für das Verständnis globaler Zusammenhänge und wichtige Grundlagen für weitsichtiges politisches Handeln. Da viele politische Entscheidungen einen konkreten Raumbezug haben, ist geographisches Wissen politisch und politische Praxis geographisch. Und weil die drängenden Fragen unserer Zeit sich mit den Auswirkungen der menschlichen Aktivitäten auf die Erde und mit den Rückwirkungen dieser Veränderungen auf die Gesellschaft befassen, kann sich Geographieunterricht in gesellschaftlichen Fragen gar nicht zurückhaltend zeigen. Mehr noch: Die der Geographie innewohnende Multiperspektivität verbietet an sich eine unpolitische Haltung. Weil das Schulfach Geographie sich dem Lebensraum des Menschen und insbesondere den Problemstellungen der Mensch-Umwelt-Beziehung widmet, zielt Geographieunterricht neben Erarbeitung eines soliden Fachwissens auf transparente und bewusste Urteilsfindung und Bewertung und fordert zu begründetem Handeln auf.

Für die Gestaltung einer menschenwürdigen Zukunft braucht Wissen ein menschliches Maß. Wissen braucht Orientierung, weil rein raumbezogenes Fachwissen alleine nicht ausreicht für kompetentes, zum Beispiel umweltverantwortliches Handeln. Geographisches Fach-Wissen benötigt eine Richtung, eine Orientierung, eine Instanz, die bestimmt, wie man urteilen soll. Geographisches Fachwissen braucht ein *Mit-Wissen* (lat. „conscientia"), ein *GE-WISSEN*. Aufgrund der besonderen Verpflichtung zu einer Bildung für nachhaltige Entwicklung wird dem Geographieunterricht eine Werteorientierung – ein Mit-Wissen – gleich mitgeliefert. Kurz: *Das Gewissen der Geographie ist die Nachhaltigkeit! Geographie ist Kernfach der Bildung für nachhaltige Entwicklung!*

Bildung für nachhaltige Entwicklung ist kein neuer Fachbereich, sondern ein Leitbild für viele Fächer, ein Wertmaßstab für viele Lernwege. Die Antwort auf die Frage „Welcher Wert soll realisiert werden?" hat einen ganz konkreten Raumbezug und erfordert einen geographischen Blick auf die Nachhaltigkeit. Vor diesem Hintergrund stellt ein zeitgemäßer Geographieunterricht auch existenzielle Fragen: „Welche Natur/Umwelt wollen wir?", „Welches Menschenbild vermitteln wir?" und „Wie stellen wir die Mensch-Umwelt-Beziehungen dar?" Weil es um umweltgerechtes und menschengerechtes Handeln geht, zeichnet sich Geographieunterricht immer durch eine Qualifizierungs- und Orientierungsfunktion aus.

In diesem Kapitel lernen Sie Denkwerkzeuge und Analyseinstrumente kennen, mit denen sich geographische Sachverhalte und Themen bearbeiten lassen. Im Zentrum steht ein kategoriales Grundmodell für den Geographieunterricht (→ Methodenschulung, S. 10, M 1). An zwei Fallbeispielen, dem auf den ersten Blick „nahen" Grödnertal und der „fernen" Katastrophe von Fukushima, können Sie diese Arbeitswerkzeuge anwenden und erproben.

Diese Leitfragen spielen im Kapitel „Raum, Umwelt, Gesellschaft, Politik – Wie betrachten Geographen die Welt?" eine Rolle:

- Wie wirkt menschliches Handeln im Raum?
- Wie beeinflusst die natürliche Umgebung das menschliche Handeln?
- Wie lassen sich Mensch-Umwelt-Beziehungen darstellen?
- Welche Dimensionen und Aspekte müssen bei der Analyse geographischer Sachverhalte berücksichtigt werden?
- Wie wollen wir unsere Umwelt gestalten (Leitbild: Nachhaltigkeit)?

Methodenschulung

Einführung

Mit dem *Geographischen Grundmodell* naturräumliche und soziale Bedingungen analysieren und reflektieren

Das **Schulfach Erdkunde** verweist mit seinen Themen und Fragestellungen auf einen direkten Lebensweltbezug und ist per se gesellschaftlich relevant (beispielsweise ERDKUNDE: **E** wie Energie und Entwicklung, **R** wie Raumplanung und Ressourcengerechtigkeit, **D** wie Disparitäten und Demokratie, **K** wie Klimawandel und Kulturlandschaft, **U** wie Urbanisierung und Umweltschutz, **N** wie Nachhaltigkeit und Niedriglohnland, **D** wie Demographie und Dienstleistungssektor und **E** wie Ernährung und Entsorgung). Ein *geographischer* Blick auf die *Eine Welt* integriert sowohl die ökologische, ökonomische, soziale als auch die politische Dimension bei lokaler und globaler Vernetzung. Dies verdeutlicht das folgende Grundmodell zur Analyse der naturräumlichen und sozialen Bedingungen der Conditio Humana.

M1 **Grundmodell zur Analyse der naturräumlichen und sozialen Bedingungen der Conditio Humana**

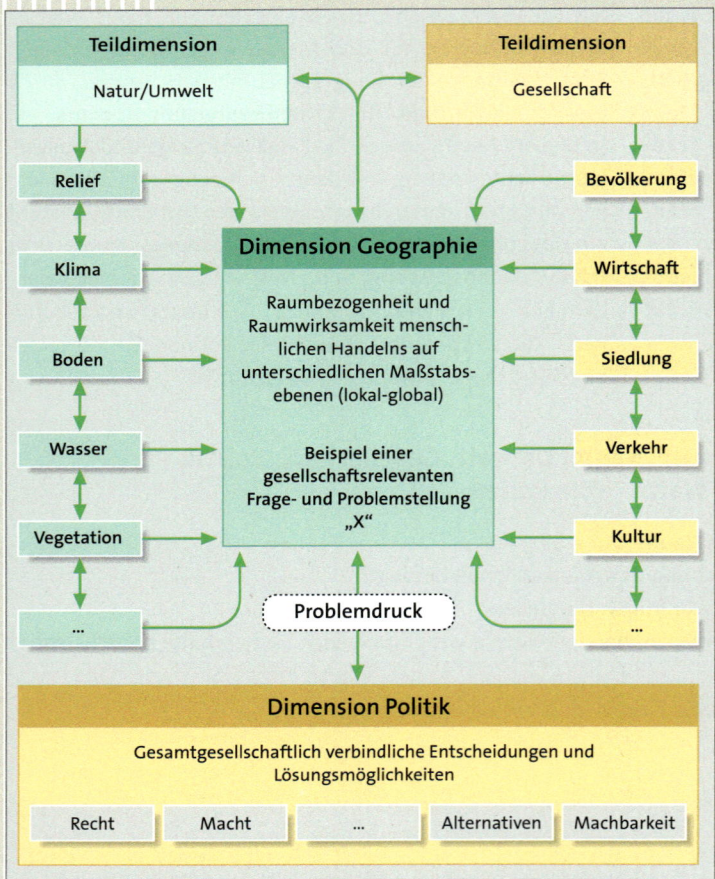

Mit diesem Grundmodell wird Ihnen ein Reflexionsrahmen, genau genommen ein Analyse- und Reflexionsinstrument zur Erfassung gesellschaftsrelevanter Fragestellungen im spannungsgeladenen Mensch-Umwelt-Gefüge angeboten. Die beiden Teildimensionen der Geographie – Natur/Umwelt (Physische Geographie) und Gesellschaft (Humangeographie) – können separat betrachtet werden, sie wirken sehr oft bei herausfordernden und problemgeladenen Fragestellungen zusammen und münden immer ein in die Dimension des Politischen. Die nachfolgenden Beispiele verdeutlichen diesen mehrperspektivischen Zugang, konkretisieren das Zusammenwirken der geographischen und politischen Dimension und unterstreichen deren Notwendigkeit.

Beispiel 1: Auf der Suche nach dem besten Hochwasserschutz

Warum kommt es immer wieder zu Hochwasser an Rhein und Mosel? Und: Ist der Rückbau zur Natur der beste Hochwasserschutz? So können beispielsweise Aspekte wie Starkregen, Einzugsgebiet, Flusslänge, VB-Wetterlage, Auelandschaften dem physisch-geographischen Bereich innerhalb des Grundmodells zugeordnet werden. Hingegen wirken menschliche Tätigkeiten aus dem humangeographischen Bereich – wie etwa Flussbegradigung, Trockenlegung, Bodenverdichtung, Rodung – auf den naturgeographischen Bereich ein. In dieser Konsequenz müssten die zu verstärktem Hochwasser führenden anthropogenen Eingriffe in einem Pfeilzusammenhang, besser noch in einem Wirkungsgefüge (ähnlich dem Aufbau des Grundmodells) dargestellt werden. Hochwasserschutz ist immer auch eine politische Dimension und fordert eine länderübergreifende Planungszusammenarbeit sowie eine Koordination mit Blick auf Katastrophenschutz und -vorhersage. Nachhaltiger Hochwasserschutz gehört zu den elementaren Aufgaben des Staates zur Sicherung der menschlichen Daseinsvorsorge.

Beispiel 2: Möchten Sie in einen Slum investieren? (→ V/2.2.1)
Dharavi, mit etwa einer Million Bewohnern der größte Slum Asiens, erstreckt sich auf einer Fläche von etwa 1,75 km², eingeklemmt zwischen den zwei wichtigsten Eisenbahnlinien Mumbais. Dharavi liegt mitten in der Stadt – ist Heimat und Arbeitsplatz, für andere aber eine Geschäftsidee. Der Architekt Mukesh Metha will den Slum sanieren und ihn in einen lebenswerten Stadtteil verwandeln. Der größte Slum wird zum Verkauf angeboten. Aber machen die Bewohner von Dharavi auch mit? Will die Stadt in die Wirtschaft oder in die Menschen investieren, die Armut bekämpfen oder die Armen loswerden? Auch diese Fragen lassen sich mithilfe des Grundmodells ordnen und bearbeiten.
Ohne Antworten auf die Frage nach der künftigen Entwicklung Dharavis und darauf, was denn menschliche Lebensbedingungen sind, kann man auch die Frage nicht beantworten, ob/wie man einen Slum sanieren soll. Geographische Sachthemen im komplexen Spannungsfeld der Mensch-Umwelt-Beziehung sind wertebeladen und bergen also stets die Grundfrage, wie die Menschen leben sollten, damit sie menschlich – sinnvoll – leben können.

Beispiel 3: Was kann uns ein einfaches Brot über die Welt mitteilen?
▸ „Am Brot lassen sich die wichtigsten Konfliktlinien der Weltpolitik aufzeigen, bis hin zu den Ursachen des „arabischen Frühlings", der seine Fortsetzung in einem Sommer der sozialen Unruhen gefunden hat." ◂
(C. Parenti, Cola, Reis & Heuschrecken. Welternährung im 21. Jahrhundert; in: Edition Le Monde diplomatique, No. 10/2011, Berlin, S. 21)
In einem Laib Brot sind natürlich Wasser, Salz, Hefe und vor allem Weizen enthalten. Und wenn der Weltmarktpreis für Weizen steigt, dann steigt auch der Preis für einen Laib Brot. Brot besteht nicht nur aus materiellen Bestandteilen. Ein Laib Brot teilt uns auch etwas über den Faktor Arbeit und über den Faktor Geld mit. Was ist mit den Bauern, den Traktoren und den über GPS-Navigationssysteme gesteuerten Erntemaschinen, den Pflanzenschutzmitteln und Stickstoffdüngern, die aus Rohöl gewonnen werden? Was ist mit den Großkonzernen und den Spekulanten im globalen Finanzsystem? Was mit dem Faktor Klimawandel? Was ist, wenn „Weizen zur Waffe" wird und „Kleinbauern ins Bodenlose gestürzt" werden (→ III/2.)?

All diese Beispiele und Fragen können mit dem Grundmodell vernetzend betrachtet und bearbeitet werden. Voraussetzung dafür ist eine vielperspektivische, subjekt- und handlungsorientierte und raumbezogene Betrachtung der Welt auf unterschiedlichen Maßstabsebenen. Im Grundkurs Geographie/Politik geht es darum, das zu lernen, was Schülerinnen und Schülern hilft, sachlich angemessen und mitmenschlich zu handeln – und sowohl das eigene Leben als auch den Lebensraum sinnvoll und kompetent zu gestalten.
Wichtig ist, dass Sie das Grundmodell als ein dynamisches und flexibles Gebilde begreifen und verstehen lernen. Die einzelnen Kategorien in den jeweiligen Teildimensionen sind einerseits isoliert zu betrachten und durch Hineinzoomen in einzelne Bereiche erfolgt eine vertiefende Betrachtung. Andererseits stehen diese, angedeutet durch Pfeile und Farbgebung, in einem Wirkungszusammenhang mit anderen Kategorien und Sphären. Mensch-Umwelt-Beziehungen können daher

Methodenschulung

systemisch erklärt und dabei positive Auswirkungen und negative Rückkopplungseffekte als Teil einer umfassenden Problematik erkannt werden. Das komplexe System *Erde-Mensch* wird so leichter bearbeitbar.

Übungsbeispiele zum Grundmodell

1 Im sog. GEOTRAILER (www.geographie.de) wurden Schülerfragen gesammelt und in den Kontext des gemeinschaftskundlichen Lernbereichs und des Erdkundeunterrichts gestellt. Ordnen Sie folgende Fragestellungen der Schülerinnen und Schüler in das Grundmodell ein, bestimmen Sie die zentralen Kategorien der jeweiligen Dimensionen und versprachlichen Sie die Wechselwirkungen entlang der Pfeile.

- Wieso verändert sich unser Klima, wenn in den Tropen die Wälder abgeholzt werden, und was hat dies mit dem Anstieg des Meeresspiegels zu tun?
- Gibt es einen Zusammenhang zwischen dem Wohlstand in den Industrieländern und der Armut in den Entwicklungsländern?
- Warum legen wir in NRW unsere eigenen Kohlezechen still und kaufen Steinkohle im Ausland – sogar in Australien?
- Wenn unsere Kernkraftwerke abgeschaltet werden sollten, in welchem Umfang kann dann erneuerbare Energie aus Solarzellen und Windkraft unsere Energieversorgung sicherstellen?
- Warum wollen viele Entwicklungsländer, dass unsere Bauern keine Zuckerrüben mehr anbauen? Stimmt es, dass die EU zum Schutze Europas den Welthandel behindert?
- Warum wächst die Bevölkerung in Indien immer noch so schnell und wird voraussichtlich die chinesische noch vor 2050 übertreffen? China hat es doch auch geschafft, sein Bevölkerungswachstum zu bremsen.

2 Sammeln Sie selbst interessante Fragestellungen aus Ihrem Umfeld oder spannende Schlagzeilen aus den Medien und arbeiten Sie mit dem neu eingeführten Grundmodell. Präsentieren Sie Ihre Ergebnisse im Kurs und begründen Sie Ihre Vorgehensweise.

3 Internetrecherche: Was ist der Fall? Was steckt dahinter?
Fall 1: *Fußball – „Mit der WM kam die Trockenheit!"* Warum wird aus Lesotho, einem der ärmsten Länder Afrikas, Wasser exportiert? Welche Folgen hat dies für den Alltag der Menschen?
Fall 2: *Leichtathletik – „Warum sind die schnellsten Läufer schwarz?"* Aus Äthiopien, dem ältesten Staat und einem der ärmsten Länder der Erde, kommen die schnellsten Läufer der Welt. Warum eigentlich?

4 Untersuchen Sie die verschiedene Aufgabenblöcke und Raumbeispiele im Buch und überprüfen Sie, mit welchen Teilbereichen des Grundmodells gearbeitet wird und wo das Grundmodell konkrete Anwendung findet.

1. Die Raumwirksamkeit menschlichen Handelns – Skifreizeit im Grödnertal?

Eine Situation in einer Schule

Seit den Sommerferien arbeitet an einem Gymnasium ein neuer Sportlehrer. Bei den Schülerinnen und Schülern ist er schnell sehr beliebt. Er engagiert sich außerunterrichtlich und leitet mehrere Sport-Arbeitsgemeinschaften, die schnell großen Zulauf finden. In seinem Stammkurs im 12er-Jahrgang möchte er für das kommende Halbjahr eine Skifreizeit im Grödnertal im Rahmen der Fahrtenwoche der Schule anbieten. Dieser Vorschlag wird von den Schülerinnen und Schülern zunächst begeistert aufgenommen. Skeptisch äußert sich zunächst nur der Schulleiter. Er ist gegen reine „Freizeitveranstaltungen" in der Schule und betont, dass eine Exkursion im Rahmen einer Fahrtenwoche auch einen Bildungswert besitzen müsse. Für die thematische Rahmung der Fahrt schlägt er eine Beschäftigung beispielsweise mit dem *Gletschersterben in den Alpen* sowie mit dem Klimawandel vor.

Was diese beiden Dinge mit der geplanten Kursfahrt zu tun haben sollen, ist den Betroffenen zunächst nicht ganz klar. Lediglich eine Schülerin, die in einer lokalen Umweltschutzgruppe aktiv ist, verweist auf mögliche negative Folgen des Tourismus in den Alpen. In diesem Zusammenhang nennt sie Stichworte wie *Bodenerosion, Verlust des Lebensraumes für Tiere und Pflanzen* oder *Lärmbelästi-*gung *für die einheimische Bevölkerung durch erhöhtes Verkehrsaufkommen.* Der Sportlehrer selbst bringt aber auch die positiven Aspekte des Tourismus in den Alpen ins Spiel: Schließlich sei dadurch ein Beitrag für die *Entwicklung der einheimischen Infrastruktur* geleistet. Auch die *Wirtschaft* floriere, indem viele *Arbeitsplätze* geschaffen werden. Gänzlich gegen die Durchführung der Skifreizeit ist der Elternsprecher des Jahrgangs. Er verweist in diesem Zusammenhang auf das wissenschaftliche Modell des *Massentourismus-Syndroms* und plädiert für *sanfte Formen des Tourismus.*

Auf einer Versammlung des Stammkurses stellt die Kurssprecherin fest, dass hier Klärungsbedarf besteht. Doch wie soll man die vielen in der Diskussion genannten Aspekte und Dimensionen ordnen, um sinnvoll das Für und Wider einer Skifreizeit im Grödnertal abwägen zu können? Welches Schulfach ist hier eigentlich zuständig? Die Schülerinnen und Schüler entscheiden schließlich, ihre Geographielehrerin anzusprechen, um das Thema Skifreizeit im Grödnertal im Unterricht zu behandeln. Der Politiklehrer erklärt sich bereit, eine abschließende Diskussion zu moderieren, die dann zu einer Entscheidung führen soll.

Aufgaben

1. Spielen Sie die Situation in Verlauf und Regelung in Form eines Rollenspiels durch.

2. Ordnen Sie die in der Diskussion genannten Aspekte nach Kriterien, die Ihnen sinnvoll erscheinen.

3. Warum ist die Geographielehrerin die geeignete Ansprechpartnerin für die inhaltliche Auseinandersetzung mit dem Thema?

M1 Grödnertal in der Werbung: Ski-Website Grödnertal und Postkartenperspektive

Höchster Punkt (Skigebiet):	2 513 m		Pisten insgesamt:	175 km
Tiefster Punkt (Skigebiet):	1060 m		Grüne/Blaue Pisten:	45 km
Anzahl Lifte:	82		Rote Pisten:	105 km
Anzahl Schlepplifte:	29		Schwarze Pisten:	25 km
Anzahl Sessellifte:	43			
Anzahl Kabinenbahnen:	10			

(Zahlen nach: http://www.topskigebiete.de/winterurlaubskigebiete/
italien/groednertal-valgardena/)

M2 Steckbrief „Grödnertal" – Ziel der Klassenfahrt

Geographische Lage

Das Grödnertal bezeichnet ein ca. 25 km langes Seitental
des Eisacktales, das im Nordwesten der Südtiroler Dolo-
miten liegt (vgl. Atlas). Es erstreckt sich von Waidbruck
5 (471 m) hinauf bis zum Sellastock bzw. den Passübergän-
gen Sella- und Grödnerjoch (über 2 200 m). Gemessen
an der Einwohnerzahl ist St. Ulrich mit 5 500 Einwohnern das größte Dorf der Region. Es folgen Wolkenstein
mit 2 500 und St. Christina mit 1760 Einwohnern.

10 **Tourismus im Grödnertal**

Zu Beginn der touristischen Erschließung des Grödnertals dominierte der Sommertourismus, in den 1950er-
Jahren kam der Wintertourismus hinzu. Der Boom
setzte ein mit der Austragung der Alpinen Skiweltmeis-
15 terschaft im Jahr 1970. Aufgrund seiner Höhenlage hat
das schneesichere Wolkenstein heute das höchste Über-
nachtungsaufkommen. In der Saison 2008/2009 über-
nachteten im Grödnertal 1,4 Millionen Gäste in der Win-
tersaison und 0,9 Millionen Gäste in der Sommersaison.
20 Die durchschnittliche Übernachtungsdauer liegt bei 5,1
Nächten. Pro Tag geben die Urlauber 150 Euro für Essen,
Unterkunft etc. aus.

1-Stern-Betriebe und Privatzimmer verzeichneten 2009
im Verhältnis zum Vorjahr große Einbußen bei den
Übernachtungen. Zuwächse sind deutlich bei den 4- bis
5-Sterne-Betrieben und bei „Urlaub auf dem Bauernhof"-
Betrieben zu erkennen. Einen neuen Aufschwung erlebten 2009 auch die Campingplätze, nachdem diese in
den vergangenen Jahren rückläufige Übernachtungs-
zahlen zu verzeichnen hatten.

Umweltbelastungen durch Tourismus

Mit dem Wandel von der traditionellen, bäuerlichen Kulturlandschaft zur „urbanen Erholungslandschaft" inklu-
sive des Ausbaus im Tourismussektor (Herbergen, Infrastruktur etc.) geht eine Vielzahl von Umweltbelastungen einher.

In den Orten St. Ulrich, St. Christina und Wolkenstein
kommt es zu einer starken peripheren Zersiedlung bei
gleichzeitiger Verdichtung der Ortskerne. Das traditionell gewachsene Ortsbild wird dadurch stark verändert
und überformt. Eine Folge ist die zunehmende Oberflä-
chenversiegelung.

Verstärkt werden diese Tendenzen durch den Bau flä-
chenintensiver touristischer Anlagen (z. B. Hallenbäder,

45 Golfplätze). Häufig werden die neuen touristischen Freizeitanlagen in ökologisch labile Höhen- und Hangbereiche gebaut.

Untersuchungen der Verkehrsbelastung im Grödnertal zeigten außerdem, dass das Verkehrsaufkommen im 50 Vergleich zum benachbarten Villnößtal zehnmal höher ist. Im Oberboden des inneren Grödnertals wurden erhöhte Bleiakkumulationen festgestellt.

Die Tallagen der Urlaubsorte im Grödnertal begünstigen zudem eine erhöhte, verkehrsbedingte Schallimmission. 55 Aufgrund der im Winter häufig vorkommenden Inversionswetterlagen kommt es außerdem zu einer starken Luftbelastung. Die ursprüngliche Erholung der Gäste in den Kurorten ist durch die steigenden Touristenzahlen gefährdet.

60 Problematisch ist im Zusammenhang mit den steigenden Touristenzahlen zudem die Entsorgung von Müll und Abwässern. Zur Erhaltung der Wasserqualität muss daher eine flächendeckende Klärung der Abwässer durchgeführt werden.

65 **Fallbeispiel: Seilbahnen**

Vor allem in Südtirol lassen sich die landschaftszerschneidenden Auswirkungen der Seilbahnen, deren Standorte sich in Hochlagen befinden, feststellen.

Ursache ist dabei die Dominanz des Wintertourismus. 70 Die Folge ist eine ganzjährige Nutzung der Liftanlagen (Hauptliftanlagen): im Winter durch den Skitourismus, im Sommer durch Wander- und Klettertourismus. Besonders verheerend sind die Auswirkungen der Liftanlagen-Expansion in den labilen Hochwaldlagen und den 75 sensiblen Standorten oberhalb der Baumgrenze. Zwar nimmt der Bestand an Seilbahnen von 1970 (86 Liftanlagen) bis heute ab (2008: 78 Liftanlagen), dies liegt jedoch daran, dass die Investoren verstärkt auf technologische Neuerungen zur Maximierung der Förderungsleistung 80 setzten – d. h. de facto gibt es weniger Seilbahnen, die jedoch mehr Passagiere pro Stunde transportieren können. Mittlerweile ist die Region Gröden/Seiser Alm dank ihrer Förderkapazitäten von maximal 105 072 Personen pro Stunde das Skigebiet mit der höchsten Förderleis- 85 tung in Südtirol (2008).

Tourismus versus Umweltschutz

Im Gegensatz zum weltweiten Tourismusboom stagniert der Alpentourismus seit einigen Jahren. Gleichzeitig steigt aber der Investitionsbedarf (Schneekanonen, 90 leistungsfähige Liftanlagen, Neuerschließungen). Vor diesem Hintergrund planen die Südtiroler Gemeinden eine neue Liftverbindung von der Seiser Alm (Saltria) nach Monte Pana (Gemeindegebiet St. Christina). Der geplante Verbindungslift soll 4 km lang sein und auf 32 Stützen gebaut werden. 95

Protest gegen diese Planung regt sich durch die CIPRA[1]. Der Dachverband für Natur- und Umweltschutz weist darauf hin, dass das von der Erschließung betroffene Gebiet als Puffer- und Ruhezone zwischen den touristisch stark erschlossenen Gebieten erhalten bleiben muss. 100

(Nach: Ina Bartels, St. Ulrich (Italien) – wenn der Tourismus zur Belastung wird; in: Diercke 360°, Tourismus, Diercke Weltatlas Magazin 2/2010, S. 20–23)

---

[1] CIPRA (Commission Internationale pour la Protection des Alpes): Eine nichtstaatliche Dachorganisation von über 100 Organisationen aus dem gesamten Alpenraum. Sie setzt sich seit über einem halben Jahrhundert für eine nachhaltige Entwicklung in den Alpen ein. Die CIPRA wurde 1952 gegründet.

→ **Recherchetipps:**

www.valgardena. it/de/
www.groednertal.com

M3 **Wolkenstein 1900 – Wolkenstein 2003**

M4 Ökosystem der Alpen: Menschliche Eingriffe

Wie alle Hochgebirge sind die Alpen ein komplexes und zugleich sensibles Ökosystem. Verschiedene Sphären, wie beispielsweise Atmosphäre, Hydrosphäre, Pedosphäre und Biosphäre stehen in einem engen Beziehungsgeflecht und Wirkungszusammenhang. Als eines [5] der am dichtesten besiedelten Gebirge sind die Alpen starken menschlichen Einflüssen ausgesetzt. Unterschiedliche Ansprüche an diesen Raum werden geltend gemacht. Die Alpen sind Natur- und Erholungsraum, [10] Lebens- und Wirtschaftsraum.

Die Nutzung des Alpenraumes hat sich in den letzten Jahrhunderten deutlich verändert, nicht immer vollzog sie sich im Einklang mit der Natur. Neben dem Bergbau begann die Nutzung der Alpen mit der Weidewirtschaft [15] auf den Hochalmen. Weil sich südexponierte Hänge auf der Nordhalbkugel stärker erwärmen als Talböden, sie-

delten Bauern anfänglich gerade dort. Weil die Nutzung der Wasserkraft zu einem wichtigen Standortfaktor geworden ist, konnten sich Industriebetriebe ansiedeln. Weil sich durch intensivere Handelsbeziehungen zwi- [20] schen Nord und Süd das Verkehrsaufkommen erhöhte, werden für den Transitverkehr Straßen, Schienen und Tunnel gebaut. Mit dem allgemeinen Wirtschaftsaufschwung der 1950er- und 1960er-Jahre nahm der Tourismus großen Aufschwung. [25]

Der Wandel von den traditionellen Wirtschafts- und Kulturformen hin zum produzierenden Gewerbe und zum (Massen-)Tourismus hat sowohl kulturelle als auch geoökologische Folgen. Der Ausspruch *„Von der Heugabel zum Skistock"* veranschaulicht diese enorme Umgestal- [30] tung der bergbäuerlichen Kultur.

(Autorentext: K.W. Hoffmann)

M5 Geofaktor Relief und Wildbachverbauungen

Wildbachverbauungen	Raumbeispiel: Val Varuna	Hypsometrischer Formenwandel

Formen:
– Erosionstrichter
– Abflussrinne
– Schwemmfächer
 	
Prozesse:
– Erosion
– Transport
– Akkumulation/
  Sedimentation
 	
Maßnahmen:
– Aufforsten
– Geschiebefang und
  Treppen
– Hochwasserdämme
  und Ablaufkanäle
– Raumplanung und
  Hochwasserschutz
		Nivale Stufe
		
		Klimatische Schneegrenze bei 2400 m
		
		Alpine Stufe
		bis 2400 m
		
		Subalpine Stufe
		bis 1900 m
		
		Waldgrenze bei 1700 m
		
		Hochmontane Stufe
		bis 1700 m
		
		Montane Stufe
		bis 1300 m
		
		Colline Stufe
		bis 600 m

M6 Nie mehr Skifahren? Analyse- und Bewertungsmatrix

Natur (Pflanzen, Tiere)	Luft; Klima	Boden
(+) (–)	(+) (–)	(+) (–)
Bevölkerung	**Wirtschaft**	**Wasser**
(+) (–)	(+) (–)	(+) (–)
Verhalten; Gefühle	**Politik; Gesellschaft**	**Technik; Wissenschaft**
(+) (–)	(+) (–)	(+) (–)

(K.W. Hoffmann; nach: Deutsche Gesellschaft für Geographie (Hg.), Bildungsstandards im Fach Geographie, Bonn (Selbstverlag DGfG) [7]2012, S. 85)

M7 Belastungsfaktoren und deren Wirkung auf die Vegetation

Erholungs-aktivitäten	Direkte Einwirkung auf die Vegetation		Indirekte Einwirkung auf die Vegetation über				
			Boden		Nährstoff-anreicherung	Schnee	
	Oberird. Teile	Unterird. Teile	Verdichtung u. Folgen	Abtrag u. Folgen		Beseitigung	Zeitl. Ver-längerungen
Spielen	●	○	●	○		○	○
Befahren Pkw, Motorsport im Gelände	●		●	●			
Skifahren	●		○	●		●	●
Lagern, Zelten, Picknicken	●	○	●	○	●		
Wandern, Spazierengehen	●		●	○			
Baden	●			○	●		
Angeln	●		●				
Segeln, Surfen, Motorsport	●	○	●				

● = Einwirkung häufig   ○ = Einwirkung möglich

(Nach: G. Michelsen/Öko-Institut (Hg.), Der Fischer, Öko-Almanach, Frankfurt/M. 1984, S. 114)

Skipiste im Sommer: Das Foto zeigt die Wirkung auf die Vegetation.

M8 Schneekanonen

Eine große Schneekanone bedeckt bei minus 12 Grad Celsius und einer relativen Luftfeuchtigkeit von 60 Prozent in 12 Stunden einen Hektar Piste mit einer 25 Zentimeter hohen Schneeschicht. Dabei verbraucht sie über
5 eine Million Liter Wasser und je nach System, Standort und Wasserbeschaffung 8 bis 10 Megawattstunden Energie, also ungefähr so viel wie zwei Vier-Personen-Haushalte im Jahr. Die Schneekanonen werden vielfach nachts betrieben, da eine Propellerkanone lauter als ein
10 Lkw ist und manche Hochdrucksysteme sogar einen Presslufthammer übertönen. Kunstschnee hat eine höhere Dichte als Naturschnee, ist vier- bis fünfmal schwerer und hat eine geringere Durchlässigkeit.

(verändert und ergänzt nach: Bernhard Gerl, Lautstark rieselt der Schnee, in: Spektrum der Wissenschaft. Die Woche, 08.12.2006; Spektrum.de: http://www.wissenschaft-online.de/artikel/859719)

M9 Ski-Tourismus hat keine Zukunft

„Zünftigen Hüttenzauber gibt es bald nur noch im Matsch"

Wissenschaftler Hans-Joachim Fuchs: Ski-Tourismus hat keine Zukunft – Gletschersterben nicht aufzuhalten

5 Für Professor Hans-Joachim Fuchs (49) ist klar: Es wird auch in einigen Jahrzehnten noch kalte und harte Winter geben. Doch in den meisten Jahren werden viele Skigebiete über Schneearmut klagen. Der Geograf Fuchs befasst sich wissenschaftlich vor allem mit Fragen des
10 Klimawandels. Er lehrt an der Johannes-Gutenberg-Universität Mainz und an der Pädagogischen Hochschule Karlsruhe.

Herr Fuchs, fahren Sie Ski?

Nein, ich habe mich früher intensiv mit den Tropen be-
15 schäftigt. Da war ich im Februar und März oft unterwegs. Zum Skifahren fehlte mir die Zeit.

Es wird immer wärmer, die Skiorte in den Alpen zittern. Ist Pistengaudi in 50 Jahren nur noch Schnee von gestern?

Durch die rasante Klimaerwärmung verlagert sich die
20 Schneegrenze immer weiter nach oben. Irgendwann wird nur noch über 3 000 Meter regelmäßig Schnee liegen. Unterhalb fällt nur Regen. Hüttenzauber gibt es dann höchstens noch im Matsch.

Obwohl Schneekanonen scharf schießen?

25 Schneekanonen verbrauchen enorm viel Energie. Zuerst wird dies zu sehr hohen Liftpreisen führen. Später wird der ökologische Druck auf die Skibranche enorm wachsen. Es passt nicht, dass hier viel Energie verbraucht wird, während andernorts für fünf Minuten die Lichter
30 ausgeschaltet werden.

Wie lange laufen die Lifte im Schwarzwald oder auf der Schwäbischen Alb noch?

Wenn sie Skifahrer nach oben bringen sollen, dann zwischen 30 und 40 Jahren. Ansonsten taugen sie nur noch für Höhenluft-Spaziergänger oder andere Dinge, die 35 sich Tourismusmanager ausdenken werden.

Hätten Sie ein paar gute Tipps?

Es muss auf Sportarten hinauslaufen, die nicht auf Schnee angewiesen sind. Da gibt es dann vielleicht Geräte mit Rollen, die auch auf Geröll ein Ski-Feeling bie- 40 ten oder Skilauf auf Matten. Und Matschboarden natürlich – die Hänge bleiben ja unverändert steil. Klar aber ist: Der Ski-Tourismus hat leider keine große Zukunft mehr.

Der Vorteil: Wenn es keine Skifahrer mehr gibt, gibt es auch 45 keine Risiken für sie.

Richtig – aber gefährlich wird es in den Alpen. Über 3 000 Meter ist die Lawinengefahr größer, weiter unten drohen Geröll- und Felsabgänge. Und dadurch, dass der Boden mehr und mehr auftaut, ist große Vorsicht auch 50 bei Seilbahnen geboten: Die Verankerung der Lifte wird problematisch. Da muss oft und gut kontrolliert werden.

Manche Forscher sagen, dass es 2050 in den Alpen keine Gletscher mehr gibt, Realistische Vorhersage oder Horrorszenario? 55

Bis 2050 wird es nur noch die Hälfte der heutigen Gletscher geben, danach geht der weitere Rückgang rasant. 2100 bestehen dann noch kleine Reste der größten Alpengletscher wie Rhone- oder Aletschgletscher.

Welche Auswirkungen hat das? 60

Gletscher sind unser größtes Trinkwasserreservoir. Das Hauptproblem vieler Alpenregionen wird künftig das fehlende Trinkwasser sein. Zudem kommt es ohne Gletscher zur Austrocknung der Bergwelt, es entsteht eine montane Wüste. Und regnet es, rauscht das Wasser un- 65 gehindert in die Täler. Dort wird es große Überschwemmungen geben.

Derzeit wird versucht, mit Raupen Schnee aufs Eis zu schieben oder mit speziellen Folien den Gletscherrückgang zu stoppen. 70

Das Sterben der Gletscher wird so nur hinausgezögert. Zu verhindern ist es nicht.

(Nach: Stuttgarter Nachrichten, Nr. 290/15.12.2007, Stuttgart und die Region, S. 22; Fragen von Jochen Klingovsky)

M10 Globale Erwärmung und Gletschersterben

Nach Berechnungen der Wissenschaftler am Hamburger Max-Planck-Institut für Meteorologie wird sich das Klima in den kommenden hundert Jahren so schnell än-

dern wie noch nie in der jüngeren Erdgeschichte. Das
haben die neuesten Klimamodellrechnungen auf dem
Höchstleistungsrechnersystem des Deutschen Klimare-
chenzentrums ergeben.

Die globale Temperatur könnte demnach bis zum Ende
des Jahrhunderts um bis zu 4 Grad ansteigen. Der Meeresspiegel würde sich durch die Erwärmung durchschnittlich um bis zu 30 Zentimeter erhöhen. Im Sommer rechnen die Wissenschaftler bei weiter steigendem
Kohlendioxid-Ausstoß mit dem vollständigen Abschmelzen des Meereises in der Arktis. Für Europa wird eine
Zunahme von trockeneren und wärmeren Sommern erwartet, mit entsprechenden Auswirkungen auf die Landwirtschaft. Die Winter werden dagegen wärmer und
feuchter. Extrem starke Niederschläge mit Hochwasser
sind eine weitere Folge der erwärmten Atmosphäre.

Steigen die Sommertemperaturen um 3 Grad Celsius,
verlieren die Gletscher in den europäischen Alpen 80
Prozent ihrer Eisfläche. Bei einer Erwärmung um 5
Grad Celsius würden die Alpen praktisch eisfrei werden.
Diese Auswirkungen der Klimaszenarien für das Ende
des 21. Jahrhunderts haben Forscher der Universität Zürich in einem Modellexperiment nachgewiesen.

„Unsere Studie zeigt, dass unter solchen Szenarien die
Mehrheit der Alpengletscher in den nächsten Jahrzehnten verschwinden könnte", sagt Michael Zemp von
der Universität Zürich. Bei einem Anstieg der Sommer-
temperatur von mehr als 3 Grad würden nur die größten
Gletscher wie zum Beispiel der Große Aletschgletscher
und jene in den höchsten Regionen der Alpen bis ins 22.
Jahrhundert bestehen bleiben. „Gerade in den dicht besiedelten Gebirgsregionen wie den europäischen Alpen
müsste man sich deshalb Gedanken machen zu den Folgen eines extremen Gletscherschwundes auf den hydro-
logischen Kreislauf, auf die Wasserwirtschaft, den Tourismus und Naturgefahren", so der Glaziologe Zemp.

(M. Zemp/W. Haeberli/W. Hoelzle/M. und Paul F. (2006), Alpine glaciers
to disappear within decades? Geophysical Research Letters, 33, L13504,
doi: 10.1029/2006GL026319)

M 11 Was bedeutet das Abschmelzen der Gletscher für die Alpen?

Ein Gletscher im Jahr 1904

Der Gletscher im Jahr 2005

Durch den Anstieg der globalen Durchschnittstempera-
turen rechnen Wissenschaftler mit dem Verlust von drei
Viertel der heutigen Gletscher bis zum Jahr 2050. Geringe
Schneemengen im Winter, aber vor allem die strahlungs-
intensiven und warmen Sommermonate sind für die
schwindende Masse und die negative Massenbilanz der
Gletscher entscheidend. Dies zeigen die Gletschermess-
berichte an Gletschern in der Schweiz und in Österreich.
Mit den Temperaturen steigt das Gefahrenpotenzial im
Alpenraum. Durch das schnelle Abschmelzen der Gletscher werden große Schuttareale, die sogenannten Glet-
schervorfelder, freigelegt. Das lockere Gestein kann bei
Starkregen als Murgang und Erdrutsch Täler und Sied-
lungen gefährden. Gletscher sind wichtige Trinkwasser-
speicher. Experten warnen vor Wasserengpässen durch
schwindende Gletscher.

Auch die Permafrostböden im Hochgebirge tauen auf.
Berghänge rutschen ab – manchmal im Zeitlupentem-
po, aber auch plötzlich und unerwartet. Felsstürze, Ge-
röll- und Schlammlawinen sind die Folge.

Das Ende der weißen Berge beeinträchtigt die ästhetische
Attraktion der Alpen. Das Ende vieler Kletterrouten und
Eiswände ist bereits gekommen: Viele Routen sind schon
durch Steinschlag bedroht und nicht mehr begehbar.

(Autorentext: K. W. Hoffmann)

Aufgaben

1 Entwerfen Sie eine topographische Übersichtsskizze des Grödnertals und ermitteln Sie das naturgeographische Ausstattungspotenzial (Geofaktoren: Klima, Boden, Vegetation …) sowie die touristische Infrastruktur. Arbeiten Sie arbeitsteilig. (Atlas, M 5)

2 Geofaktor Relief und Wildbachverbauung:
a) Erläutern Sie die Steuerfunktion des Geofaktors Relief (M 5) mithilfe der Aspekte Höhenlage, Windsystem, Hangneigung, Höhenzonierung, landschaftliche Erscheinungen und Vegetation.
b) Murgangereignis in der Val Varuna: Gliedern Sie das Foto (M 5) nach Formen und Prozessen und erläutern Sie Ziele der wasserbaulichen Maßnahmen. Markieren Sie eine Gefahrenzone, in der nach Ihrer Auffassung nicht gebaut werden darf.

3 Bildrecherche im Internet: Beschreiben Sie mithilfe von eigenen Fotozusammenstellungen den Strukturwandel in Wolkenstein (M 2, M 3). Präsentieren Sie Ihre Fotostrecke im Kurs und begründen Sie Ihre Auswahl.

4 „Der Tourist zerstört, was er sucht, indem er es findet" (H. M. Enzensberger). Diese Kontroverse zeigen auch die hier abgedruckten Materialien und der Steckbrief des Grödnertals. Erstellen Sie mithilfe von M 6 eine Matrix, indem Sie verschiedene Aspekte (Begriffe, Entwicklungen, Symptome/Anzeichen …) den entsprechenden Bereichen zuordnen. Unterscheiden Sie hierbei zwischen erwarteten positiven (+) oder negativen (–) Auswirkungen. Auch Mehrfachantworten sind möglich und sinnvoll.

5 Erklären Sie, wie sich der Einsatz von Schneekanonen und Kunstschnee auf den Boden, den Wasserhaushalt sowie Flora und Fauna auswirkt (M 7, M 8).
„Der Tourismus ist auf den Einsatz von Schneekanonen angewiesen!" – Bewerten Sie diese Aussage und nehmen Sie persönlich Stellung dazu.
Weiterführende Aufgaben zur „Anlage von Skipisten" finden Sie im Klausurtraining.

6 Erstellen Sie entlang der Informationen in M 9 – M 11 ein Flussdiagramm, das die Folgen des Gletscherrückgangs in den Alpen verdeutlicht.

7 „Der Fortschritt des Tourismus […] lässt sich an drei Errungenschaften darstellen, deren jede für die Entwicklung einer Industrie großen Stils unentbehrlich ist: Normung, Montage, Serienfertigung" (Hans Magnus Enzensberger). Interpretieren Sie diese Aussage.

8 Die Alpen sind mit ca. 5 Millionen Ferienbetten, 500 Millionen Übernachtungen und 120 Millionen Feriengästen eine der größten Tourismusregionen der Welt: Hier soll sich ein Viertel des Welttourismus abspielen (nach W. Bätzing, Kleines Alpen-Lexikon). Erstellen Sie einen Kriterienkatalog zu umwelt- und sozialverantwortlichem Reisen (vgl. auch www.forumandersreisen.de).

9 Methodenreflexion: Überprüfen Sie nach Durcharbeitung der bisherigen Aufgaben, auf welche Teildimensionen des Grundmodells Sie konkret Bezug genommen haben und welche Geofaktoren verwendet und bearbeitet wurden.

→ **Filmtipp: „PEAK – Über allen Gipfeln"**
PEAK beobachtet über ein Jahr lang die Bau- und Produktionsprozesse rund um den Ski-Tourismus und offenbart, was den Wintertouristen sonst unter der dichten Kunstschneedecke verborgen bleibt.

● Diskutieren Sie folgende Fragen: „Wie künstlich darf oder kann eine Landschaft sein?" Oder: „Wie künstlich muss sie sein, damit sie unserer Sehnsucht nach Urlaubsspaß und Erholung gerecht wird?"

2. Fukushima: Vernetzende Betrachtung einer Katastrophe

„Japan am 11. März 2011: Ein Erdbeben der Stärke 9,0 erschüttert den Nordosten Japans und löst einen gewaltigen Tsunami aus. Die mindestens 23 Meter hohe Flutwelle zerstört nicht nur ganze Städte im Küstenbereich und tötet mehr als 20 000 Menschen – sie beschädigt auch die Stromversorgung und das Kühlungssystem des an der Küste gelegenen Atomkraftwerks Fukushima Daiichi, rund 200 Kilometer nordöstlich der Hauptstadt Tokio. Die Brennstäbe überhitzen, in drei Reaktoren kommt es zur Kernschmelze, Radioaktivität tritt aus.“

(Nach: DRadio Wissen, 09.03.2013)

M1 Die Dreifach-Katastrophe

Das AKW Fukushima 1 wird zerstört.

Tsunami-Welle infolge des Erdbebens

Zerstörungen

M2 **Japans Atomkraftwerke (Stand: Sept. 2012)**

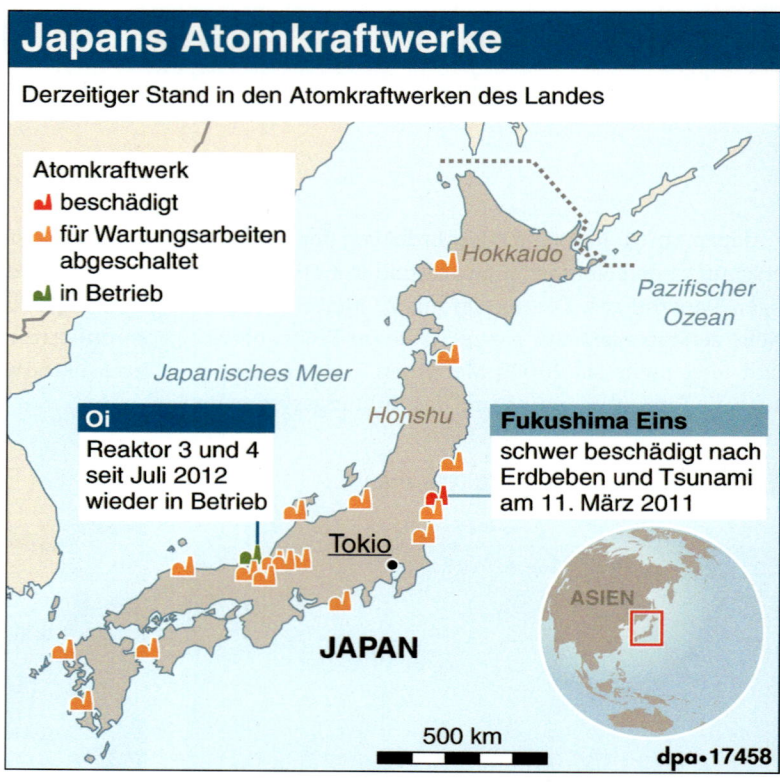

Japans Atomkraftwerke

Derzeitiger Stand in den Atomkraftwerken des Landes

Atomkraftwerk
- beschädigt
- für Wartungsarbeiten abgeschaltet
- in Betrieb

Japanisches Meer

Hokkaido

Pazifischer Ozean

Honshu

Oi
Reaktor 3 und 4 seit Juli 2012 wieder in Betrieb

Fukushima Eins
schwer beschädigt nach Erdbeben und Tsunami am 11. März 2011

Tokio

JAPAN

ASIEN

500 km

dpa•17458

M3 **Arbeitsgrundlage: Blanko-Karte der Georisiken in Japan**

Ein *Naturereignis* ist zunächst in seinem Auftreten völlig neutral zu bewerten. Es ist Bestandteil der natürlichen Vorgänge auf der Erde. Naturereignisse werden
5 nur zur Gefahr, wenn Menschen oder vom Menschen geschaffene Einrichtungen bedroht sind. Durch Betrachtung der Gefahr (naturwissenschaftliche Analyse, Lebenserfahrung) kann
10 der Mensch einschätzen: Wie hoch ist das *Risiko*? Welche Gebiete sind gefährdet? Wenn der Mensch die abgeschätzte mögliche Gefahr in Kauf nimmt, geht er bewusst ein Risiko ein. Tritt das Natur-
15 ereignis tatsächlich ein und verursacht massive Schäden, wird das Naturereignis zur *Naturkatastrophe*.

(Text nach: F. Krüger/C. Samimi, Risikoräume – Die Gefährdung von Lebensräumen und Lebenswelten; in: Praxis Geographie 33/2003, H. 11, S. 4)

© Daniel Dalet / d-maps.com

200 km

100 mi

RUSSIA

CHINA

N.K.

S.K.

Sapporo

Aomori

Sendai

Niigata

Nagano

Tokyo

Nagoya
Shizuoka
Yokohama

Kyōto
Kōbe
Osaka

Hiroshima

Fukuoka

M4 Profilskizze zur Geologie Japans

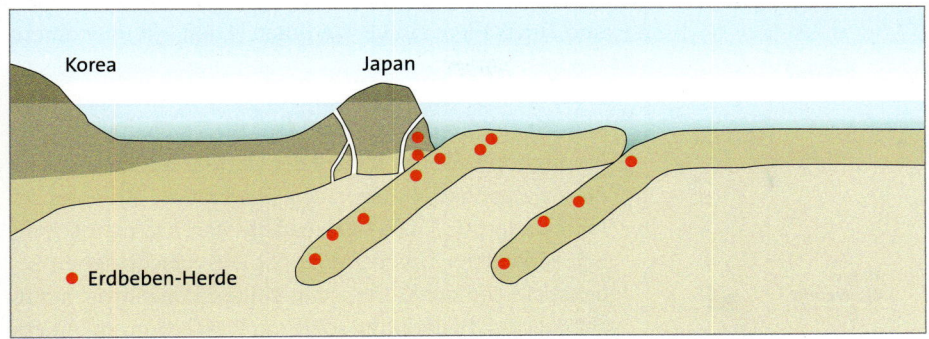

Korea   Japan

● Erdbeben-Herde

(Nach: Deutsche Gesellschaft für Geographie (Hg.), Bildungsstandards im Fach Geographie, Bonn (Selbstverlag DGfG) ⁷2012, S. 43)

M5 Entstehung und Welleneigenschaften eines Tsunamis

Wie ein Tsunami entsteht

Geschwindigkeit der Welle in km/h

Wassertiefe in m

6000 2000   200   20
800   500   150   50

dpa•14325

| **1** Seebeben oder Vulkanausbruch löst die Welle aus | **2** Bewegung des Wassers pflanzt sich im offenen Meer fort | **3** Welle wird zum Ufer hin abgebremst, baut sich immer mehr auf | **4** Tsunami bricht an der Küste, kann bis zu 30 m Höhe erreichen |

Die Geschwindigkeit der Welle verringert sich in flacheren Gewässern. Es kann mehrere Stunden dauern, bis die Welle die Küste erreicht. Am Ufer verkürzt sich die Länge der Welle und sie baut sich meterhoch auf.

M6 Katastrophe nach der Katastrophe

Wiederaufbau der nordjapanischen Erdbebenregion wird teuer

Der Wiederaufbau der japanischen Tohoku-Region, die am 11.3.11 von einem verheerenden Erdbeben und einem
5 Tsunami zerstört oder erheblich beschädigt wurde, kommt zögernd voran. Ende Juli 2011 verabschiedete die Regierung in Tokio einen Plan, der als Grundlage für die umfassenden Aufbaumaßnahmen dienen soll. Er veranschlagt

einen Zeitraum von zehn Jahren und sieht Ausgaben von mindestens 23 Bill. Yen (205,8 Mrd. Euro; 1 Euro = rund 10 112 Yen) vor. Hiervon sollen in den kommenden fünf Jahren bereits etwa 19 Bill. Yen bereitgestellt werden. [...]
Der nur langsame Fortschritt der Diskussionen und noch mehr der Eindruck, dass sich die gesamte politische Klasse Tokios in Streitereien verliert, statt den 15 Wiederaufbau gemeinsam anzupacken, stößt in der betroffenen Region auf scharfe Kritik. Denn vor allem der Tsunami, der über viele Orte der nordostjapanischen Pazifikküste hereinbrach, übertraf in seiner Stärke alles bisher Dagewesene. Das Bild, das sich dem Besucher 20 auch vier Monate nach der Katastrophe noch bietet, ist bewegend. In Kamaishi (Präfektur Iwate) wurde ein Frachter ans Ufer geschwemmt und behindert seither den Straßenverkehr. Wann das Schiff zerschnitten und abtransportiert werden kann, ist unklar. In den Seiten- 25 straßen des Hafenviertels türmt sich immer noch Schutt und Abfall. Mehr als 22 Mio. t haben sich in den am stärksten betroffenen Präfekturen Iwate, Miyagi und Fukushima angesammelt. Nach Angaben des Umweltministeriums waren Mitte Juli 2011 hiervon erst rund 30 39 % auf provisorischen Deponien gelagert.
In Otsuchi, einige Kilometer nördlich von Kamaishi, kamen zum Tsunami Brände hinzu, die durch explodierende Propangasflaschen verursacht wurden. Der Eindruck in der Hafengegend der Stadt ist hoffnungslos. 35 Aus einer Steinwüste ragen einige wenige Gebäude heraus; übrig gebliebene Stahlträger weisen Brandspuren auf. Umrisse des Gleisbetts lassen erahnen, wo einmal eine Eisenbahnstrecke Otsuchi mit anderen Orten an der Ostküste verband. [...] 40

(Detlef Rehn, 04.08.2011; nach: http://www.gtai.de/GTAI/Navigation/DE/ Trade/maerkte,did=81 044. html)

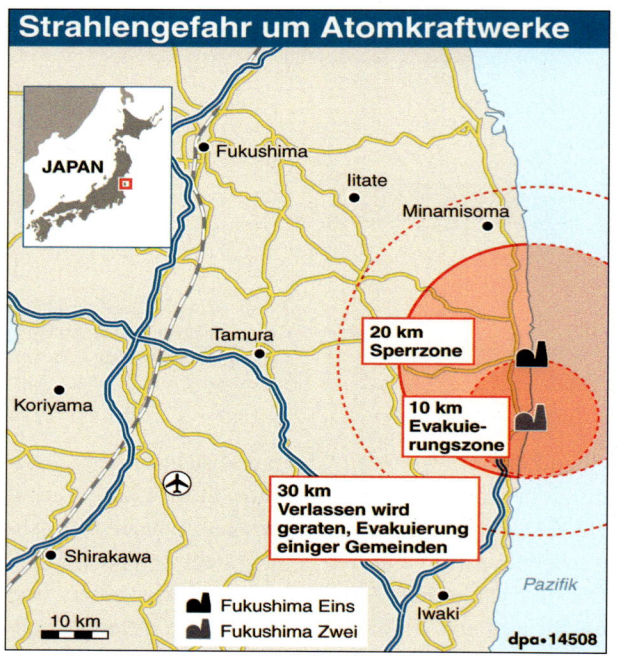

Strahlengefahr um Atomkraftwerke

JAPAN

Fukushima

Iitate

Minamisoma

Tamura

20 km
Sperrzone

Koriyama

10 km
Evakuie-
rungszone

30 km
Verlassen wird
geraten, Evakuierung
einiger Gemeinden

Shirakawa

Pazifik

10 km

Fukushima Eins
Fukushima Zwei

Iwaki

dpa·14508

Wohnraum für 100 000 Menschen

Weil die Strahlung aus dem havarierten AKW Fukushima ihre Gesundheit gefährdet, mussten Zehntausende Menschen in der Nähe des Kraftwerks ihre Häuser verlassen. Sie schlafen in Notunterkünften wie Schulen und Turnhallen, einige von ihnen schon seit über einem Monat.

Jetzt erwägt die japanische Regierung offenbar, eine neue Stadt für rund 100 000 Menschen zu bauen [...]. Als Inspiration solle das Modell der Gartenstadt dienen – eine sozialpolitische Idee [... aus] der ersten Hälfte des 20. Jahrhunderts [...]. Die Gartenstädte waren gemeinschaftlich verwalteter Lebensraum. [...] Die verschiedenen Lebensbereiche der Gartenstadt sollten konzentrisch aufgebaut sein. In der Mitte sollte ein Park liegen, auf einem nächsten Ring Wohngebäude, durchzogen von einer Grand Avenue, an der Schulen und Freizeitanlagen liegen würden. In einem weiteren Ring sollten die Arbeitsplätze liegen – alles großzügig aufgelockert mit Grünflächen – und ganz außen als Satelliten weitere Wohnsiedlungen. [...]

Ob die japanische Regierung [...] tatsächlich eine genossenschaftlich verwaltete Stadt plant oder lediglich eine Siedlung mit vielen Parkanlagen, ist offen. Auch unklar ist, wo der Lebensraum entstehen soll. [...]

(Nach: www.tagesanzeiger.ch; 14.04.2011)

Aufgaben

1 Beschreiben Sie die Lage, Begrenzung und Umrissgestalt Japans. Erläutern Sie in Grundzügen die Landschaftsgliederung, die Reliefgegebenheiten und die Oberflächenformen und stellen Sie einen Bezug zur Bevölkerungsverteilung her (Atlas).

2 Stellen Sie die Nachteile der naturgeographischen Ausstattung Japans hinsichtlich der Landes- und Wirtschaftsentwicklung zusammen (Atlas und M 3).

3 Gestalten Sie auf der Basis von M 3, Ihrem Atlas und weiteren Quellen eine „Gefährdungskarte Japans": Beschriften Sie die vergrößerte Blanko-Karte und entwerfen Sie eine Legende (Geologie/Tektonik: Erdbeben, Vulkane, Tsunami, Platten, Plattengrenzen; Atmosphäre: Zugbahnen tropischer Wirbelstürme; Hydrosphäre: Überschwemmungen; ...), kolorieren Sie die Ballungsgebiete und lokalisieren Sie die Millionenstädte. Unterscheiden Sie die Begriffe Naturereignis und Naturkatastrophe.

4 Beschriften Sie die Profilskizze in M 4 (Himmelsrichtung, Meeresnamen, Plattennamen, Bewegungsrichtung der Platten ..., Entfernungen) und ordnen Sie diese in eine geologische Übersichtskarte Ostasiens ein.

5 Begründen Sie, warum *Japan als gefährlicher Archipel* bezeichnet werden kann (M 1 – M 3).

6 Erklären Sie die Entstehung eines Tsunamis (M 5). Welche Unterschiede bestehen zwischen normalen Wellen und Tsunamis?

7 Rekonstruieren und recherchieren Sie gemeinsam die Ereignisse in Japan vom März 2011 in der Wahrnehmung ein Jahr danach: Was ist damals passiert? Warum wird in den Medien nicht von einem „Doppel-Naturereignis", sondern von einer *Dreifach-Katastrophe* gesprochen? Und: Warum ist es gerechtfertigt von einer „Katastrophe nach der Katastrophe" zu sprechen (M 6).

Mit dem *Syndrom*-Ansatz arbeiten und vernetzen lernen

Die Katastrophe Fukushima kann aus vielen Perspektiven betrachtet werden. Wie geht man bei der Betrachtung dieses komplexen Falles am besten vor? In M 7 wird Ihnen ein Leitfaden vorgestellt, um Fukushima zu analysieren, vernetzend zu betrachten und bewerten zu können. Die dort angesprochenen Sphären sind Ihnen aus dem vorherigen Teilkapitel bei der Entscheidung „Ski-Freizeit – ja oder nein?" bereits bekannt. In die sog. Analyse- und Bewertungsmatrix (→ 1., S. 17, M 6) wurden neun Bereiche, die sog. Sphären des Erd-Systems (M 8), mit aufgenommen. Vier Sphären entstammen der Natur (Pflanzen/Tiere, Luft/Klima, Boden und Wasser), die anderen fünf können dem Menschen zugeordnet werden (Bevölkerung, Wirtschaft, Verhalten/Gefühle, Politik/Gesellschaft und Wissenschaft/Technik). Was neu hinzukommt, ist eine vernetzende Betrachtung als wichtige Voraussetzung, um die Fallstudie „Fukushima" zu bewerten. Ziel ist es, mithilfe eines Wirkungsgeflechtes von naturräumlichen und gesellschaftlichen Faktoren Fukushima (und auch andere Fälle) zu beschreiben, zu analysieren, vernetzend zu betrachten und abschließend zu bewerten.

Ist es gerechtfertigt, bei Fukushima von einem „Krankheitsbild" zu sprechen? Ist eine solche Bewertung übertrieben? Ist es gerechtfertigt, von der Erde als einer „Patientin" zu reden und von ihr eine „Krankenakte" anzulegen? Welche Erdkrankheiten gibt es noch? *Hat die Erde Fieber?*

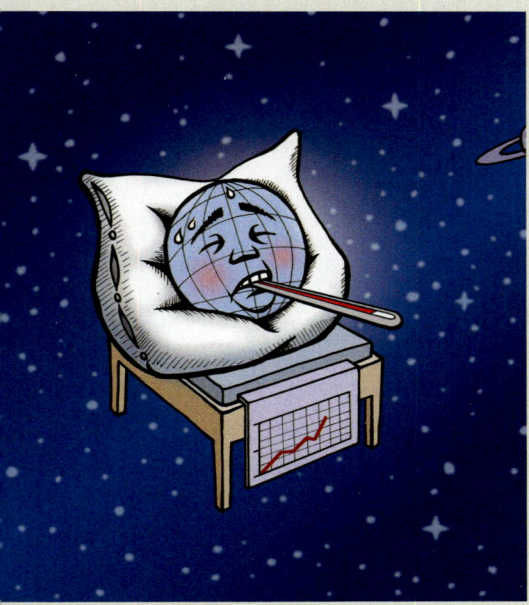

M 7 **Syndrom-Ansatz: Analyse- und Reflexionsinstrument für Schüler/innen**

1. **Fallstudie:** Auswertung von Texten aus Büchern, Zeitschriften, Internet.
2. **Schlüsselbegriffe:** Erfassen von Aspekten nicht nachhaltiger Entwicklungen.
3. **Übersetzung** der gefundenen Formulierungen in die „Symptomsprache".
4. **Zuordnung** der übersetzten Begriffe zu den Sphären.
5. **Beziehungsgeflecht:** Beschreibung der Zusammenhänge mithilfe von Pfeilen.
6. **Vergleich der Fallstudien:** Erarbeitung von Unterschieden und Gemeinsamkeiten (Syndromkern).

(K. W. Hoffmann, verändert nach: H. J. Lüder und H. Zeitler/2003)

M 8 **Neun Sphären des Syndrom-Ansatzes**

Biosphäre	Atmosphäre	Pedosphäre
Bevölkerung	Wirtschaft	Hydrosphäre
Psychosoziale Sphäre	Gesellschaftliche Organisation	Wissenschaft/Technik

(Nach: Martin Cassel-Gintz/Dorothee Harenberg, Syndrome des globalen Wandels als Ansatz interdisziplinären Lernens in der Sekundarstufe, BLK-Programm „21" (Hg.), Berlin 2002)

Syndrom-Ansatz: Begriff und Konzeption

Das Syndrom-Konzept wurde Mitte der 1990er-Jahre vom Wissenschaftlichen Beirat der Bundesregierung für globale Umweltveränderungen (WBGU) entwickelt. Es soll die vielfältigen Probleme und die verflochtene Dynamik des globalen Wandels überschaubar und vernetzt darstellen und die Entwicklung von Handlungsmöglichkeiten erleichtern.

Die Grundthese des Syndrom-Konzeptes lautet: „Der Globale Wandel lässt sich in seiner Dynamik auf eine überschaubare Zahl von Kausalmustern in den Mensch-Umwelt-Beziehungen zurückführen. Die nicht nachhaltigen Verläufe dieser dynamischen Muster werden [...] als Syndrome des Globalen Wandels bezeichnet" (Cassel-Gintz/Harenberg, s. M 8, S. 7).

Die regionale Analyse problematischer Umweltveränderungen durch menschliches Handeln hat erkennen lassen, dass gravierende Umweltbeeinträchtigungen weltweit nach einer überschaubaren Anzahl charakteristischer Muster (= Krankheitsbilder) verlaufen. Insgesamt wurden 16 Syndrome identifiziert, die in drei Gruppen eingeteilt werden:

1. Nutzung: unangepasste Nutzung von Naturressourcen als Produktionsfaktoren.
2. Entwicklung: Mensch-Umwelt-Probleme im Zusammenhang mit nicht nachhaltigen Entwicklungsprozessen.
3. Senken: Umweltdegradation durch nicht angepasste zivilisatorische Entsorgungsanforderungen.

Liste der Syndrome des Globalen Wandels

▼ **Syndromgruppe „Nutzung"**

1. Landwirtschaftliche Übernutzung marginaler Standorte: SAHEL-SYNDROM
2. Raubbau an natürlichen Ökosystemen: RAUBBAU- SYNDROM
3. Umweltdegradation durch Preisgabe traditioneller Landnutzungsformen: LANDFLUCHT-SYNDROM
4. Nicht nachhaltige industrielle Bewirtschaftung von Böden und Gewässern: DUST-BOWL-SYNDROM
5. Umweltdegradation durch Abbau nicht erneuerbarer Ressourcen: KATANGA-SYNDROM
6. Erschließung und Schädigung von Naturräumen für Erholungszwecke: MASSENTOURIS-MUS-SYNDROM
7. Umweltzerstörung durch militärische Nutzung: VERBRANNTE-ERDE-SYNDROM

Syndromgruppe „Entwicklung"

8. Umweltschädigung durch zielgerichtete Naturraumgestaltung im Rahmen von Großpro-jekten: ARALSEE-SYNDROM
9. Umweltdegradation durch Verbreitung standortfremder landwirtschaftlicher Produktions-verfahren: GRÜNE-REVOLUTIONS-SYNDROM
10. Vernachlässigung ökologischer Standards im Zuge hochdynamischen Wirtschaftswachs-tums: KLEINE-TIGER-SYNDROM
11. Umweltdegradation durch ungeregelte Urbanisierung: FAVELA-SYNDROM
12. Landschaftsschädigung durch geplante Expansion von Stadt- und Infrastrukturen: SUBUR-BIA-SYNDROM
13. Singuläre anthropogene Umweltkatastrophen mit längerfristigen Auswirkungen: HAVARIE-SYNDROM

Syndromgruppe „Senken"

14. Umweltdegradation durch weiträumige diffuse Verteilung von meist langlebigen Wirk-stoffen: HOHER-SCHORNSTEIN-SYNDROM
15. Umweltverbrauch durch geregelte und ungeregelte Deponierung zivilisatorischer Abfälle: MÜLLKIPPEN-SYNDROM
16. Lokale Kontamination von Umweltschutzgütern an vorwiegend industriellen Produktions-standorten: ALTLASTEN-SYNDROM ◢

(Quelle: WBGU 1996, S. 121; nach: Cassel-Gintz/Harenberg, s. M 8, S. 12)

Der Begriff „Syndrom" ist zwar der Medizin entlehnt, wo er komplexe „Krankheitsbilder" bezeich-net, doch soll er bei der Analyse des Systems Erde-Mensch vor allem auf das Zusammenwirken vieler Einzelfaktoren hinweisen. In der Medizin bezeichnet ein Syndrom eine Gruppe von Krank-heitsmerkmalen oder Symptomen, die in ihrem Auftreten typisch sind für eine bestimmte Krank-heit. Übertragen auf Krankheiten im Zusammenhang mit dem Mensch-Umwelt-Verhältnis kann ein Syndrom auch als gestörtes, krankes, weil nicht nachhaltiges Beziehungsverhältnis zwischen Mensch und Erde gedeutet werden. Kurz: Die Entwicklung von Räumen, in denen Syndrome auf-treten, ist nicht nachhaltig. Und umgekehrt: Nachhaltiges Handeln wirkt sich als Linderung von Syndromen aus. Hier wie dort gibt es die Erfassung der *Vorgeschichte*, die *Diagnose* auf der Basis von *Untersuchungen*, die *Bewertung* von Symptomen und schließlich Vorschläge für eine *Therapie*. Das Ziel ist, die Syndrome zu lindern oder zu beseitigen, besser noch ihre Entstehung vorsorgend zu vermeiden.

M9 Syndrom-Ansatz (aus wissenschaftlicher Sicht)

Beziehungsgeflecht des Sahel-Syndroms mit dem bestimmenden zentralen Mechanismus, dem Syndromkern, der als „Teufelskreis" gedeutet wird (in Gelb unterlegt).

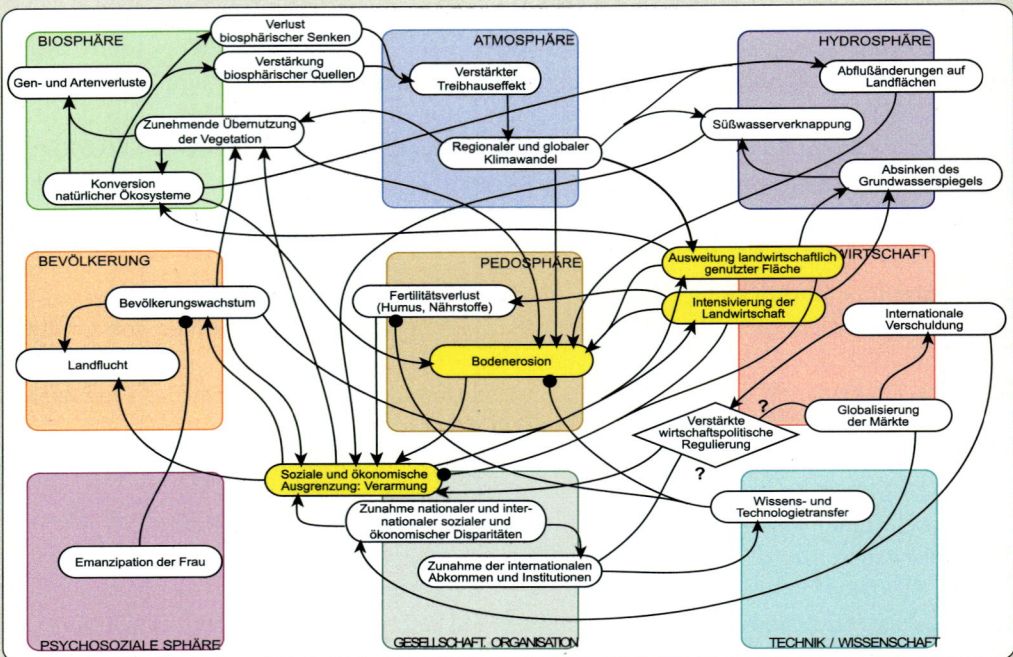

(Nach: Martin Cassel-Gintz/M. Bahr, Syndrome globalen Wandels; in: Praxis Geographie 6/2008, S. 7)

Aufgaben

1 Erarbeiten Sie aus den Materialien jeweils übergeordnete Stichwörter, die die dargestellten Symptome beschreiben, und erklären Sie diese kurz.

2 Ordnen Sie die erarbeiteten Symptome den verschiedenen Sphären (M 8) so weit wie möglich zu.

3 Setzen Sie die erarbeiteten Symptome miteinander in Beziehung (M 7). Ein ⟶ markiert eine verstärkende, ein ⟶• steht für eine abschwächende Wirkung. Besprechen Sie das entstandene Wirkungsgeflecht und diskutieren Sie verschiedene Handlungsoptionen, die das Ausmaß der Katastrophe hätten verringern können.

4 Recherchieren Sie in diesem Buch und ordnen Sie begründet verschiedene Themen bzw. Fälle den jeweiligen Syndromgruppen zu.

5 Überprüfen Sie:
   a) Ist es gerechtfertigt, beim Thema Migration und Metropolisierung (→ V/2., besonders S. 207 – 210) von einem Favela-Syndrom zu sprechen?
   b) Ist es gerechtfertigt, bei dem Thema „USA – Intensivlandwirtschaft an der Trockengrenze" (→ III / 1.3, S. 106 – 111) eher von einem Dust-Bowl-Syndrom oder eher von einem Grüne-Revolutions-Syndrom zu sprechen?

6 Internetrecherche: „Das Weltnaturerbe Baikalsee ist gefährdet und die gesamte Region ähnelt einem Krankheitsbild!" – Diskutieren Sie, ob es (ähnlich dem Aralsee-Syndrom) ein eigenes Baikalsee-Syndrom gibt.

Fukushima: Bewertung und Konsequenzen

M 10 Fukushima: Tsunami-Legende?

EINE INFORMATION DER ANTI-ATOM-BEWEGUNG MÄRZ 2012

Fukushima: Tsunami-Legende
Super-Gau durch Sicherheitsdefizite und Erdbeben

Am 11. März 2011 kam es aufgrund gravierender Sicherheitsdefizite und eines Erdbebens im japanischen Atomkraftwerk Fukushima Daiichi zu einer Atomkatastrophe. Weltweit stehen zahllose Atomkraftwerke (relativ unge-
5 schützt) an erdbebengefährdeten Standorten. Überall auf der Welt kann es bei Erdbeben zu einem weiteren Super-GAU kommen – in Asien, in Amerika wie auch in Europa.

Die Tsunami-Legende
10 Die Atomindustrie fürchtet sich wegen ihrer Milliardengewinne vor weltweiten Bestrebungen, alle Atomkraftwerke stillzulegen. Sie strickte deshalb unmittelbar nach Fukushima an einer Legende: Nicht das Erdbeben, sondern erst der Tsunami sei der alles überragende Fak-
15 tor gewesen, der allein für den katastrophalen Unfallverlauf bestimmend war. In der Öffentlichkeit wurde das Bild einer 14 Meter hohen „Monsterwelle" aufgebaut, die sonst nicht noch einmal auf der Welt entstehen könne. Der genauen Lektüre des offiziellen Regierungs-
20 berichtes ist dagegen zu entnehmen, dass die offiziell um 15.41 Uhr am Atomkraftwerk eingetroffene Hauptwelle auf rund 8 Meter geschätzt wurde. Außerdem: Konkret dokumentierte Beweise für die behaupteten Tsunamischäden sind bis heute noch nicht vorgelegt
25 worden.

Zum einen: Gravierende Sicherheitsdefizite
In Fukushima kam es zum Ausfall von Sicherheitssystemen, weil systematisch gegen das Einmaleins der Reaktorsicherheit verstoßen wurde: Sicherheitssysteme wa-
30 ren völlig unzureichend räumlich und systemisch getrennt. Es gab viel zu wenige, technisch verschiedenartige Back-up-Systeme (fehlende Redundanz und Diversität). Die Blöcke 2 und 3 verfügten neben dem Meer nicht über die Möglichkeit, die Nachzerfallswärme des Atom-
35 reaktors mithilfe eines „Isolation Condenser" an die Atmosphäre abzugeben.

Zum anderen: Erdbeben
Dem Erdbeben am 11. März um 14.46 Uhr folgten um 15.08 Uhr, 15.15 Uhr und 15.25 Uhr schwere Nachbeben, die möglicherweise den Unfallverlauf mit beeinflusst 40 haben. In der Tepco-Zentrale in Tokio begannen um 15.06 Uhr mit Blick auf mögliche Gegenmaßnahmen Untersuchungen der Erdbebenschäden.
Aufgrund des Hauptbebens kam es den offiziellen Berichten zufolge in den Blöcken 1 bis 3 zur Reaktorschnell- 45 abschaltung, zum Zusammenbruch der externen Stromversorgung, zu Turbinenschnellabschaltungen und zur Absperrung der regulären Wärmeabfuhr über die Frischdampfleitungen und das Hauptkühlwassersystem zum Meer („Ereignis mit Frischdampfabschluss").   50

Block 1:
Schnelle Kernschmelze
In Block 1 fiel nach Angaben der Betreibergesellschaft Tepco zwar das Hochdruckeinspeisesystem (HPCI) wegen des Tsunami aus. Dennoch hätte aber der Störfall 55 vom Notkondensationssystem („Isolation Condenser") sicher beherrscht werden müssen. Die Isolation Condenser mussten aber wegen einer zu schnellen Abkühlung schon nach nur 11 Minuten Betrieb um 15.03 Uhr wieder abgeschaltet werden. Bis kurz vor 15.17 Uhr stieg 60 der Druck im Reaktor stark an. Was danach geschah, ist unklar, weil Tepco wesentliche Daten ab diesem Zeitpunkt nicht veröffentlicht hat. Jedenfalls ging in Block 1 alles sehr schnell: Da Notfallmaßnahmen nicht mehr durchführbar waren, kam es unmittelbar danach zur 65 Kernschmelze und somit zum Super-GAU.

Block 2:
Nicht mehr funktionstüchtig
In Block 2 stand das Hochdruckeinspeisesystem (HPCI) bereits vor Eintreffen des Tsunami am 11. März um 70 15.31 Uhr wegen eines Kurzschlusses nicht mehr zur Verfügung. Das Nachspeisesystem (RCIC) war schließlich am 14. März „nicht mehr funktionstüchtig". Notfall-

maßnahmen scheiterten, weil sie erst nach einsetzender
75 Kernfreilegung begannen. Der Super-GAU war unausweichlich.

Block 3:
Fehlender Dampfdruck
In Block 3 fiel am 12. März um 11.36 Uhr das Nach-
80 speisesystem RCIC „unerwartet" aus. Das Hochdruckeinspeisesystem (HPCI) stellte sich bis zum 13. März um 2.42 Uhr selbst ein Bein, indem es durch die Kernkühlung den Dampfdruck auf unter 10 bar absenkte und daher nicht mehr betrieben werden konnte. Notfall-
85 maßnahmen mit Feuerlöschungen scheiterten, weil bei deren Inbetriebnahme der Druck schon wieder auf rund 40 bar angestiegen war. Es kam zum Super-GAU.

Notwendige Konsequenzen
Es gibt weltweit viele Atomkraftwerke, deren Sicherheitssysteme auf die eine oder andere Weise anfällig 90 sind gegenüber den Auswirkungen eines am jeweiligen Standort realistisch zu erwartenden Erdbebens.
Die „Sicherheitsreserven" praktisch aller in Betrieb befindlichen Atomkraftwerke sind knapp bemessen: geringe Kühlwassermengen, defizitäre Stromversor- 95 gungssysteme, das Fehlen verschiedenartiger und passiver Sicherheitseinrichtungen, unzulängliche räumliche Trennung (Redundanz und Diversität).
Die Konsequenz aus den Atomkatastrophen von Tschernobyl und Fukushima kann nur lauten: Alle Atomkraft- 100 werke weltweit müssen abgeschaltet werden.

(Henrik Paulitz, Information von IPPNW zusammen mit DNR, EUROSOLAR, IALANA, INES, NatWiss; nach: http://www.fukushima-disaster.de/fukushima_supergau_faltblatt.pdf)

M 11 Reaktionen auf die Fukushima-Katastrophe

Sarkozy: Atomkraft bleibt trotz Fukushima wichtig
Tokio. Der französische Präsident Nicolas Sarkozy hat in Japan die Atomenergie als wichtiges Instrument zum Klimaschutz verteidigt. Er ist der erste ausländische
5 Staatschef, der Japan seit der Atom-Katastrophe in Fukushima besucht.

(dpa-Meldung vom 31.03.2011; nach: http://www.merkur-online.de)

Merkel: Schnellerer Ausstieg aus Kernenergie ist richtig
„Wir haben doch in einem hoch entwickelten Industrieland gesehen, dass Risiken aufgetreten sind, die wir nicht für möglich gehalten hätten. Das hat mich davon überzeugt, dass wir den Ausstieg beschleunigen sollten." 5

(Nach: http://www.bundesregierung.de)

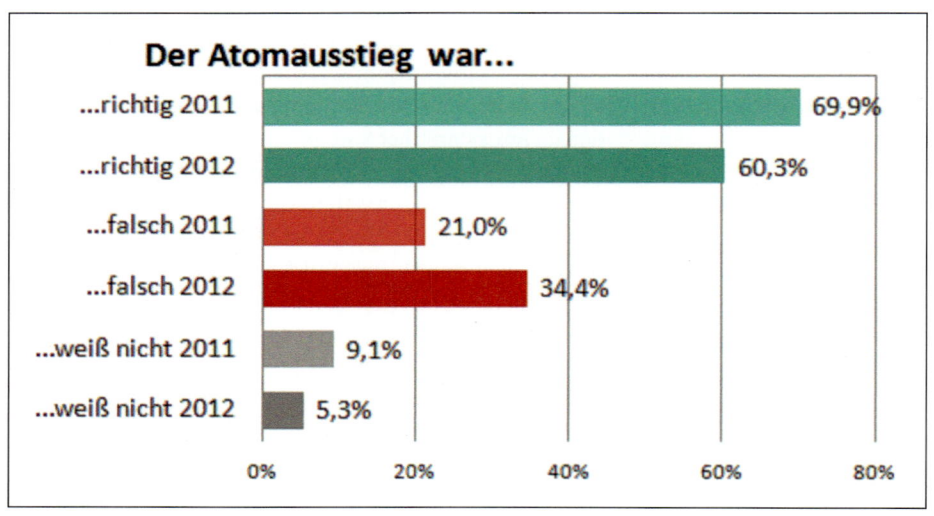

Ergebnis einer Umfrage des Bundes der Selbstständigen Baden-Württemberg e.V. in den Jahren 2011 und 2012. An der Umfrage haben sich 828 (2011) bzw. 770 (2012) Unternehmen beteiligt.

(Nach: Bund der Selbstständigen Baden-Württemberg e. V.)

Aufgaben

 – „Fukushima liegt auch in Deutschland" (FINANCIAL TIMES Deutschland, 15.03.2011).
– „Erneuter Zwischenfall im AKW Cattenom" (Rhein-Zeitung, 02.02.2013).
– „Deutschland, Frankreich, Belgien und Luxemburg haben einen nuklearen Störfall im französischen Atomkraftwerk Cattenom durchgespielt" (Rhein-Zeitung, 28.06.2012).
Gestalten Sie vor diesem Hintergrund eine Übersichtskarte mit möglichen Evakuierungszonen unter Einbezug der Lage in der Westwindzone.

2 Formulieren und begründen Sie die Meinung der Atomgegner (M 10) unter Verwendung der folgenden Argumentationshilfe und/oder der Fünf-Satz-Methode.

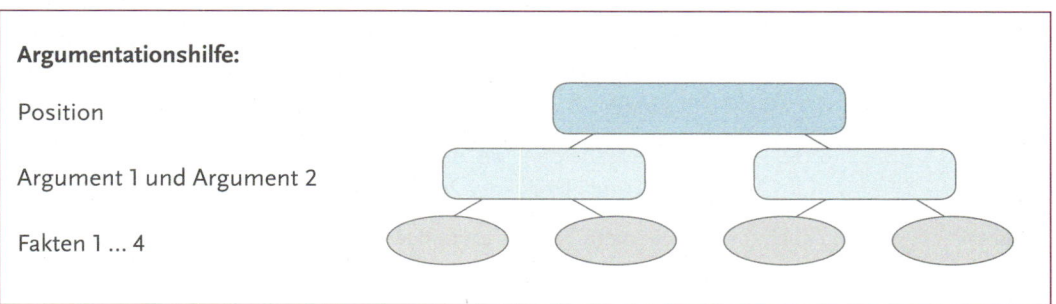

Argumentationshilfe:

Position

Argument 1 und Argument 2

Fakten 1 ... 4

Die Fünf-Satz-Methode

I Problemeröffnung
Der Einstiegssatz verdeutlicht die Ausgangssituation.

II Begründungsteil
Die drei Folgesätze mit gewichtigen Argumenten bereiten den Schluss des Redebeitrags vor.

III Zielsatz
Der Vortrag endet mit der getroffenen Entscheidung, dem finalen Satz an die Zuhörer.

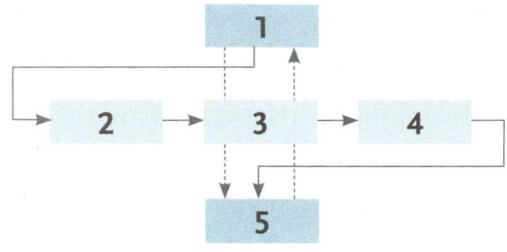

Daraus resultiert folgender Ablauf eines „strategischen Redners":

Satz 1: Problem, Einführung

Satz 2: erstes Argument

Satz 3: zweites Argument

Satz 4: drittes Argument

Satz 5: Ziel, Entscheidung

 Wie bewerten Sie den Atomausstieg der Bundesregierung im Nachgang zur Katastrophe von Fukushima? (M 11 und Fallbeispiel „Wende in der Atompolitik", Bd. I, Kap. V/4.2)

Anwenden und Vertiefen

Zusammenfassende Arbeitsvorschläge zum Kapitel „Raum, Umwelt, Gesellschaft, Politik – Wie betrachten Geographen die Welt?"

S. 9–12 **1.** Nennen Sie Beispiele komplexer Mensch-Umwelt-Beziehungen und erläutern Sie daran den „geographischen Blick" auf die Welt.

S. 10 **2.** Erläutern Sie das *Geographische Grundmodell* als Analyse- und Reflexionsinstrument naturräumlicher und sozialer Bedingungen.

S. 12 **3.** Unterscheiden Sie die Begriffe „Geofaktor" und „Geoökosystem".

S. 14 f. **4.** Erläutern Sie das touristische Potenzial einer Urlaubsregion in den Alpen mithilfe von naturgeographischen und kulturgeographischen Faktoren im Vergleich mit und im Unterschied zu den Verhältnissen an Ihrem Wohnort (in Ihrem Bundesland).

Kernbegriffe
- Geographie
- Geofaktoren
- Mensch-Umwelt-System
- (Massen-)Tourismus
- Ökosystem
- Hochgebirge
- Alpengletscher
- Naturkatastrophe
- Atomkraftwerk
- Energiewende
- Plattentektonik
- Epizentrum
- Tsunami
- Syndrom
- Nachhaltigkeit

S. 14 f. **5.** Gestalten Sie einen Reiseprospekt eines Ihnen bekannten Urlaubsortes im Hinblick auf Ihre eigenen Wünsche und Erwartungen, die Wünsche und Erwartungen einer Familie mit Kleinkindern und die eines Rentnerehepaares.

S. 16 **6.** Erläutern Sie die Bedeutung hoher Reliefenergie für den Landschaftshaushalt.

S. 16 **7.** Erklären Sie die Entstehung des Berg- und Talwindes.

S. 18 f. **8.** Was bedeutet das „Gletschersterben" für die Alpen?

S. 22 f. **9.** Erläutern Sie die natürliche Verwundbarkeit Japans.

S. 23 **10.** Wie entsteht ein Tsunami und was macht ihn so stark und so gefährlich?

S. 22 **11.** Unterscheiden Sie die Begriffe „Naturereignis" und „Naturkatastrophe".

S. 25–28 **12.** Kennzeichnen Sie den Syndrom-Ansatz und leiten Sie daraus ein methodisches Vorgehen zur Analyse problemgeladener Mensch-Umwelt-Beziehungen ab.

S. 27 f. **13.** Entwerfen Sie eine PowerPoint-Präsentation zum Raubbau-Syndrom am Beispiel des tropischen Regenwaldes und präsentieren Sie diese in Ihrer Lerngruppe.

S. 27 f. **14.** „*Das 17. Bundesland der Deutschen: Mallorca – zwischen Massentourismus-Syndrom und nachhaltigem Massentourismus!*" Beziehen Sie kritisch Stellung.

Wissen aktivieren und im anderen Kontext anwenden (Transfer)

M1 Höhenamplitude von Skiliften in einem Wintersportgebiet

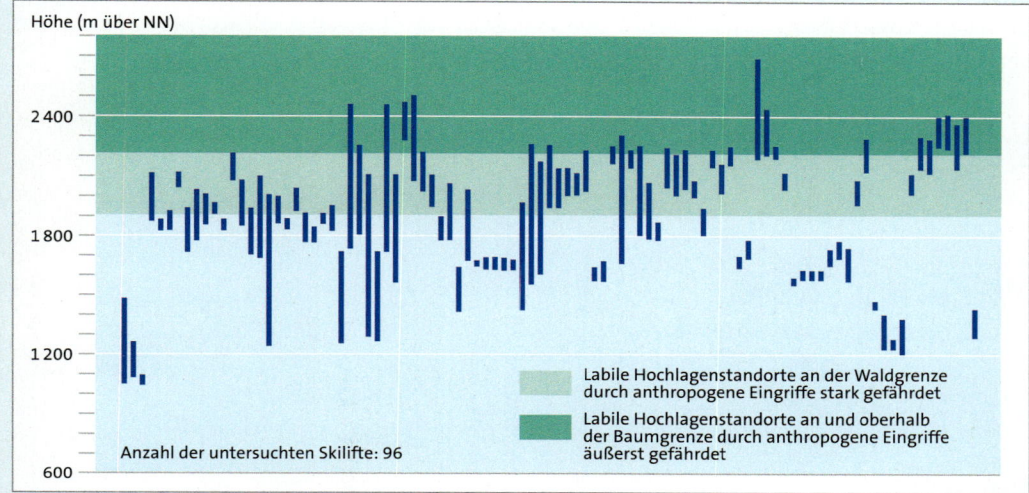

Labile Hochlagenstandorte an der Waldgrenze durch anthropogene Eingriffe stark gefährdet

Labile Hochlagenstandorte an und oberhalb der Baumgrenze durch anthropogene Eingriffe äußerst gefährdet

Anzahl der untersuchten Skilifte: 96

M2 Abfluss in % der Niederschläge und Bodenabtrag bei verschiedener Vegetation

Vegetationsform	Abfluss in %	Bodenabtrag in t/ha
Mischwald	5	0,01
Fichtenreinbestand	8	0,13
Ackerland	21	2,10
Almflächen und Wiesen	30	0,18
planierte, danach begrünte Flächen	50	1,04
planierte, vegetationslose Flächen	56	105,50

(Nach: Stark-Verlag, Schriftliche Abiturprüfung Geographie/Baden-Württemberg, Aufgabentyp IV: Tourismus im Hochgebirge (Download-Materialien): GY.EK.BW.06.U.AIV4 aus 87901 06)

Aufgaben

1. Erläutern Sie – ausgehend von M1 und M2 – Eingriffe und Folgen bei der Anlage von Skipisten im Hochgebirge.

2. Gestalten Sie eine Concept-Map. Stellen Sie dazu die unterschiedlichen Auswirkungen auf Mensch und Natur dar, die der Einsatz von Schneekanonen (oder die Anlage von Skipisten) mit sich bringt.

3. „Tourismus ist wie Feuer. Man kann damit seine Suppe kochen oder seine Hütte verbrennen" (asiatisches Sprichwort). Interpretieren Sie.

Klausurtraining

II. Geozonen – Potenziale und Grenzen menschlicher Lebensräume

Spanische Küstenlandschaft

Sibirische Taiga

„Jeder auf der Welt ist vom Funktionieren der Ökosysteme abhängig, um in Würde, gesund und in Sicherheit leben zu können."

(Millenium Ecosystem Assessment der Vereinten Nationen, 2005)

Reisen Sie mit offenen Augen um den Globus, entdecken Sie faszinierende und einzigartige Lebenswelten des blauen Planeten. Die Erde kann mit einer enormen Vielfalt von Lebensräumen und Landschaften aufwarten. Neben Mangroven und üppigen Regenwäldern am Äquator finden sich in den hohen Breiten Permafrost und enorme Gletschermassen.

Eine zentrale Frage ist daher, wie sich die Welt in ihrem natürlichen Reichtum zeigt und wie sich dieser ordnen lässt? Die Ursachen der oben genannten Unterschiede liegen primär in der unterschiedlichen Einstrahlung und den sich daraus ergebenden Mechanismen der globalen Zirkulation. Aus Ihrem Mittelstufenunterricht sind Ihnen die zonale Anordnung von Drucksystemen und Windgürteln sowie die Einteilung in Klima-, Boden- und Vegetationszonen bekannt. Eine alleinige Einteilung in Solarzonen ist weniger sinnvoll und greift zu kurz, da die Klimafaktoren in unterschiedlichen Räumen verschieden stark ausgeprägt sind. Grundsätzlich zeichnet sich infolgedessen jeder Ort der Erde durch bestimmte Jahresgänge von Temperatur und Niederschlag aus, die wiederum weitere Geofaktoren (Gestein, Klima, Boden, Vegetation, Tierwelt, Wasser, Relief) und deren Zusammenspiel beeinflussen. Diese Vielfalt mithilfe von Zonenmodellen zu ordnen, ist ein Ziel dieses Kapitels.

Der Fachbegriff Ökozone wurde 1988 von Jürgen Schultz in die Forschung eingebracht. Vergleichbare Bezeichnungen sind z. B. Landschaftszonen, Landschaftsgürtel, geographische Zonen und Geozonen. All diesen großräumigen Zonierungen der Erde ist gemeinsam, dass sie sich durch jeweils eigenständige Klimagenese, formbildende Prozesse der Oberfläche, Bodenbildungsprozesse, Lebensweisen von Pflanzen und Tieren, aber auch durch unterschiedliche Erträge in der Land- und Forstwirtschaft auszeichnen. Zugleich wird aber deutlich, dass nicht allein die Geozonen an sich Einfluss auf uns Menschen haben, sondern die Bedeutungen, die wir Menschen ihnen geben, werden in unsere Entscheidungen und Handlungen mit einbezogen. Ganz konkret kann dies durch die Bearbeitung zweier Geozonen verdeutlicht werden.

Deshalb analysieren Sie zwei Fallbeispiele (siehe nebenstehende Fotos) ausführlicher: In den mediterranen Subtropen geht es um den Umgang mit der Elementarressource Wasser als limitierendem Faktor. In der borealen Zone stehen die menschlichen Eingriffe und die daraus resultierenden ökologischen Probleme sowie die Landschaftsveränderungen durch auftauenden Permafrost im Kontext des Klimawandels im Vordergrund.

Diese Leitfragen spielen im Kapitel „Geozonen – Potenziale und Grenzen menschlicher Lebensräume" eine Rolle:

- **Blauer Planet:** Wie lässt sich die enorme Vielfalt der Erde veranschaulichen und ordnen?
- Welchen Beitrag leisten Geozonen-Modelle zur Orientierung? Wo liegen ihre Grenzen?
- **Geozone:** Wie lässt sich das Zusammenwirken verschiedener naturgeographischer Faktoren in den jeweiligen Geozonen konkretisieren?
- Worin unterscheidet sich das Leben und Wirtschaften in den verschiedenen Zonen?
- Worin begründet liegen Potenzial und Verletzbarkeit des mediterranen und des borealen Ökosystems?
- **System Erde:** Sind die Menschen für den Klimawandel im 20. und 21. Jahrhundert verantwortlich?
- Warum sind trotz der wissenschaftlichen Widersprüche Klimaschutzmaßnahmen sinnvoll?

1. Einteilung der Erde: Zonenmodelle als Mittel der Orientierung

Reisen um die Welt – eine erste Annäherung an die Zonierung der Erde

M0 **Karte der Reiserouten**

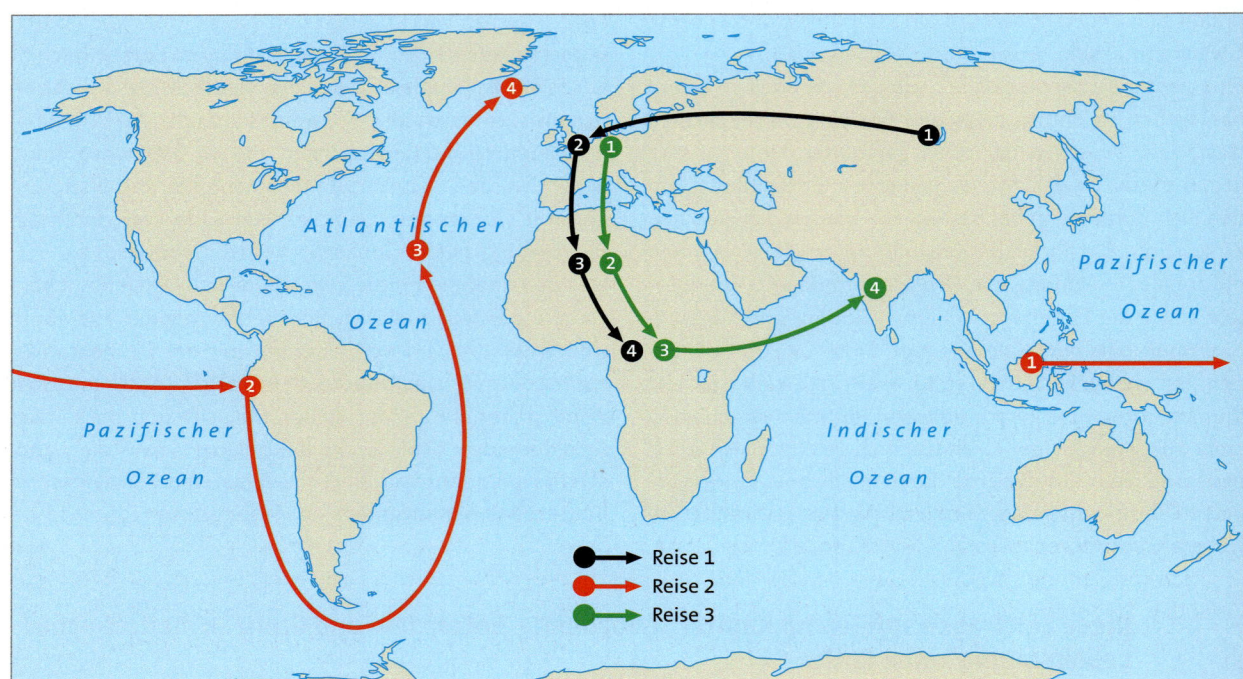

Around-the-World-Tickets verbinden Reiseziele rings um die Erde, ohne dass zwischen den Zielen zum Ausgangspunkt zurückgekehrt werden muss. Unser fiktives Reisebüro treibt diese Form des Unterwegsseins auf die Spitze: Möglichst binnen eines Monats – Januar oder Juli – sollen, soweit die Reisegeschwindigkeit das zulässt, sämtliche Ziele einer Route angesteuert werden. Zudem werden die Transportmittel variiert: Bei einer Reise ist das Flugzeug Mittel der Wahl, bei einer anderen ein Segelschiff und dann wiederum ein Heißluftballon.

Dies erfordert einige Vorbereitungen und Überlegungen: Welche Kleidung muss entsprechend des gewählten Reisezeitpunktes auf welche Reise mitgenommen werden? Sind die gewählten Verkehrsmittel beiden Reisezeiten – Januar und Juli – gewachsen? Ist das Reisen in physisch-geographischer Hinsicht abwechslungsreich? Informationen zu den jeweils vorherrschenden Temperatur-, Niederschlags- und ggf. Wind- und Strömungsverhältnissen sowie der vorherrschenden Vegetation finden Sie in den entsprechenden Atlaskarten.

Aufgaben

Reise 1: Sie reisen mit dem Flugzeug vom Baikalsee nach London. Anschließend fliegen Sie in die Sahara und steuern danach als letzte Station einen Flughafen im äquatorial-kontinentalen Afrika an. Erläutern Sie, welche Bekleidung sich entsprechend der Witterungsverhältnisse für die verschiedenen Stationen und Reisezeitpunkte in Ihrem Gepäck befinden sollte. Beschreiben Sie die vorherrschende Vegetation vor Ort.

Reise 2: Sie segeln von Borneo parallel zu den Breitenkreisen ostwärts durch den Pazifik und anschließend der südamerikanischen Küste folgend um Kap Hoorn. Durch den Atlantik fahren Sie dann nach Norden bis nach Island.

Erläutern Sie sowohl Ihre Bekleidungswahl entsprechend der verschiedenen Reisezeitpunkte als auch die jeweils vorherrschenden Verhältnisse von Meeresströmungen und oberflächennahen Winden, die beim Segeln von Belang sind.

Reise 3: Sie starten mit dem Ballon in Deutschland und fliegen nach Süden Richtung Sahara. Nach einem Rundflug über Zentralafrika geht es weiter über den indischen Ozean nach Indien.

Erläutern Sie, ob die bodennahe Zirkulation zu beiden Reisezeiten geeignet ist, um Sie im Ballon, getrieben nur vom Wind, an Ihr Ziel zu bringen.

1. Erstellen Sie für die jeweilige Reiseroute einen kleinen Reiseführer mit aussagekräftigen Fotos und Kurzinformationen. Auf dieser Grundlage sollen die Reisenden einen ersten Eindruck von den jeweils vier Stationen und Gegenden auf der Reiseroute gewinnen können.

2. Konzipieren Sie nun einen Reiseführer für eine Amerika-Tour mit Venezuela als Start und mit Kalifornien als Ziel. Die Teilnehmer sollen auf dieser Tour einen Eindruck von der Vielfalt der Neuen Welt gewinnen.

1.1 Globale Vielfalt veranschaulichen – von Kontinuen zur Zonierung

Die Erde kann mit einer enormen Vielfalt aufwarten (M 1). Die Ursachen ergeben sich vor allem aus den globalen Unterschieden der Einstrahlung und den daraus folgenden Prozessen der globalen Zirkulation (→ Grundinformation: Klimagrundlagen und Windsysteme, S. 64 ff.).

Grundsätzlich zeichnet sich infolgedessen jeder Ort der Erde durch bestimmte Jahresgänge von Temperatur und Niederschlag aus, die wiederum weitere Geofaktoren und deren Zusammenspiel beeinflussen. Diese Vielfalt kann mithilfe von Zonenmodellen geordnet werden.

M 1 **Beispiele für die Variationsbreite der irdischen Vielfalt: Regenwald und Polargebiete**

Tropischer Regenwald in Paraguay

Packeis vor der Nordküste Alaskas (Polarmeer)

Klassischerweise werden Klimaelemente wie Temperatur und Niederschlag vor Ort an Klimastationen gemessen. In der Summe ergibt sich ein Raster aus Punkten, deren aktuelle Wetterdaten bekannt sind, wobei sich durch Verrechnung der bisherigen Messwerte Aussagen treffen lassen über langfristige Klimaverhältnisse an den entsprechenden Orten (M 2). Klimastationen sind im gewissen Maße aussagefähig für die nähere Umgebung. Unterschiede zwischen Klimastationen wiederum erlauben Aussagen über lokale Differenzen im Klima. Wenn die Daten mehrerer beieinanderliegender Klimastationen verrechnet und in Vergleich zu weiter entfernten Gruppen von Stationen gesetzt werden, erlauben sie zudem Aussagen über globale Unterschiede. Es stellt sich dabei jedoch die Frage, welche Stationen tatsächlich zusammenge-

fasst werden können. Tatsächlich weisen nahezu alle Stationen Unterschiede in ihren Daten auf. Es existieren zwischen den Stationen keine Sprünge in Temperatur oder Niederschlag, sondern kontinuierliche Übergänge und gegebenenfalls zusätzliche kleinräumigere Variationen, die das Raster der Klimastationen nicht erfassen kann. Klimaunterschiede bestehen daher in einer Art Kontinuum mit lokalen Variationen (M 3). In der globalen Perspektive können natürlich deutliche Unterschiede erkennbar werden, wenn zwei weit auseinanderliegende Punkte herausgegriffen werden. Die räumlich durchgehende Erfassung von Klimadaten der Erdoberfläche durch Satelliten in jüngerer Zeit verdeutlicht diese kontinuierliche Ausprägung.

M 2 Beispiel für die Verteilung von Klimastationen

M 3 Kontinuen globaler Temperaturunterschiede (Jahresdurchschnitt)

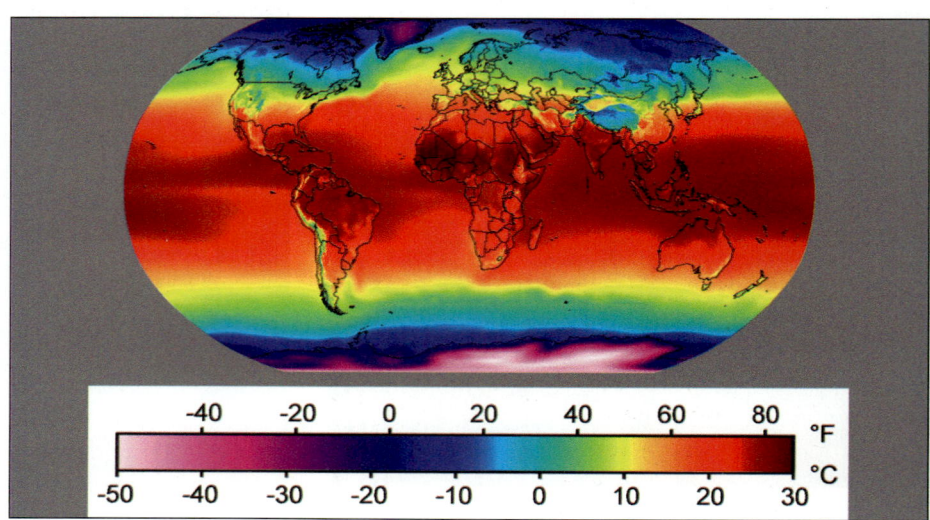

Wenn nun aber in der fachlichen und alltäglichen Kommunikation über Klima gesprochen werden soll, so kann die kontinuierliche Darstellung nachteilig sein: Immer müssten für einen konkreten Ort entsprechende Angaben über den jährlichen Verlauf der Klimadaten zur Hand sein. Es müsste beständig daraus abgeleitet werden, was dies für den spezifischen Ort bedeutet. Zugleich würden lokale Besonderheiten vermehrt ins Gewicht fallen. Klimazonen haben sich daher als hilfreich erwiesen, die Kommunikation über Klima entschieden zu vereinfachen. In der Bezeichnung einer Klimazone kann nun eine prägnante, allgemein wiedererkennbare Darstellung der Gegebenheiten kommuniziert werden, wie beispielsweise in der Bezeichnung „Sommerheißes Kontinentalklima" deutlich wird.

Information: Wichtige Grundbegriffe

Klimazonen sind Regionen ähnlichen Klimas, die durch Klimaunterschiede voneinander abgegrenzt werden. Durch Unterschiede in der solaren Einstrahlung auf der Erdoberfläche sind sie in der Regel ringförmig parallel zu den Breitenkreisen angeordnet. Regionale Differenzierungen sind bedingt durch die Verteilung von Landmassen, Gebirgen, Wasseroberflächen und lokalen Windsystemen. Grenzen zwischen den Klimazonen werden über Grenzwerte von Klimaelementen gesetzt. Auch wenn hierbei Besonderheiten wie steile Gradienten der Werte der Klimaelemente berücksichtigt werden, ist die genaue Grenzwertsetzung ebenso menschgemacht wie die Entscheidung über die Anzahl der zu differenzierenden Zonen. Die in einer Klimakarte (M4) eingezeichneten Grenzen zwischen den Zonen existieren daher nicht tatsächlich, sondern dienen der Veranschaulichung und Abgrenzung, um die Kommunikation über die Thematik des Klimas zu erleichtern.

Geozonen (auch: Landschaftszonen, Geoökozonen, Ökozonen) (M 5) sind bedingt durch klimatische Differenzen und unterscheiden Regionen in der Regel nach der erwartbaren Vegetation. Auch hier sind tatsächlich Kontinuen und Übergänge vorzufinden anstatt abrupter Grenzen, wie sie in der Darstellung von Geozonen erscheinen. Hinzuzufügen ist, dass die Zonierung in der Regel der natürlichen Vegetation entspricht und das tatsächlich wahrnehmbare Bild vor Ort, das durch Wirken des Menschen entstanden ist, nicht berücksichtigt.

Geoökosysteme (auch: Geosysteme) sind stofflich und energetisch offene Systeme des funktionalen Zusammenwirkens von unbelebten und belebten Geofaktoren. Systeme grenzen sich durch internes Zusammenwirken von ihrer Umwelt ab. Geoökosysteme sind eine Stütze für das Vornehmen von Zonierungen, da sie im Idealfall als identisch mit einer jeweiligen Geozone verstanden werden können. Ein Beispiel für ein Geoökosystem ist der tropische Regenwald (M 6). Stoffkreisläufe im tropischen Regenwald stellen eine für dieses System spezifische Art des Zusammenwirkens dar, die beispielsweise nicht in Steppengebieten funktionieren würde. Dennoch ist die scharfe Abgrenzung von Systemen und damit Geozonen nicht ohne Weiteres möglich und letztendlich modellhaft, denn Systeme stehen stets im offenen Austausch von Energie und Materie mit ihrem Umfeld. Der tropische Regenwald etwa erhält Einstrahlung von der Sonne und stellt eine globale CO_2-Senke dar. Zugleich ändern sich Funktionsweisen in den Randlagen kontinuierlich und die Interaktion mit umliegenden Systemen nimmt zu. Das herausgelöste Betrachten eines Systems durch die Auswahl einzelner Beziehungen und das Ausschließen anderer ermöglicht ein idealtypisches Verstehen. Auf Basis dieses Verständnisses wird das Vornehmen von Zonierungen unterstützt. Das System Regenwald abzugrenzen bedeutet somit, es auf Basis des allgemein vermittelten Verständnisses dieses Systems an andere Personen kommunizierbar zu machen.

M4 Klimazonen der Erde (nach Neef, vereinfacht)

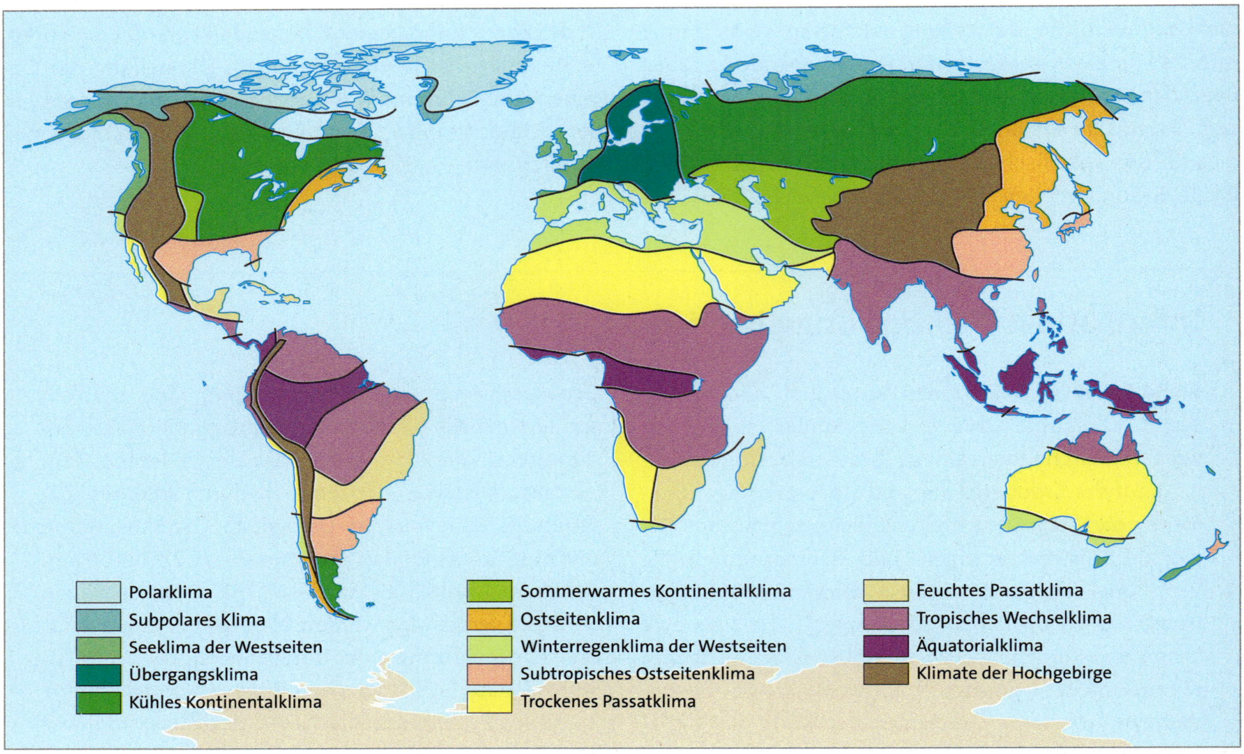

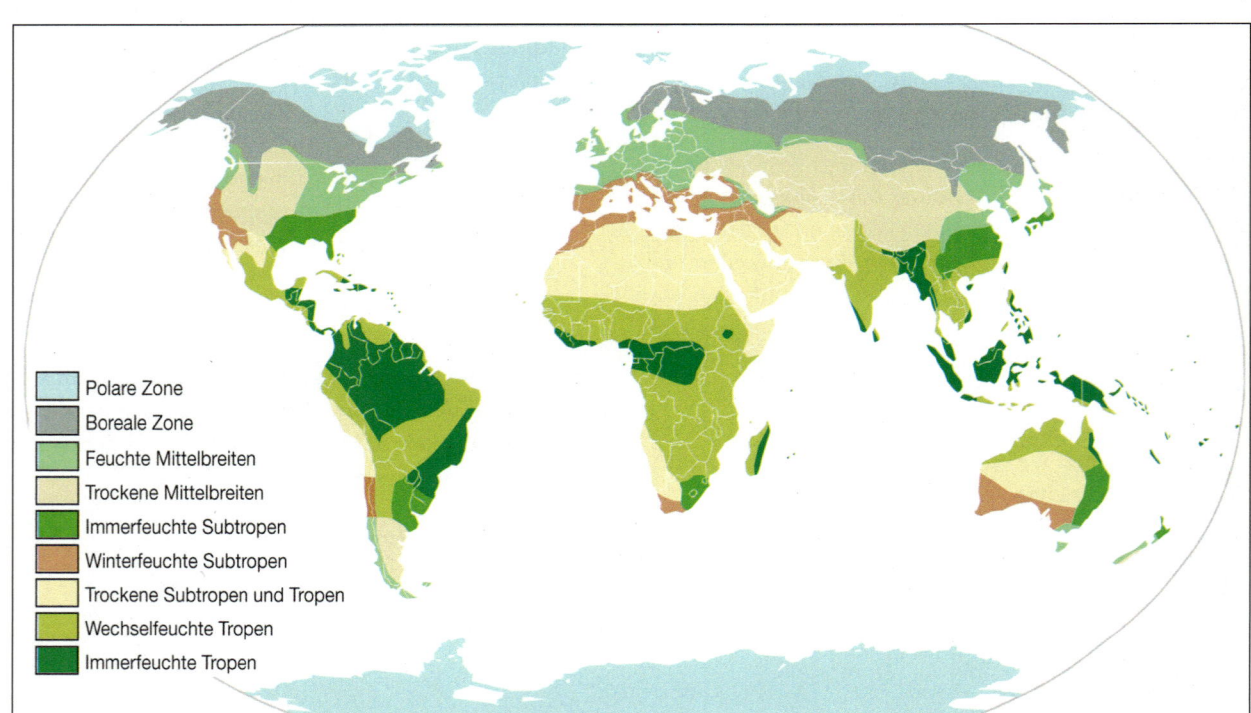

Polarklima
Subpolares Klima
Seeklima der Westseiten
Übergangsklima
Kühles Kontinentalklima

Sommerwarmes Kontinentalklima
Ostseitenklima
Winterregenklima der Westseiten
Subtropisches Ostseitenklima
Trockenes Passatklima

Feuchtes Passatklima
Tropisches Wechselklima
Äquatorialklima
Klimate der Hochgebirge

(Nach: Matthias Forkel; www.klima-der-erde.de)

M5 Geozonen der Erde

Polare Zone
Boreale Zone
Feuchte Mittelbreiten
Trockene Mittelbreiten
Immerfeuchte Subtropen
Winterfeuchte Subtropen
Trockene Subtropen und Tropen
Wechselfeuchte Tropen
Immerfeuchte Tropen

M6 Schematische Darstellung des Kreislaufs im Geoökosystem Regenwald

ganzjährig hohe Temperaturen, immergrüne Bäume, andauernder Blattfall, sehr hohe Niederschläge

Baumriesen (bis 60 m)

Baumschicht (bis 40 m)

Blattfall

Strauchschicht (bis 5 m)

Krautschicht (bis 1,5 m)

Bodenschicht

0 m

−10 m   Pilzgeflecht (Mykhoriza) und   Flachwurzeln nehmen   Humusschicht ist
         Kleinlebewesen zersetzen   Nährstoffe sofort   sehr dünn
         schnell alle toten Pflanzenteile. wieder auf.   (ca. 15−30 cm)

−20 m

−30 m   Nährstoffreiches Gestein erst in 20−30 m   über Jahrhunderte ausgewaschene,
         Tiefe, Wurzeln reichen nicht so tief.   nährstoffarme Böden

M7 a–c Klimadiagramme der Stationen Moosonee, St. Louis, Charleston

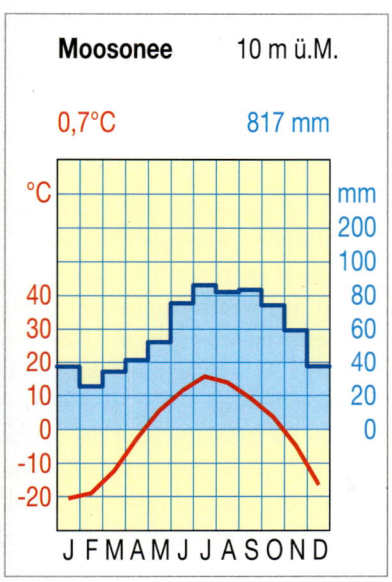

Moosonee   10 m ü.M.

0,7°C   817 mm

°C / mm
200, 100, 80, 60, 40, 20, 0
40, 30, 20, 10, 0, -10, -20

J F M A M J J A S O N D

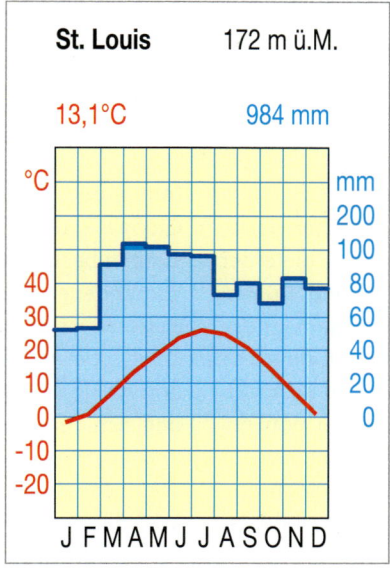

St. Louis   172 m ü.M.

13,1°C   984 mm

°C / mm
200, 100, 80, 60, 40, 20, 0
40, 30, 20, 10, 0, -10, -20

J F M A M J J A S O N D

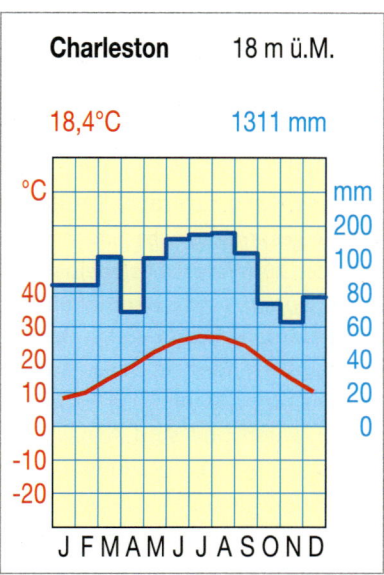

Charleston   18 m ü.M.

18,4°C   1311 mm

°C / mm
200, 100, 80, 60, 40, 20, 0
40, 30, 20, 10, 0, -10, -20

J F M A M J J A S O N D

M 8 Globale Einbettung des Geoökosystems Regenwald

Globale CO$_2$-Senke mit entsprechenden Auswirkungen auf den Treibhauseffekt

Sauerstoffproduzent

Durch geringe Albedo (Rückstrahlungsvermögen) Auswirkungen auf den globalen Strahlungshaushalt

Wasserspeicher, reduziert Überschwemmungen und puffert Erosion

Umfangreicher Genpool mit potenzieller Verwertung (z. B. Arzneimittel)

Aufgaben

1. Erklären Sie, warum Klima- und Geozonen Modellvorstellungen sind und warum sie zugleich sinnvolle Instrumente der Kommunikation darstellen.

2. Stellen Sie Hypothesen über die Einordnung der Klimastationen M 7a – c in Klimazonen auf. Verorten Sie die Stationen anschließend mithilfe des Atlasses und dann mithilfe der Klimazonenkarte nach Neef (M 4 bzw. Atlas). Treffen die Unterschiede zwischen den Stationen mit ihrer Einordnung in Klimazonen zusammen? Welche Aussagen über Grenzziehungen zwischen und Eigenschaften von Klimazonen lassen sich aus den Unterschieden und Gemeinsamkeiten der Stationen treffen?

3. Stellen Sie Vermutungen über den Sinn von Geozonen an vor dem Hintergrund, dass die natürliche Vegetation ohnehin in weiten Teilen nicht mehr existiert.

4. Beschreiben Sie die Ausprägung der Geofaktoren im Geoökosystem tropischer Regenwald und benennen Sie deren Wechselbeziehungen mithilfe von M 6.

5. Erläutern Sie mithilfe von M 8 die globale Vernetzung des Systems Regenwald und diskutieren Sie die These, dass damit das System Regenwald auch maßstabsgrößeren, übergreifenden Systemen zugeordnet werden kann.

1.2 Mensch und Geozonen

Der Mensch und natürliche Bedingungen

Fast die gesamte Erdoberfläche ist vom Menschen besiedelt oder zumindest besiedelbar. Sehr kalte Gebiete der Polarregionen, große Berghöhen der Anden und Wüsten wie in Nordafrika sind einige Beispiele für scheinbar unwirtliche Gegenden, in denen sich der Mensch dennoch verorten kann. Somit ist er in allen Geozonen sesshaft. Hierfür waren und sind Anpassungsstrategien notwendig: Der Speiseplan der Inuit sah seit jeher eine eiweißreiche Ernährung, vorrangig aus tierischen Proteinen, vor. Traditionelle Behausungen aus Stroh und Lehm in Wüstengebieten sind an die Hitze angepasst und halten das Innere der Häuser kühl. Auch heute spiegeln sich trotz Globalisierung und weltweitem Warenhandel Anpassungen beständig wieder. Zwar kann die Technologie die vorhandenen Bedingungen derart kompensieren helfen, dass sie im alltäglichen Leben kaum mehr ins Gewicht fallen, aber auch die jeweilige Technologie reflektiert die unterschiedlichen Bedingungen: Augenfällig ist etwa der ungleich verteilte Bedarf an Klimaanlagen auf der einen und an Heizungsanlagen auf der anderen Seite in verschiedenen Regionen oder, besonders simpel, die unterschiedlichen Eigenschaften von Kleidung, um warm zu halten oder einer Überhitzung entgegenzuwirken.

Geodeterminismus als Ansatz mit begrenzter Reichweite

Diese Anpassungsstrategien sind aber vom Geodeterminismus abzugrenzen. Jene traditionelle Denkart der Geographie ging davon aus, dass die Natur die Lebensweise des Menschen formt, seine Handlungsmöglichkeiten begrenzt und sogar seine Charaktereigenschaften determiniert (M 9). In traditionellen Gesellschaften ist die Abhängigkeit von den natürlichen Bedingungen aufgrund einer geringeren technologischen Entwicklung stärker; andererseits existiert seit jeher eine Vielfalt an Möglichkeiten, mit ein und denselben Bedingungen umzugehen. Selbstverständlich haben sich einige besonders erfolgreiche Formen des Umgangs mit den natürlichen Bedingungen etabliert, erhalten und verbreitet. Diese Möglichkeiten sind jedoch nicht ein für alle Mal festgelegt, sondern stetig entwickelbar. Zugleich wirken zahlreiche weitere Faktoren, die die Lebensqualität der Menschen beeinflussen: In einer spezifischen Geozone können Menschen im wirtschaftlichen Überfluss ebenso wie am Rande des Existenzminimums leben. Gerade im Zeitalter der Globalisierung hängen die Geschicke einer Region mehr und mehr von nicht lokalen Faktoren ab, sodass die Wirksamkeit der Geofaktoren nur noch eine Determinante unter vielen darstellt.

Veränderungen in Geozonen durch den Menschen

Die klassische Gliederung der Erde in Geozonen ist gebunden an die potenzielle Vegetation und hiermit an die funktionalen Zusammenhänge natürlicher Systeme. Diese Gliederung macht insofern Sinn, als dass sich damit die Leistungsfähigkeit eines Geoökosystems darstellen lässt. Damit werden zugleich die wünschenswerten Grenzen von anthropogenen Veränderungen aufgezeigt: Die Geoökosysteme der Erde können nur bis zu einem gewissen Maße anthropogene Veränderungen kompensieren, ohne ihre funktionalen Zusammenhänge mit gravie-

renden Folgen für das irdische Leben zu ändern und aus dem Gleichgewicht zu geraten. Menschliches Eingreifen ist somit immer ein Abwägen zwischen einer den menschlichen Bedürfnissen geschuldeten Entwicklung und einem Erhalt der bestehenden Systeme, was den Begriff der Nachhaltigkeit anreißt. Allerdings gibt es immer mehrere Wege der Entwicklung: So kann Energiebedarf durch fossile Brennstoffe, deren Verbrennung den Klimawandel verstärkt, ebenso befriedigt werden wie durch erneuerbare Energiequellen.

M 9 Definitionen zum Geodeterminismus

„Geodeterminismus – häufig auch synonym für Umwelt- oder Naturdeterminismus verwendet – ist ein Sammelbegriff für Ansätze geographischer Forschung, welche die kausale (Vor-)Bestimmtheit menschlichen Handelns durch den Raum bzw. die Natur postulieren. Gemäß der Grundthesen des Geodeterminismus sind alle menschlichen Kulturen und Gesellschaften als Ausdrucksformen natürlicher Bedingungen anzusehen und ursächlich auf diese zurückzuführen."

(Benno Werlen, Sozialgeographie, Stuttgart (UTB/Haupt) 2000, S. 383)

„Die geodeterministische Konzeption geht von der Vorstellung aus, dass der Raum die Leute forme, die in ihm leben, bis hin zu ihren ‚Mentalitäten' und ihren gesellschaftlichen Strukturen. Der Ursprung dieser Vorstellung liegt in einem naiven Materialismus, der dem physischen Raum eine Wirkung auf die Gesellschaft zuschreibt und der sich in vulgarisierter Form beispielsweise in Reiseführern unter der Rubrik ‚Land und Leute' bis heute oft ungebrochen findet."

(Christian Schmid, Stadt, Raum und Gesellschaft, Stuttgart (Franz Steiner Verlag) 2005, S. 294)

M 10 Deutschland und Norwegen im Vergleich

Indikator	Deutschland	Norwegen
BIP ($) pro Einwohner	38 100	53 400
Urbanisierungsgrad (%)	74	79
Säuglingssterblichkeit je 1 000 Neugeborene	3,5	3,5
Ärzte je 1 000 Einwohner	3,5	4,1
Alphabetisierung (% der Bevölkerung über 15 Jahre)	99	100
Mobiltelefone pro 1 000 Einwohner	1 321	1 161
Internetnutzer pro 1 000 Einwohner	797	895

(Daten zusammengestellt nach: CIA World Fact Book 2012)

M 11 Landwirtschaft in Indien

Beispiel: Landwirtschaft in Indien – zwischen Tradition, Grüner Revolution und der Frage nach Nachhaltigkeit

Indien liegt in der tropischen Klimazone. Weite Teile des Subkontinents sind von einem wechselfeuchten Klima der periodischen Regenfälle des Monsuns geprägt, wo-
5 durch Reis, gefolgt von Weizen, angebaut werden kann. Die nordwestlichen Gebiete wiederum sind eher trocken, sodass hier der Hirseanbau vorherrscht. Da trotz einer Dominanz der Landwirtschaft als Wirtschaftssektor
10 Mangelernährung und Hungersnöte im 20. Jahrhundert verbreitet waren, sollte die „Grüne Revolution" – ein auf die Landwirtschaft ausgerichtetes Entwicklungspro-gramm, gestartet in den 1960er-Jahren – die traditionelle Landwirtschaft innovieren. Der Einsatz von Hochleis-
15 tungssaatgut, darauf abgestimmten Schädlingsbekämp-fungsmitteln, landwirtschaftlichen Maschinen sowie ei-ne Ausweitung der Bewässerung steigerten die Erträge und reduzierten den Hunger. Zugleich wurden ökono-mische Disparitäten, etwa zwischen ärmeren und rei-
20 cheren Bauern, erhöht, da sich nicht jeder den massiven technologischen Einsatz leisten konnte. Zudem wird die Umwelt fortlaufend angegriffen. Heutige technologische Neuerungen zeichnen sich durch die Entwicklung von leistungsfähigem, schädlingsresistentem Saatgut durch Gentechnologie aus, was nicht nur Erträge erhöht, son- 25 dern als Folge der Lukrativität auch zu einer Erweiterung von Anbauflächen führt, etwa im Falle des industriellen Rohstoffs und Exportguts der Baumwolle. Allerdings ge-raten viele Bauern sowohl durch die Grüne Revolution als auch durch die aktuellen technologischen Entwick- 30 lungen der Landwirtschaft in Abhängigkeiten, da das ver-wendete Saatgut entweder steril ist oder sie Teile der Ern-te rein rechtlich nicht wieder aussäen dürfen. Vielmehr kann jede Missernte zum Risiko werden, nicht nur nicht mehr die eigene Versorgung sicherstellen, sondern auch 35 den finanziellen Verpflichtungen aus dem Saatguthandel nicht mehr nachkommen zu können. Zugleich werden natürliche Ressourcen, wie eine begrenzte Menge an Grundwasser, durch das aktuelle Saatgut und die Auswei-tung der Anbaufläche nicht nachhaltig genutzt, sondern 40 schrumpfen vielerorts.

(Autorentext)

Aufgaben

1 Deutschland und Norwegen sind ähnlich entwickelte Staaten (M 10), zugleich aber unterscheiden sie sich in den mittleren Werten ihrer Klimaelemente. Beschreiben Sie die klimatischen Unterschiede im jährlichen Verlauf. Sammeln Sie auf dieser Basis und aus Ihren Erfahrungen heraus unterschiedliche natürlich bedingte Herausforderungen, denen im Alltag durch Technologie und andere Strategien begegnet werden muss (mögliche Aspekte: Versorgung mit Nahrungsmitteln, Transportwesen).

2 Tragen Sie in einer Tabelle Beispiele aus mehreren Regionen der Erde aus Ihrer eigenen Erfahrung/ Ihrem Vorwissen/den Nachrichten zusammen, die verdeutlichen, dass sich das Leben in verschie-denen Regionen hinsichtlich Kategorien wie Wohnen, Nahrungsversorgung, Zusammenleben, Bedro-hung/Gefahren etc. unterscheidet. Bewerten Sie für jedes Beispiel sowohl den Einfluss natürlicher Bedingungen als auch den Handlungsspielraum und die Gestaltung durch den Menschen.

3 M 9 definiert den Begriff des Geodeterminismus und zeigt dabei seine Grundgedanken auf. Schreiben Sie eine Entgegnung zu der Argumentation des Geodeterminismus. Finden Sie dabei Formulie-rungen, die sowohl menschliches Gestalten als auch Herausforderungen der Natur berücksichtigen.

4 Beschreiben Sie, wie in Indien natürliche Bedingungen und Technologie in der Landwirtschaft zusam-menwirken (M 11). Visualisieren Sie Ihre Überlegungen in einer Concept Map. Eine Concept Map nennt wichtige Begriffe (Ereignisse, Gegenstände und Akteure) eines Themas und verbindet sie auf vielfältige Weise mit Pfeilen. Die Pfeile zeigen Abhängigkeiten, Zusammenhänge, Folgen und zeitliche Entwicklungen an und werden entsprechend beschriftet.

5 Sammeln Sie mindestens fünf Beispiele für menschliche Eingriffe in die Natur, die Geoökosysteme klein- oder großräumig, kurz- oder langfristig verändern, und sammeln und bewerten Sie Alternativen zu diesen Eingriffen.

1.3 Grenzen von Zonierungen und Alternativen

Die Notwendigkeit von Geozonen zur Vereinfachung der Orientierung und Kommunikation wurde bereits aufgezeigt. Auch wurde die gewisse Subjektivität ihrer Einteilung deutlich. Im Folgenden werden die Bedingungen der Zonierung noch einmal genauer unter die Lupe genommen und hinterfragt.

Geozonen schließen nicht alle möglichen bedeutsamen Faktoren ein: Geozonale Gliederungen können auf Basis unterschiedlicher Faktoren vorgenommen werden. Zwar bestehen Zusammenhänge zwischen vielen Faktoren, aber dennoch sind sie in ihrer Wirkung nicht vollständig austauschbar. Einen guten Eindruck über die Situation vor Ort können vor allem jene Zonierungen liefern, die mehrere Faktoren miteinander kombinieren. Doch auch hier muss genau nachgefragt werden, welche Faktoren in welcher Form einbezogen wurden, insbesondere, wenn eine bestimmte Fragestellung beantwortet werden will. Wenn menschliches Wirken ins Spiel kommt, wächst die Vielfalt an Einflussfaktoren, die Auswirkungen auf das Leben vor Ort haben, stark an. Beispielsweise kann eigentlich fruchtbares Ackerland ungenutzt sein, wenn gewaltvolle Konflikte die Nutzung unmöglich machen.

Geozonen blenden aufgrund ihrer Abgrenzung große Zusammenhänge teilweise aus: Beispielsweise bestehen regionale Besonderheiten im Niederschlag, die in einer geozonalen Gliederung abgebildet werden können, nicht nur aufgrund der Lage zum Meer, sondern auch aufgrund bestehender Windsysteme. Diese allerdings überschreiten Zonengrenzen, unterliegen einer kontinuierlichen Ausprägung und Veränderung und sind demzufolge nicht in der zonalen Gliederung ersichtlich. Das Wissen über ihr übergreifendes Wirken muss hinzugefügt werden, um die Ursachen zonaler Unterschiede zu verstehen.

Geozonen blenden lokale Besonderheiten aus: Um zusammenhängende Geozonen bilden zu können, sind Vereinfachungen notwendig. Insbesondere müssen Geozonen Regionen homogenisieren, das heißt die in ihnen bestehenden verschiedenen Ausprägungen von Geofaktoren nivellieren und einander angleichen. Damit werden, als Preis für eine einfachere Kommunikation, lokale Besonderheiten und Unterschiede ignoriert.

Geozonen basieren auf subjektiv gesetzten Grenzwerten: Schon bei der Darstellung eines Geofaktors, der sich in verschieden steilen Kontinuen auf der Erdoberfläche ändert, stellt sich die Frage, wo denn nun die Grenze zwi-

schen zwei Zonen zu ziehen sei. Komplexer wird die Problematik noch, wenn verschiedene Faktoren zusammen dargestellt werden, die sich nicht unbedingt immer in funktionaler Abhängigkeit oder proportional zueinander ändern. Letztendlich ist bei jeder Abgrenzung eine gewisse Willkür im Spiel. Mathematische Modelle, die beispielsweise besonders starke Veränderungen eines Faktors berücksichtigen, können bei der Abgrenzung helfen. Gerade aber bei der Betrachtung von Orten nahe von Zonengrenzen ist weiterhin Vorsicht geboten, da sie bereits im Einflussbereich der für die Nachbarzone charakteristischen Merkmale liegen können.

Die Anzahl von Zonen in einem Modell ist in Teilen willkürlich: Wie viele Zonen letztendlich unterschieden werden, ist das Problem der aus der Statistik bekannten Klassenbildung: Zum einen grenzen die angesprochenen Grenzwerte die Zonen im Sinne von Klassen voneinander ab. Zum anderen aber hängt die Setzung der Grenzwerte auch davon ab, wie viele Zonen überhaupt unterschieden werden sollen. Eine hohe Anzahl ermöglicht eine genauere Beschreibung der Orte, aber reduziert wiederum die Orientierungsfunktion und Erleichterung der Kommunikation. Daher sind Kompromisse notwendig. Entscheidungshilfe bieten die bereits im Zuge der Grenzwerte diskutierten mathematischen Modelle sowie Überlegungen zur funktionalen, also systemischen Abgrenzung von Zonen.

Die grafische Darstellung einer Zonierung ist vielfältig: Die Darstellung einer Zonierung in einer Weltkarte beispielsweise kann mittels einer großen Vielfalt an Farbgebungen und grafischen Elementen realisiert werden, die die Wirkung und Lesbarkeit der Zonierung beeinflussen können. Geographische Informationssysteme ermöglichen hierbei eine größere Flexibilität für den Konsumenten, da dieser einzelne Einstellungen eigenständig variieren kann.

Alternative Zonierungen

Die vielfältigen Möglichkeiten der Abgrenzung von Geozonen machen deutlich, dass auch andere Zonierungen als die bisher vorgestellten denkbar sind. Eine alternative Zonierungsmöglichkeit ist beispielsweise die nach übergreifenden Funktionen von Geoökosystemen, sodass die resultierenden Zonen nicht einmal mehr zusammenhängend oder in denselben Klimazonen liegen müssen. So können sämtliche Wälder der Erde zum Geoökosystem Wald zusammengefasst werden, da alle Wälder CO_2-Senken sind, das Klima regulieren und Wasser und Luft filtern. Eine auf diesen Ideen basierende mögliche Zonie-rung soll in M 12 aufgezeigt werden. Ihre Besonderheit liegt darin, dass sie neben unterschiedlichsten Geofaktoren auch humangeographische Aspekte einbezieht und damit das klassische Modell der Geozonen erweitert.

M 12 Alternative Zonierung

Zone (Ausdehnung in Mio km²)	Beispielabbildung	Funktionen
Polarregionen (23)		Reguliert Weltklima durch hohe Albedo (Rückstrahlung); Lebensraum für Tiere; Schifffahrtswege; kommerzieller Fischfang; Fleisch-, Holz- und Torf-Lieferant
Wälder (42)		Kohlenstoffspeicher; Klimaregulierung; Filterung von Wasser und Luft; Reduktion von Erosion; Biodiversität; Ökotourismus; Lieferant für Holz, Papier, Brennstoffe, Nahrung, Arzneipflanzen sowie Material wie Rattan, Bambus, Gummi, Palmöl
Küstenzonen (17)		Vogel- und Fischbrutgebiete; Wasserfilterung; Korallenriffe mit hoher Biodiversität; Tourismus; Lieferant von Fisch und Meeresfrüchten
Weltmeere (349)		Kohlenstoffspeicher; Biodiversität; Wanderungsgebiet für Meeresbewohner; Transportweg (90 % des internationalen Warenhandels); Eiweißlieferant in Nahrung; kommerzieller Fischfang; Energiegewinnung durch Wind, Wellen, Wärme und Gezeiten; Wasservorrat (bei Entsalzung)

Zone (Ausdehnung in Mio km²)	Beispielabbildung	Funktionen
Inseln (7)		Sturmschutz durch Riffe und Mangroven; Biodiversität; Arzneimittelentwicklung u. a. mithilfe von Rifforganismen; Fischfang; Lieferant von Honig und Holz
Gebirge (36)		Schutz von Wasserscheiden; Trinkwasserquellen; Bodenerhalt durch Terassenanbau; Landwirtschaft (Kaffee, Tee, Reis, Bohnen, Kartoffeln, Quinoa, Maniok, Hirse); Biodiversität; Schutzgebiete für Tiere und Pflanzen; Tourismus; Wasserkraft
Flüsse, Seen (10)		Regulierung des Wasserkreislaufs; Ausgleich bei Sturmfluten; Wasserkraft; Transport; Abtransport und Absorption von Dünger und Schadstoffen; Grundwasserzulauf; Klimaregulierung; Trinkwasser; Fischfang und -zucht; Biomasse als Brennstoff; Torflieferant
Ackerland (35)		Nährstoffzufuhr durch Organismen; Bestäubung; Bodenbildung; Biodiversität; natürliche Schädlingsbekämpfung (sofern System intakt); Grundnahrungsmittel (Weizen, Reis, Mais); Obst und Gemüse; Züchtungen
Steppen (60)		Feuchtigkeitsspender; Artenvielfalt bei Pflanzen; Lebensraum für Wildtiere; Viehzucht; Tourismus; Nahrung (Getreide, Fleisch, Früchte, Nüsse, Gewürze); Materialien (Sisal, Baumwolle); Arzneirohstoffe
Stadtgebiete (4)		Effektiver Nah- und Radverkehr durch dichte Besiedlung; Wohnraum; vermeidet Zersiedlung; Grünflächen für Luft- und Wasserqualität; Wirtschaftskraft; kulturelle Diversität; Bildung und Kultur

(Nach: National Geographic, Planet Erde 2008. Unsere Welt im Wandel – Zahlen, Daten, Fakten, Collector's Edition Nr. 9, S. 56 f.; Text: Thomas Hayden)

Aufgaben

1 Begründen Sie das Vornehmen der Zonierung nach M 12 auf Basis von funktionalen Argumenten. Worin sehen Sie Grenzen und Mehrwert einer solchen alternativen Zonierung?

2 Vergleichen Sie die Klimaklassifikation nach Neef (M 4) mit der nach Siegmund/Frankenberg oder einer anderen (Atlas). Beschreiben Sie die Unterschiede und erklären Sie deren Zustandekommen.

3 Untersuchen Sie die Karte nach Neef hinsichtlich der aufgeführten Probleme der Zonierung. Finden Sie je Problemkategorie des Textes ein regional-thematisches Beispiel auf der Erde. Zeichnen Sie alternative Darstellungen in Form von Handskizzen, indem Sie die Zonierung oder Darstellung verändern oder weitere Aspekte hinzufügen. Beschränken Sie sich dabei auf einen kleinen Ausschnitt der Welt.

Methodenschulung

Auswertung einer Klimakarte

Angesichts der Vielfalt an Karten stellt ihre Auswertung hohe Anforderungen an den Betrachter und Nutzer. Er muss sich auf die Thematik und Gestaltung einer spezifischen Karte einstellen. Diese Vielfalt ist auch im Hinblick auf Klimakarten zu erkennen: Neben verschiedenen Systemen der Klimazonierung existieren auch diesen zugrunde liegende Niederschlags- und Temperaturkarten sowie prognostische Karten, wobei die konkrete Gestaltung je nach Quelle sehr variabel sein kann.

Handreichung zur Auswertung von Klimakarten

Eine Kartenauswertung muss immer an einer spezifischen **Fragestellung** ausgerichtet sein. Eine Auswertung um ihrer selbst willen macht angesichts der großen Menge an Informationen in einer Karte keinen Sinn. Vor dem Hintergrund der Klimazonenkarte M4 kann die Aufgabe etwa die grundlegende Beschreibung des Klimas einer Region mit ersten Hypothesen über die Ursachen dieser Ausprägung sein. Durch das Hinzuziehen weiterer Karten mit Daten zu den Klimaelementen Niederschlag und Temperatur können Beschreibung und Hypothesen zusätzlich gestärkt werden. Der **erste Schritt** der Kartenauswertung ist immer das Kartenlesen bzw. das Dekodieren. Hierbei werden die Signaturen (Punkt- und Flächensignaturen) mithilfe der Legende entschlüsselt und in die Dinge, die sie darstellen sollen, übersetzt. Das Ausmaß dieser Übersetzung orientiert sich bereits an der Aufgabenstellung, etwa hinsichtlich ausgewählter Regionen oder ausgewählter thematischer Aspekte. Auch im weiteren Verlauf der Auswertung kann immer wieder die Legende als Orientierung und Versicherung konsultiert werden.
Der **zweite Schritt** der Kartenauswertung ist die Karteninterpretation, die Ausdeutung der Informationen, die sich aus dem Kartenlesen ergeben haben, im Hinblick auf die Fragestellung. Es wird meist nach Ursachen gesucht, warum an einem spezifischen Ort bestimmte Gegebenheiten zu finden sind. Hierbei spielen räumliche Zusammenhänge von Dingen – an einem Ort und in Verbindung mit anderen Orten – eine große Rolle. Wichtig ist es zudem, immer kritisch zu fragen, ob die Karte genügend Informationen zur Beantwortung der Fragestellung beinhaltet. In den meisten Fällen müssen zu einer Karteninterpretation Vorwissen und gegebenenfalls weitere Quellen, wie beispielsweise zusätzliche Karten, herangezogen werden.

Fragestellung: Wie lassen sich die vielfältigen Ausprägungen der Klimazonen Südamerikas erklären?

Zunächst werden in der Karte M13 (als Ausschnitt aus M4) anhand der Legende die vorhandenen Klimazonen identifiziert: Südamerika umfasst eine besonders große Varianz von der Übergangs- bzw. gemäßigten bis zur tropischen Zone. Zusätzliche Karten im Atlas zu Jahresniederschlägen und Jahresdurchschnittstemperatur in Südamerika begründen mit den (zonal) erkennbaren Unterschieden diese Zonierung. Informationen aus dem Vorwissen helfen wiederum, diese Unterschiede zu erklären: Während sich der Norden Südamerikas um den Äquator schließt, mit den spezifischen Konsequenzen eines äquatorialen Klimas, reicht die südliche Spitze bis weit über 50° südlicher Breite hinaus. Eine weitere Besonderheit stellen die in der Klimazonenkarte gesondert als Hochgebirgsklimate ausgewiesenen Anden dar. Im Detail wird zudem deutlich, dass auch die Küstenregion westlich der Anden mit stark ausgeprägten Trockengebieten, die sich längs zu den Breitenkreisen ausrichten, einer Besonderheit unterliegt. Trockene Ostwinde und kalte Meeresströmungen sind die Ursache dieser Wüste im Schatten der Anden (vgl. Karten zu globalen Meeresströmungen und Windsystemen im Atlas). Eine auffällige Limitation dieser Karte allerdings besteht darin, dass sie die vertikale Gliederung der Klimate der Hochgebirge nicht erfassen kann. Die Darstellung des eigentlich dank verschiedener Höhenlagen vielfältigen Klimas der Hochgebirge ist daher sehr vereinfacht. Hierzu sind andere Darstellungen notwendig, nicht die zonale klimatische Gliederung auf der Erdoberfläche, sondern die vertikale der Hochgebirge, die beispielsweise die Auswirkungen des Temperaturabfalls mit der Höhe verdeutlicht (M14).

M13 **Südamerika in der Klimakarte**

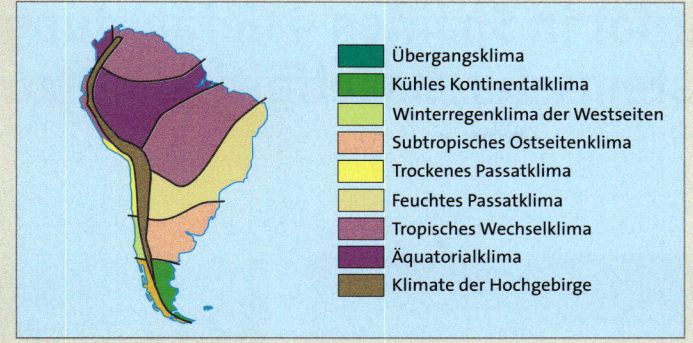

- Übergangsklima
- Kühles Kontinentalklima
- Winterregenklima der Westseiten
- Subtropisches Ostseitenklima
- Trockenes Passatklima
- Feuchtes Passatklima
- Tropisches Wechselklima
- Äquatorialklima
- Klimate der Hochgebirge

(Nach: Matthias Forkel; www.klima-der-erde.de)

M14 **Höhenstufen als Beispiel vertikaler Zonierung**

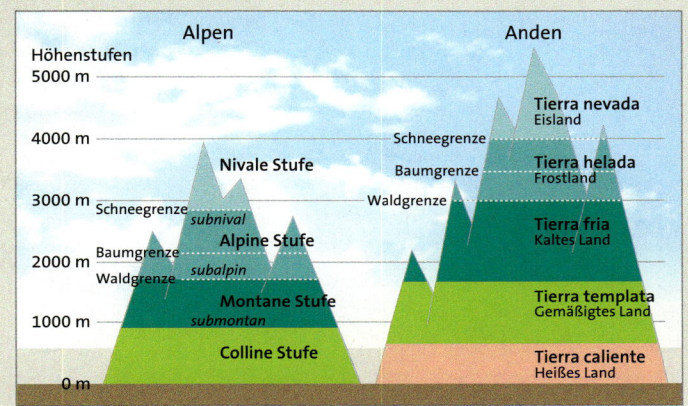

(Grafik nach: Matthias Forkel; www.klima-der-erde.de)

Alpen

Nivale Stufe: Fels, Schnee/Eis, Pioniervegetation

Alpine Stufe: Matten (Gräser, Kräuter), Zwergsträucher

Montane Stufe: Gebirgswald (Nadelwald)

Colline Stufe: sommergrüner Laubwald

Anden

Eisland: Fels, Schnee/Eis, Pioniervegetation

Frostland: Gräser, Kräuter, Zwergsträucher

Kaltes Land: tropischer Höhen- und Nebelwald

Gemäßigtes Land: tropischer Bergwald

Heißes Land: tropischer Regenwald

Aufgaben

1 Erklären Sie die unterschiedlichen Ausprägungen der vertikalen zonalen Gliederung der Alpen und der Anden unter Bezugnahme auf ihre globale Einordnung.

2 Werten Sie die Weltkarte der Klimazonen (Atlas und S. 40, M 4) hinsichtlich der Beispielregion Afrika mit besonderem Augenmerk auf Erklärung der jeweiligen Lage der Klimazonen und ihrer spezifischen Charakteristika aus.

3 Formulieren Sie lohnende Fragestellungen rund um die Auswertung einer Klimazonenkarte, die den Einbezug weiterer Quellen neben den im Beispiel verwendeten Karten notwendig machen. Beziehen Sie hierbei physisch-geographische Charakteristika unterschiedlicher Klimate sowie potenzielle humangeographische Konsequenzen dieser Charakteristika mit ein.

Methodenschulung

2. Wassernot in Spanien – Gefährdung eines labilen Ökosystems durch vielfältige Nutzungskonflikte

M1 Fakten über Spaniens Wasserhaushalt, -verbrauch und -ressourcen

- EU-Land mit großen Problemen in der Wasserversorgung
- Mehr als 1 200 Staudämme zur Versorgung der Wohnbevölkerung, Touristen und Bewässerungsregionen
- 171 Liter Wasser pro Einwohner am Tag (Weltrangliste Platz 6)
- Überdurchschnittlicher Wasserverbrauch mit 2 461 m³ pro Einwohner und Jahr (2011) (vgl. globalen Durchschnitt im Wasserfußabdruck bei 1 385 m³/Einwohner/Jahr, s. M 2)
- Versorgung von 2/3 aller Gemeinden Spaniens aus Grundwasserreserven

- Höchster Wasserverbrauch (> als 65 %) entfällt auf landwirtschaftliche Nutzung.

Fakt ist aber auch:

- Abnahme der durchschnittlichen Niederschlagsmenge um etwa acht Prozent (Zeitraum 1931 bis 2005)
- Hohe Niederschlagsvariabilität in Winterhalbjahren in Südspanien
- Hohes Dürrerisiko in Zentral- und Südspanien
- Fehlende Wassereffizienzmaßnahmen

(Zusammengestellt nach verschiedenen Quellen)

M2 Karte des Wasserfußabdruckes der Länder im globalen Vergleich

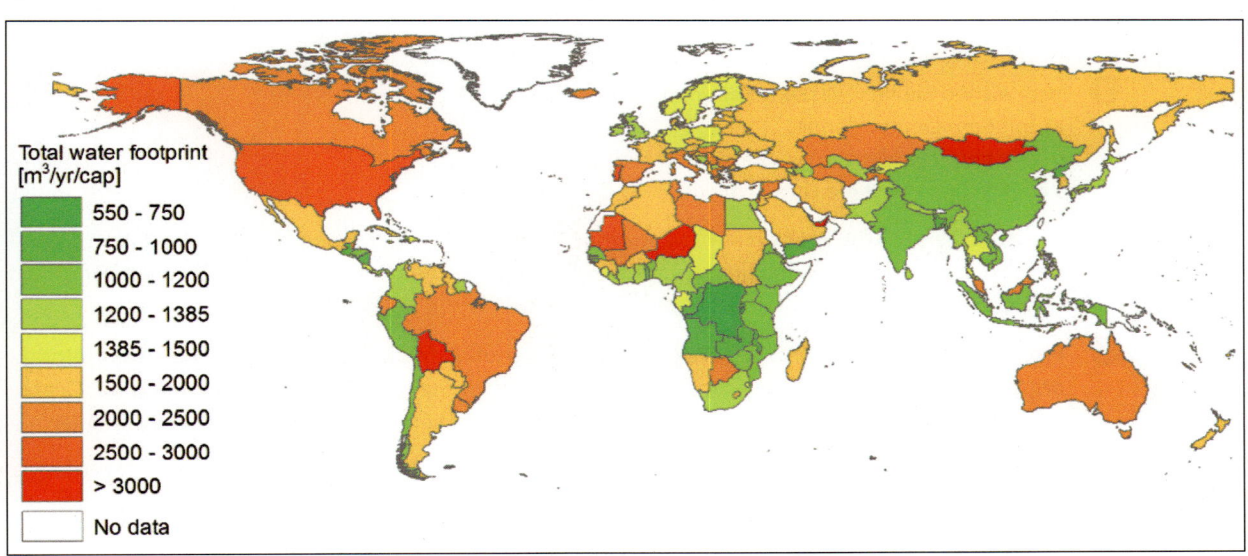

(Nach: M. M. Mekonnen/A. Y. Hoekstra, National water footprint accounts: The green, blue and grey water footprint of production and consumption, Value of Water Research Report Series No. 50, Delft/the Netherlands (UNESCO-IHE) 2011, S. 29, Fig. 10)

M3 Wasserfußabdruck (Water footprint)

Zum Wasserfußabdruck eines Landes (s. M 2) zählen sowohl die im Land verbrauchten Wasserressourcen (u. a. in der Landwirtschaft, im Haushalt und für die Herstellung von Industriegütern), interner Wasserfußabdruck genannt, als auch der Wasserverbrauch für die im Ausland produzierten Güter für den eigenen Konsum, externer Wasserfußabdruck genannt. Werden im Inland erzeugte Waren exportiert, wird auch ein anteiliger Gehalt virtuellen Wassers, das im Produktionsprozess eingesetzt wurde, ausgeführt. Dieser virtuelle Wassergehalt wird Bestandteil des nationalen Wasserfußabdrucks.

(Autorentext)

M 4 **Süßwasserressourcen und Wasserausbeutungsindex in ausgewählten EU-Staaten**

EU-Staat	Gesamte Süßwasserressourcen (gesamter mittlerer Jahresdurchschnitt) (in 1 000 m³/Kopf)	Wasserausbeutungsindex (in %)
Deutschland	2,3	19
Spanien	2,4	30
Frankreich	2,9	17
Niederlande	5,4	11
Griechenland	6,4	13

(Eigene Recherche/Darstellung)

Aufgaben

1 Erläutern Sie an Gütern des Alltags, wie es zur Berechnung des Wasserfußabdrucks eines Produkts kommt.

2 Vergleichen Sie den Wasserfußabdruck Spaniens
a) mit dem Deutschlands,
b) mit dem der Mittelmeer-Anrainerstaaten
und begründen Sie die Unterschiede.

3 Verdeutlichen Sie die Problematik „Wassernot in Spanien – Gefährdung eines labilen Ökosystems" mit den angegebenen Materialien und stellen Sie mögliche Nutzungskonflikte in Spanien begründet heraus.

4 **Projekt:** Erstellen Sie Ihren persönlichen Wasserfußabdruck unter http://www.waterfootprint. org/?page=cal/WaterFootprintCalculator und vergleichen Sie ihn innerhalb der Lerngruppe. Gestalten Sie eine Positionslinie an der Tafel, bewerten und reflektieren Sie Ihr Wasserkonsumverhalten.

2.1 Landwirtschaft im Naturraum – Unangepasste Raumnutzung des Menschen in subtropischen Ökosystemen?

Nutzungsansprüche an Wasser sind vielfältiger Art. Neben dem Wasserverbrauch jedes Spaniers im individuellen Alltag, in der Industrie zu Verarbeitungsprozessen und der Energiegewinnung dient der kostbare Rohstoff auch dem Wachstum der Pflanzen – sowohl in der Natur als auch in der ökonomisch bedeutenden Landwirtschaft Spaniens. Zur Versorgung Europas mit Produkten der spanischen Landwirtschaft sind an die Natur angepasste, arbeitsintensive, jedoch ertragsniedrige Regenfeldbaumethoden (z. B. runoff-farming) ungeeignet, obgleich sie sehr wassereffizient sind. Somit muss in den Trockenregionen der Iberischen Halbinsel auf ein beträchtliches Maß der nationalen Wasserreserven zurückgegriffen werden, um Bewäs-serungsfeldbau (3,3 Mio. ha Landfläche) zu betreiben und die Versorgung Europas mit Gemüse und Obst zu sichern. Die Wassermengen entstammen Oberflächenwasser und Grundwasser im Verhältnis 2:1. Obwohl der Anteil des Bewässerungsfeldbaus am BIP des Landes mit ca. 1,2 % sehr gering ist, fallen die Auswirkungen landesweit mit 75 % des Gesamtwasserverbrauchs deutlicher stärker ins Gewicht. Die restlichen 25 % verteilen sich auf industrielle Produktionsmethoden sowie den privaten Trinkwasserverbrauch (inkl. Tourismus).
Jedoch ist die Verteilung des zur Verfügung stehenden Wassers für all diese Nutzungen ungleich. Spanien liegt in der Zone der subtropischen Winterregengebiete, die an

der Westseite des europäischen Kontinents zu finden ist (s. M7). Die mittleren Jahresniederschläge schwanken auf der Iberischen Halbinsel zwischen 1600 mm im Norden und 300 mm im Süden. Gerade in der sommerlichen Wachstumsperiode verzeichnet die Region nur geringe Niederschläge (s. M9). Die potenzielle Landschaftsverdunstung (Evapotranspiration), welche sich aus der Verdunstung von Wasser aus Seen, Flüssen, Böden (Evaporation) und der Wasserabgabe der Pflanzen (Transpirati-

on) zusammensetzt, ist dann höher als die in einem Zeitraum fallende Niederschlagsmenge. Man spricht von aridem (trockenem) Klima. In diesem Fall steht der Vegetation weniger Wasser zum Wachstum zur Verfügung. In humiden Monaten tritt der umgekehrte Fall ein: Die Bereitstellung von Wasser reicht für Pflanzenwachstum im natürlichen Ökosystem aus.

M5 **Morphographisch-hydrographische Gliederung Spaniens**

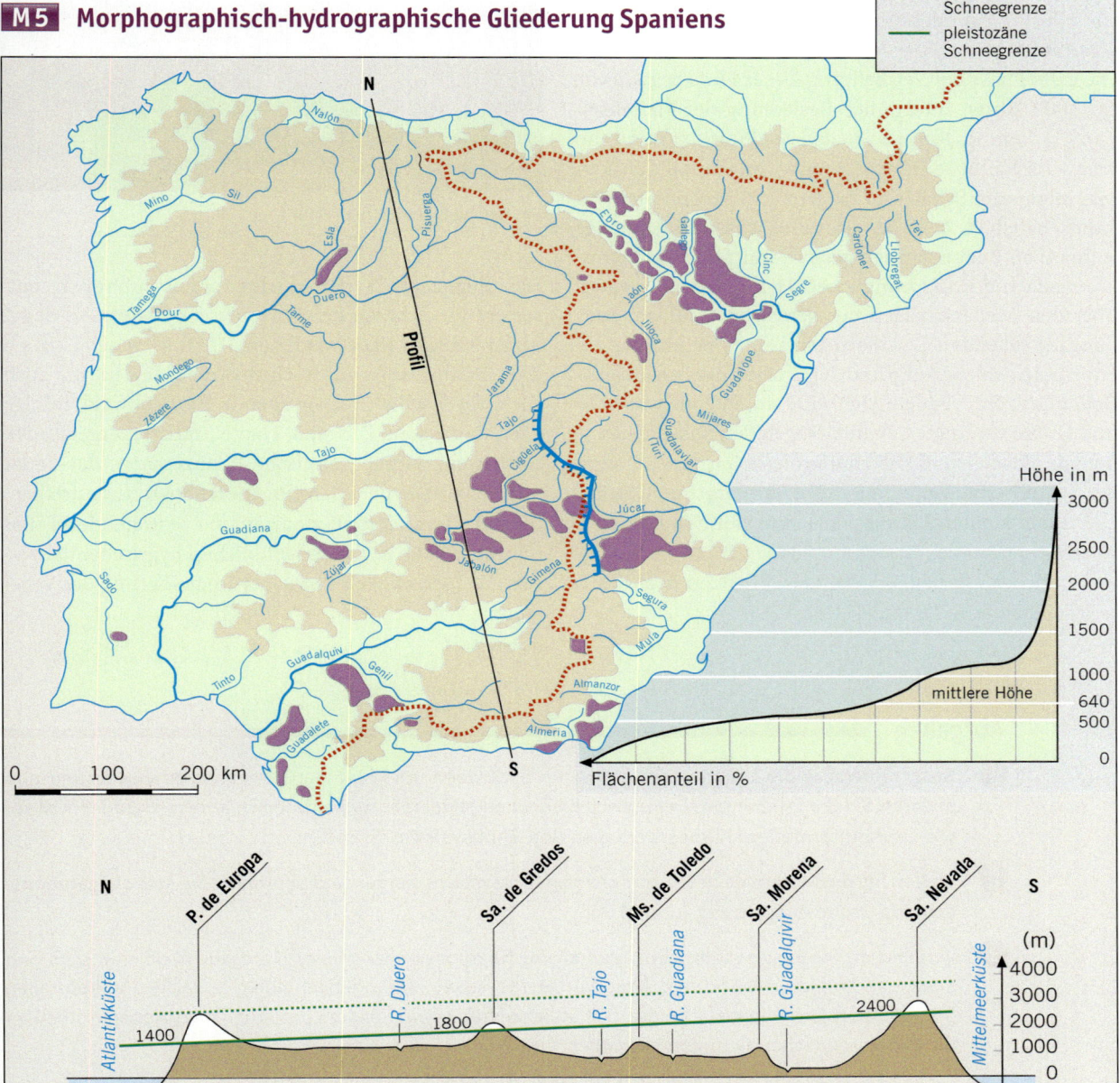

(Nach: Toni Breuer, Iberische Halbinsel, Darmstadt (WBG) 2008, S. 13)

M6 Subtropische Pflanzenwelt

Das ursprüngliche Landschaftsbild der mediterranen Subtropen war vom immergrünen Hartlaubwald geprägt, der an die hygrischen Jahreszeiten angepasst war. Hauptvertreter waren Zypressen, Kork- und Steineichen,
5 Zedern und Pinien sowie der Ölbaum (*Olea europaea*). Sie besitzen ein immergrünes, lederartiges, langlebiges, mit einer mehrschichtigen Epidermis ausgestattetes und einer Wachsschicht (Kutikula) überzogenes Blattwerk, das die Verdunstung von Wasser auf diese Weise
10 minimiert. Andere Pflanzen, wie die Korkeichen (*Quercus suber*), präsentieren sich mit einer dicken Rindenschutzschicht.
Die erste Phase der Vernichtung dieser Flora begann vor ca. 3 000 Jahren infolge der Besiedlung der Halbinsel.
15 Großflächige Rodungen für den Siedlungsbau und die landwirtschaftliche Inwertsetzung, vor allem durch Verbiss infolge der Schaf- und Ziegenzucht, veränderten das Landschaftsbild. Auch Struktur und Wasserhaushalt der rotbraunen Böden wurden gestört: Das fehlende Baum-
20 kronendach des ursprünglichen Hartlaubes bot gegenüber den Niederschlägen der gerade im Frühjahr und Sommer fallenden Gewitterregen keinen Schutz für die Humusschichten. Aufgrund der Erosion der fruchtbaren Bodenhorizonte bildete sich eine an Vielfalt verarmte
25 und Größe verjüngte Sekundärvegetation aus, die kontinentale Macchie und küstenorientierte Garrigue. Erstere bezeichnet eine Flora mit meist immergrünen Sträuchern und kleinen Bäumen, die eine Höhe von max. 10 m erreichen. In der Garrigue finden sich nur noch klei-
30 ne Sträucher mit bodendeckenden Pflanzen (v. a. Kräuter wie Rosmarin, Lavendel, Thymian).

Ein Beispiel: Korkeichen-Wald

Die Pflanzenwelt der mediterranen Subtropen entspricht hinsichtlich der Phytomassenproduktion derjenigen borealer Nadelwälder (→ II/3.). Dennoch ist auch 35 diese Pflanzenwelt auf trocken-kargem Boden, wie auch der noch inselhaft vorkommende Hartlaubwald, infolge der ätherischen Öle und Harze stark feuergefährdet. Auch wenn einige heimische Pflanzenarten das Feuer nutzen, um neue Pflanzengenerationen auszutreiben, 40 führt die veränderte Periodizität der auftretenden Feuer nunmehr auch in der sonst üblichen hygrischen Jahreszeit zu einer zweiten Phase der Degradierung der Vegetation.
(Autorentext)

Aufgaben

1 Beschreiben Sie die Lage der mediterranen Subtropen innerhalb der klimazonalen Gliederung und erklären Sie die Entstehung der unterschiedlichen Niederschlagsregime im Jahresverlauf (→ M7 sowie Grundinformation: Klimagrundlagen und Windsysteme, S. 64 ff.).

2 Stellen Sie die Merkmale des subtropischen Ökosystems heraus und beurteilen Sie seine vegetationsgeographische Ausstattung (u. a. M6).

3 Vergleichen Sie ausgewählte Klimadiagramme Spaniens entlang einer Nord-Süd-Profillinie (z. B. San Sebastian Igueldo, Madrid und Almeria) (→ M5 sowie Methodenschulung, S. 55 ff.) und beurteilen Sie auf dieser Grundlage die landwirtschaftliche Nutzung in Spanien bezüglich ihrer Angepasstheit an die ökosystemischen Grundbedingungen.

Mit Klimadiagrammen arbeiten: Auswerten, vergleichen und verlebendigen

Die Subtropen stellen eine relativ schmale Klima- und Vegetationszone dar. Räumlich weit auseinanderliegend auf allen Kontinenten verteilt, finden sich eine Reihe von Gemeinsamkeiten. Die Niederschlagsverteilung und -verhältnisse hingegen differieren stark und führen zu einer Unterteilung in winterfeuchte und immerfeuchte Subtropen.

M7 Winterfeuchte und Immerfeuchte Subtropen

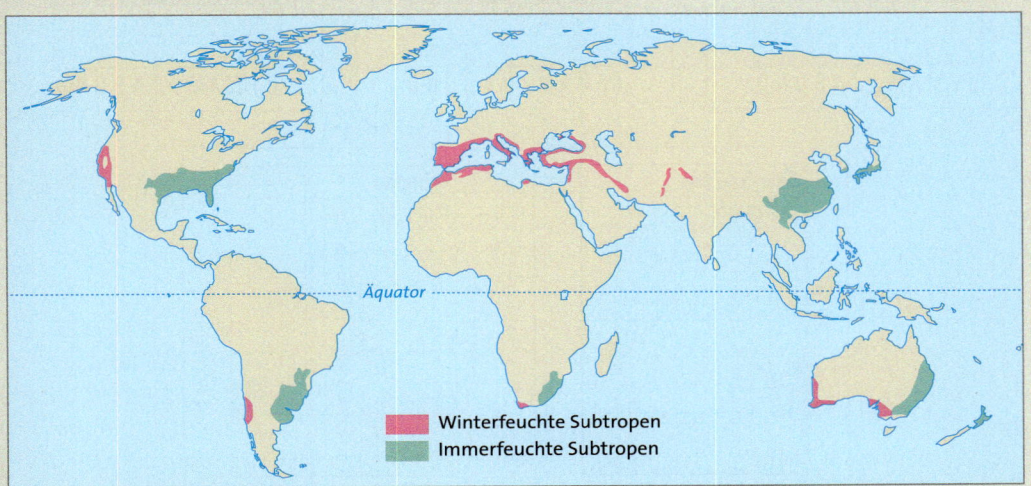

Äquator

Winterfeuchte Subtropen
Immerfeuchte Subtropen

M8 Klimadiagramme vergleichend auswerten: Koblenz und Sevilla

Vergleichskriterium	Station Koblenz	Station Sevilla
Höhenlage	85 m üNN	
Jahresdurchschnittstemperatur	10,7 °C	18,2 °C
Temperaturverlauf		Minimum: Januar 10,5 °C Maximum: Juli 27,9 °C
Jahresschwankung (Amplitude)	16,8 °C	
Jahresniederschlagssumme	674 mm	
Niederschlagsverteilung		Minimum: Juli 1 mm Maximum: Dezember 84 mm
Feucht- und Trockenzeiten (humid/arid)		arid: Oktober bis April humid: Mai bis September
Vegetationszeit (T > 5 °C)	März bis Oktober/ November	

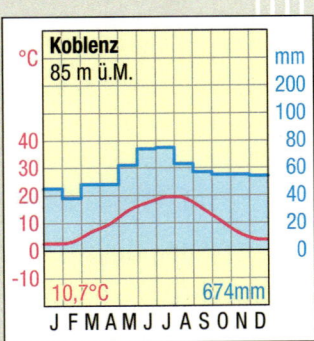

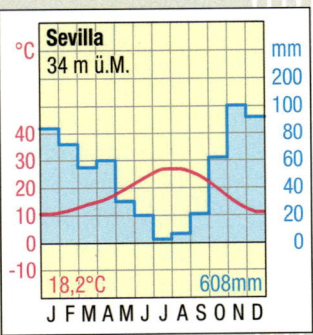

Methodenschulung

M 9 Klimadiagramme der Subtropen – Varianz auf gleicher geographischer Breite

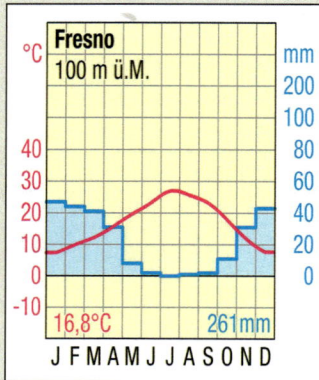

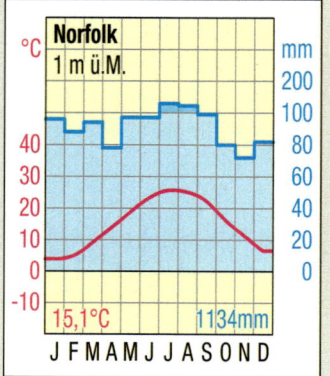

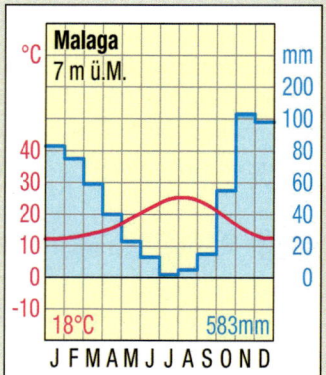

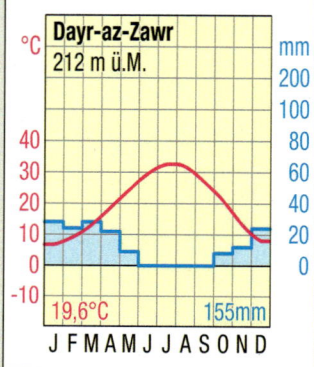

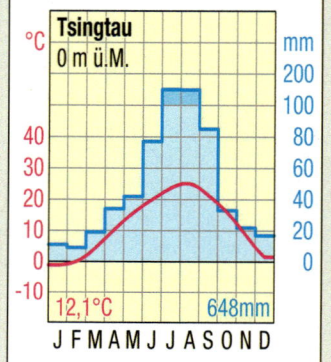

 Ein Schnitt entlang des 36. Breitengrades der Nordhalbkugel zeigt markante Unterschiede im jahresbezogenen Temperaturverlauf und bei den Niederschlägen. Stellen Sie diese unter begründeter Anwendung der Lage auf den Kontinenten und der Zirkulationsglieder (vgl. M 7) heraus und verallgemeinern Sie.

M 10 Lebendige Diagramme

Klimadiagramme sind mehr als nur Zahlen, Säulen, Linien und Farben. Hinter dieser dargestellten „Zahlenwelt" verbirgt sich die Wirklichkeit der Menschen, die dort leben und arbeiten. Mit Fotos, Schlagzeilen, Ereignissen und Aussagen von und über Menschen gelingt es, die Lebenswirklichkeit sichtbar werden zu lassen – die Klimadiagramme werden „lebendig". Ein Klimadiagramm zu verlebendigen bedeutet demnach, dass die dargestellte empirische Welt und die erlebte Welt aufeinander bezogen werden, um damit die Welt besser verstehen zu lernen.

Vorgehensweise:

(1) Formulieren Sie zunächst ein Ziel und nennen Sie die Aspekte, die Sie untersuchen möchten.
(2) Führen Sie eine vergleichende Auswertung mithilfe einer Tabelle und verschiedener Kriterien durch und tragen Sie die fehlenden Werte ein (M 8).
(3) Überprüfen Sie Ihre Ergebnisse mit anderen Quellen (Atlas, Lexikon, Internet).
(4) Klimadiagramm „lebendig machen"

a) Realfotos zuordnen: Die Vegetation ist ein Parameter für die klimatische Vor-Ort-Situation. Ordnen Sie die folgenden Realfotos den West- und Ostseitenklimaten der Subtropen (M 7) zu. Begründen Sie Ihre Zuordnung.

b) Aussagen zuordnen: Zu welchem Monat (Klimadiagramm Sevilla, M 8) passen die folgenden Sätze am besten? Begründen Sie.

„Gott sei Dank, gibt es im Oberlauf des Guadalquivir Überjahresspeicher. Wir können weiterhin gut bewässern."

„Es gibt eine unbestätigte Rekordmessung von 47,2°C. Nach Eleusius in Griechenland mit 48°C hält Sevilla damit den Rekord der höchsten gemessenen Temperatur in Europa."

c) Klimadiagramme selbst verlebendigen: Planen Sie eigene Verlebendigungsstrategien entlang der Fragestellung „Wo ist was möglich?", indem Sie Diagramme, Profile oder thematische Karten auf die erlebte Wirklichkeit beziehen.

Aufgaben

1 Erläutern Sie beispielhaft die Unterschiede im globalen Subtropengürtel mithilfe der Zirkulationsglieder der Atmosphäre (→ Grundinformation: Klimagrundlagen und Windsysteme, S. 64 ff. und III/2.1, S. 119, M 6/M 7).

2 Vervollständigen Sie die Tabelle M 8 und führen Sie eine vergleichende Auswertung durch.

3 Begründen Sie die Abnahme der Niederschläge innerhalb des subtropischen Mittelmeerraums zwischen Malaga (Südspanien) und Dayr-az-Zawr (Syrien).

4 Analysieren Sie die klimatische Situation auf der Südhalbkugel an den Klimastationen Santiago de Chile, Buenos Aires (Argentinien), Kapstadt und East London (Südafrika), Perth und Sydney (Australien) und vergleichen Sie diese mit den Ihnen bekannten Ergebnissen der Nordhalbkugel (Atlas).

5 Beschreiben Sie die unterschiedlichen landwirtschaftlichen Nutzungen der beiden folgenden Bilder und ordnen Sie diese begründet in die Subtropen ein.

Methodenschulung

2.2 Küstenregion Alméria-El Ejido: Der größte „Wintergarten" Europas – ein Konfliktraum

Der durchschnittliche Betrag des für die Bewässerungslandwirtschaft zur Verfügung stehenden Wassers pro Jahr und Einwohner liegt in Spanien zwischen 350 und 600 m³, ein Spitzenwert unter den europäischen Staaten. Zonen ausgesprochener landwirtschaftlicher Nutzung unter Zuhilfenahme von Bewässerungswasser liegen gerade im trockenen Süden und Südosten des Landes (M 11). Die landwirtschaftliche Inwertsetzung beispielsweise der semiariden Provinz Alméria (mit Region Andalusien mit heute ca. 12 000 Betrieben auf einer durchschnittlichen Produktionsfläche von 2,5 ha) wurde erst möglich, nachdem man ein System von fossilen Grundwässern und unterirdischen Grundwasserseen, gespeist von den Quellgebieten der Sierra Nevada (s. Atlas), anzapfte.

M 11 **Wasserverteilung und -bedarf in Spanien**

M 12

Vergleich des Wasserverbrauchs einiger landwirtschaftlicher Nutzpflanzen

Tomate 1 kg: 184 (l)

Erdbeeren 1 kg: 276 (l)

Spargel 1 kg: 1473 (l)

(Angaben nach: http://virtuelles-wasser.de)

In den Küstenregionen um Alméria werden jährlich ca. drei Mio. Tonnen Gemüse und Früchte (hauptsächlich Tomaten, Paprika, Zucchini, Auberginen, Gurken, Salate sowie Melonen) in Gewächshauskultur und unter Kunststoffplanen (Mar del Plástico, M 16) produziert, um West- und Mitteleuropa insbesondere in Zeiten der Feldbauruhe zu versorgen. Diese landwirtschaftlichen Nutzflächen umfassen in der Provinz Alméria mittlerweile 350 km².
Nicht nur der Flächenverbrauch ist ökologisch fragwürdig; auch die mit dem Gemüseanbau einhergehenden Intensivbewässerungs-, Düngungs- und Pflanzenschutzmaßnahmen (s. auch M 13) führen zu einer ungenügenden Wasserbilanz konventionell angebauter Produkte. Sie verbrauchen sehr viel virtuelles Wasser und nutzen auch deutlich mehr „blaues" und „graues" virtuelles Wasser (s. Exkurs M 14/M 15 und M 12).

M 13 **Folgen der Intensivlandwirtschaft Almérias**

Sonderkulturen benötigen eine intensive Düngung und unterliegen einem hohen Bedarf an Agrochemikalien. Der Eintrag von Salzen (u. a. Nitrate) und Pflanzenschutzmitteln in die Böden (ca. 40 kg/ha) sowie ihre Aus-
5 waschung ins Grundwasser führen zunehmend zu einer Beeinträchtigung der Grundwasserqualität. Der Anbau in Monokultur unter feucht-heißen Bedingungen in den Gewächshäusern begünstigt den Schädlings- und Pilzbefall. Durch die „Solarisación", die Bodendesinfektion unter Sonneneinwirkung, gelangen erhebliche Mengen 10 an Pflanzenschutzmitteln in das Grundwasser. Bei dieser Methode werden die Böden mit Wasser durchtränkt und der Sonnenstrahlung ausgesetzt. Bei geöffnetem Gewächshausdach erwärmt sich die Bodenoberfläche bis auf 60–70 °C. Diese Temperaturen reichen aus, um 15 unerwünschte Keime abzutöten.

(Autorentext)

Exkurs: Virtuelles Wasser (M 14/M 15)

M 14 **Bewässerungslandwirtschaft ist blau-grau**

Verdeutlichung des Grünen, Blauen und Grauen virtuellen Wassers

(Nach: Reinhard F. Hüttl/Oliver Bens (Hg.), Georessource Wasser – Herausforderung Globaler Wandel, acatech STUDIE, München (Deutsche Akademie der Technikwissenschaften) 2012, S. 110)

Grünes Wasser
= der Anteil des Niederschlags, der von den Pflanzen aufgenommen wird bzw. von der Anbaufläche direkt verdunstet

Blaues Wasser
= das der Fläche künstlich durch Bewässerung zugeführte und von Boden und Pflanze verdunstende Wasser

Graues Wasser
= das Wasser, das nötig wäre, um belastetes Wasser (z.B. Pflanzenschutzmittel, Versalzung) zu verdünnen bzw. zu neutralisieren

M 15 Graue und blaue Wasserfußabdrücke der Staaten der Welt

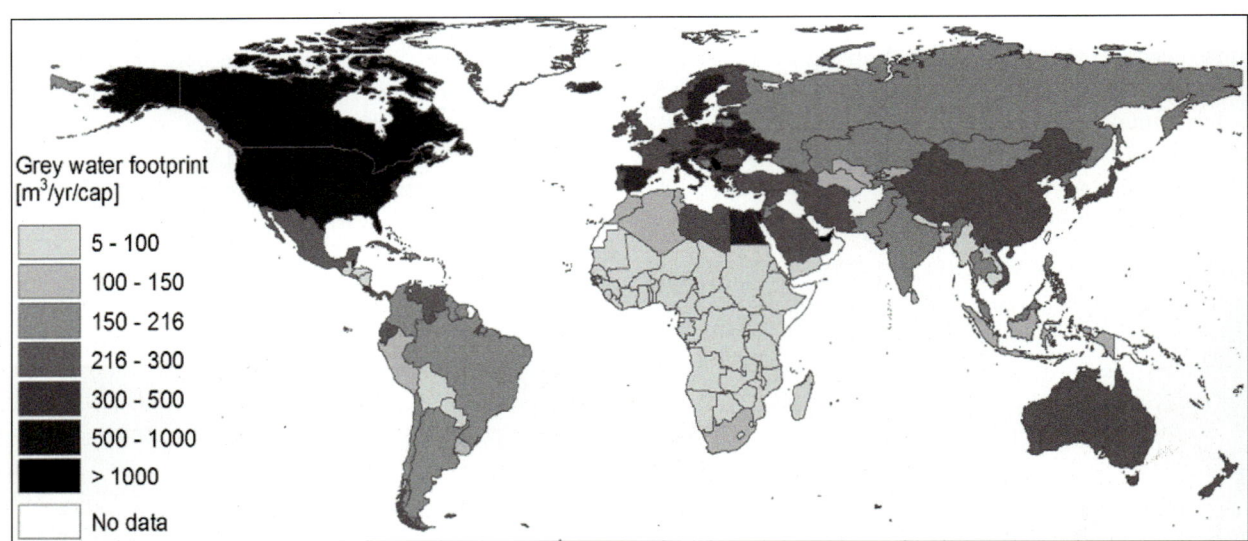

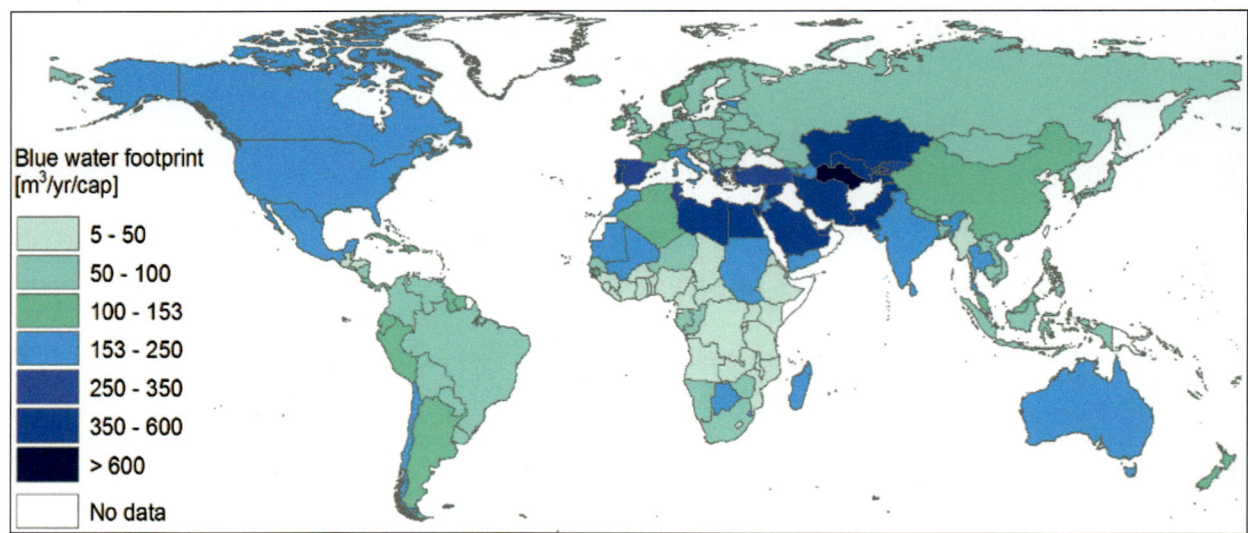

(Nach: M. M. Mekonnen/A. Y. Hoekstra, National water footprint accounts: The green, blue and grey water footprint of production and consumption, Value of Water Research Report Series No. 50, Delft/the Netherlands (UNESCO-IHE) 2011, S. 29, Fig. 10)

Optimale Temperaturbedingungen in der Campo de Dalias, einer Ebene um die 76 000 Einwohnerstadt El Ejido/Alméria, mit Durchschnittswerten von 27 °C im Juli und 15 °C im Januar sowie 3 000 Sonnenstunden/Jahr lassen das ganze Jahr über intensiv landwirtschaftliche Produktion zu. Im Regelfall kann man auf die im Winter und Frühjahr fallenden Niederschläge der in dieser Jahreszeit Regen bringenden Tiefdruckgebiete setzen (→ Grundinformation: Klimagrundlagen und Windsysteme, S. 64 ff.), die die Wasserreservoire und Rückhaltebecken (u. a. Staudamm Beninar) der Region füllen. Nutzen lassen sich im Frühjahr und Frühsommer aber auch die Wässer der

Schneeschmelze aus den umgebenden Gipfelregionen der Sierra Nevada, um die Produktionsmengen an Gemüse und Obst auf dem europäischen Markt stabil zu halten und die Versorgung der Bevölkerung überregional zu sichern (65 % der landwirtschaftlichen Produkte werden in EU-Länder exportiert). Dennoch beträgt das Wasserdefizit zur Versorgung der Region 5 000 m³ im Jahr, sodass man mittlerweile auf recyceltes Bewässerungswasser, gereinigtes Abwasser und entsalztes Mittelmeerwasser aus Balerma, eine von 20 Meerwasserentsalzungsanlagen Spaniens, zurückgreift.

M 16 **Satellitenbildaufnahme der „Mar del Plástico" an der Costa del Sol/Andalusien**

Die Aufnahme Spaniens in die Europäische Gemeinschaft (1986), die Beteiligung am gemeinsamen europäischen Agrarbinnenmarkt sowie die Liberalisierung der globalen Handelsmärkte (z. B. GATT-Abkommen) führten zu einem stetigen Wachstum der landwirtschaftlichen Produktion Spaniens und steigendem Verbrauch der Wasserreserven des Landes (vgl. M 1, M 4, M 11). Heute ist man bestrebt, einen nationalen Wasserpakt (Pacto Nacional del Agua) herbeizuführen. Dieser soll in einen umfassenden Wasserwirtschaftsplan (Plan Hidrológico Nacional) münden, um die für notwendig befundenen infrastrukturellen Maßnahmen zur Regulierung von Abfluss- (Angebot-) und Nachfragesituation zwischen dem semihumiden Norden und dem semiariden Süden des Landes (vgl. M 5) zu regeln, aber auch EU-Richtlinien nachzukommen (z. B. der kommunalen Abwasserrichtlinie). Bisher wurden solch rigide staatliche Maßnahmen durch einzelne autonome Regionen (Comunidades Autónomas) abgelehnt, sodass wenig nachhaltig mit der Ressource Wasser umgegangen wurde.

Aufgaben

1. Erläutern Sie die Wasserverteilung und den Wasserbedarf in Spanien (M 11).

2. Erläutern Sie die Aussage „Bewässerungslandwirtschaft in Spanien ist blau-grau" (M 14, M 15).

3. Verorten Sie das Satellitenbild M 16 (→ Atlas) und beschreiben Sie die Wirkung auf Sie. Weisen Sie anhand einer kartographischen Überblicksskizze wesentliche physiogeographische Einheiten (Gebirge, Küsten, Flüsse) und Nutzungsflächen (Städte, Wirtschaft, Verkehr) aus und werten sie diese aus.

4. Analysieren Sie die Intensivlandwirtschaft am Raumbeispiel El Ejido/Provinz Alméria und stellen Sie die Bedeutung des Rohstoffs Wasser für das gegebene Raumbeispiel heraus.

5. Hinterfragen Sie den Begriff der „Inwertsetzung eines Raumes" (s. Glossar) und bewerten Sie diesen beispielhaft am gegebenen Raumbeispiel.

6. **Projekt Internet:** Begründen Sie die ablehnende Haltung der autonomen Region Katalonien zu einem nationalen Wirtschaftsplan, in dem u. a. die Umleitung des Flusses Ebro („Trasvase Ebro") zugunsten der trockenen Regionen Südspaniens festgelegt werden soll (vgl. M 5, Atlas).

7. Für die Produktion von Nutzpflanzen müssen zwischen Saat- und Reifeprozess große Wassermengen zur Verfügung gestellt werden (vgl. M 12). Bewerten Sie Ihr Konsumverhalten im Zusammenhang mit der landwirtschaftlichen Produktion von Gütern in Trockengebieten und erörtern Sie die These, dass Bewässerungslandwirtschaft in trockenen Regionen nachhaltig das subtropische Ökosystem gefährdet.

2.3 Übernutzung der Wasserressourcen durch den Tourismus

M 17 Massentourismus an Spaniens Küsten

M 18 Golfplatz an der Costa del Sol

Nicht nur die Landwirtschaft trägt zur übermäßigen Nutzung der Wasserressourcen bei, auch die unterschiedlichen Varianten des Fremdenverkehrs (Golf-, Residenz-, Massentourismus) beeinträchtigen Spaniens wichtigste Lebensader. Dabei liegen gerade die beliebtesten Urlaubsregionen in den trockensten Gebieten, nämlich in einem 5 km breiten Küstenstreifen von der Costa Brava im Nordosten bis zur Costa de la Luz im Süden. Gleichzeitig erwirtschaften etwa 1,5 Mio. Beschäftigte (ca. 7 %

aller Erwerbstätigen) ca. 12 % des BIP Spaniens im Tourismussektor. Unter Touristen und Einheimischen ist Golfsport gleichermaßen sehr beliebt. Jedoch sind seine ökologischen Folgewirkungen gravierend, denn bei der Bewässerung eines 18-Loch-Golfplatzes werden etwa 700 000 m³ Wasser/Jahr verbraucht. Das entspricht der jährlichen Wasserversorgung einer Kleinstadt mit 15 000 Einwohnern. Insgesamt gibt es in Spanien 374 solcher Freizeiteinrichtungen.

M 19 Entwicklung der Touristenzahlen (2010 – 2012)

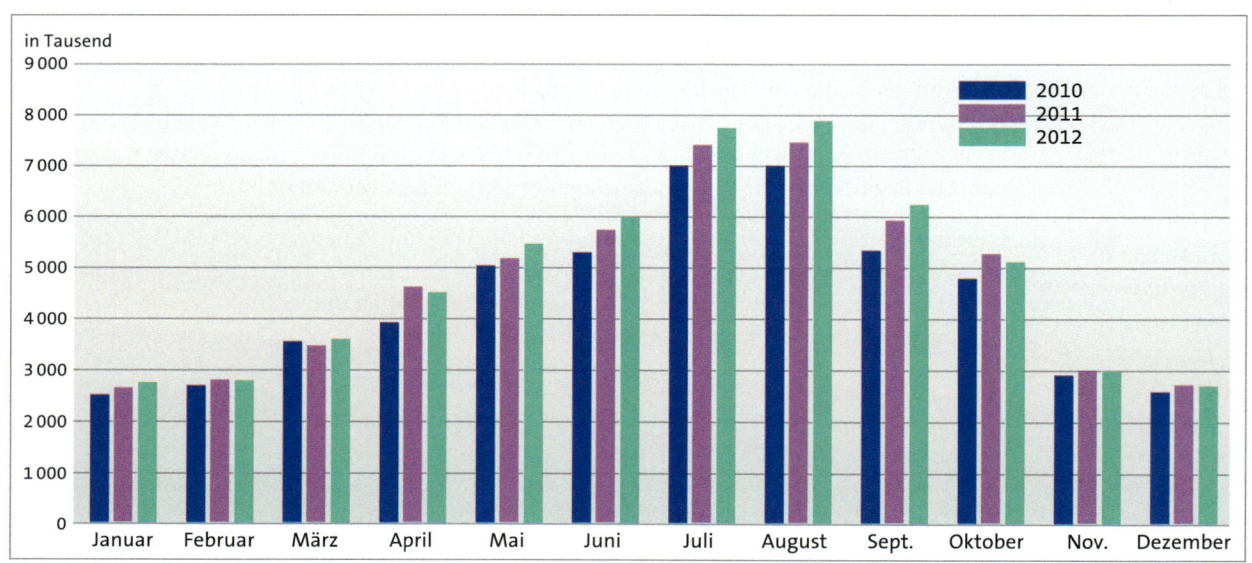

(Nach: www.iet.tourspain.es)

Folgen der Übernutzung der Wasserressourcen

M 20 **Waldbrände und Dürre im Jahr 2012**

Cespedosa-Damm in Salamanca, 2012

Großflächige Brände im Norden Spaniens, 2012

„**Feuer statt Schnee: Heftige Dürre in Spanien**"

(www.reisenews-online.de, 14.03.2012)

Überlagern sich Nutzungskonflikte derart negativ und erhöht sich die Varianz der Niederschlagsvariabilität im Winterhalbjahr, können die entnommenen Wasserreserven nicht in ausreichendem Maße dem Boden und Ausgangsgestein zugeführt werden. Das Ökosystem wird nachhaltig gestört, deutliche Veränderungen sind die Folge:

- Absinken des Grundwasserspiegels
- erhöhte Versalzung des Grundwassers durch Übernutzung (in Küstenregionen zusätzlich durch Eindringen von Meerwasser in die Grundwasserschichten)
- Austrocknung der Bodenhorizonte und der belebten Flora
- Dürre und Waldbrände.

Im Frühjahr 2012 gab es großflächige Waldbrände in der Region Aragón (u. a. Vernichtung von 1 600 Hektar Wald- und Buschland), normalerweise übliche Nachrichten aus den Sommermonaten, und in Spaniens Hauptstadt Madrid hat es zwischen November 2011 und März 2012 so wenig wie noch nie seit Beginn der Aufzeichnungen im Jahre 1893 geregnet.

Mit den ausbleibenden Regenfällen und der damit einhergehenden Variabilität der Niederschläge manifestiert sich aber auch der weltweite Klimawandel, der dieses labile subtropische Ökosystem in Zukunft noch deutlicher als bisher beeinflussen wird. Die Veränderung des Geofaktors Klima (natürlich und anthropogen) führt ökosyste-

misch zu Störungen im Gleichgewicht mit anderen Geofaktoren, insbesondere dem Wasserhaushalt und dem Boden. Die potenzielle Verdunstung wird insgesamt zunehmen – bei gleichzeitiger Verringerung der zur Verfügung stehenden Wassermenge. Die Auswirkungen dieser einsetzenden Ungleichgewichte können für die Iberische Halbinsel dramatische Ausmaße annehmen. Unter diesen Voraussetzungen werden Wasserknappheit, Dürren, Bodendegradationserscheinungen zunehmen und in eine vom Menschen initiierte Wüstenbildung („Desertifikation") münden, ein Szenario, das weite Teile Spaniens in unbrauchbares Land überführen würde.

In der Folge schwinden die Flächenreserven für die Landwirtschaft mit Beeinträchtigung des wirtschaftlichen Potenzials in von der Landwirtschaft abhängigen Provinzen. Beachtet man, dass in ganz Spanien ca. 14 % und in der Provinz Alméria 24 % der bebauten Fläche bewässert werden und dass ca. 1/5 aller Beschäftigten Andalusiens im primären Sektor beschäftigt sind, dann erscheinen Verwerfungen im sozioökonomischen Bereich vorhersehbar. Ein weiteres Problem dürfte die Energiegewinnung werden. Eine Verminderung der zur Verfügung stehenden Wasserressourcen, auch „hydrologische Wasserknappheit" genannt, bedeutet im Umkehrschluss auch eine Verringerung der Energieäquivalente im Rahmen der Elektrizitätserzeugung an Staudämmen.

Aufgaben

1 Vergleichen Sie die Touristenzahlen Spaniens im Jahresverlauf mit einem typischen Klimadiagramm dieser Region (M 19 und S. 55, M 8). Treffen Sie eine entscheidende Aussage unter Einbezug der entstehenden Konfliktsituation.

2 Beurteilen Sie die zukünftige Entwicklung des Ökosystems der semiariden Regionen Spaniens im Zusammenhang mit der Entwicklung der Touristenzahlen Spaniens und dem Freizeitverhalten ankommender Touristen.

3 „Nutzungskonflikte werden durch die Niederschlagsvariabilität verschärft". Erläutern Sie diese Aussage mithilfe des Autorentextes.

4 Fassen Sie die Wirkungen/Handlungsfolgen der an der Überprägung des Geoökosystems „Mediterrane Subtropen" direkt und indirekt beteiligten Akteure schematisch zusammen. Bewerten Sie diese abschließend.

Akteur A: Landwirt, Unternehmer
Beeinflussung des Ökosystems durch ...

Akteur B: Tourist
Beeinflussung des Ökosystems durch ...

Mediterrane Subtropen
Geoökosystem mit Merkmalen zu
Klima: ...
Boden: ...
Wasserhaushalt: ...
Vegetation: ...

Akteur C: Konsumenten in Europa
Beeinflussung des Ökosystems durch ...

2.4 Grundinformation: Klimagrundlagen und Windsysteme

Globale Vielfalt und Variationen in der Sonneneinstrahlung

Die Erde ist ein einzigartiger Planet: Dank einer entsprechenden Entfernung zur Sonne in der sogenannten habitablen (d.h. bewohnbaren) Zone im Sonnensystem und einer Atmosphäre, die durch den natürlichen Treibhauseffekt sowohl erwärmend als auch ausgleichend wirkt, kann Wasser in überwiegend flüssiger Form vorliegen und er-

möglicht Leben in der Art, in der wir es kennen. Dennoch findet sich innerhalb des kleinen Raums, den die Erde hierbei einnimmt, eine beeindruckende Vielfalt und Abwechslung auf ihrer Oberfläche von üppigen Regenwäldern über Wüsten bis hin zum ewigen Eis.

Diese sichtbaren Ausprägungen haben ihre Ursache in den Variationen im globalen Klimahaushalt. Die moderate jährliche Durchschnittstemperatur im globalen Mittel von 14 °C etwa lässt Schwankungen zwischen Tiefsttemperaturen von -89 °C und Höchsttemperaturen von 70 °C zu. Diese Unterschiede sind in erster Linie bedingt durch Unterschiede in der solaren Einstrahlung auf die Erdoberfläche. Maßgeblich ist die Menge an Energie, die auf eine definierte Normfläche einwirkt. In einem bestimmten Abstand zur Sonne, beispielsweise in der Erdumlaufbahn, ist diese Energie dann konstant, wenn die Fläche senkrecht zur Einstrahlung ausgerichtet ist. Aufgrund der annähernden Kugelgestalt der Erde ist dies aber nur am Äquator möglich. Zu den Polen hin reduziert sich die Menge an Energie, die eine definierte Fläche der Erdoberfläche erhalten kann, kontinuierlich, weil die Erdoberfläche dort stets geneigt zum Einfallswinkel der Sonnenstrahlen ist. Durch die Neigung der Erdachse kommt es hierbei zu zusätzlichen jahreszeitlichen Variationen der Einstrahlungsmenge bis hin zum Extremfall einer ausbleibenden Einstrahlung (Polarnacht).

Weiterhin bedeutsam für die globale Vielfalt und mit der Einstrahlung im Zusammenhang stehend sind die örtlich verschiedenen Niederschläge. Sie werden durch jahreszeitliche Variationen beeinflusst, durch Meeres- und Kontinentallagen sowie Windsysteme. Die globalen Windsysteme, die örtlich ebenso jahreszeitlichen Variationen unterliegen, wirken auch auf die globalen Temperaturunterschiede ausgleichend. Ein Ausgleich zu einheitlichen Verhältnissen wird jedoch nicht vollzogen. Dennoch muss das Klimasystem als übergreifende und globale Dynamik verstanden werden, bei dem die globale Zirkulation, die bedingt durch unterschiedliche Einstrahlungen ist, den Motor darstellt.

Globale Vielfalt und globale Zirkulation

Die Auswirkungen der globalen Zirkulation lassen sich nur verstehen, wenn diese als dreidimensionales Phänomen wahrgenommen wird (M 21).

Beispielsweise steigt bodennahe Luft durch ihre besonders starke Erwärmung in jenem Gürtel der Erde, der senkrechte Einstrahlung genießt (Innertropische Konvergenzzone/ITC, jahreszeitlich variabel zwischen 23,5°S und 23,5°N), auf und sorgt sowohl für ein Hochdruckgebiet in der Höhe als auch für ein Tiefdruckgebiet am Boden. Der Druckausgleich findet daher in Form von Wind in zwei Richtungen statt: von höheren Breiten hinzuströmend am Boden – der Passat – und zu höheren Breiten hin abströmend in der Höhe – der Antipassat. Zusammen bilden diese Phänomene die Hadley-Zelle. Die Luftmassen des Antipassats sinken schließlich zunehmend, bis hin zu einer Vertikalbewegung im Bereich der Wendekreise, zum Erdboden. Dabei verdichtet sich die Luftmas-

se, der Luftdruck steigt an (Beispiel ist die Bildung von Hochdruckzellen im Bereich der Azoren). Der Druckanstieg bedeutet Kompressionsarbeit, die zur adiabatischen Erwärmung der Luftmassen mit abnehmender Höhe um ca. 1K/100m führt. Wärmere Luft kann deutlich mehr Wasserdampf aufnehmen gegenüber kühleren Luftmassen, sodass es in diesem Zusammenhang zur Wolkenauflösung und Niederschlagsarmut kommt. Diese Wetterlage ist sehr beständig und führt zur Wüstenbildung im Bereich der Wendekreise (z. B. Sahara, Maghreb).

Die sich in den mittleren Breiten anschließende Westwinddrift wiederum ist Resultat des Ausgleichs zwischen dem Höhenhoch der ITC und dem Höhentief an den Polen. Letzteres entsteht, da kalte Luftmassen wesentlich dichter gepackt sind und damit zu einem polaren Bodenhochdruckgebiet absinken, in der Höhe aber ein Tiefdruckgebiet hinterlassen. Die entstehenden reibungsarmen Ausgleichswinde in der Höhe werden infolge der Erdrotation über die Corioliskraft, die zu den Polen hin stärker wirkt, immer mehr nach Osten abgelenkt und damit entsteht schließlich in den mittleren Breiten ein aus Westen kommender Höhenwind (Ferrel-Zelle).

Im Zusammenspiel mit den Polarzellen der Zirkulation entsteht am Rand der Ferell-Zelle die Polarfront. Dieses Zusammentreffen von zwei Hauptluftmassen ist gekennzeichnet durch das wechselseitige Vordringen kalter und warmer Luftmassen, sodass Verwirbelungen (Rossby-Wellen) entstehen, die wiederum die Keimzellen für die Entstehung von dynamischen Tiefdruckgebieten sind, die die gemäßigten Breiten stark beeinflussen.

Einfluss der globalen Zirkulation auf die mediterranen Subtropen

Die jahreszeitlichen Variationen der globalen Zirkulation können regional deutlich spürbare Auswirkungen haben. Zudem sind weitere Faktoren beteiligt, die regional und lokal Variationen ermöglichen, wie folgendes Beispiel des Mittelmeerraums und konkret Spaniens zeigt.

Betrachtet man die Zirkulationsglieder zwischen Äquator und Pol, liegen die Subtropen (auf der Nordhalbkugel zwischen 23,5°N und 45°N) zwischen der tropischen Hadley-Zelle und den außertropischen Westwinden (Ferrel-Zelle). Je nach Einfallswinkel der Sonne und folglich Jahreszeit ergeben sich vorherrschende Einflüsse des jeweils benachbarten beständigeren Zirkulationsglieds:

Im Sommerhalbjahr dominiert in der Subtropenzone der subtropische Hochdruckgürtel. Es handelt sich hier um ein Luftdruck- und Windsystem, das gleichzeitig den Rand der tropischen Zirkulation bildet und aus der Höhenströmung des Antipassats gespeist wird. Zwischen

Mai und September weitet sich das Azorenhoch bis ca. 40°N aus und führt zu einer stabilen Wetterlage im gesamten Mittelmeerraum.

Im Winterhalbjahr üben die typischerweise von Westen kommenden feuchtigkeitsbeladenen Luftmassen Einfluss auf den Mittelmeerraum aus (M 22). Tiefdruckgebiete mit Entstehungszelle im Bereich Islands bringen dem Kontinent feucht-kühle Luftmassen vom West- und Nordatlantik. Diese boden- und meeresoberflächennahen Strömungen werden vom in der Höhe überlagerten Jetstream (hohe Westwinddrift) in östliche Richtungen geführt. Die randtropische Hochdruckzelle der Hadley-Zelle ist aufgrund der Verlagerung des senkrechten Sonnenstandes auf die Südhalbkugel geschwächt und wird durch diese Islandtiefs verdrängt.

Im Zeitraum Oktober bis März fallen aus diesen Tiefdruckzellen die für die Iberische Halbinsel aufs Jahr bezogen entscheidenden Niederschläge. Die Dauer der feucht-kühlen Jahreszeit ist nicht überall in Spanien gleich. Sie liegt im nördlichen Teil bei ca. 5–6 Monaten und nimmt kontinuierlich nach Süden hin auf ca. 1–2 Monate ab. Je weiter man nach Süden gelangt, umso größer wird auch die Varianz der Regenfälle im Jahresverlauf. Sie liegt für ganz Spanien bei 15–20 %. Demnach können in trockenen Jahren bis zu 20 % weniger Niederschlag fallen, was zu Mangelsituationen in der Wasserversorgung für Mensch und Vegetation führt.

M 21 Globale Zirkulation mit Angabe der bodennahen Druckgebilde

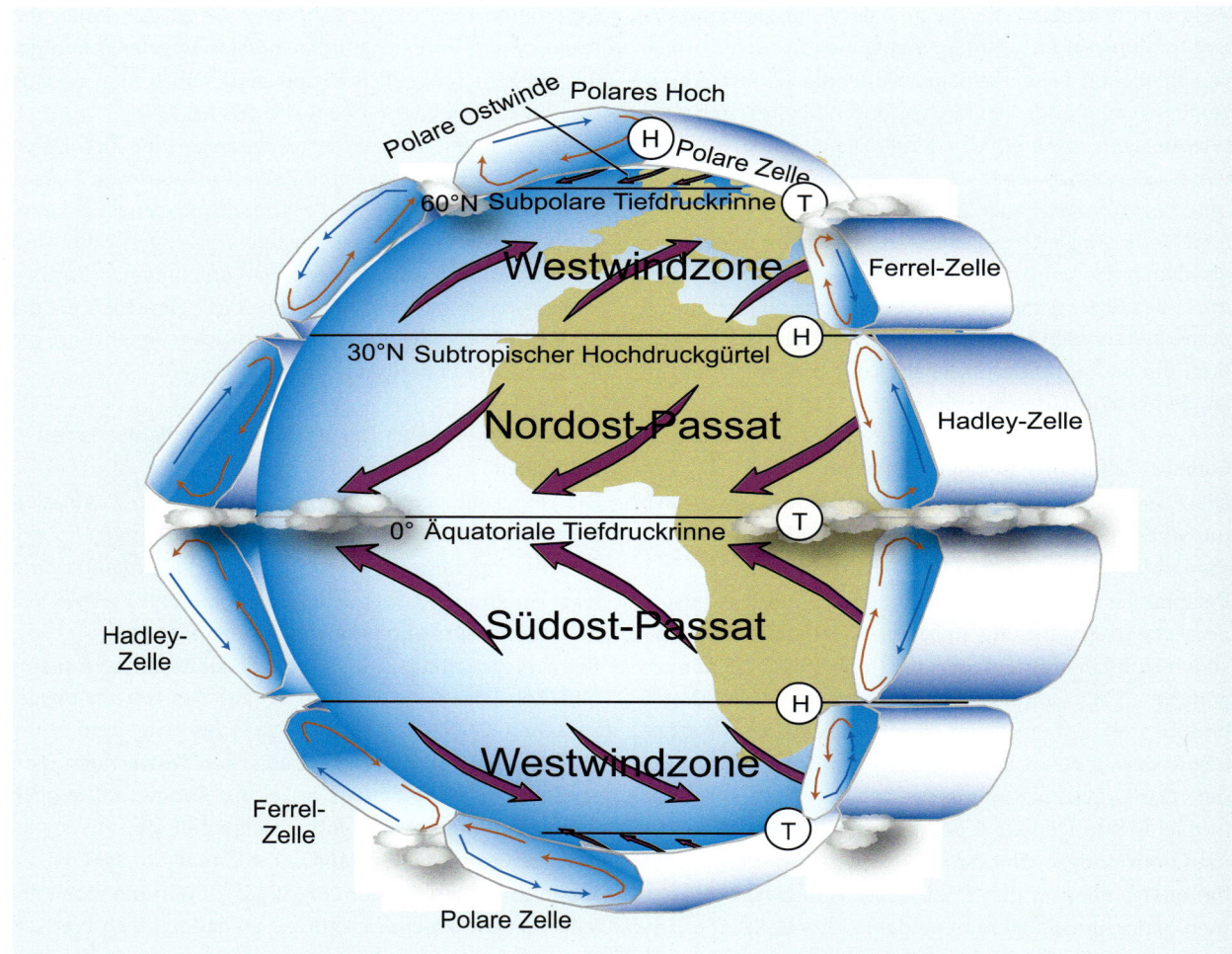

(Nach: Dieter Kasang, Bildungswiki „Klimawandel")

M 22 Lage der Luftdruckgebiete und Winde im Winterhalbjahr (vereinfacht)

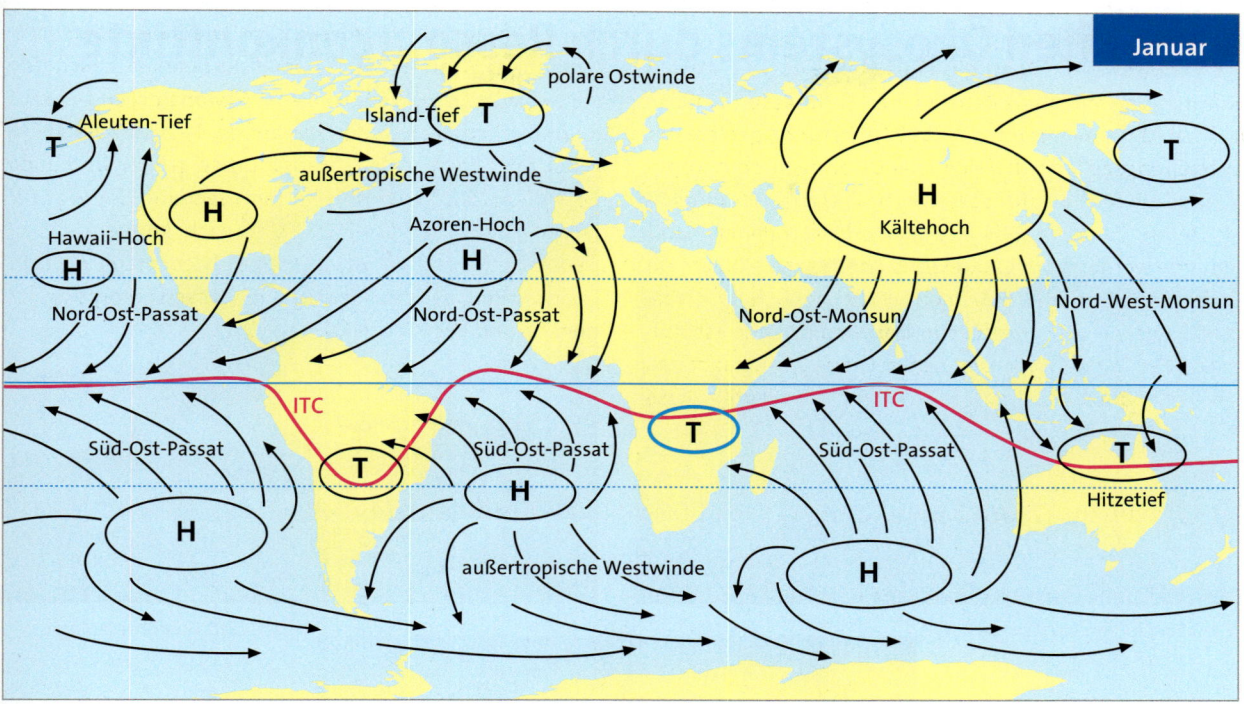

(Nach: Matthias Forkel; www.klima-der-erde.de)

Aufgaben

1. Erläutern Sie als Wiederholung folgende Zusammenhänge und erstellen Sie dazu pro Sachverhalt mindestens eine veranschaulichende Skizze:
   - Einfallswinkel der Sonneneinstrahlung,
   - Entstehung der Jahreszeiten,
   - Entstehung von See- und Kontinentalklima,
   - Entstehung und Struktur der Hadley-Zelle,
   - Entstehung und Struktur der Ferrel-Zelle.

2. Stellen Sie Vermutungen über die Ursachen der beschriebenen lokalen Klimavariationen am Beispiel der Iberischen Halbinsel an. Nutzen Sie Atlaskarten zu Klimaelementen als Hilfe.

3. Globale Vielfalt und globale Zirkulation: Erläutern Sie die Abweichungen von der globalen atmosphärischen Zirkulation unter Zuhilfenahme von M 22.

3. Erschließung Westsibiriens – Gefährdung eines labilen Ökosystems durch Ressourcenkonflikte

Erdölverseuchte Landschaft

Öl- und Gasförderanlage

Naturlandschaft Taiga
Westsibiriens

Erztagebau

Industrielle Holzverarbeitung

Die boreale Zone im System der Geozonen

Die boreale Zone ist eine erdumspannende Geozone der Nordhalbkugel zwischen dem 50. und 70. Breitengrad. Sie umfasst ca. 13 % der festländischen Erdoberfläche (ca. 20 Mio. qkm) und global die größten zusammenhängenden Waldgebiete. Auf dem eurasischen Kontinent fällt die 2 000 km lange N-S-Ausdehnung auf. Kennzeichnend für das Ökosystem sind ausgeprägte Nadelwälder (Taiga) und Moore auf Permafrostböden in einem kaltgemäßigten Klima. Hinsichtlich der Abgrenzung zu der nach Norden anschließenden Waldtundra-/Tundrazone und der südlich davon vorzufindenden Laub-, Mischwald- bzw. Steppenzone orientiert man sich an der jeweiligen Juli-Isotherme. Zwischen dem Ural im Westen und dem Fluss Jenissej im Osten, dem Altai-Gebirge im Südosten und der Karasee im Norden gelegen, nimmt das siedlungsarme, wenig erschlossene und im Durchschnitt etwa 100 m üNN gelegene westsibirische Tiefland den Großteil dieser Region ein. Über Jahrtausende entwickelte sich gerade aus dem Wechselspiel der Geofaktoren Klima, Boden und Vegetation ein intaktes Ökosystem. Die klimatischen Grundbedingungen Westsibiriens, welche infolge der Gesetzmäßigkeiten des Strahlungshaushaltes jährliche Temperaturschwankungen zwischen ca. 35–40 °C hervorrufen, ließen bei stetiger Humidität in dieser etwa 1,8 Mio. qkm umfassenden Region den Vegetationstyp der borealen Nadelwälder entstehen.

M1 Lage der borealen Zone

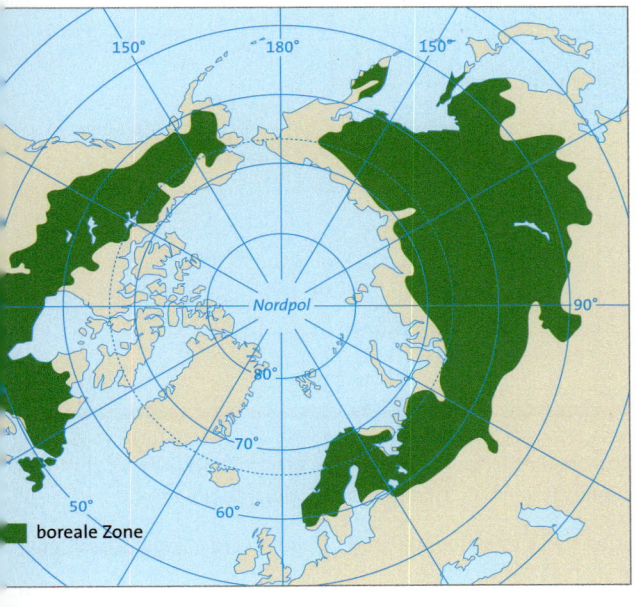

M2 Vegetationszonen und Klimate Westsibiriens

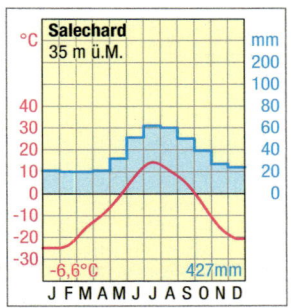

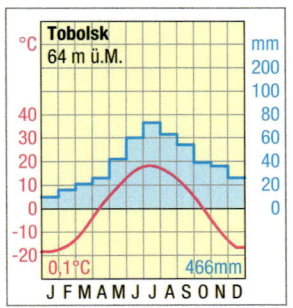

Es dominieren neben Kiefern und Lärchen Fichtengehölze, die große Areale des Landes einnehmen. Sie zeichnen sich durch Kälteresistenz und eine hohe Produktion an Biomasse aus, die es ihnen ermöglicht, das kurze Sommerhalbjahr durch unmittelbar nach der Winterruhe einsetzende Photosynthese optimal zu nutzen. Die temperaturbedingte geringe Zersetzungsrate abgestorbener organischer Substanz führt zu hohen Nadelstreuauflagen (Rohhumus), die in Abhängigkeit der klimatischen Bedingungen erst langsam in den Humus-Oberboden eingearbeitet werden (Ahe-Horizont). Eine schnellere Zufuhr von Nährstoffen gelingt in bestimmten Zyklen nach natürlichen Waldbränden, die in der Folge mit Huminsäuren

(Zersetzungsprodukte der Nadelstreu) in den verwitterten Unterboden (Bv-Horizont) abgeführt werden können. Die Nährstoffauswaschung aus dem geringmächtigen Oberboden (Ae-Horizont) bedingt die Artenarmut des borealen Vegetationstypus. Mit entsprechenden pH-Wert-Änderungen im Unterboden fallen die im Wasser mitgeführten Mineralien (v. a. Eisen-, Mangan-Ionen) als Oxide (Feststoffe) aus und verfestigen sich zu einem tiefbraun gefärbten Ortsteinhorizont (Bs-Horizont), der oft wasser- und wurzelundurchlässig ist und folglich zur Staunässebildung führen kann. Diesen für die boreale Zone charakteristischen A-B-C-Bodentyp nennt man Podsol. Im langen Winterhalbjahr gefrieren die Staunässeschichten zu Permafrost und tauen im Frühjahr und Sommer z. T. oberflächlich (ca. 1–3 m Tiefe) wieder auf. Ab einer Jahresdurchschnittstemperatur von ca. −7 °C geht in Abhängigkeit von der Mächtigkeit der Schneedecke und Vegetationsbedeckung der diskontinuierliche Permafrostboden (in Westsibirien zwischen 62° und 68° n. Br.) in permanenten oder geschlossenen Permafrost (ab 68° n. Br.) über.

Nicht nur lokal ist der Dauerfrostboden bedeutsam, auch regional: Die Wässer der aus Süden stammenden Schmelzwasserströme des Ob, Irtysch und Jenissej kön-

M 3   M 3 Der Podsol – typisches Bodenprofil der Taiga

nen nach dem Frühjahr infolge der noch bestehenden Bodengefrornis nicht aufgenommen werden, sodass ein großflächiger Rückstau der Wassermassen bei geringer Reliefenergie des westsibirischen Tieflandes ausreicht, maßgeblich zur Sumpf- und Moorbildung zwischen der Ob-Mündung bei Salechard und Omsk/Nowosibirsk beizutragen. Flächenanteile von über 50 % sind in einigen Regionen nicht ungewöhnlich.

M 4   Permafrostböden Sibiriens – Schnitt durch Asien

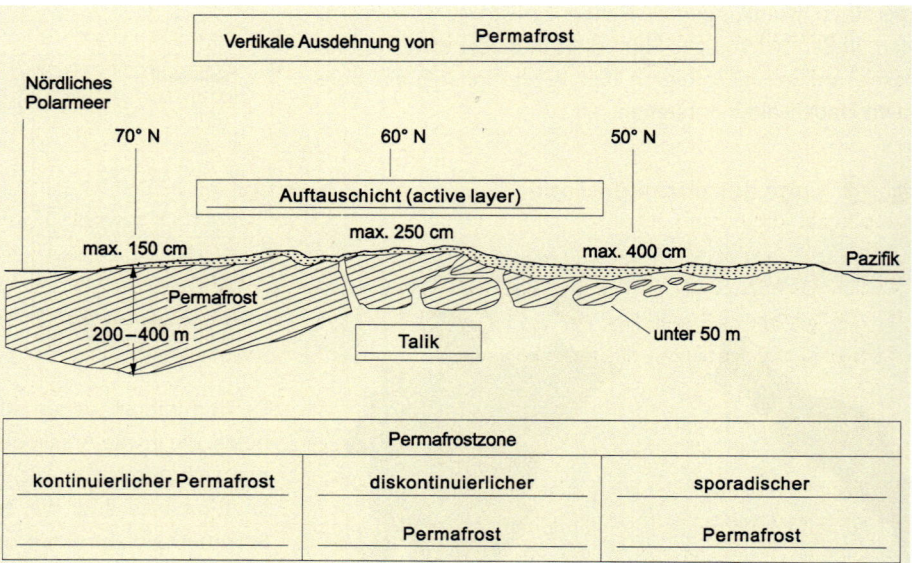

(© by Stark Verlagsgesellschaft mbH & Co. KG, Hallbergmoos 2013)

Aufgaben

1. Betrachten Sie die Eingangsseite zu diesem Teilkapitel (S. 68). Beschreiben Sie mögliche regionale Nutzungskonflikte und bewerten Sie argumentativ ihr ökologisches Gefährdungspotenzial.

2. Grenzen Sie die boreale Zone Westsibiriens anhand der Geofaktoren „Relief" und „Vegetation" gegenüber den Landschaftsräumen Russlands ab (M 1/M 2, Atlas).

③ Begründen Sie die temperaturbedingten Unterschiede zwischen Tobolsk im Süden und Salechard im Norden Westsibiriens und zeigen Sie die Veränderungen im Vegetationsbild Sibiriens auf (M 2).

④ Analysieren Sie den Einfluss des Klimas auf die Entstehung des für die Taiga typischen Bodentyps (M 3).

⑤ Beschreiben Sie die landschaftsschaffende und landschaftsbestimmende Funktion der Permafrostböden in Asien.

⑥ Zeigen Sie das Zusammenwirken der einzelnen Geofaktoren in einem Ökosystem am Beispiel der borealen Zone auf. Nutzen Sie beispielhaft auch Details aus dem Infokasten.

Infokasten: Ökosystem boreale Zone – Geofaktoren in ihrem Zusammenwirken

Geofaktor Klima

- Wärmster Monat mit Temperaturmittel > 10°C, im kältesten Monat < -3°C
- Dauer der kalten Jahreszeit länger als 6 Monate
- Zeitraum mit Tagesdurchschnittstemperaturen über 10°C < 120 d
- Tagesmitteltemperaturen > 5°C (= Beginn der Vegetationszeit): 3 – 6 Monate
- Beeinflussung durch Tiefdruckgebiete der subpolaren Tiefdruckrinne im Sommerhalbjahr und des polaren Kältehochs im Winter (mäßig warme Sommer/sehr kalte Winter)
- Niederschlagshöhe zwischen 250 und 500 mm/Jahr mit sommerlichem Maximum
- Permanente Schneedecke zwischen 6 und 7 Monaten

Geofaktor Boden

- Mächtige Rohhumusauflage (v. a. Nadelstreu)
- Niedrige Zersetzungsrate der Nadelstreu mit Bildung huminsäurereicher Abbauprodukte
- Zügige Mineralisierung der Nadelstreu nach Waldbränden möglich
- Klimatisch bedingte Verlagerung der Mineralien in den Unterboden mit Anreicherung in bestimmten Horizontschichten als fester Ortsteinhorizont (s. M 3)
- Podsolierung als typischer Prozess der Bodenbildung, bedingt durch und mit Einfluss auf die Vegetation
- Oberflächlich auftauende und permanente Permafrostböden (s. M 4)
- Grenze des Permafrostbodens nicht identisch mit Grenze des borealen Nadelwaldes

Geofaktor Vegetation

- Boreale Nadelwälder (Taiga) und Moore
- Geringe Biodiversität (Artenarmut, v. a. Flechten/Moose)
- Häufig Monodominanz (v. a. Fichte, Lärche, Kiefer)
- Niedere Strauchschicht mit Laubgehölz (v. a. Birke, Pappel, Erle)
- Symbiotische Waldgesellschaften mit Mykorrhizen
- Dauer des optimalen Pflanzenwachstums/Jahr: 3 – 6 Monate, insgesamt langsamer Wuchs
- Phytomasse zwischen 100 und 300 t/ha
- Kälte- und Trockenresistenz (Xeromorphismus)
- Vernässte Standorte mit Torfmooren
- Verjüngung der Waldbestände durch natürliche Feuer
- Auffälliges Merkmal abgestorbener, aber langsam sich zersetzender Bäume (standing dead) zwischen Baumbeständen

Geofaktor Wasser

- Im Frühsommer oberflächlich auftauende Permafrostzone
- Schneeschmelze in den Quellregionen der landschaftsbestimmenden Ströme Ob, Irtysch, Jenissej mit Hauptentwässerung nach Norden (Karasee) beginnend im Frühjahr
- Flächenhafte Überflutung der Tiefländer Westsibiriens mit häufigen Flussverlagerungen, insbesondere mit Abflussspitzen im Frühsommer
- Gefahr der Versumpfung im Mittellauf der Flüsse infolge der im Frühjahr gefrorenen Unterläufe

3.1 Rohstoffgewinnung in der Taiga – (Aus)Nutzung des Ökosystems?

M 5 Schlagzeilen zu den Waldbränden im russischen Sommer 2012

FEUER VERNICHTET TAUSENDE HEKTAR LAND

Russlands Osten leidet

(Quelle: http://www.n-tv.de; 28.7.12)

FEUER IN SIBIRIEN

Intakte Moore können Waldbrände in Russland verhindern

(Quelle: http://www.zeit.de; 10.8.12)

(Quelle: Greenpeace/Maria Feck)

Die endlose Weite der Taiga täuscht darüber hinweg, dass Eingriffe des Menschen sowohl lokal in Form der Rohstoffgewinnung als auch mit dem global stattfindenden Klimawandel das – auf Naturgesetzen aufgebaute – ökologische Gleichgewicht negativ beeinflussen.

Störung des Ökosystems durch Erdöl- und Erdgasförderung

Russland ist einer der größten Erdgas- und Erdölförderstaaten weltweit. Die Rohstoffreserven wurden Ende 2011 auf ca. 12 Mrd. t Erdöl und ca. 45 Bill. m³ Erdgas geschätzt, das entsprach einem Anteil von ca. 5 % bzw. ca. 21 % an den Weltreserven. Etwa 70 % dieser Lagerstätten sind in Sibirien lokalisiert. Deutschland importiert einen hohen Prozentanteil der beiden Energieträger aus dieser Region (s. M 7) und mit der neuen Ostseepipeline gelangt auch ein erheblicher Teil des westsibirischen Erdgases in deutsche Leitungsnetze.

Die Umweltverschmutzungen, die mit der Erdölförderung einhergehen, sind vielfältig:

- Eintrag des wasserunlöslichen Stoffgemischs Erdöl in Böden und stehende/fließende Gewässer durch Öllecks an bestehenden Pipelines und als Folge von Tiefbohrungen
- Negative Beeinträchtigungen der Kleinstlebewesen in Böden und Gewässern
- Kontaminierung der Grundwasser- und Trinkwasserreservoirs

- Zerstörung von ca. 20 Mio. ha Rentierweiden in den letzten Jahrzehnten und Beeinträchtigung der Einkommensgrundlage der z. T. nomadisch lebenden Bevölkerung der Chanten und Mansen
- Zunehmende Überweidung der Waldtundra auf den noch zur Verfügung stehenden Flächen für die Rentierwirtschaft

Neue Fördergesetze erleichtern den Betreibern der Anlagen zusehends die Eingriffsrechte in das Ökosystem. Regionen, die vormals naturnah und von indigenen Bevölkerungen nachhaltig genutzt wurden, dürfen neuerdings ohne Rücksichtnahme auf die Einheimischen von den Energieunternehmen in Besitz genommen werden, sobald eine Förderlizenz vorliegt. Da Devisen aus dem Rohstoffexport wegen fehlender Diversifizierung der Wirtschaft etwa die Hälfte des Staatshaushaltes finanzieren, entsteht ein zunehmend größer werdender Nutzungskonflikt zwischen den staatlichen Energiemonopolisten (u. a. Rosneft {Aufstieg zum weltgrößten Energiekonzern mit der Übernahme von TKN-BP seit 22.10.2012} und Gazprom {weltgrößter Ergaskonzern}) und den einheimischen Völkern.

Die Art und Weise der Rohstoffförderung zeigt beträchtliche Auswirkungen auf das Ökosystem dieser Geozone. Zur Erleichterung des Abflusses von Erdöl und Erdgas aus tieferen Gesteinsschichten wird Wasser künstlich in die Tiefe gepumpt, wodurch der Grundwasserspiegel der Umgebung insgesamt sinkt, aber auch die Pegel der Wasserläufe in den Sommermonaten nach und nach sinken. Die Grundwasserschichten bleiben für die Nadelbäume zunehmend unerreichbar und Moorlandschaften trocknen periodisch aus. Zu der schon bestehenden, vergleichsweise trockenen Winterruhezeit treten im Zeichen des Klimawandels zusätzliche Trockenperioden im Sommerhalbjahr auf, die sich negativ auf die Vegetation des borealen Nadelwaldes auswirken. Gerade extreme Hitzewellen im kontinental geprägten sibirischen Klima erhöhen bei niedrigem Grundwasserspiegel die Brandgefahr, die meist durch eine trockene Rohhumusauflage der Böden angefacht wird. Diese massive Störung des Ökosystems verhindert eine rechtzeitige Regenerierung der Vegetation.

Eine weitere Umweltproblematik ergibt sich aus dem „Abfackeln" von Begleitgas, das bei der Erdölförderung zutage tritt. Aus der Verbrennung rührt eine verstärkte Bildung von Ruß, der sich im Winterhalbjahr bei Niederschlag auf den Eis- und Schneeflächen negativ auf die Albedo und Strahlungsbilanz der Region auswirkt. So verringern sich die Schneeflächen deutlich und oberflächlich abfließende Schmelzwässer können die Überschwemmungshäufigkeit in besonders exponierten Tieflagen erhöhen.

M 6 Erdöl- und Erdgasförderung Russlands im weltweiten Vergleich

Länder	Erdgas (Förderung in Mrd. m³)		
	2007	2010	2011
USA	545,6	604,1	651,3
Russland	592,0	588,9	607,0
Kanada	182,7	159,9	160,5
Iran	111,9	146,2	151,8
Katar	63,2	116,7	146,8
China	69,2	94,8	102,5
OECD	1 092,9 (2006)	1 148,2	1 168,1

Länder	Erdöl (Förderung in Mio. t)		
	2007	2010	2011
Saudi-Arabien	492,4	466,6	525,8
Russland	491,3	505,1	511,4
USA	309,8	339,9	352,3
Iran	209,6	207,1	205,8
China	186,3	203,0	203,6
Kanada	158,6	164,4	172,6
OECD	1 680,2 (2006)	1 623,3	1 695,9

(Zusammengestellt nach verschiedenen Quellen)

M7 Russische Erdöl- und Erdgaspipelines nach Europa

Hinweis: Die hier noch als „geplant" ausgewiesene Ostseepipeline ist inzwischen in Betrieb (s. S. 149).

(Nach: Heiko Pleines/Hans-Henning Schröder (Hg.), Länderbericht Russland, Bonn (Bundeszentrale für politische Bildung) 2010, S. 338)

Aufgaben

1. Erklären Sie den Ursachenkomplex zu den verheerenden Waldbränden im Sommer 2012 (M 5).

2. Begründen Sie die Gefahr großflächiger Ölverschmutzung in den Sumpfregionen entlang der großen Flüsse in der jährlichen Frühsommerperiode (Atlas).

3. Analysieren Sie durch Nutzung von geeignetem Kartenmaterial das Rohstoffpotenzial in der borealen Zone (Atlas).

4. Beschreiben Sie die Entwicklung der Rohstoffförderung in Russland (M 6) im Vergleich zu anderen Staaten. Nehmen Sie begründet Stellung zu der Tatsache, dass Rohstoffressourcen auch ökonomisches Entwicklungspotenzial für ein Land darstellen.

5. Erörtern Sie die Aussage „Täglich packt der deutsche Autofahrer die Taiga in den Tank ... und (zerstört) das traditionelle Siedlungsgebiet der indigenen Völker...".

Störung des Ökosystems durch Holzgewinnung

M8 Die Taiga – Wo unser Papier wächst

Längst ist die Taiga zur wichtigsten Holzquelle für die großen Verbrauchszentren der Erde, für Europa, China, Japan und die USA geworden. Über die Hälfte des in Deutschland verbrauchten Papiers ist in den Taigawäl-
5 dern herangewachsen. [...] Es ist weniger die Großflächigkeit der Kahlschläge, als vielmehr die fehlende Rücksicht auf die letzten noch in ihrer ursprünglichen Natur erhaltenen Waldareale, die die Naturschutzorganisationen auf die Barrikaden treibt. Obwohl die meisten
10 großen Waldbesitzer sogar das FSC-Zertifikat tragen, missachten sie die damit einhergehenden Anforderungen in den letzten Jahren immer häufiger.

(Text nach: Dr. Rudolf Fenner, 2011; in: http://www.bayerischer-wald-news.de/news/die_taiga_wo_unser_papier_whst-11511.html)

Die Taiga Russlands ist trotz ihrer peripheren Lage die Rohstoffquelle für die Holz verarbeitende Industrie Eurasiens und unterliegt deshalb einer intensiven Nutzung. Nicht nur wachsender Wohlstand in Russlands Metropolen, auch die steigende Nachfrage in den Schwellen-

ländern Ost- und Südostasiens nach Hölzern und Holzprodukten für die Herstellung von Möbeln, Papier, Baumaterial und Verpackungen erweist sich als lukratives Geschäft für Russlands Forstwirtschaft und Industrie.

Trotz Holz-(FSC-)Zertifizierung und einer daran geknüpften Einflussnahme der europäischen Marktkräfte auf die russische Forstwirtschaft liegt der Anteil unsachgemäßen, z. T. illegalen Holzeinschlags bei durchschnittlich 20 000 ha Wald/Jahr. Fehlendes Engagement zur Wiederaufforstung und Pflege des Waldbestandes sowie zunehmende Bodenverdichtung durch schweres Einsatzgerät verhindern eine nachhaltige Regenerierung des Ökosystems. Ist der Wald erst gerodet, werden die Gefahren der Degradierung offensichtlich: Erosionsprozesse bei zunehmender Auswaschung von Nährstoffen, insbesondere die Abschwemmung der geringmächtigen Humusschichten und Veränderungen bei Bodentemperaturen und biologischen Prozessen. Seit der Änderung des staatlichen Forstgesetzes im Jahr 2007, das de facto den staatlichen Schutz der Wälder aufgehoben hat, hat sich der Raubbau verschärft. Übermäßige Lagerung bereits abgeholzter Baumstämme in Flüssen führt zudem zu Zersetzungsprozessen in den Vorflutern. Veränderungen des Fischbestandes, insbesondere durch die Abnahme der Sauerstoffkonzentration in den Flüssen, sind folgenreich für die Subsysteme. Man geht derzeit von ca. 20 % nicht verwertbarem Holz infolge dieser Verrottung aus. Aber auch das Klima wird durch den Raubbau an der Taiga mittelbar getroffen. Die oft als grüne Lunge des Nordens bezeichnete Waldgesellschaft der borealen Zone nimmt rund 90 % der Kohlenstoffdioxid-Emissionen Eurasiens auf. Ein permanenter Kahlschlag in den russischen Nadelwäldern führt also auch zu negativen Rückkopplungen bei der Reduzierung des wichtigsten Treibhausgases und den Anstrengungen, den Klimawandel in den Griff zu bekommen.

M9 Holzvorräte und Holzverarbeitung Russlands im Zahlenvergleich

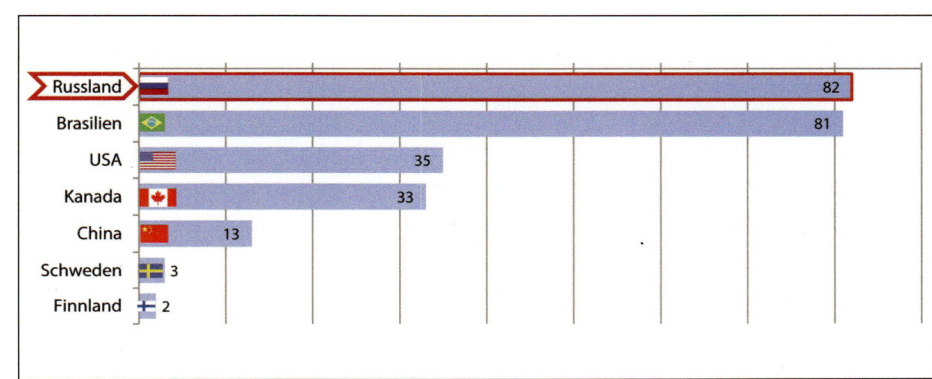

Grafik 1: Menge der Holzvoräte im internationalen Vergleich (in Mrd. m³, 2010)

Grafik 2: Jährliche Holz-verarbeitung im inter-nationalen Vergleich (in Mio. m³, 2010)

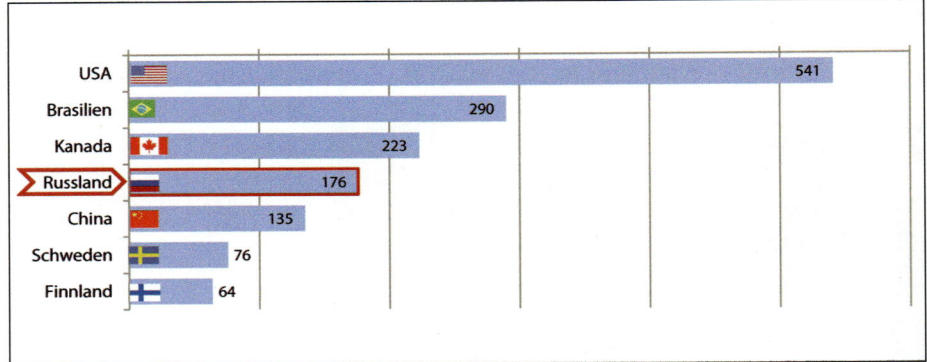

(Nach: Maria Tysiachniouk, Die Politische Dimension von Rohstoffen – Forstwirtschaft/Erdöl; in: Forschungs-stelle Osteuropa an der Universität Bremen/Deutsche Gesellschaft für Osteuropakunde (Hg.), Russland-Analy-sen Nr. 240/15.06.2012, S. 6)

Nach der wirtschaftlich schwierigen Phase des Umstruk-turierungsprozesses (Transformationsprozess) in den 1990er-Jahren und der ersten Dekade dieses Jahrhunderts plant Russland in vielen ehemaligen TPK (territoriale Pro-duktionskomplexe) eine Neuausrichtung der Industrie. Die Rohstoffverarbeitung soll in neu errichteten Grund-stoffindustrien (z. B. Erdölverarbeitung in Raffinerien und Weiterverarbeitung in der chemischen Industrie, Holzver-arbeitung in Zellulose- und anderen Holz verarbeitenden Fabriken) zu höherwertigen Gütern verarbeitet bzw. ver-edelt werden, um noch mehr Devisen auf dem Weltmarkt zu erzielen, als dies bisher mit dem reinen Rohstoffexport möglich war. Diese Investitionen lassen nicht erwarten, dass mit den Wäldern dieses labilen Ökosystems nach-haltig umgegangen wird. Derartige Produktionsprozesse sind energieintensiv und erzeugen Emissionen (u. a. CO_2, Stickstoffoxide, SO_2), die nicht nur den Treibhauseffekt verstärken, sondern regional den bereits geschwächten Waldgesellschaften über die Einwirkung von z. T. sauren Niederschlägen abermals Schaden zufügen. Lediglich 23 % aller Waldflächen Westsibiriens werden heute noch als intakt bezeichnet. Nur in Ostsibirien ist dieser Anteil mit 34 % etwas höher. Dabei kann es nicht nur regional von Bedeutung sein, dieses Ökosystem zu schützen.

Aufgaben

1 Vergleichen Sie das Foto in M 8 mit der Naturlandschaft Taiga (S. 68). Erstellen Sie ein Wirkungsgefü-ge über die Zusammenhänge zwischen Rohstoffgewinnung und Degradierung des Ökosystems „Bo-reale Zone".

2 Begründen Sie die Regenerationsunfähigkeit des borealen Nadelwaldes nach Eingriffen durch Roh-stoffabbau oder unsachgemäßen Holzeinschlag.

3 Erläutern Sie die Notwendigkeit des Schutzes der Taiga aus globalen Gesichtspunkten.

4 **Projekt Internet:**
a) Informieren Sie sich mithilfe des folgenden Filmmaterials (Quelle: http://www.youtube.com/watch?v=YvTMQTuHBVU) über die Rolle eines Global Players beim industriellen Holzabbau und er-örtern Sie, inwiefern unser Konsumverhalten den Schutz der borealen Nadelwälder weitestgehend verhindert.
b) Ökologisch fatal, aber ökonomisch sinnvoll: Betrachten Sie auch die andere Seite der Medaille und setzen Sie sich mit den Wünschen und Forderungen der Menschen vor Ort auseinander. Erklären Sie diese Bedeutung von Rohstoffen für Wachstumsimpulse beispielhaft an der Region Tjumen (Internet-recherche).

3.2 Landschaftsveränderungen durch auftauenden Permafrost als Folge des Klimawandels

M 10 Permafrost-
böden im
Zeichen des
Klimawandels

Permafrostboden der kaltgemäßigten Zone

Netzartige Strukturen im auftauenden
Permafrost

M 11 **Schlagzeilen im Zusammenhang mit Permafrostböden und Klimawandel**

Sibirien – Auftauende Permafrostböden heizen Klima an
(www.welt.de; 17.09.2008)

Tundrenfeuer und blubberndes Methan – Permafrostboden schmilzt rasant
(www.n-tv.de/wissen; 30.11.2011)

Auf der Konferenz „Internationales Polarjahr 2012" wurde erstmals ausführlich auf die Situation der Permafrostböden im Rahmen des aktuellen Klimawandels hingewiesen und die Problematik einer breiten Öffentlichkeit zugänglich gemacht. Permafrost entsteht, wenn die Bodentemperatur mindestens über zwei Jahre unter dem Gefrierpunkt liegt. Weltweit sind 25 % der Erdoberfläche von dieser Bodengefrornis betroffen. Schon heute kann man durch Auftauvorgänge im Sommerhalbjahr, die bis in ca. 50 Meter reichen, dramatische Landschaftsveränderungen feststellen (vgl. M 10). Dass sich trockene Landschaftsflächen in Moor- und Sumpfflächen umwandeln, ist nur eine Folge des stattfindenden Klimawandels.

Der mit dem Klimawandel (global change) prognostizierte globale Temperaturanstieg bedeutet auch eine Verlagerung der Grenze permanenter Bodengefrornis nach Norden. Die damit verbundene Ausweitung der diskontinuierlichen Permafrostgrenze führt im Frühjahr und Frühsommer zur Bereitstellung größerer Schmelzwässer, die im Inland zu stärkeren Versumpfungssituationen entlang der

Flussläufe beitragen. Hangrutschungen und Schäden in besiedelten Gebieten, vor allem durch einstürzende Gebäude, häufen sich.

Aber auch im Küstenbereich (z. B. der Karasee Westsibiriens) wird es zu zeitweise höheren Meeresspiegelständen, stärkeren Wellenbewegungen durch fehlendes Meereseis und damit sich verändernden Küstenformen kommen. Nicht zu vernachlässigen sind auch die Auswirkungen auf die indigenen Völker (u. a. Chanten, Mansen) und ihre naturnahe, traditionelle Lebensform, bei der sie u. a. ihre Rentierherden zu neuen Weideflächen auf anderen Wanderrouten führen müssen. Regional können die Schäden auftauender Böden ökologisch gravierend sein, wenn Ölpipelines wegen fehlender Standfestigkeit der Konstruktionen brechen und erdölverseuchte Böden die Tier- und Pflanzenwelt unwiederbringlich stören: Es wäre für Russland die größte Naturkatastrophe. Gerade in den kalten Zonen der Erde erfolgen die natürlichen, bakteriellen Abbauprozesse organischer Substanzen (u. a. durch erdölverseuchte Böden der borealen Zone) insgesamt sehr langsam.

Global wirkend und den Klimawandel verstärkend ist jedoch die Freisetzung des im Permafrostboden gespeicherten organischen Kohlenstoffs. Nach einer Studie der *International Permafrost Association* lagern ca. 50 % dieser Kohlenstoffverbindungen in den Böden dieser Geozone. Beim Auftauen werden sie entweder von Mikroorganismen zu Kohlenstoffdioxid (CO_2) oder Methan (CH_4) umgewandelt oder sie werden aus sogenannten Gashydraten – so bezeichnet man das in Eis eingeschlossene Methan – freigesetzt. Die Konzentration an Treibhausgasen wird auf diese Weise in der Atmosphäre erhöht und der Klimawandel angefacht.

Aber es gibt auch ermutigende Signale aus Westsibirien. Nicht überall scheint die Gier nach Rohstoffen auf Kosten des Ökosystems zu gehen. Neue Wege beschreitet man im Norden der Region, auf der Jamal-Halbinsel bei Salechard (vgl. M 2). Hier wird eine internationale Forschungsstation eingerichtet, die mit der Überwachung der ökologischen Bedingungen im Zusammenhang mit der Erschließung von Rohstofflagerstätten und der Förderung von Erdgas betraut wird.

M12 Lageveränderung der Permafrost- und Baumgrenze

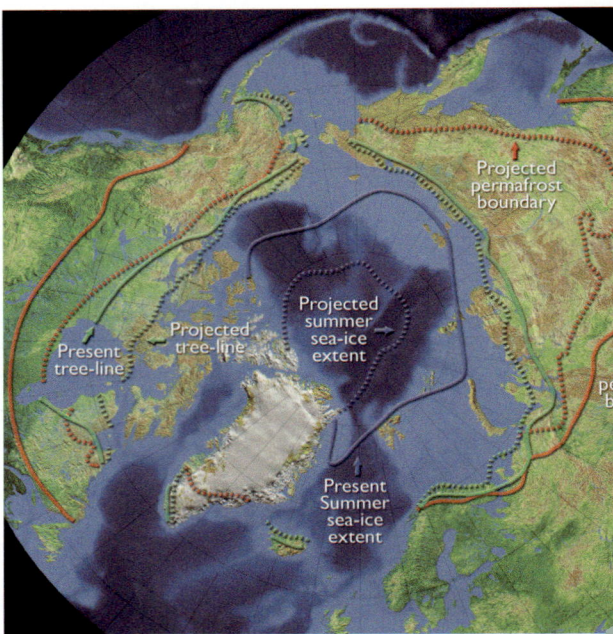

(Nach: Umweltbundesamt, Klimagefahr durch tauenden Permafrost, UBA-Hintergrundpapier, August 2006, S. 8; Quelle: ACIA, 2004)

M13 Landschaftsveränderungen durch auftauenden Permafrost

Skizze der durch Permafrost beeinflussten Landschaft samt Treibhausgasflüssen und Veränderungen durch Auftauprozesse

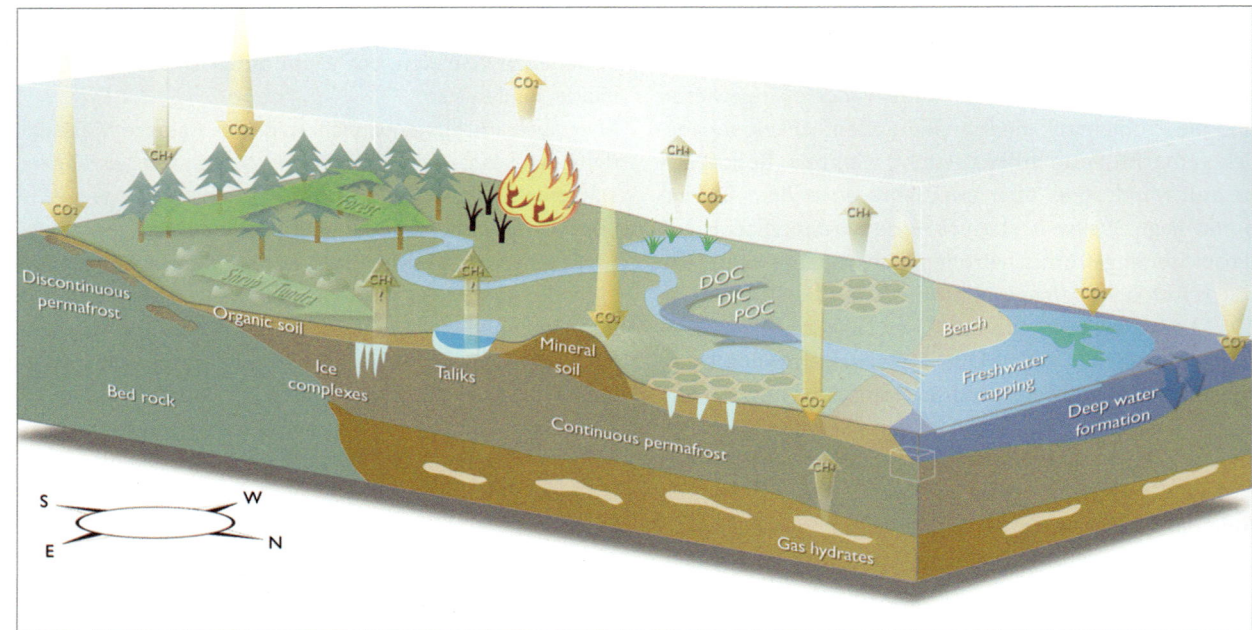

(Nach: Umweltbundesamt, a.a.O., S. 9; Quelle: ACIA, 2004)

M14 Rohstoffförderung und Ökologie auf neuen Wegen

Wissenschaftliche Begleitung der Erschließung von Rohstofflagerstätten durch ein Forschungszentrum auf der Jamal-Halbinsel

Der Standort des neuen Forschungszentrums wurde nicht zufällig gewählt: „Nebst Permafrost bietet das Gebiet fast schon Laborbedingungen zur Beobachtung und Erforschung aller arktischen Prozesse", sagt Wladimir Melnikow, Direktor des Instituts für Kryosphärenforschung an der russischen Akademie der Wissenschaften in Tjumen. Ferner liege hier der Löwenanteil der russischen Erdöl- und Erdgasvorkommen. Das Forschungszentrum ist der erste Schritt auf der neuen Erschließungsagenda. Zuvor wurde die Arktis ohne den Rat von Fachleuten in einer Art wilden Pioniergeists in Besitz genommen, was zu Pannen und Unfällen geführt hat. „Es wäre töricht, auf diese Art weiterzumachen und nicht auf die Ratschläge der Experten zu hören", ist Melnikow überzeugt. Auf der Weißen Insel (in der Karasee), so die Regionalregierung, (wird) eine internationale Ökologiestation (eingerichtet), deren vornehmliche Aufgabe es (ist), Eingriffe in die Umwelt zu überwachen – und zukünftig Schädigungen zu verhindern. (Die braucht es auch, da) in den kommenden zehn Jahren ein neuer Hafen, eine Raffinerie und ein Werk zur Aufbereitung von Flüssigerdgas (LNG) geplant (sind).

(Nach: Ilja Loktjuschin, 20.09.2012; http://russland-heute.de/articles/2012/09/20/neue_rohstoffe_aus_dem_permafrostboden_16601.html)

Aufgaben

1 Stellen Sie die Folgen des Auftauens von Permafrostböden heraus und analysieren Sie die Wirkungen auf das Ökosystem „Boreale Zone" (M 10 – M 13).

2 Ermitteln Sie das Gefährdungspotenzial von Methan im Vergleich zu den anderen Treibhausgasen im Zeichen des Klimawandels.

3 **Recherche im Internet unter www.awi.de und www.page21.eu:** Informieren Sie sich über das Projekt „Page 21", das sich mit der europäischen Permafrostforschung in der Arktis befasst. Geben Sie die wesentlichen Forschungsmaßnahmen wieder und bewerten Sie die Möglichkeiten zur Verhinderung des großflächigen Auftauens von Permafrost.

Methodenschulung

Umgang mit aktuellen geographischen Kontroversen

Geographische Themen werden in der öffentlichen Debatte oft kontrovers dargestellt. Auf den ersten Blick fällt es in der Regel nicht leicht, sich zu einer – in den Medien dargestellten – Meinung zu positionieren. In dieser Methodenschulung lernen Sie, wie man eine solche Thematik befragen und systematisieren kann, um zwischen Tatsachen und Meinungen unterscheiden zu können und zu einem differenzierten eigenen Urteil zu gelangen.

Am Beispiel der **Kontroverse um den Meeresspiegelanstieg** empfehlen wir folgende allgemeine Vorgehensweise:

Erster Schritt:
Ein geographisch kontrovers diskutiertes Thema befragen

Zweiter Schritt:
Thematik in einen raumbezogenen und gesellschaftsrelevanten Kontext stellen

Dritter Schritt:
Sachinformationen auf ein konkretes Raumbeispiel beziehen

Vierter Schritt:
Zwischen Tatsachen und Meinungen unterscheiden ...
... und einen begründeten eigenen Standpunkt entwickeln und vertreten

M 15 Schlagzeile

Neuer Klimareport:
UNO-Prognose verblüfft mit Meeresspiegel-Sprung

(Spiegel online, 15.12.2012; http://www.spiegel.de/)

M 16 Klimakonferenz 2050

... ZUM GEDENKEN AN DIE UNTER UNS LIEGENDEN MALEDIVEN!

M 17 Kabinettssitzung mal anders: Regierung der Malediven trifft sich unter Wasser (2009)

Erster Schritt: Ein geographisch kontrovers diskutiertes Thema befragen

(1) Formulieren Sie arbeitsteilig Fragen zu den Materialien 15 bis 17 (z. B.: Um was geht es? Was genau geschieht wann, wo und warum? Wer ist beteiligt?).

(2) Klassifizieren Sie Ihre Fragen und bringen Sie diese in eine Reihenfolge. Für eine detailliertere Untersuchung lassen sich weitere am Sachverhalt orientierte W-Fragen ergänzen und feiner differenzieren (Wozu?, Woher?, Womit?, Wie lange? Wie hoch? Wie sehr?).

(3) Präsentieren Sie Ihre Ergebnisse im Plenum und verabreden Sie Ihre weitere Vorgehensweise bei der Auseinandersetzung mit dieser Thematik.

Zweiter Schritt: Thematik in einen raumbezogenen und gesellschaftsrelevanten Kontext stellen

M 18 Situations- und Problembeschreibung aus wissenschaftlicher Sicht

Im Jahr 2007 erschien ein neuer Bericht der internationalen Wissenschaftlergruppe „Intergovernmental Panel on Climate Change" (IPCC) über Ausmaß und Folgen des globalen Klimawandels. In den letzten 100 Jahren ist demnach der Meeresspiegel durchschnittlich um ca. 20 cm angestiegen. Die Klimaforscher halten bis zum Jahr 2100 einen durchschnittlichen globalen
5 Meeresspiegelanstieg von, je nach Szenario, 20 bis 60 cm für wahrscheinlich. Die hauptsächlichen Gründe des derzeitigen Meeresspiegelanstiegs liegen in erster Linie in der Ausdehnung des Wassers durch Erwärmung, weiterhin im Abschmelzen der Festlandgletscher und in jüngerer Zeit zunehmend im Abschmelzen der Eisbedeckung Grönlands (vgl. IPCC 2007, S. 7 u. 13). Sollte in fernerer Zukunft der gesamte Eispanzer Grönlands abschmelzen, ist sogar ein
10 Meeresspiegelanstieg um 7 m zu erwarten. Welche Auswirkungen hat der Meeresspiegelanstieg in den verschiedenen Regionen der Erde? Kann man sich dagegen schützen?

(Nach: Deutsche Gesellschaft für Geographie (Hg.), Bildungsstandards im Fach Geographie, Bonn (Selbstverlag DGfG) [7]2012, S. 80)

Methodenschulung

M 19 Vom Meeresspiegelanstieg bedrohte Regionen

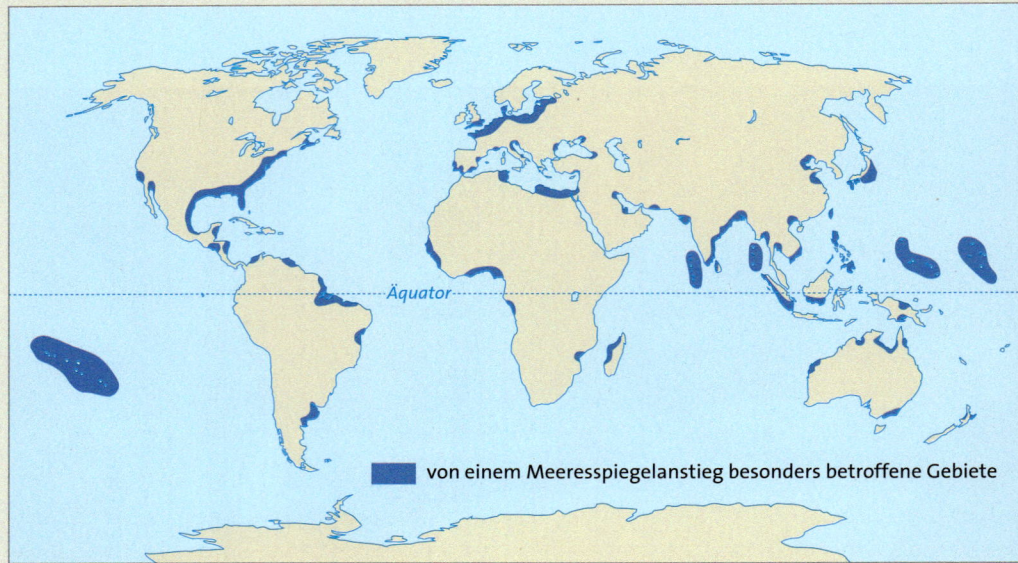

von einem Meeresspiegelanstieg besonders betroffene Gebiete

(Nach: s. M 18, S. 80)

M 20 Auswirkungen des Meeresspiegelanstiegs

Folgende Hauptauswirkungen sind mit einem beschleunigten Meeresspiegelanstieg verbunden:
- dauerhafte Überflutung tief liegender Küstenabschnitte (Marschen, Deltas großer Flüsse, Mangroven usw.) und Inseln
- Zunahme der Häufigkeit von Sturmfluten
- Verstärkung der Erosion an Flach- und Steilküsten
- Zunehmende Versalzung von Grundwasser und Böden in Küstennähe
- Probleme bei der Entwässerung landwirtschaftlicher Flächen auf Meeresspiegelniveau

(Nach: s. M 18, S. 81; Quelle: verändert nach Brückner u. a. 2002, S. 93)

M 21 Internationaler Verletzlichkeitsvergleich bei 1 m Meeresspiegelanstieg

	Deutschland	Niederlande	Marshall-Inseln
Betroffene Fläche	3,5 %	70 %	80 %
Betroffene Einwohner	2,8 %	67 %	100 %

(Nach: s. M 18, S. 81; Quelle: T. Behnen, Der beschleunigte Meeresspiegelanstieg und seine sozio-ökonomischen Folgen, Hannoversche Geographische Arbeiten, Bd. 54, Münster/Hamburg 2000, S. 181)

Aufgaben

 Lokalisieren Sie Regionen auf der Erde, die vom Meeresspiegelanstieg besonders betroffen sind (M 19), und finden Sie mindestens je ein Beispiel für die in M 20 genannten gefährdeten Gebiete (Marschen, Deltas, Mangroven, Inseln).
Simulieren Sie den Meeresspiegelanstieg im Internet anhand verschiedener Modelle (z. B. mit Google Earth) und vergleichen Sie die online ausgewiesenen Ergebnisse mit der Karte in M 19.

2 Lokalisieren Sie (mithilfe des Atlasses) die in der Tabelle M 21 genannten Regionen (Deutschland, die Niederlande und die Marshall-Inseln) und vergleichen Sie die Auswirkungen des Meeresspiegelanstiegs für diese drei Regionen (M 20, M 21).

Dritter Schritt: Sachinformationen auf ein konkretes Raumbeispiel beziehen

In Deutschland gehört die Insel Sylt zu den durch den Meeresspiegelanstieg gefährdeten Gebieten. Hier werden drei Strategien (Rückzug, Anpassung, Schutz) diskutiert, wie die Bewohner auf den Meeresspiegelanstieg reagieren können:

MEER. LEIDENSCHAFT. LEBEN.

M 22 Insel Sylt: Probleme und Gegenstrategien

Strategie A: Durch gezielte Maßnahmen kann man gefährdete Küstengebiete trotz Meeresspiegelanstiegs weiter nutzen. Zum Beispiel kann man gezielt den Verlust eigener Gebiete an das Meer (Küstenerosion) in Kauf nehmen, andere Gebiete dafür aber besonders schützen. Denkbar ist auch die Umstrukturierung von Betrieben, die an Stelle von Landwirtschaft einen wasserwirt-
5 schaftlichen Schwerpunkt setzen (Aufzucht von Jungfischen, Muschelzucht).
Strategie B: Hier werden die gefährdeten küstennahen Gebiete aufgegeben. Bei Verschlechterung der Produktivität aufgrund steigender Wasserstände werden keinerlei Gegenmaßnahmen unternommen. Bau- und Entwicklungspläne werden verworfen. Menschen packen ihr Hab und Gut und ziehen sich auf höher gelegenes Land zurück. Immobilien und Infrastruktur werden
10 dem steigenden Meeresspiegel überlassen.
Strategie C: Bei dieser Strategie steht der besondere Schutz der Menschen und der Ressourcen in gefährdeten Gebieten an erster Stelle. Die Strategie setzt eine langfristige, vorausschauende Planung von Schutzbauwerken voraus und erfordert zwangsläufig hohe Kosten für Baumaßnahmen, Unterhaltung und Erhöhung der Anlagen. Als Schutzmaßnahmen kommen einer-
15 seits feste Bauwerke wie Deiche, Flutwände, Flusssperrwerke oder Gezeitentore infrage. Andererseits sorgen sogenannte „weiche Maßnahmen" wie Strandaufspülungen oder die Neuanlage bzw. Bewahrung und Pflege von Dünen für den notwendigen Schutz. Weiche Maßnahmen besitzen jedoch nur einen kurzzeitigen Effekt und müssen regelmäßig erneuert werden.

(Nach: D. Kanwischer/A. Kohly, Land unter in Schleswig-Holstein? Eine Unterrichtsanregung zu Klimawandel und Meeresspiegelanstieg; in: Geographie heute, H. 241/242, S. 16 – 24; bearb.)

Aufgaben

 Ordnen Sie die Textabschnitte A, B und C den drei Strategien zu. Begründen Sie Ihre Entscheidung entlang folgender Leitfragen:

Was können wir wählen?	…
Wozu kann diese Wahl führen?	…
Wie bewerte ich die Konsequenzen?	…
Was könnte passieren und welche Auswirkungen hat das?	…

Methodenschulung

Methodenschulung

② Beurteilen Sie die drei Strategien aus der Sicht eines Naturschützers, aus der Sicht eines Inselbewohners sowie aus der Sicht des Finanzministers von Schleswig-Holstein. (Legen Sie dazu eine Tabelle mit neun Feldern an und tragen Sie + und – Zeichen ein.)

③ Erörtern Sie im Kurs, ob alle Inselbewohner die gleiche Strategie wählen würden.

④ Stellen Sie sich vor, Sie sind politisch verantwortlich für die Planung auf Sylt. Wählen Sie eine Strategie aus und begründen Sie Ihre Entscheidung.

⑤ Erörtern Sie die drei Strategien aus der Sicht der Bewohner der Marshall-Inseln und beurteilen Sie, welchen Handlungsspielraum diese haben.

Vierter Schritt: Zwischen Tatsachen und Meinungen unterscheiden und einen begründeten eigenen Standpunkt entwickeln

M 23 **Klimaschutz und Anpassung**

SKEPTIKER	KLIMA(FOLGEN)FORSCHUNG
Es gibt keine Klimaveränderung!	Es gibt inzwischen Tausende Belege für die Klimaveränderung!
Es gibt keinen (anthropogenen) Treibhauseffekt; das Klima ändert sich durch natürliche Ursachen und hat sich auch früher geändert.	Die seit ca. 1970 beobachtete Klimaänderung ist ungewöhnlich und ohne die anthropogenen Treibhausgase nicht zu erklären.
Eine globale Erwärmung ist keine Katastrophe, sondern bringt auch viele Vorteile!	Eventuelle Vorteile wiegen nur einen Bruchteil der möglichen Gefahren auf, wenn Klimaschutz und Anpassung unzureichend sind.
Ökonomische Modelle zeigen: Klimaschutz ist zu teuer – es ist viel billiger, die Kosten eventueller Schäden zu begleichen.	Durch methodische Schwächen werden die Kosten für den Klimaschutz massiv überschätzt, die für die Schäden massiv unterschätzt.

(Nach: Manfred Stock; http://www.pik-potsdam.de/)

M 24 **Projektionen gobaler Erwärmung**

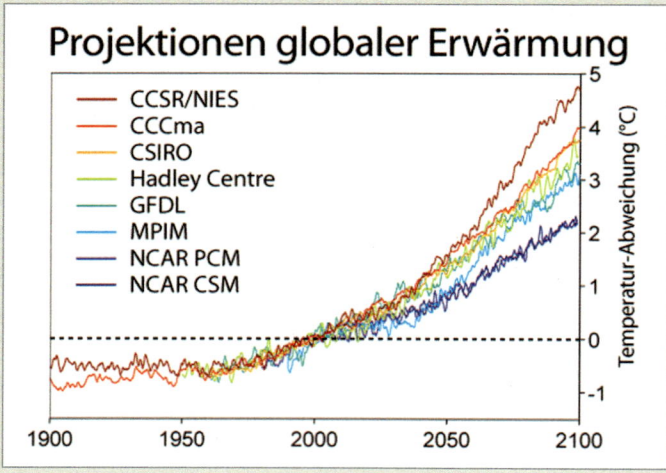

M 25 **Folgen der Temperaturerhöhung**

Die Wahrscheinlichkeit steigt von Gelb zu Rot. Die Abbildung fasst die aktuelle wissenschaftliche Literatur zusammen.

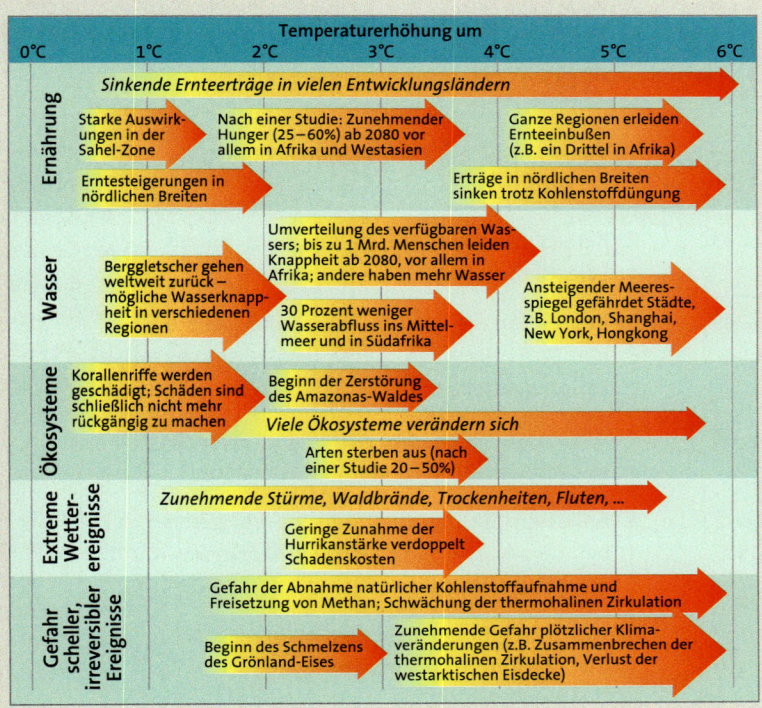

(Grafik aus STERN REVWIEW, figure 2; © Übersetzung Jürgen Paeger, http://www.oeko system-erde.de/html/stern_report.html; Quelle: Sir Nicolas Stern, The Economics of Climate Change – Ein Bericht im Auftrag des britischen Schatzkanzlers, veröffentlicht am 30. Oktober 2006)

Methodenschulung

Aufgaben

1 Wie lässt sich zwischen den streitenden Parteien und deren Auffassungen in M 23 vermitteln? – „*Sind die Menschen für den Klimawandel im 20. und 21. Jahrhundert verantwortlich?*" Finden Sie selbst eine begründete Antwort. Sammeln Sie dazu Antworten und Aussagen – auch unter Verwendung der Materialien M1–M 11 in Kap. VI/1., S. 234 ff. – und unterscheiden Sie zwischen „*weitgehend akzeptierte Fakten*", „*Prognosen*" und „*Unsicherheiten*".

„weitgehend akzeptierte Fakten"	„Prognosen"	„Unsicherheiten"
Treibhausgase in der Atmosphäre absorbieren die von der Erdoberfläche abgestrahlte Wärme. Ohne diesen natürlichen Treibhauseffekt hätte die Erde eine Mitteltemperatur von −18°C	Krankheiten werden in neuen Gebieten auftreten, z. B. Malaria in Süd- und Mitteleuropa.	Es gibt noch Unsicherheiten bei den Aerosolen. Kleinste Teilchen in der Atmosphäre können entweder eine Erwärmung oder eine Abkühlung verursachen.
...	...	...

2 Ein Zeitsprung in das Jahr 2050 (oder 2100): Entwickeln Sie anhand von M 24 und M 25 verschiedene Szenarien: Was kann sich – je nach Projektion – in unserem Leben, was auf anderen Kontinenten verändern? Welche Anpassungsstrategien gibt es?

(Ideen für Teilaufgaben 1 nach: S. Schuler/A. Coen/K.W. Hoffmann/G. Rohwer/L. Vankan, Diercke Methoden 2 – Mehr Denken lernen mit Geographie, Braunschweig (Westermann) 2013)

Anwenden und Vertiefen

Zusammenfassende Arbeitsvorschläge zum Kapitel „Geozonen – Potenziale und Grenzen menschlicher Lebensräume"

S. 40
1. Beschreiben Sie ein Geozonen-Modell Ihrer Wahl.

S. 43
2. Setzen Sie sich kritisch mit dem Begriff „Geodeterminismus" auseinander.

S. 39
3. Begründen Sie, warum Klima- und Geozonen sinnvolle Instrumente der Kommunikation darstellen.

S. 65
4. Wie lassen sich die vielfältigen Ausprägungen der Klimazonen Afrikas erklären?

S. 48 ff., 55 ff.
5. Erläutern Sie das methodische Vorgehen bei der Auswertung von Klimadiagrammen und Klimakarten.

S. 57
6. Worin begründet liegt der Mehrwert, Klimadiagramme zu verlebendigen?

S. 55
7. Beschreiben Sie das räumliche Verteilungsmuster der Subtropen.

S. 58 f.
8. Erläutern Sie die unterschiedlichen Ansprüche an Oberflächen- und Grundwasser und zeigen Sie beispielhaft potenzielle Nutzungskonflikte in der Geozone der mediterranen Subtropen auf.

S. 51 f.
9. Entwerfen Sie eine PowerPoint-Präsentation zum Thema „Allgemeine Funktionen des Süßwassers". Konkretisieren Sie dabei die Natur-, die Nutzungs- und die Kulturfunktion des Wassers und präsentieren Sie Ihre Ergebnisse in Ihrem Kurs.

S. 61
10. Mit welchen Forderungen könnte sich die politische Elite Spaniens im Jahr 2080 konfrontiert fühlen und welche Lösungsmöglichkeiten würden Sie realistisch anbieten?

S. 62
11. Bewerten Sie die Einflüsse des Tourismus auf das mediterrane Ökosystem und stellen Sie Lösungsansätze dar, um seine weitere Degradierung zu unterbinden.

S. 71
12. Erläutern Sie das Zusammenwirken der Geofaktoren im Ökosystem Boreale Zone.

S. 75
13. Beurteilen Sie die zunehmende Ausnutzung labiler Ökosysteme durch Rohstoffgewinnung vor dem Hintergrund des wachsenden Energiehungers von Schwellen- und Entwicklungsländern.

S. 78
14. Erstellen Sie ein Wirkungsgefüge zu den Landschaftsveränderungen durch auftauenden Permafrost.

Kernbegriffe
- Geozonen
- Geodeterminismus
- Klimaklassifikation
- Blaues, graues und virtuelles Wasser
- Fossiles Grundwasser
- Potenzielle Landschaftsverdunstung
- Inwertsetzung
- Bewässerungslandwirtschaft
- Regenfeldbau
- Niederschlagsvariabilität
- Hygrische Jahreszeiten
- Macchie, Garrigue
- (Raum-)Nutzungskonflikte
- Degradation
- Desertifikation
- Morpho-hydrographische Gliederung
- Permafrostboden
- Methan
- Treibhausgase
- Klimawandel
- Indigene Völker
- Taiga
- Rohstoffressourcen
- Regenerationsfähigkeit
- Projekt „Page 21"

„Globaler Klimawandel" – Wissen aktivieren und (mit) Wissen beurteilen

M1 Folgen des Klimawandels

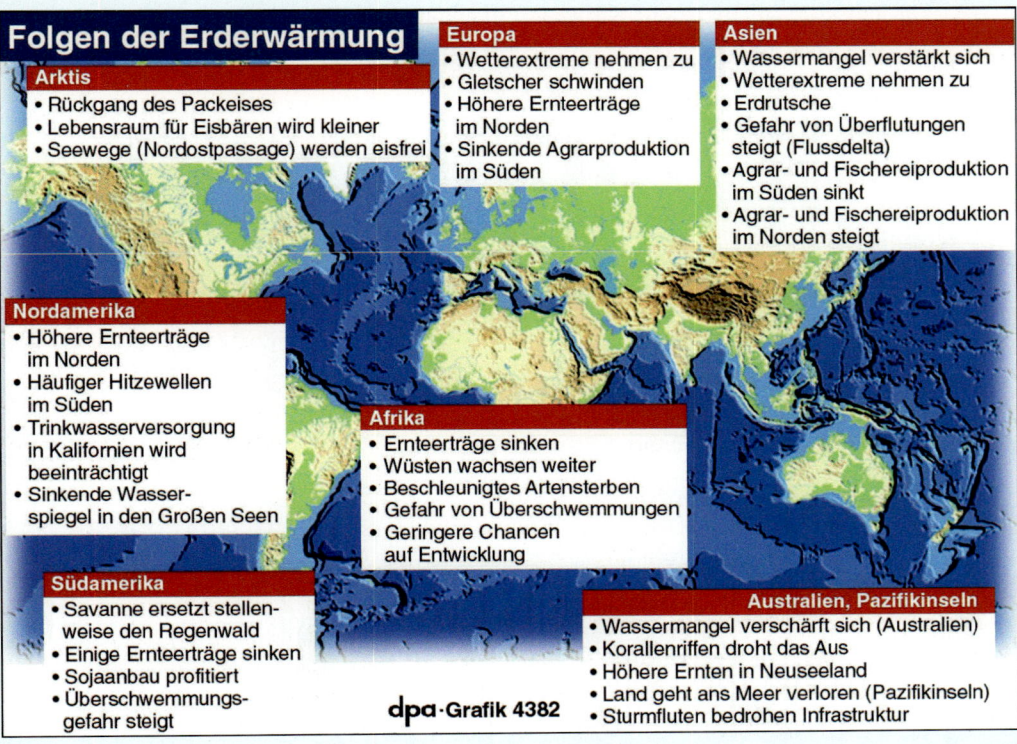

Folgen der Erderwärmung

Arktis
- Rückgang des Packeises
- Lebensraum für Eisbären wird kleiner
- Seewege (Nordostpassage) werden eisfrei

Europa
- Wetterextreme nehmen zu
- Gletscher schwinden
- Höhere Ernteerträge im Norden
- Sinkende Agrarproduktion im Süden

Asien
- Wassermangel verstärkt sich
- Wetterextreme nehmen zu
- Erdrutsche
- Gefahr von Überflutungen steigt (Flussdelta)
- Agrar- und Fischereiproduktion im Süden sinkt
- Agrar- und Fischereiproduktion im Norden steigt

Nordamerika
- Höhere Ernteerträge im Norden
- Häufiger Hitzewellen im Süden
- Trinkwasserversorgung in Kalifornien wird beeinträchtigt
- Sinkende Wasserspiegel in den Großen Seen

Afrika
- Ernteerträge sinken
- Wüsten wachsen weiter
- Beschleunigtes Artensterben
- Gefahr von Überschwemmungen
- Geringere Chancen auf Entwicklung

Südamerika
- Savanne ersetzt stellenweise den Regenwald
- Einige Ernteerträge sinken
- Sojaanbau profitiert
- Überschwemmungsgefahr steigt

Australien, Pazifikinseln
- Wassermangel verschärft sich (Australien)
- Korallenriffen droht das Aus
- Höhere Ernten in Neuseeland
- Land geht ans Meer verloren (Pazifikinseln)
- Sturmfluten bedrohen Infrastruktur

dpa·Grafik 4382

M2 Weltkarte

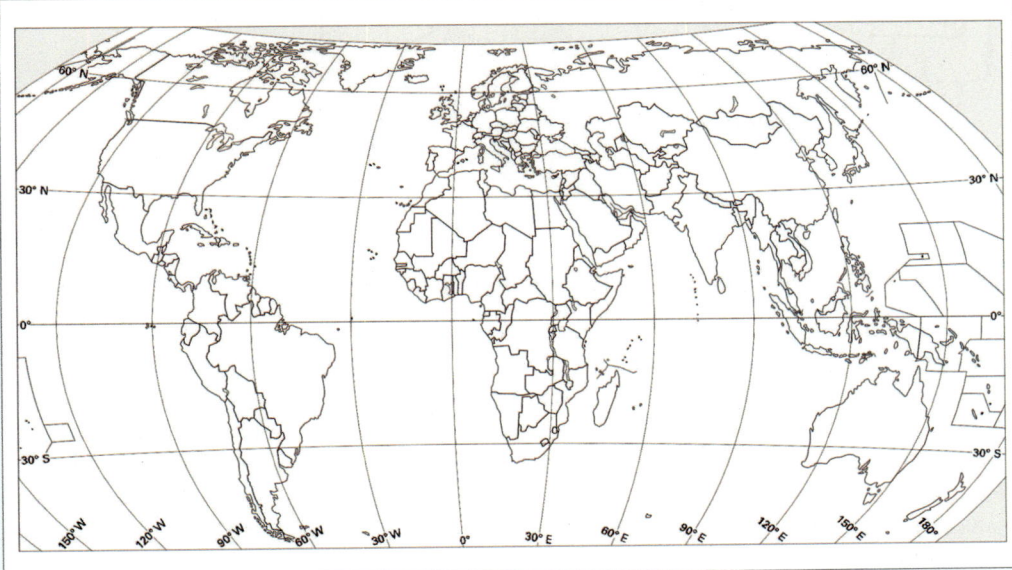

(Schweizer Weltatlas, © EDK)

M3 | EU-Länder: Landwirtschaft als Leidtragende des Klimawandels

Dargestellt ist die Landwirtschaft als Leidtragende des Klimawandels nach Meinung der Befragten in den EU-Ländern (2009, EU-27, 26761 Befragte, ab 15 Jahre, Angaben in %).
Beispiel: In Zypern sind 91 % der Befragten der Meinung, dass die Landwirtschaft in den kommenden Jahren schwer unter den Folgen des Klimawandels zu leiden haben wird.

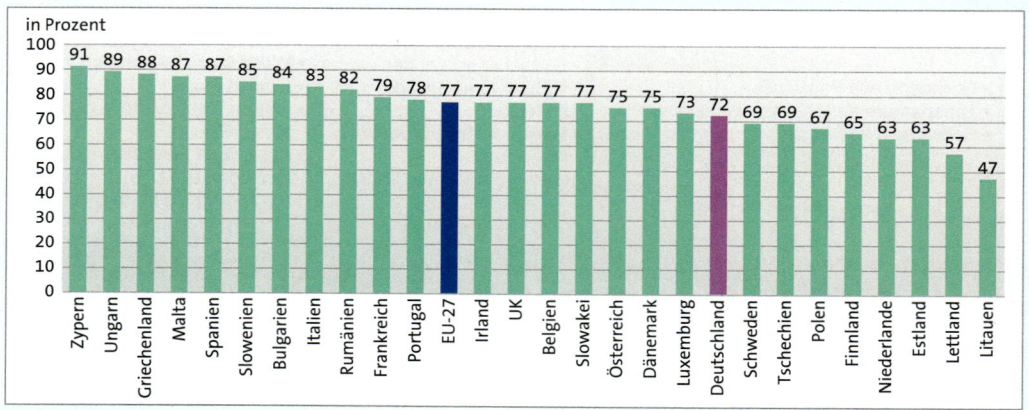

(Quelle: Europäische Kommission, Statistisches Bundesamt)

M4 | Eine Karikatur

Der Klimaforscherstrich
auf Bali

M5 | Klimamodelle: Der Ansatz der Geowissenschaftler

Die Erde hat in ihrer geologischen Vergangenheit viele Klimaveränderungen erlebt. Diese haben Rückwirkungen auf die physikalischen und chemischen Grundlagen der Lebewesen gehabt. So ist z. B. die Isotopenzusammensetzung des Kohlenstoffs während des Wachstums der Lebewesen von der gerade herrschenden Temperatur und dem CO_2-Anteil in der Atmosphäre abhängig.
5 Bei der Ablagerung von Sedimenten bleibt diese Isotopenzusammensetzung über geologische Zeiträume wie in einem Archiv fixiert. Diese „Archive" werden von den Geowissenschaftlern analysiert. Sie können auf diesem Wege sehr genaue Aussagen über das Klima der Erde machen. Soweit möglich, werden die Ergebnisse mit zeitlich bekannten Klimaereignissen (z. B. Eiszeiten) auf ihre Richtigkeit hin überprüft.

10 Das Isotopenmodell der „Bundesanstalt für Bodenforschung und Rohstoffe (BGR)" erbrachte erstaunliche Ergebnisse:

– Der CO_2-Gehalt der Atmosphäre war immer sehr starken Schwankungen unterworfen.
– Der CO_2-Gehalt der Atmosphäre war im Verlauf der vergangenen 900 Millionen Jahre nie so niedrig wie heute.
15 – Der CO_2-Gehalt der Atmosphäre war selbst in Vereisungsperioden deutlich höher als heute (bis zu 6-fache Konzentration).

Die Wissenschaftler Berner und Stahl vom BGR kamen 1998 zu der folgenden verblüffenden Schlussfolgerung: „Das Ergebnis zeigt, dass das CO_2 als Ursache von Warmzeiten, wenn überhaupt, eine untergeordnete Rolle spielt, und bestätigt, dass nicht das CO_2 der treibende Motor 20 des Klimageschehens ist."

(Nach: Schroedel aktuell, Erdkunde – Ist CO_2 der Klimakiller? Geowissenschaftlicher sagen „Nein", Dezember 2000)

Aufgaben

1 Zeichnen Sie Ihre Vorstellung von der Verteilung der Vegetationszonen der Welt im Jahr 2100 unter Berücksichtigung der Szenarien zum Klimawandel und der Veränderungen in den bekannten Ökosystemen (Subtropen und Boreale Zone) und begründen Sie Ihre Ausführungen (M 1 + M 2).

2 Beurteilen Sie die in M 1 dargestellten raumbezogenen Sachverhalte und Probleme hinsichtlich ihrer Stichhaltigkeit bzw. Angemessenheit.

3 *„Die Landwirtschaft als Leidtragende des Klimawandels"*. Interpretieren Sie diese Aussage und geben Sie eine Erklärung für das Nord-Süd-Gefälle in Europa hinsichtlich der Betroffenheit der Menschen (M 3).

4 Beschreiben und erläutern Sie die Karikatur M 4. Begründen Sie, warum es unterschiedliche Prognosen über den Klimawandel seitens der Wissenschaft gibt. Schlussfolgern Sie, wie diese zur Unterstützung politischer Interessen genutzt werden können.

5 *„Die USA bevorzugen den Ansatz der Geowissenschaftler!"* (M 5). Stellen Sie dar, mit welchen wissenschaftlichen Argumenten jeweils verschiedene politische Positionen zum Klimawandel gestützt werden können. Beurteilen Sie den geowissenschaftlichen Ansatz hinsichtlich der Aussagequalität und der Interessegeleitetheit?

6 Begründen Sie, warum trotz der wissenschaftlichen Widersprüche Klimaschutzmaßnahmen sinnvoll sind.

III. Strukturen bedeutsamer Wirtschaftsräume: USA – China – Europa

In Kapitel III werden drei wichtige Wirtschaftsräume der Erde untersucht: In den Vereinigten Staaten richtet sich der Blick auf die industrielle Herstellung landwirtschaftlicher Produkte, bei China wird der wirtschaftliche Aufstieg zum Global Player erörtert und in Europa stehen die Regionalpolitik sowie die sichere Versorgung mit Energie im Mittelpunkt. Die jeweilige Schwerpunktsetzung sowie die Auswahl der Wirtschaftsräume sind nicht zufällig:

Die **USA** sind nicht nur die einzig verbliebene geostrategische Supermacht mit einem starken wirtschaftlichen Potenzial im sekundären und tertiären Sektor; sie gelten aufgrund besonderer physiogeographischer Parameter und hoch entwickelter Produktionsabläufe auch als **„Agrarweltmacht"**, die eine hohe Produktivität erzielt. Landwirtschaftliche Produkte sind auch gefragte Exportgüter, die für die USA eine ökonomische Macht bedeuten und unter bestimmten Umständen auch als politische „Waffe" eingesetzt werden können. Die landwirtschaftlichen Gunsträume in den USA resultieren aus dem Zusammenspiel der Geofaktoren Klima, Relief, Boden und Wasserhaushalt. Je nach Ausprägung dieser Geofaktoren ergeben sich unterschiedliche Anbauzonen. Technisierung und Intensivierung der Landwirtschaft führten in den letzten Jahrzehnten zu einer Abkehr von der „family-sized-farm" und zur Entwicklung des Agrobusiness und damit zu einer Veränderung traditioneller Strukturen landwirtschaftlicher Produktion. Durch Bewässerungsfeldbau, ertragreicheres Saatgut sowie durch den Einsatz von Pflanzenschutzmittel gelang eine starke Unabhängigkeit von den natürlichen Standortbedingungen, wodurch das früher für die USA typische Belt-System an Bedeutung verlor. Die Kehrseite dieser Innovationen, die Entwicklung zu einer industriellen landwirtschaftlichen Produktion, zeigt sich in ökologischen Risiken.

Das Teilkapitel zum **Wirtschaftsraum China** zeichnet die industrielle Entwicklung des Landes in Abhängigkeit von den naturgeographischen Voraussetzungen und den politischen Vorgaben seit 1978 nach. Der Aufstieg Chinas zur „Werkbank der Welt" – begünstigt durch die Einführung einer „sozialistischen Marktwirtschaft" – war begleitet von außergewöhnlich hohen Wachstumsraten. Für die Partner und Konkurrenten Chinas ist von Bedeutung, dass das Land in Zukunft mehr sein will als die Werkbank der Welt: Die Konkurrenz um Rohstoffe, Konflikte um Währungsparitäten, Streit um Produktpiraterie sowie der Ausbau von weltweiten Handelsstützpunkten sind Ausdruck eines gestiegenen Selbstbewusstseins der chinesischen Führung, die z. T. kooperativ, aber teilweise auch konfrontativ den globalen Handels- und Wirtschaftspartnern begegnet. Aus deutscher Sicht sind dabei die wechselseitigen Interessen bei Firmenübernahmen bzw. Kooperationen von besonderer Bedeutung.

Europa als Wirtschaftsraum wird zunächst als Kontinent regionaler Disparitäten dargestellt, die im Zuge der europäischen Regionalpolitik ausgeglichen werden sollen. Die Analyse berücksichtigt unterschiedliche raumrelevante Konstanten sowie sozioökonomische Unterschiede in den einzelnen Regionen und verweist auf zukünftige Entwicklungspotenziale. Das DESERTEC-Konzept steht nicht nur für ein Beispiel standortbestimmter Regionalpolitik zugunsten der südeuropäischen Krisenländer; DESERTEC eröffnet zudem im Mittelmeerraum interessante Kooperationsmöglichkeiten mit arabischen Staaten Nordafrikas, die sich in einem Transformationsprozess befinden („Arabellion"). DESERTEC steht schließlich auch für den Abschied von fossilen Brennstoffen und den Ausbau erneuerbarer Energiequellen.

Das Ziel „sicherer" Energieversorgung bestimmt das Projekt Ostsee-Pipeline: Weil die europäischen Volkswirtschaften in den kommenden Jahrzehnten (noch) nicht auf fossile Energiequellen verzichten können, gewannen sie über die Nord Stream-Gaspipeline im Zuge einer supranationalen Kooperation mit Russland Zugriff auf die sibirischen Erdgasvorkommen.

Diese Leitfragen spielen im Kapitel „Strukturen bedeutsamer Wirtschaftsräume" eine Rolle:

- Inwieweit bestimmen in Nordamerika die Geofaktoren Klima, Relief, Boden und Wasserhaushalt landwirtschaftliche Gunsträume?
- Welche Innovationen ermöglichen eine stärkere Unabhängigkeit von natürlichen Standortbedingungen?
- „Machtpolitik" mit landwirtschaftlichen Produkten: vertretbar oder moralisch verwerflich?
- Die „sozialistische Marktwirtschaft" in China: Erfolgsmodell oder Widerspruch in sich?
- „China will mehr sein als die Werkbank der Welt": Chancen und Risiken internationaler Handelsbeziehungen mit dem Reich der Mitte.
- Wie können regionale Disparitäten in Europa ausgeglichen werden?
- Ist eine sichere und nachhaltige Energieversorgung Europas möglich?

Bedeutende Wirtschaftsräume im Überblick

M1 **Verschobene Macht**

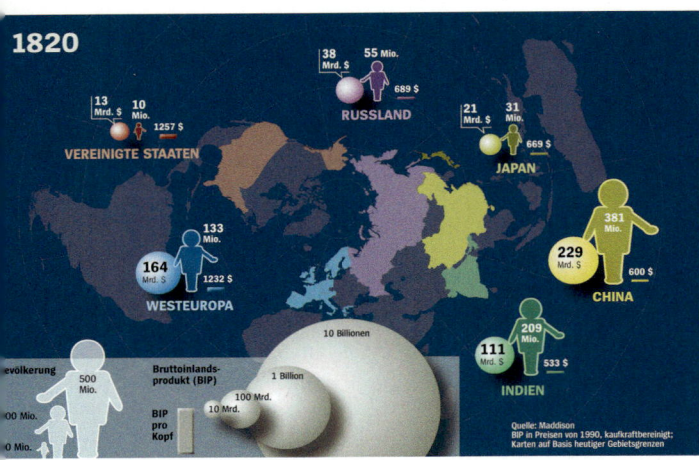

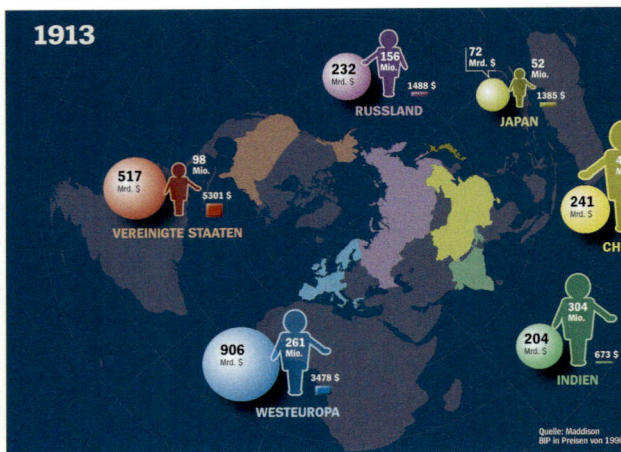

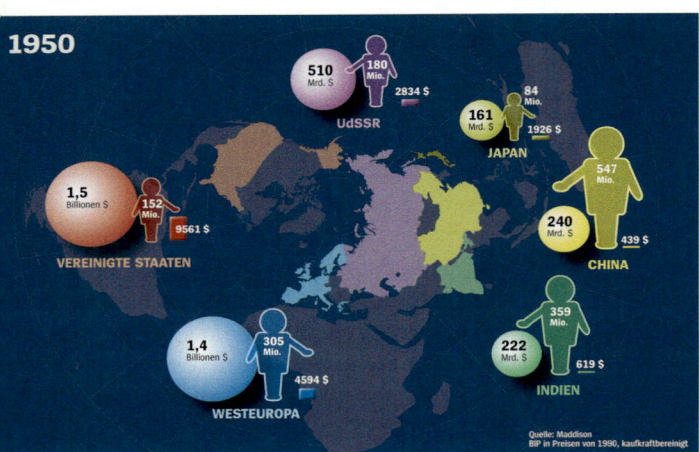

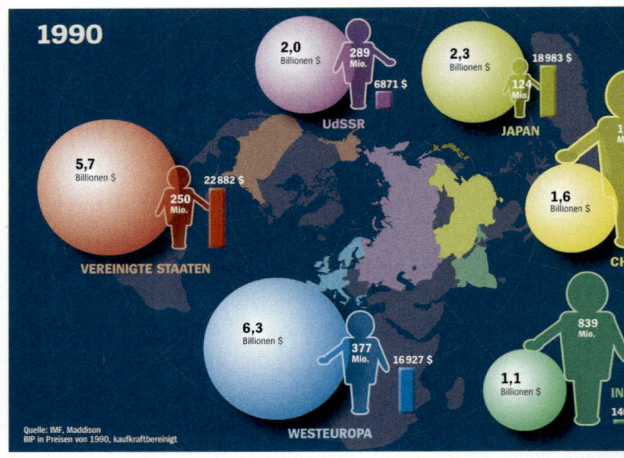

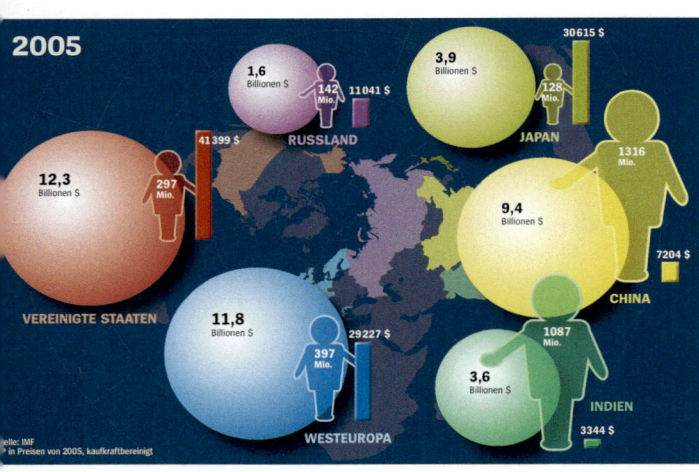

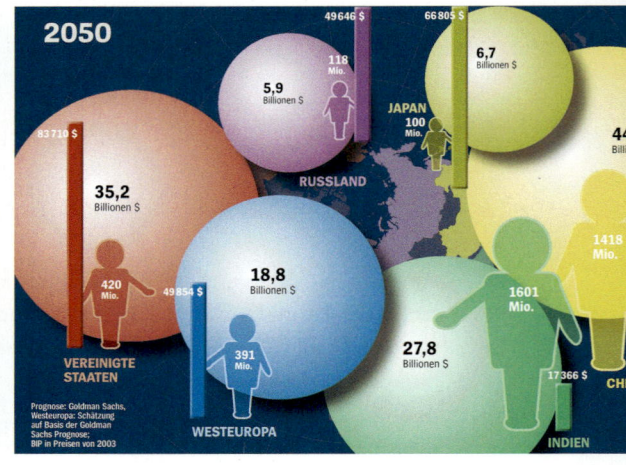

(Nach: Gabor Steingart, Weltkrieg um Wohlstand, München/Zürich (Piper) 2006; Grafik: Martin Brinker)

Umgang mit komplexen Schaubildern und Datenbanken

Bei der Analyse bedeutsamer Wirtschaftsräume sind die Auswertung von Schaubildern und der Umgang mit Statistiken und Datenbanken unverzichtbar. Materialien und Schaubilder dieses Lehrbuches können damit ergänzt und aktualisiert werden. Inhalt und Kernaussage komplexer Schaubilder erschließen sich allerdings nicht auf den ersten Blick, ihre Auswertung und Analyse muss geübt werden.

Gleiches gilt für den Umgang mit Datenbanken: Bei der Fülle von Zugriffsmöglichkeiten im Internet kommt es zunächst auf eine präzise Fragehaltung und auf eine angemessene Strategie bei der Recherche an, will man nicht bei der Flut von Informationen den Überblick verlieren. Aber auch Seriosität und inhaltliche Schwerpunkte der Quellen sind zu beurteilen. Damit gehört die kritische Auswertung von Datenbanken zum (vor-)wissenschaftlichen Arbeiten und erfordert Strategien des Zugriffs, der Auswertung und der Beurteilung, wobei der Erkenntnisgewinn in einem vertretbaren Verhältnis zum zeitlichen Aufwand bleiben muss.

Umgang mit komplexen Schaubildern

Allgemeine Tipps

➢ Erläutern Sie Aufbau und Intention des Schaubildes M 1:
  - Welchen Erkenntnisgewinn verspricht es?
  - Inwieweit leistet es einen Beitrag zu einer vorgegebenen Fragestellung?
  - Betrachtungsperspektiven: Nimmt das Schaubild eher Gemeinsamkeiten oder Unterschiede in den Blick; geht es um Entwicklungslinien oder unterschiedliche Dimensionen (z. B. historisch, politisch, gesellschaftlich, ökonomisch, ökologisch)?
➢ Entscheiden Sie, nach welcher Betrachtungsperspektive Sie das Schaubild auswerten wollen.
➢ Reflektieren Sie kriteriengeleitet Inhalt, Form und Darstellungsweise (Übersichtlichkeit, farbliche und grafische Gestaltung, Relevanz, Anspruch, Seriosität).
➢ Beurteilen Sie das Schaubild und formulieren Sie Alternativen zur Darstellung in M 3.

Methodische Übungen (konkret auf M 1 bezogen)

1. Analysieren Sie die sechs Karten und erläutern Sie Bevölkerungsentwicklung und wirtschaftliche Dynamik in den dargestellten Regionen seit 1820.
2. In welchen Zeiträumen bzw. in welchen Regionen sind Veränderungen besonders auffällig?
3. Weisen Sie nach, dass sich unterschiedliche Regionen unterschiedlich entwickeln.
4. Erkennen Sie parallele Entwicklungen bzw. Entwicklungslinien, die zeitlich verschoben sind?
5. Begründen Sie die gewählten Jahreszahlen.
6. Stellen Sie einen Bezug her zu den langfristigen Entwicklungen (M 2: „Theorie der langen Wellen") bzw. zur aktuellen Situation (M 3: „Industrie 4.0").
7. Erläutern Sie anhand der drei Kurven in M 3 die „Technischen Entwicklungspfade" der „vierten industriellen Revolution". Welche Veränderungen könnten sich daraus ergeben z. B. für die Verkehrssicherheit, für den Verbraucherschutz (Lebensmittelüberwachung) oder für die Verwendung elektronischer Produkte von der Herstellung bis zum Recycling?
8. In M 3 wird der Umfang der verfügbaren Web-Adressen mit „340 Sextillionen" angegeben. Schreiben Sie diese Zahlenangabe komplett in einer Ziffer aus.
9. Nehmen Sie Stellung zur Prognose für das Jahr 2050 und erörtern Sie mögliche Gründe für die prognostizierte (unterschiedliche) Entwicklung.
10. Diskutieren Sie die prognostizierte Entwicklung unter dem Aspekt „Tragfähigkeit der Erde".

Methodenschulung

M2 Theorie der langen Wellen

„Kondratieff-Wellen": Modell zur Erklärung wirtschaftlicher und räumlicher Ungleichgewichte

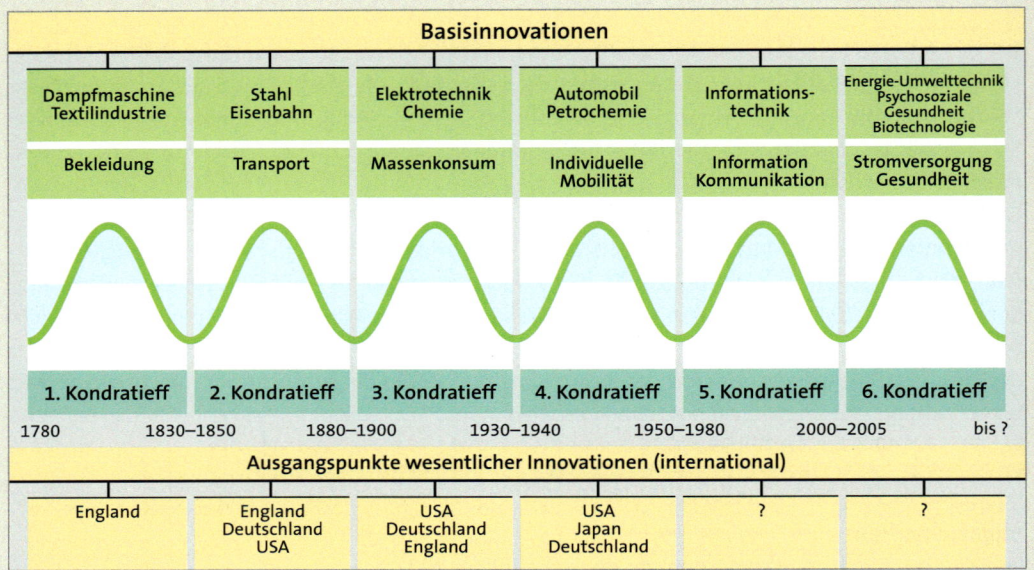

M3 Internet der Dinge: „Die vierte industrielle Revolution"

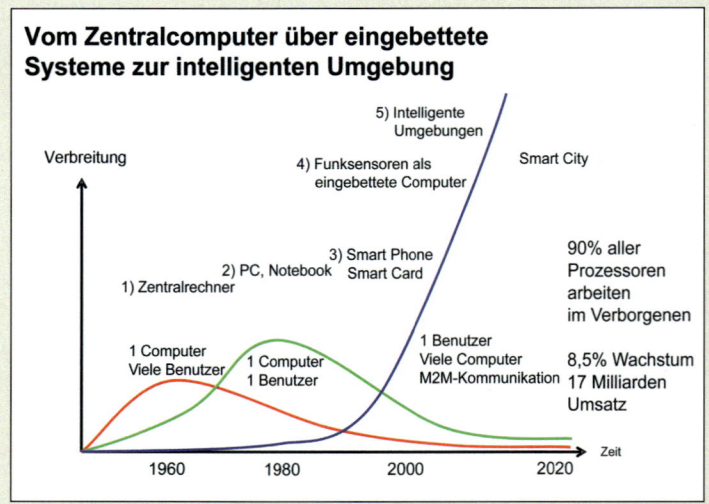

Technische Entwicklungspfade: von 1) rote Kurve über 2) grüne Kurve zu 3) blaue Kurve.

„Heute starten wir das Internet des 21. Jahrhunderts. Sie sehen aber noch nichts". So begrüßte Internet-Erfinder Vint Cerf in der vergangenen Woche eine beinahe unbemerkte Revolution. Geräuschlos hatten die großen Web-Konzerne auf das Internet-Protokoll Version 6 (IPv6) umgestellt, das die Zahl der verfügbaren Web-Adressen von 4,3 Milliarden auf 340 Sextillionen erhöht
5 hat. Jetzt können nicht nur Computer und Handys, sondern auch Autos, Maschinen, Transportcontainer, Kleidungsstücke oder gar Pizzaschachteln im „Internet der Dinge" mit einer eigenen Web-Adresse ausgestattet werden. „Im Jahr 2020 werden 50 Milliarden Geräte miteinander vernetzt sein", prophezeit Hans Vestberg, Vorstandschef des weltgrößten Telekommunikationsausrüsters Ericsson.

¹⁰ Wenn diese Geräte miteinander kommunizieren, bedeutet dies nichts weniger als „die vierte industrielle Revolution", hofft Wolfgang Wahlster, Informatikprofessor und Chef des Deutschen Forschungszentrums für Künstliche Intelligenz (DFKI). „Industrie 4.0" ist auch eines der Kernprojekte der Hightech-Strategie des Bundes, um die deutschen Unternehmen fit für das 21. Jahrhundert zu machen. „Dabei wird die Produktionslogistik auf den Kopf gestellt. In der Fabrik ¹⁵ mit dem Internet der Dinge sagen künftig Güter, wie sie bearbeitet werden wollen. Dann lassen sich hochwertige Produkte in kleiner Auflage herstellen. Digital veredelte Premiumprodukte – das ist die große Chance für den Standort Deutschland", sagt Wahlster. Die ersten Schritte sind schon gegangen.

Beispiele:

²⁰ ● Digitales Produktgedächtnis: Produkte erzählen ihre Lebensgeschichte – von der Herstellung bis zum Recycling.

● Autos, die miteinander kommunizieren: Ein PKW stellt mit seinen Sensoren fest, dass die Fahrbahn vereist ist, und sendet diese Warnung vollautomatisch an die Autos, die einen Kilometer dahinter fahren.

²⁵ ● „Lab on a Chip": Sensoren senden Informationen über Herzfrequenz, Blutparameter oder Körpertemperatur ständig an eine zentrale Überwachungsstelle oder den zuständigen Arzt.

● „Smart Cities": Um Strom zu sparen, wird die Beleuchtung nur dann eingeschaltet, wenn wirklich jemand in der Straße geht. Wenn sich ein Auto nähert und dort parkt, wird für kurze Zeit das Licht eingeschaltet.

³⁰ Vor allem die Chinesen zeigen großes Interesse an der deutschen Technik, damit ihre Mega-Cities nicht im Verkehrskollaps ersticken. Auch die Amerikaner investieren inzwischen kräftig in das Internet der Dinge. „Der Vorsprung Deutschlands beträgt maximal ein Jahr (und) die deutschen Unternehmen wissen: Ohne Investition in das Internet der Dinge wird es schwierig, zukunftsfähig zu bleiben", mahnt Jan Geldmacher von Vodafone-Deutschland. Noch sei der ³⁵ Markt klein, wachse aber rasant. „Bis 2015 werden nach unserer Schätzung 300 Millionen Maschinen miteinander vernetzt sein. Der Markt wird bis dann auf mehr als 40 Milliarden Euro wachsen", erwartet Geldmacher.

(Nach: Dr. Holger Schmidt, FOCUS ONLINE, 13.06.2012;

http://www.focus.de/digital/internet/netzoekonomie-blog/internet-der-dinge-die-vierte-industrielle-revolution_aid_766599. html)

Umgang mit Datenbanken

Bei der Analyse wichtiger Wirtschaftsräume sind neben aussagekräftigen Grafiken auch die im Internet verfügbaren Datenbanken hilfreich. Stellen Sie sich vor, Sie sind mit folgender Aufgabenstellung konfrontiert:

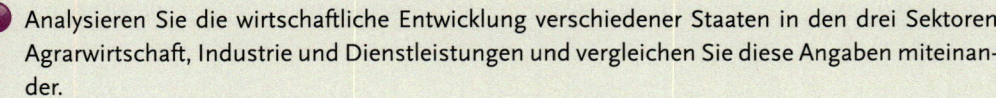 Analysieren Sie die wirtschaftliche Entwicklung verschiedener Staaten in den drei Sektoren Agrarwirtschaft, Industrie und Dienstleistungen und vergleichen Sie diese Angaben miteinander.

1. Schritt: Orientierung im Internet

a) Überlegen Sie zunächst: Wie möchten Sie vorgehen, um diese Aufgabe zu lösen?

b) Versuchen Sie eine erste Internetrecherche in einem begrenzten Zeitraum (z. B. 10 Minuten). Wie weit kommen Sie mit dieser ersten Recherche? Welche Schwierigkeiten entstehen?

c) Tauschen Sie im Kurs Ihre Erfahrungen aus und erörtern Sie geeignete Wege/Pfade für eine erfolgreiche Internetrecherche.

d) Formulieren Sie Kriterien und Merkmale für das Auffinden geeigneter und seriöser Datenbanken.

2. Schritt: Internetrecherche in einer Datenbank

a) Prüfen Sie die Brauchbarkeit der Datenbank der Weltbank (http://data.worldbank.org) mit Blick auf Ihre Aufgabenstellung. Formulieren Sie erste Arbeitsergebnisse.

b) Führen Sie nun die nachfolgende gelenkte Recherche (M4) durch.

3. Schritt: Methodenreflexion

Vergleichen Sie Ihr eigenes Vorgehen mit der gelenkten Recherche: Beurteilen Sie sie nach folgenden Kriterien: Zeitaufwand, Ertrag, Ergebnisse, Kompetenzgewinn, inhaltliche und methodische Zielsetzung.

M4 Gelenkte Recherche mit der Datenbank der Weltbank

(1) Öffnen Sie die Suchschablone der *Worlddata Bank*, mit deren Hilfe Statistiken abrufbar sind. Auf diese Suchschablone haben Sie direkten Zugriff mit dieser Internet-Adresse:
http://databank.worldbank.org/data/views/variableselection/selectvariables.aspx?source=world-development-indicators

(2) Arbeit mit der Suchschablone:
  (a) Ein Häkchen setzen bei COUNTRY: China.
  (b) Drei Häkchen setzen bei SERIES: Employment in agriculture, industry and services.
  (c) Häkchen setzen bei TIME: 1980, 1990, 2000 und 2010.
  (d) Übertragen der Daten in Excel auf dem eigenen Rechner: Pfeil / Download (oben rechts) und speichern in Excel.

(3) Speichern Sie das geöffnete Excel-Dokument auf Ihrem Rechner.
  – Markieren Sie die Werte für das Jahr 1980.
  – Erstellen Sie ein Kreisdiagramm (3D-Kreis) über → *„Einfügen“*.
  – Rechte Maustaste: „Datenbeschriftung hinzufügen“. (Werte aus der Excel-Tabelle werden in das Kreisdiagramm übertragen.)
  – Erneut rechte Maustaste: „Datenbeschriftungen formatieren“: Häkchen bei „Wert“ entfernen; bei „Prozentsatz“ das Häkchen setzen.
  – Beschriftung ergänzen.

(4) Erstellen Sie auf die gleiche Art und Weise Kreisdiagramme für die USA, Deutschland und die OECD und vergleichen Sie.

(5) Alternativ können Sie – nachdem Sie die Häkchen für 1980, 1990, 2000 und 2010 gesetzt haben – die Daten auch direkt in einer Grafik (Tortendiagramm) abrufen:
Klick oben rechts „chart“ (Grafik):
http://databank.worldbank.org/data/views/reports/chart.aspx

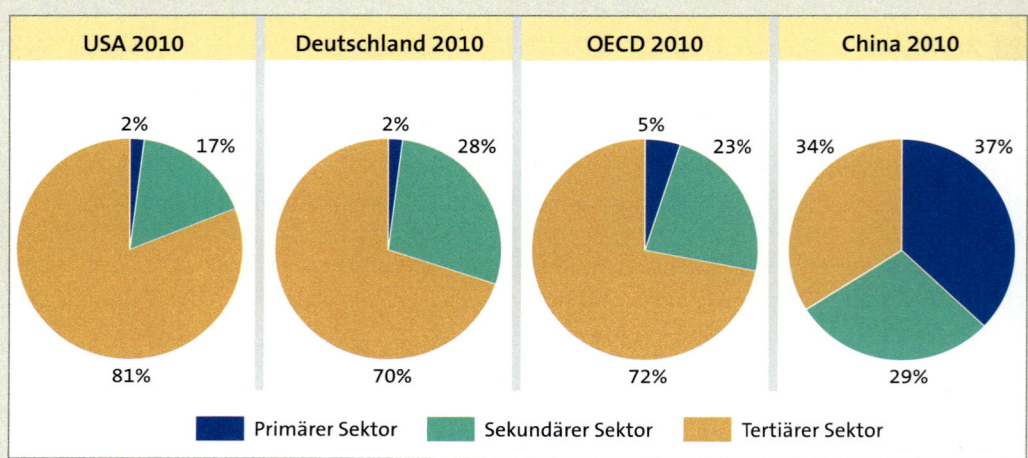

Weitere Aufgaben zur methodischen Vertiefung

1 Recherchieren Sie die Entwicklung der drei Sektoren in China seit 1980 und stellen Sie das Ergebnis
a) in **mehreren** Kreisdiagrammen,
b) in **einem** Kurvendiagramm dar.

2 Formulieren Sie eine Prognose – auch vor dem Hintergrund der These: „China möchte mehr sein als die Werkbank der Welt".

3 Wie verlief die Entwicklung seit 1980 in den USA, in Europa, Deutschland und in der OECD? Fertigen Sie – im Vergleich zu China – entsprechende Diagramme an.

4 Ein noch differenzierteres Bild von der wirtschaftlichen Entwicklung Chinas ergibt sich, wenn Sie weitere Daten analysieren. Übertragen Sie die statistischen Werte in die nachfolgende Tabelle und vergleichen Sie.

Entwicklung Chinas					
	1980	1990	2000	2010	???
Imports, GNFS (Nominal USD)					
Exports, GNFS (Nominal USD)					
GDP [BIP] (Nominal USD)					
Private Consumption (Nominal local currency units)					
Government Consumption (Nominal local currency units)					
?					
?					

5 Nutzen Sie zusätzliche statistischen Angaben aus der Datenbank der Weltbank – z. B. über die Veränderung der Währungsparitäten, der Terms of Trade –, die den Blick auf die wirtschaftliche Entwicklung Chinas vervollständigen.

6 Vergleichen Sie diese weiteren Daten mit der Entwicklung in den USA, in der EU, in Deutschland und in der OECD.

Methodenschulung

1. Agrarweltmacht USA

Erfolg durch Vielfalt? Landwirtschaftliches Produktionssystem der USA

M1 Weizenproduktion in den Staaten der USA, 2009

M2 Weizenproduktion im Vergleich, 2010

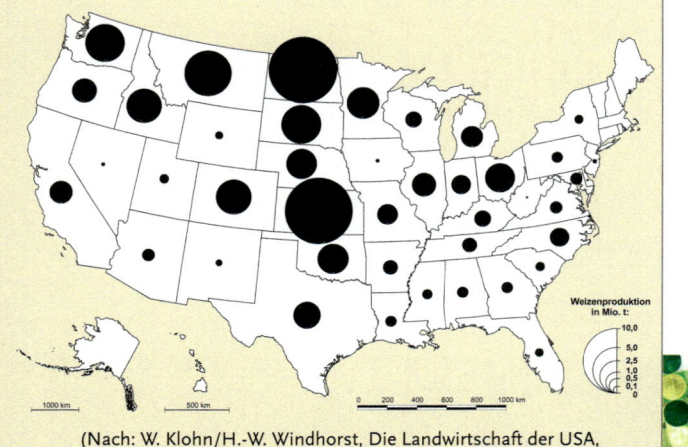

(Nach: W. Klohn/H.-W. Windhorst, Die Landwirtschaft der USA, Vechtaer Materialien zum Geographieunterricht, H. 1/2011, S. 257)

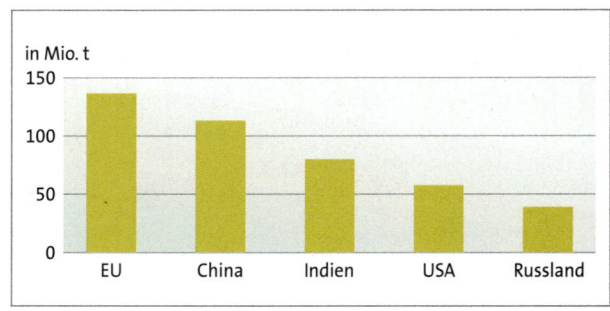

(eigene Darstellung; Datenquelle: FAOSTAT)

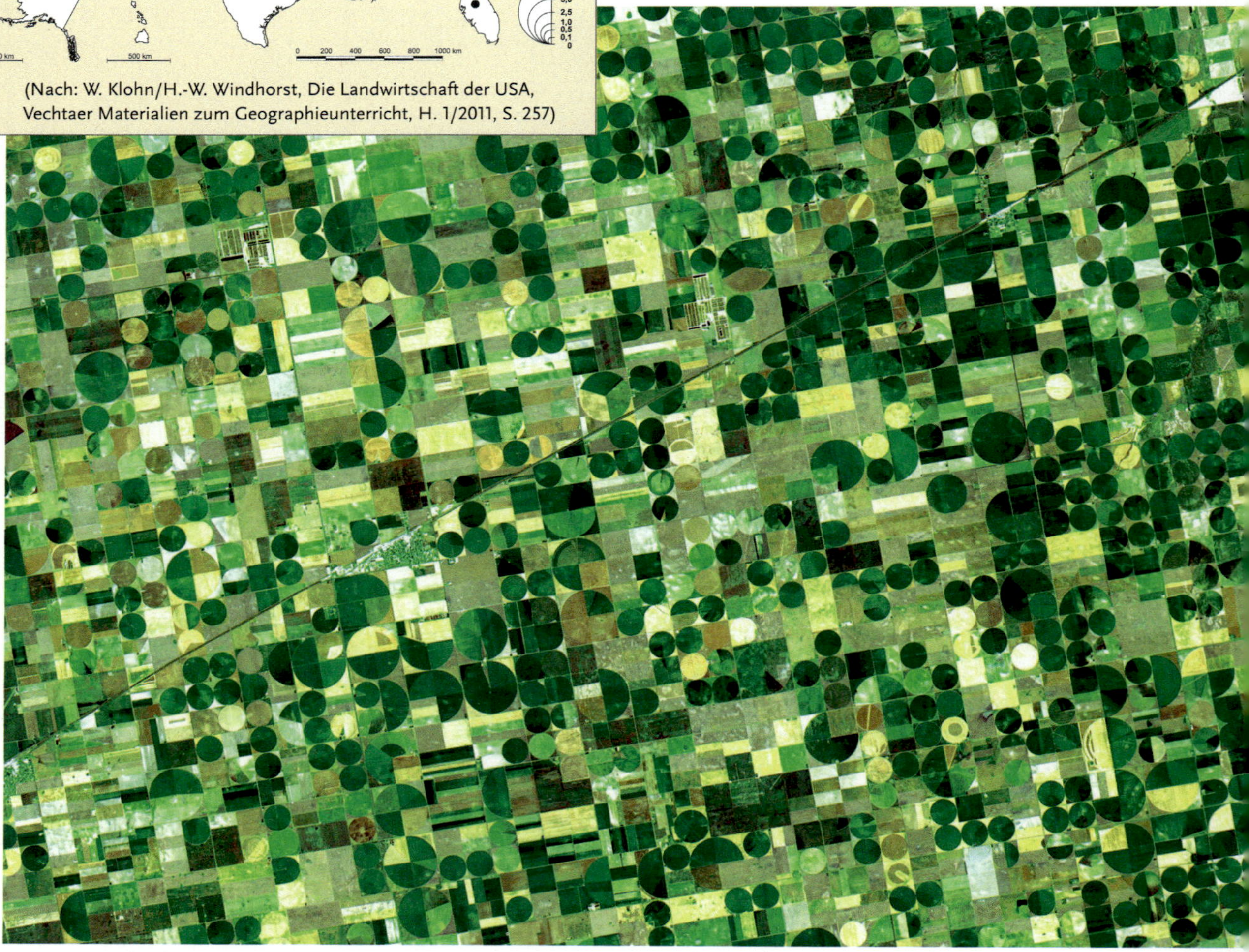

Satellitenbildaufnahme der Karussellbewässerung in den Great Plains (Kansas), April 2007

M3 Mastrindvieh in den Staaten der USA, 2009

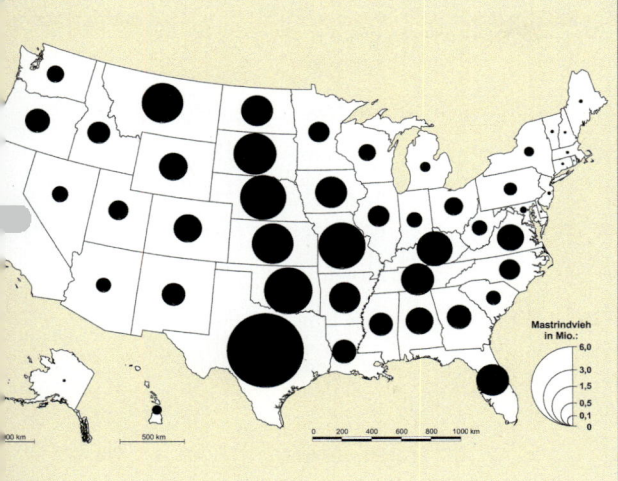

(Nach: s. M1, S. 258)

M4 Rindfleischproduktion im Vergleich, 2010

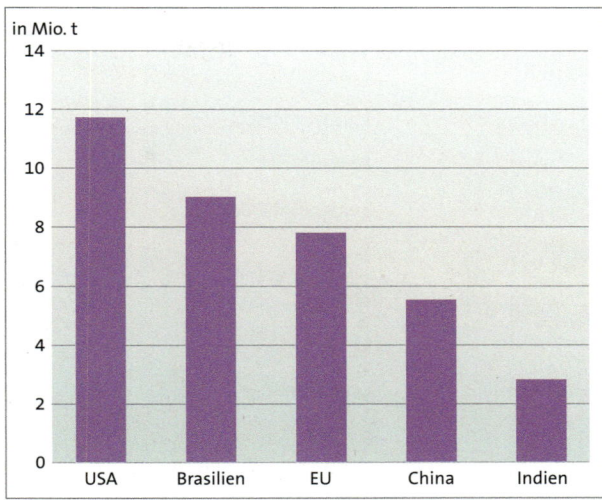

(eigene Darstellung; Datenquelle: FAOSTAT)

Feedlot in Nebraska

M5 Rangliste ausgewählter Landwirtschaftsprodukte der USA auf dem Weltmarkt, 2009 (nach Gesamtproduktion)

Produktklasse	Produkt	Rankingplatz
Fleisch	Rindfleisch	1
	Hühnerfleisch	1
	Putenfleisch	1
	Schweinefleisch	2
Milch, -produkte	Kuhmilch	1
Getreide	Mais	1
	Weizen	4
Hülsenfrüchte	Sojabohnen	1
	Erbsen	2
	Linsen	3
	Erdnüsse	4
Gemüse	Karotten	2
	Spinat	2
	Tomaten	2
	Zuckerrüben	2
	Zwiebeln	3

Produktklasse	Produkt	Rankingplatz
Gemüse	Kartoffeln	3
	Kürbisse	4
Obst, Beeren	Erdbeeren	1
	Preisel-, Heidelbeeren	1
	Birnen, Äpfel	2
	Kirschen	2
	Orangen, Grapefruit	2
	Trauben	3
	Himbeeren	4
Schalenfrüchte	Nüsse	1
	Mandeln	1
	Walnüsse	2
Sonstige	Baumwolle	3
	Hopfen	3
	Tabak	4

(Quelle: FAOSTAT)

M6 Exportmenge und Erlös ausgewählter landwirtschaftlicher Produkte der USA, 2010

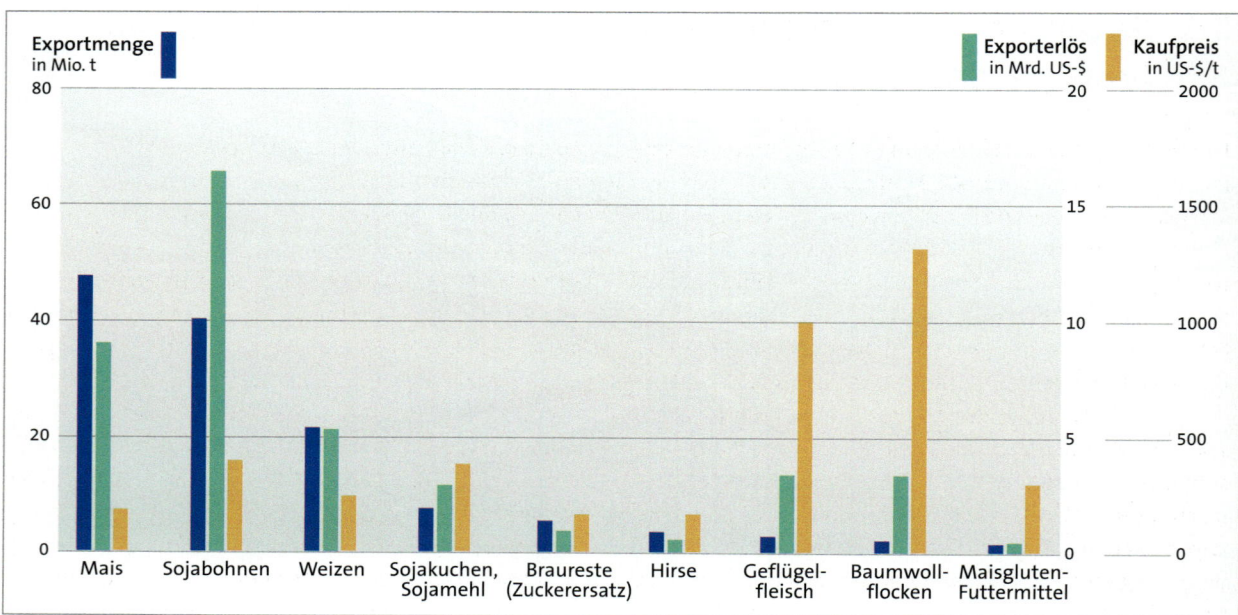

(eigene Darstellung; Datenquelle: FAOSTAT)

M7 **Handelsbilanz der USA bei agrarischen und nichtagrarischen Produkten**

Jahr	Agrarische Produkte	Nichtagrarische Produkte
2000	+11 905	−478 004
2002	+12 360	−504 422
2004	+ 9 741	−694 543
2006	+ 4 566	−933 244
2008	+35 985	−983 364
2009	+23 215	−671 085

(Nach: W. Klohn/H.-W. Windhorst, Die Landwirtschaft der USA, Vechtaer Materialien zum Geographieunterricht, H. 1/2011, S. 20)

Eine Analyse von M1 – M7 zeigt, dass die USA nicht nur in politisch-strategischer Hinsicht die einzig verbliebene Weltmacht sind, sondern dass sich das „Land der unbegrenzten Möglichkeiten" auch zu einer Agrarweltmacht entwickelte. Dies hat zunächst naturgeographische Ursachen, die genauer dargestellt werden. Bei der Erschließung des naturräumlichen Potenzials geht es aber auch um strukturelle und ökonomische Faktoren und Bedingungen, die die besondere Stellung der USA erst ermöglichten. Der Aufstieg zur Agrarweltmacht hat jedoch auch seinen Preis: Umweltschäden und Konflikte um landwirtschaftliche Produkte, die als „Waffe" eingesetzt werden können, bilden die Kehrseite der hohen landwirtschaftlichen Produktivität.

Aufgaben

1 Weisen Sie durch Analyse von M1–M7 nach, dass die USA zu Recht als „Agrarweltmacht" bezeichnet werden können.

2 Zeigen Sie, durch welche Produkte diese Spitzenstellung erreicht wird.

3 Erläutern Sie den Stellenwert und die Bedeutung der agrarischen Produktion für die Gesamtwirtschaft der USA (M7).

4 Ermitteln Sie anhand der Materialien Konkurrenten der USA auf dem Weltmarkt. Ergänzen Sie gegebenenfalls durch eine Recherche mit der Datenbank der UN-Welternährungsorganisation FAO (http://faostat.fao.org/).

1.1 Naturgeographische Voraussetzungen landwirtschaftlicher Produktion in den USA

Durch die räumliche Ausdehnung über mehrere Klimazonen (vgl. Atlas und S. 40, M4: Klimazonenkarte) ergibt sich in den USA eine Vielfalt landwirtschaftlicher Produktionssysteme. Östlich des 100. Längengrades, der durch die Great Plains führt, sind diese wesentlich differenzierter ausgebildet als die monostrukturierten landwirtschaftlichen Nutzungssysteme westlich dieses Meridians.
Die Ursachen dieser Zweiteilung des Landes finden sich in der Physiogeographie des Landes – im Zusammenspiel zwischen den Geofaktoren Klima, Relief, Boden und Wasserhaushalt – begründet. Der Einfluss warmtemperierter, feuchtigkeitsbeladener Luftmassen aus dem Golf von Mexiko östlich von 100° W und südlich von 40° N führt in dieser Region zu einem semihumiden, z. T. humiden, subtropischen Klima mit warmen Sommern und kühlen bis milden Wintern. Auf Böden mittlerer Güte werden die Flächen dieses klimatischen Gunstraumes intensiv landwirtschaftlich genutzt. Unterstützt wird diese landwirtschaftliche Produktionsweise durch die meridionale Ausrichtung der Gebirgszüge des Westens der USA derart, dass die Luftmassen aus den wechselfeuchten Tropen im Jahresverlauf ungehindert nach Norden vordringen können. Mit Ausnahme der Pazifikküstenregion behindert die Lage der Gebirge den Luftmassenaustausch von West nach Ost, welcher sich zunächst im Niederschlagsmangel der Region westlich des 100. Längengrades zeigt. Extensive Weidewirtschaft (v. a. Ranching) ist das dominierende Agrarsystem dieser trockenen Region zwischen Sierra Nevada und Ostabdachung der Rocky Mountains. Lediglich das kalifornische Längstal ragt mit seiner Intensivlandwirtschaft, basierend auf High-Tech-Bewässerungstechniken im Obst-, Gemüse- und Baumwollanbau, hervor.

M 8   Landwirtschaft der USA mit Beispielen von Anbaupflanzen in Abhängigkeit von der Physiogeographie

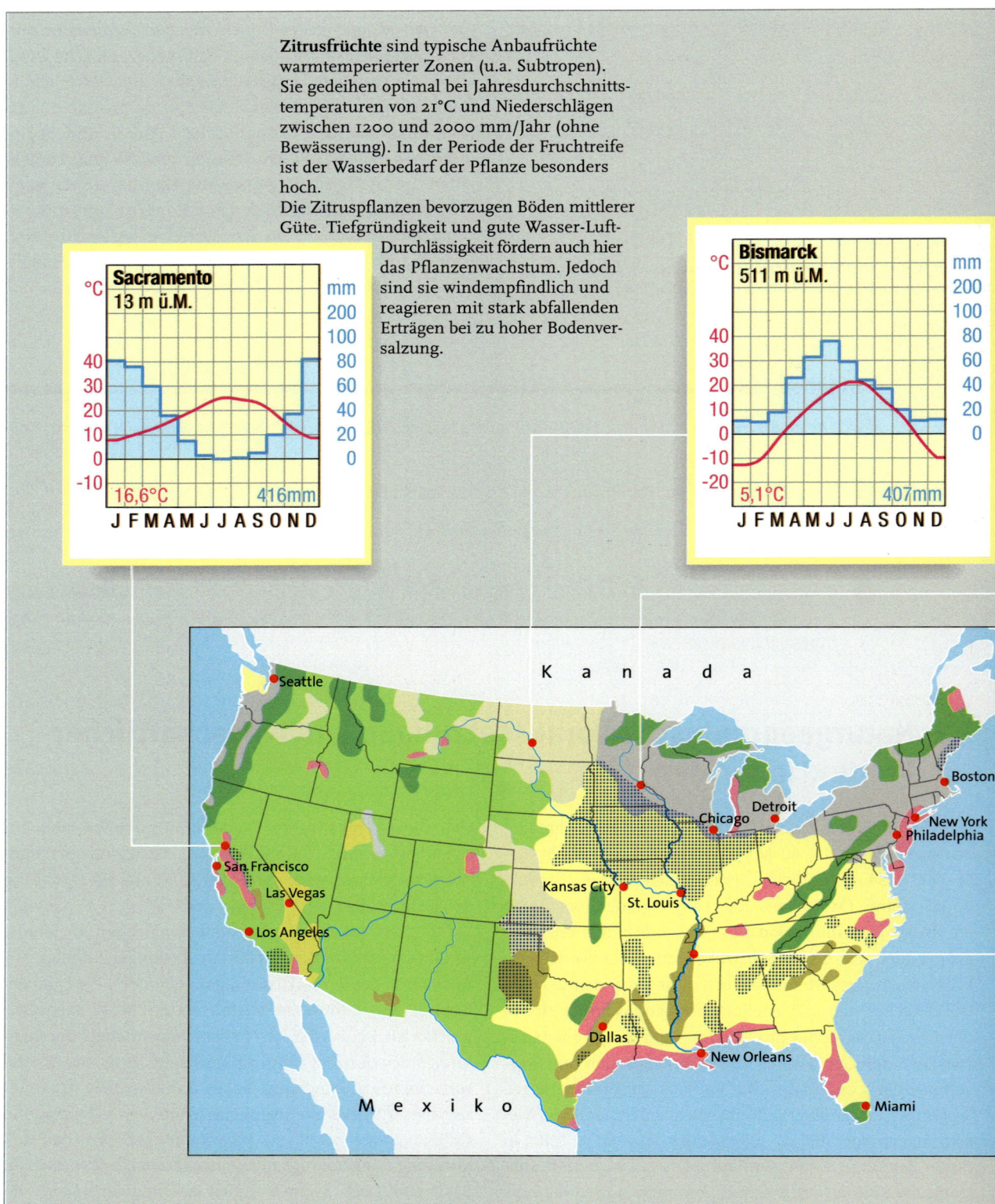

Zitrusfrüchte sind typische Anbaufrüchte warmtemperierter Zonen (u.a. Subtropen). Sie gedeihen optimal bei Jahresdurchschnittstemperaturen von 21°C und Niederschlägen zwischen 1200 und 2000 mm/Jahr (ohne Bewässerung). In der Periode der Fruchtreife ist der Wasserbedarf der Pflanze besonders hoch.

Die Zitruspflanzen bevorzugen Böden mittlerer Güte. Tiefgründigkeit und gute Wasser-Luft-Durchlässigkeit fördern auch hier das Pflanzenwachstum. Jedoch sind sie windempfindlich und reagieren mit stark abfallenden Erträgen bei zu hoher Bodenversalzung.

Mais erfordert in der Hauptwachszeit (Mai bis September) eine Durchschnittstemperatur von über 13°C und Niederschlag in Höhe von 500 bis 700 mm. Er stellt weniger Ansprüche an die Bodenzusammensetzung als an die gesamte Bodenstruktur (Wasser-Luft-Durchlässigkeit) und ist optimal an trocken-heiße Standortbedingungen mit hohem Lichtangebot angepasst.

Weizen ist eine einjährige Gräserpflanze und stellt hohe Ansprüche an Boden- und Wasserhaushalt. Winterweizen wird bereits im Herbst ausgesät und bringt höhere Erträge als der im Frühjahr gesäte Sommerweizen. Bis −20°C sind die Keimlinge frostresistent, bevorzugen aber ein insgesamt gemäßigtes Klima. In der Hauptwachszeit benötigt die Pflanze ca. 4mm Niederschlag pro Tag. Insgesamt ist der Anbau auf Regionen mit >400 mm/Jahr beschränkt.

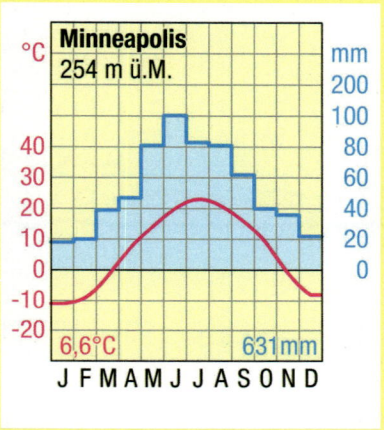

Milchwirtschaft

Gemischte Landwirtschaft v. a. Mais, Soja, Erdnüsse

Weizen

Sonderkulturen (Zitrusfrüchte, Wein, Tabak, Gemüse)

Baumwolle

Intensive Tierhaltung (Rinder, Schweine, Geflügel)

Extensive Weidewirtschaft

Wald

Wüste

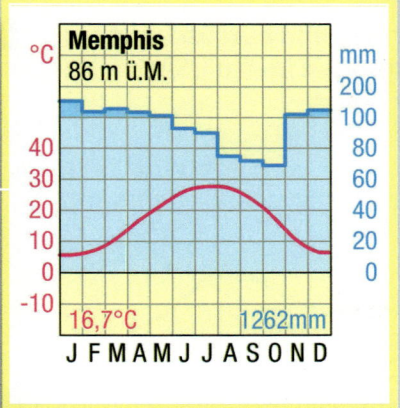

Baumwolle, ein einjähriger, ca. 1,2 m hoher Busch, benötigt mindestens 180–200 frostfreie Tage, hohe Lichtintensität sowie 600–1200 mm Niederschlag in der Wachstumsperiode. Die Aussaat findet abhängig vom Standort zwischen Februar und Juni, die Keimung günstigerweise oberhalb einer Temperatur von 15°C statt. Die Reifephase fällt optimal in einer Trockenphase aus. Die Ernte erfolgt ca. 8 Monate später zwischen Oktober und Februar. Der erste Frost führt zur Entlaubung und erleichtert die maschinelle Ernte. Die Ansprüche der Baumwolle an Böden sind sehr gering.

1.2 Strukturelle und ökonomische Entwicklung der Landwirtschaft

M9 Produktivitätssteigerung im Agrarsektor (1948 – 2004) durch Strukturwandel in der US-Landwirtschaft

Veränderungen der Erzeugung, der Investitionen und des Produktivitätsfaktors im Agrarsektor der USA seit 1948

Index: 1948 = 100

- Gesamterzeugung
- Gesamtaufwand
- Produktivitätsfaktor[1]

[1] Der Produktivitätsfaktor misst die Gesamterzeugung mit dem Gesamtaufwand, also den Gesamtwirkungsgrad landwirtschaftlicher Produktion.

(Nach: United States Department of Agriculture/Economic Research Service (Hg.), Keith O. Fuglie/James M. MacDonald/Eldon Ball, Productivity Growth in U.S. Agriculture, ECONOMIC BRIEF NUMBER 9/September 2007, S. 2)

M10 Anzahl der Farmen und durchschnittliche Betriebsgrößen in den USA, 1950 – 2007

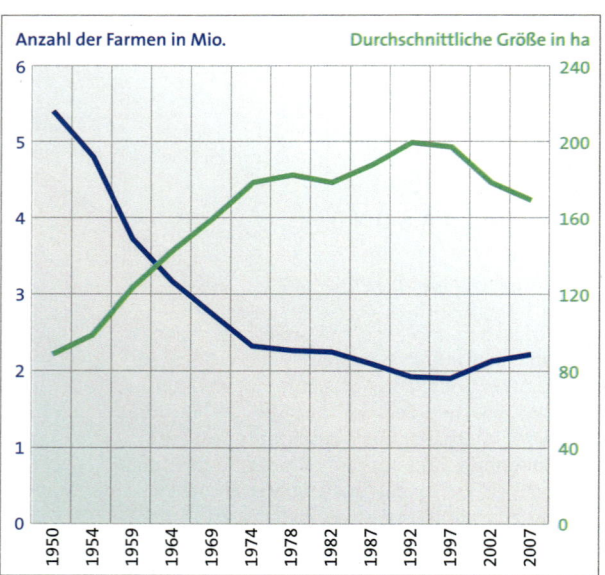

Anzahl der Farmen in Mio.

Durchschnittliche Größe in ha

(Nach: W. Klohn/H.-W. Windhorst, Die Landwirtschaft der USA, Vechtaer Materialien zum Geographieunterricht, H. 1/2011, S. 20)

M11 Anteil der Farmen an der Gesamtzahl und am Produktionswert (in %), 2007

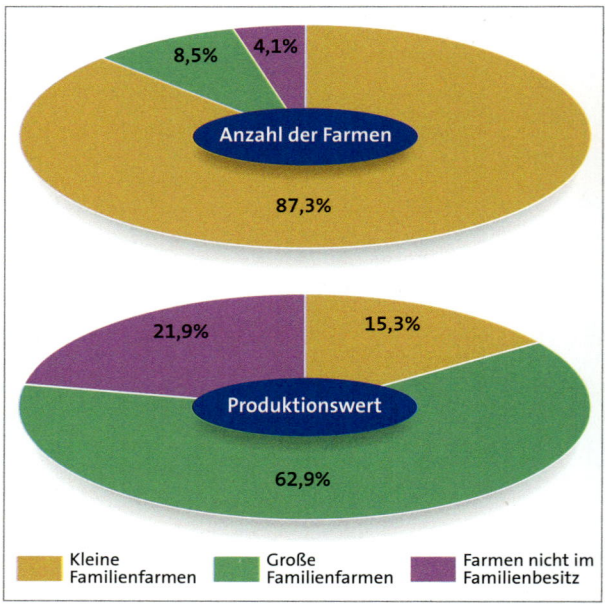

Anzahl der Farmen
- 8,5%
- 4,1%
- 87,3%

Produktionswert
- 21,9%
- 15,3%
- 62,9%

Kleine Familienfarmen | Große Familienfarmen | Farmen nicht im Familienbesitz

(Nach: W. Klohn/H.-W. Windhorst, Die Landwirtschaft der USA, Vechtaer Materialien zum Geographieunterricht, H. 1/2011, S.25)

M 12 **Weizenernte in der Kornkammer Amerikas**

Im Laufe des letzten Jahrhunderts sind die USA im Zuge der Technisierung der Landwirtschaft (u. a. durch Automatisierung, Einsatz von Bewässerungsmethoden) bei gleichzeitiger Intensivierung mittels Einsatz von Düngemitteln, Pestiziden, Herbiziden und hoch ertragreichem Saatgut unabhängiger von den physisch-geographischen Standortbedingungen, vor allem dem Boden, geworden. Das ursprüngliche Belt-System, die Konzentration von Monokulturen (Leitkulturen) in Anpassung an Klima und Boden, besteht schon lange nicht mehr. Kennzeichen dieses Strukturwandels sind die unterschiedlichen Produktionssysteme im Osten und Mittleren Westen der USA (vgl. M 8).

Diese Intensivierung der Landwirtschaft im 20. Jahrhundert ging mit deutlichen Veränderungen der betriebswirtschaftlichen Merkmale der US-Landwirtschaftsbetriebe einher (M 9 und M 10): Das Agrobusiness ist zur Dominanten in der US-Landwirtschaft geworden. Obgleich der Anteil der Beschäftigten im Agrarsektor rund 1,5 % (2010) und der Beitrag der Agrarproduktion zum BIP nur ca. 1,2 % (2010) betrugen, drückt sich die Leistungsfähigkeit der amerikanischen Landwirtschaft in der hohen Flächenproduktivität, den hohen Verkaufserlösen sowie in der Marktführerschaft vieler landwirtschaftlicher Exportprodukte in unterschiedlichen Produktklassen aus. Rund 9 % aller Exportgüter der USA stammten 2010 aus der Agrarwirtschaft. Dies führt langfristig zu einem beachtlichen Devisenrückfluss, wodurch das traditionell bestehende Außenhandelsdefizit (in 2010 rund 500 Mrd. US$) deutlich verringert werden kann (vgl. M 7).

Aufgaben

1. Begründen und beurteilen und Sie den Erfolg der USA im Agrarsektor anhand der vorliegenden Materialien und des Verfassertextes.

2. Vergleichen Sie die Wachstumsbedingungen einzelner landwirtschaftlicher Nutzpflanzen mit dem natürlichen Angebot an Wärme (Temperatur), Niederschlägen und Bodengüte. Nutzen Sie hierzu außer M 8 die Temperatur-, Niederschlags- und Reliefkarten im Atlas.

3. Recherchieren Sie die Wachstumsbedingungen für Tabak, Erdnüsse, Sojabohnen und Zuckerrohr und begründen Sie die Anbaustandorte in den USA (entsprechend M 8).

4. Erläutern Sie die Entwicklung der US-Landwirtschaft von der *family-sized-farm* zum Agrobusiness. (M 10 – M 12).

5. *„Do I get bigger or do I give up"*. Erklären Sie diese These unter Beachtung der Intensivierungsstrategie der US-Landwirtschaft im letzten Jahrhundert. Diskutieren Sie die sozialen und ökologischen Kosten des Strukturwandels.

6. Erläutern Sie die Aussage *„Agriculture is America's biggest industry"* vor dem Hintergrund der engen Verflechtung agroindustrieller Betriebe mit der Nahrungsmittelindustrie im Zuge der Intensivierungsstrategie im Agrarsektor.

1.3 Ökologische und ökonomische Risiken: Intensivlandwirtschaft an der Trockengrenze

M 13 Lage der Great Plains innerhalb des Naturraums Nordamerikas

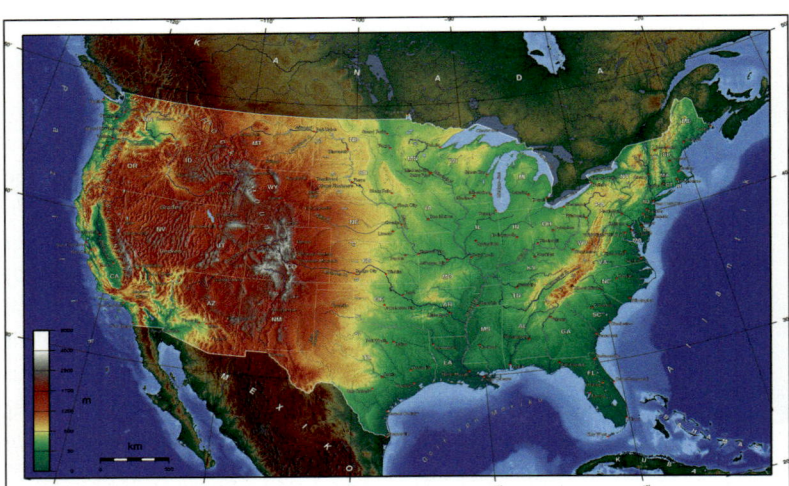

Zwischen Rocky Mountains und Mississippiebene erstreckt sich ein zusammenhängender landwirtschaftlicher Gunstraum, dessen Gestalt als Kontrast zu den Hochgebirgen im Westen als weite, leicht gewellte Ebene erscheint. Im Osten liegt sie ca. 450 m üNN und steigt allmählich zu den Prairie Plains auf ca. 1800 m üNN an. Die Great Plains bilden den westlichen Teil der Grasländer (Steppen) des nordamerikanischen Kontinents, die sich in Abhängigkeit von abnehmenden Niederschlägen von der Langgras- in die Kurzgrasprärie (E → W) wandeln.

M 14 Meridionale Ausrichtung der Great Plains und jährliche Niederschlagsverteilung in Kansas

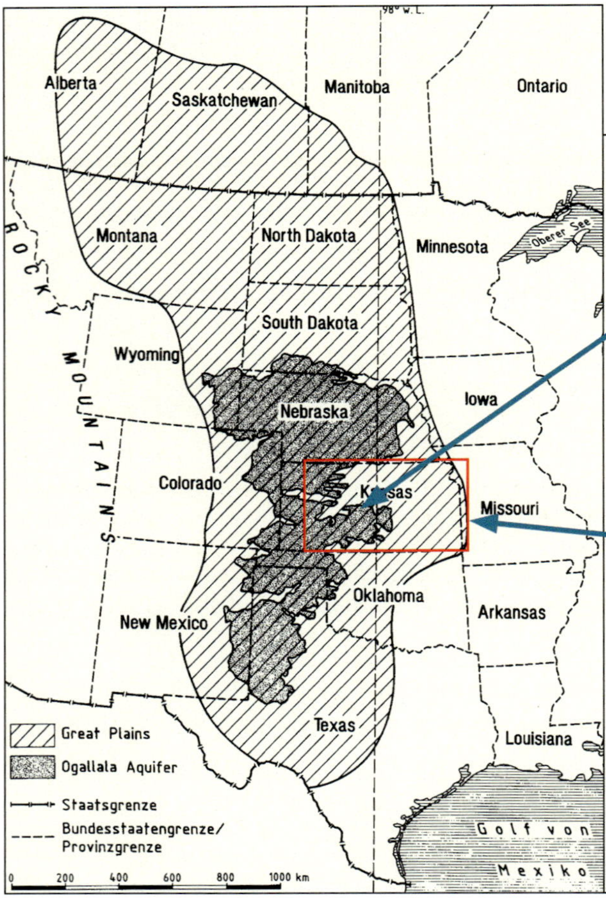

98° W. L.
Alberta
Saskatchewan
Manitoba
Ontario
Montana
North Dakota
Minnesota
Oberer See
South Dakota
Wyoming
ROCKY MOUNTAINS
Nebraska
Iowa
Colorado
Kansas
Missouri
Oklahoma
Arkansas
New Mexico
Texas
Louisiana
Golf von Mexiko
Great Plains
Ogallala Aquifer
Staatsgrenze
Bundesstaatengrenze/ Provinzgrenze
0 200 400 600 800 1000 km

Dodge City
787 m ü.M.
°C
mm
200
100
80
60
40
20
0
40
30
20
10
0
-10
12,9°C
547mm
J F M A M J J A S O N D

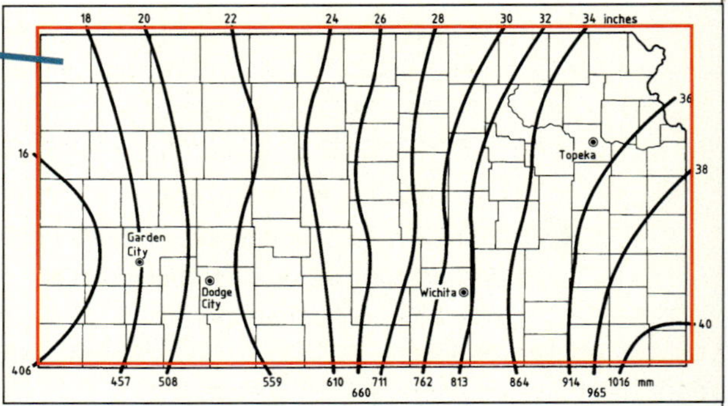

18 20 22 24 26 28 30 32 34 inches
16
36
38
40
Topeka
Garden City
Dodge City
Wichita
406 457 508 559 610 660 711 762 813 864 914 965 1016 mm

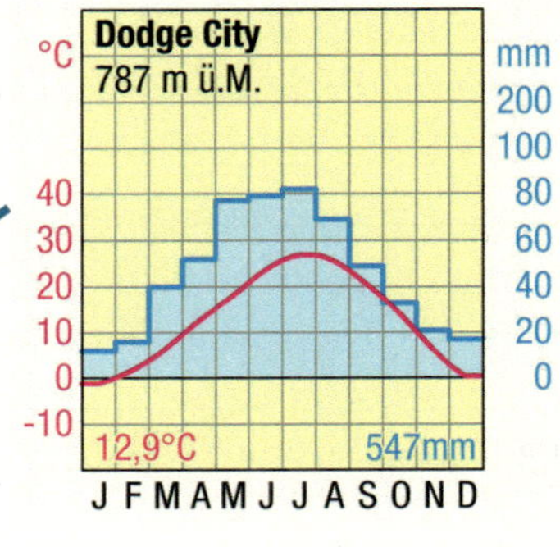

(Nach: W. Klohn/H.-W. Windhorst, Die Landwirtschaft der USA, Vechtaer Materialien zum Geographieunterricht, H. 1/2011, S. 251 u. S. 258)

Im Gegensatz zu dem Niederschlagsregime der mediterranen Subtropen (→ II/2., S. 56, M 9) fallen in dieser Region die wesentlichen Niederschläge im Sommer, in der Wachstumsperiode der Pflanzen. Aufgrund der meridionalen Offenheit des Landes besteht gerade in diesem Halbjahr große Häufigkeit an Verwirbelungen tropisch-heißer Luftmassen aus der Karibik und kühler Luftmassen der polaren Zone. Gewitter mit heftigen Regenfällen sind die Folge davon. Dabei können in kurzer Zeit bis zu einen Drittel des durchschnittlichen Jahresniederschlages fallen, sodass sich innerhalb eines Sommerhalbjahres eine deutliche Niederschlagsvariabilität ergibt.

M 15   Niederschlagsvariabilität in Finney County (Kansas)

(Nach: W. Klohn/H.-W. Windhorst, Die Landwirtschaft der USA, Vechtaer Materialien zum Geographieunterricht, H. 1/2011, S. 254)

Durch das weitgehende Fehlen von Wäldern tritt das Phänomen der äolischen Denudation auf, wenn aufgrund der Niederschlagsvariabilität Trockenperioden (mit Dürregefährdung) größeren Ausmaßes (zuletzt 1988, 1994, 2002, 2008 und 2012) auftreten und in Regionen, deren ursprüngliche Grasvegetation der landwirtschaftlichen Nutzung zum Opfer gefallen ist, die Bodenkrume unwiderruflich ausgeweht wird. Weitere Erosionsprozesse entstehen auf den trocken gefallenen Böden durch die heftigen Niederschläge der Gewitterregen. Sie werden nicht von den Böden aufgenommen, fließen oberflächlich ab und führen auf diese Weise fruchtbares Bodenmaterial ab. Da die

Variabilität des Niederschlages nach Westen größer wird, steigt gerade dort bei unangepasster landwirtschaftlicher Nutzung – so geschehen in den *dustbowl*-Jahren der 1930er- und 1950er-Jahre – die Bodendegradierung und die *badland*-Bildung. Der semiaride Raum jenseits der 500mm-Isohyete (klimatische Trockengrenze) ist für die Intensivlandwirtschaft und unter Beachtung ökosystemischer Bedingungen nicht geeignet.

M 16   Badlands in den Great Plains

Die agrarische Nutzung in den Great Plains fällt trotz dieser klimatischen und pedologischen Grundbedingungen intensiv monokultiviert aus. Zwischen 10 und 30 % der agrarischen Wertschöpfung werden hier durch den Anbau von Getreide und Ölsaaten erwirtschaftet. Dabei hat die Region als Kornkammer der USA und der Welt eine herausragende Bedeutung (siehe auch Foto S. 90). Mais wird als Futtermittel für die standortnahe stationäre Viehwirtschaft im niederschlagsreicheren Osten der Region produziert, während Weizen als dominierende Anbaufrucht der westlichen Great Plains gilt.

M17 Agrarische Wertschöpfung nach Produktgruppen in Kansas und Texas, 2007

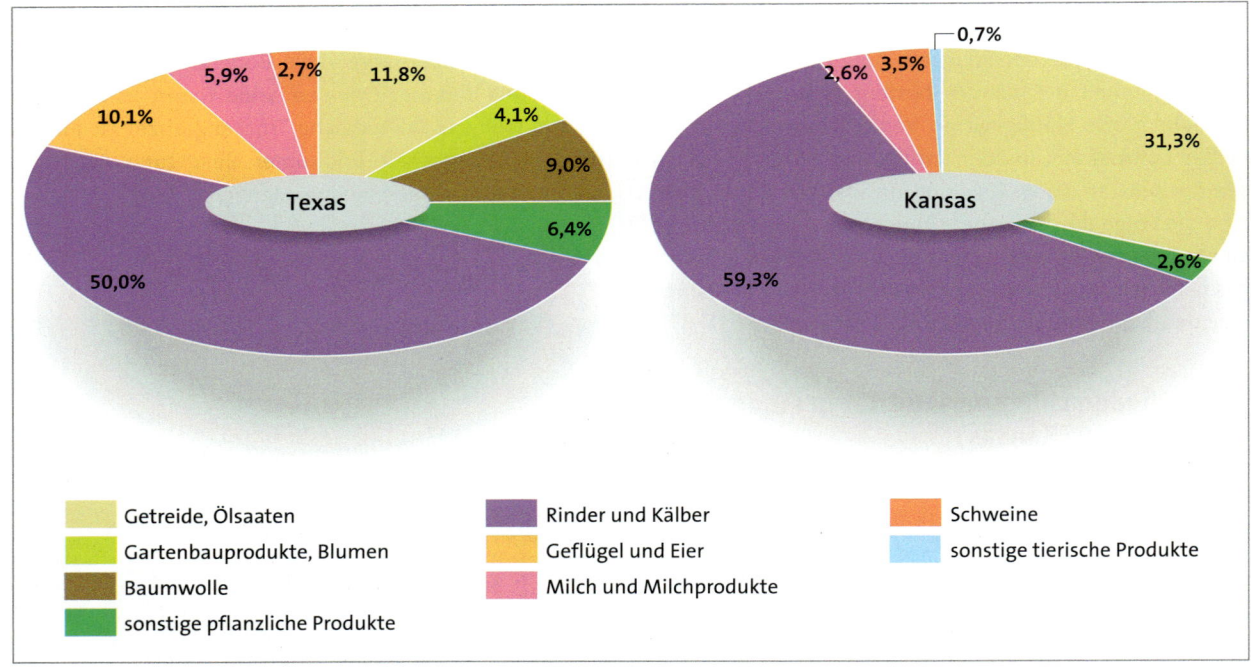

Texas
- 11,8%
- 4,1%
- 9,0%
- 6,4%
- 50,0%
- 10,1%
- 5,9%
- 2,7%

Kansas
- 0,7%
- 3,5%
- 2,6%
- 31,3%
- 2,6%
- 59,3%

Legende:
- Getreide, Ölsaaten
- Gartenbauprodukte, Blumen
- Baumwolle
- sonstige pflanzliche Produkte
- Rinder und Kälber
- Geflügel und Eier
- Milch und Milchprodukte
- Schweine
- sonstige tierische Produkte

(Nach: W. Klohn/H.-W. Windhorst, Die Landwirtschaft der USA, Vechtaer Materialien zum Geographieunterricht, H. 1/2011, S. 33)

Mindestens 50 % der agrarischen Wertschöpfung werden in dieser Region jedoch durch die Rindermastbetriebe erzeugt, die primär nicht von den physiogeographischen Bedingungen abhängig sind. Die Mast erfolgt nicht, wie früher üblich, in Form extensiven *Ranchings*, sondern in angelegten Aufzuchtstationen, den *feedlots* als Teil des agroindustriellen Systems der kapitalintensiven US-Landwirtschaft (s. Bild „Feedlot" S. 99 und M18).

M18 Feedlot in Texas

Beide Nutzungssysteme, die stationäre Viehwirtschaft und der großflächige Getreidefruchtanbau (Farmgrößen > 500 ha), tragen dazu bei, dass sich unter den zehn führenden US-Bundesstaaten der landwirtschaftlichen Produktion die drei Great Plains-Staaten Nebraska, Kansas und Texas mit einem Anteil von etwa 43 % am Gesamtverkaufserlös landwirtschaftlicher US-Güter befinden.

Dem Vorhandensein fossilen Grundwassers im Ogallala Aquifer in den zentralen Great Plains zwischen Nebraska und Texas (Ressource von ca. 4 Billionen m³ Wasser) und den modernen Bewässerungstechniken ist es geschuldet, dass die Ertragszahlen bei Weizen und Mais seit den 1970er-Jahren deutlich angestiegen sind.

Die Nutzung des Ogallala Aquifer (M14, M19) ist exemplarisch für die Intensivierung der Landwirtschaft mit Bewässerungswasser (vgl. auch M20). In den letzten 60 Jahren hat sich die bewässerte Agrarfläche mehr als verdoppelt. Ihr Anteil an der gesamten landwirtschaftlichen Nutzfläche hat sich jedoch fast verdreifacht. Die Absenkung des Grundwasserspiegels in fossilen Grundwasseraquifers, deren Entnahmemengen größer sind als durch Versickerung von Oberflächenwasser in einer semiariden Region amortisiert werden kann, bringt enorme ökologische Folgen mit sich. Geschätzten Aussagen zufolge wurden bis zum Jahr 1999 Wassermengen in Höhe von

270 km³ für die Bewässerung eingesetzt. Dies führt u. a. dazu, dass im Westen von Kansas größere Areale des Grundwasserspeichers etwa ab dem Jahr 2023 ausgeschöpft sein werden.

M 19 **Der Ogallala Aquifer: Mächtigkeit und Veränderungen des Grundwasserspiegels**

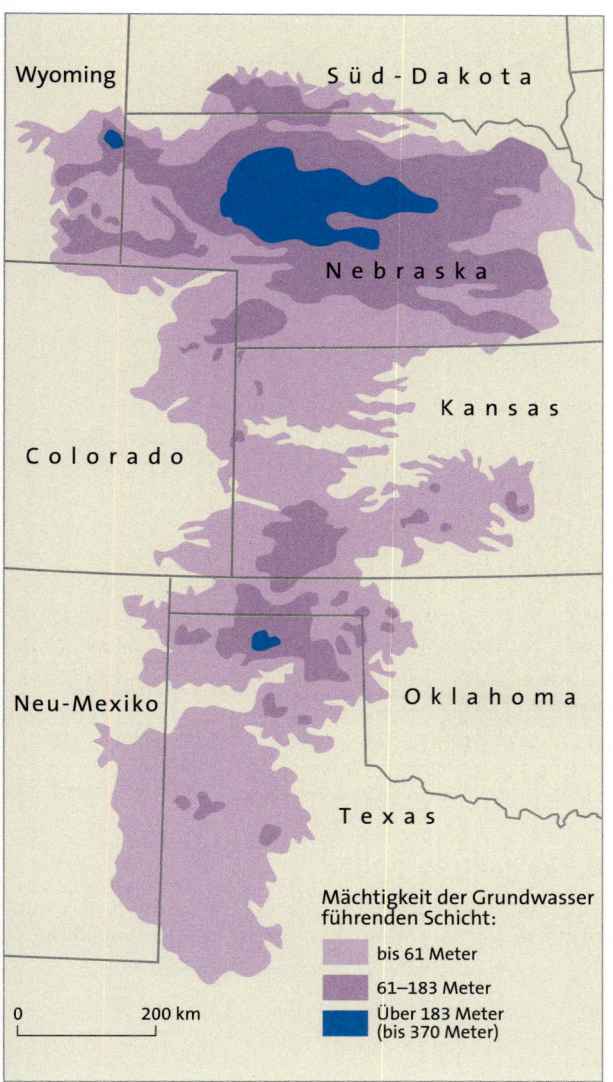
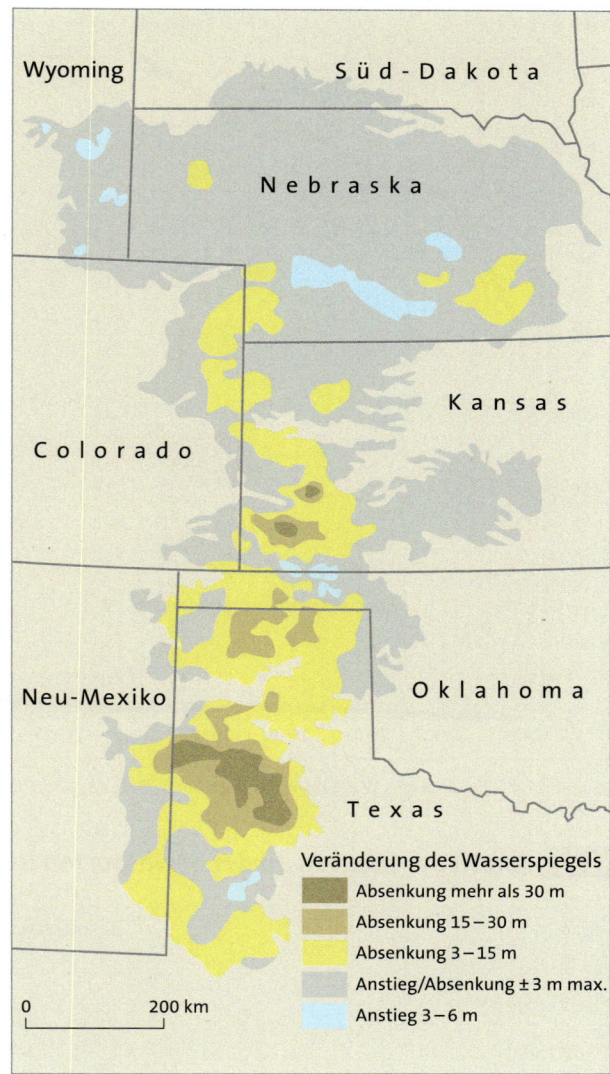

Für die Farmer ergeben sich aus dem Absinken des Grundwasserspiegels beträchtliche ökonomische Nachteile: U. a. muss das benötigte Wasser aus größerer Tiefe heraufgepumpt werden, was angesichts der gestiegenen Energiekosten zu erheblicher Kostenbelastung führt. Jedoch führt diese Problematik auch zum Einsatz wassersparender Bewässerungstechniken und zur Veränderung des Anbauspektrums. Die ursprünglich durchgeführte Flächen- oder Furchenbewässerung wird zunehmend durch die Sprinklerbewässerung, zumeist in Form der Kreisberegnungsanlagen, substituiert. Ein beachtlicher Nebeneffekt ist hierbei die Steigerung der Erträge. Trotz des Erkennens der nachteiligen Wirkung des Einsatzes von Bewässerungstechniken in semiariden Räumen hat die Aussicht auf eine höhere Gewinnmarge insgesamt zur Ausweitung der Bewässerungsflächen beigetragen (vgl. M 20). Dabei kommt den Beregnungssystemen (z. B. Karusselbewässerung, s. Bild S. 98) beim Anbau der Getreidefrüchte eine wachsende Bedeutung zu (vgl. M 22).

M20 **Entwicklung des Bewässerungsfeldbaus in den USA**

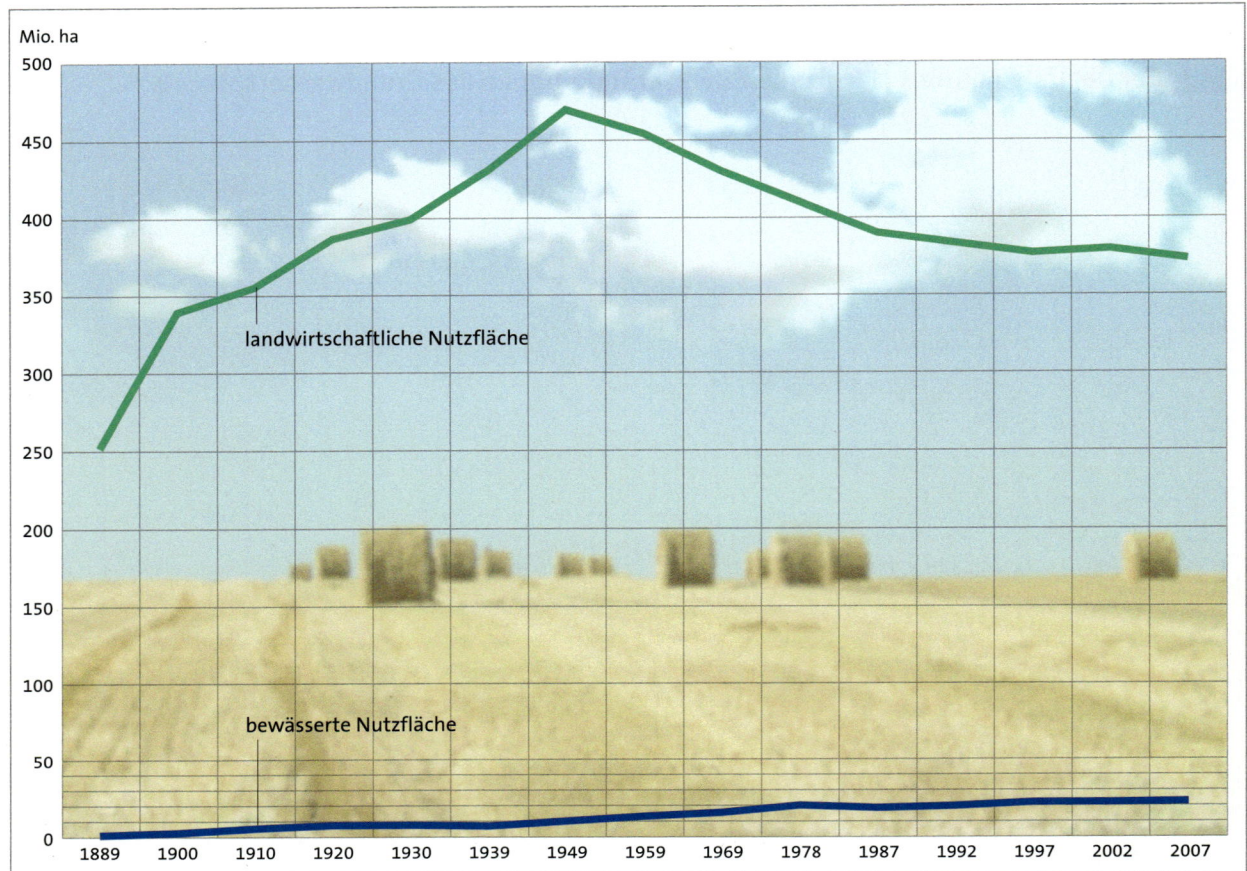

(eigene Grafik; Datenquelle: W. Klohn/H.-W. Windhorst, Die Landwirtschaft der USA, Vechtaer Materialien zum Geographieunterricht, H. 1/2011,S. 159)

M21 **Anteil der Staaten an der bewässerten Nutzfläche der USA, 2007**

Staat	Bewässerte Nutzfläche (ha)	Anteil an der bewässerten Nutzfläche der USA (%)
Kalifornien	3 244 140	14,2
Nebraska	3 463 365	15,1
Texas	2 027 715	8,9
Idaho	1 335 547	5,8
Kansas	1 118 084	4,9
Colorado	1 160 662	5,1
Montana	814 729	3,6
Oregon	746 750	3,3
Washington	702 526	3,1
Arkansas	1 805 238	7,9

(Nach: W. Klohn/H.-W. Windhorst, Die Landwirtschaft der USA, Vechtaer Materialien zum Geographieunterricht, H. 1/2011, S. 160)

M 22 **Vergleich der durchschnittlichen Erträge in den USA im Ackerbau und Bewässerungsfeldbau, 2008**

Anbaufrucht	Erträge in kg/ha		Ertragssteigerung in %
	unbewässert	bewässert	
Körnermais	8 096	11 360	40
Weizen	2 688	5 081	89
Gerste	2 532	5 387	113
Baumwolle	625	1 236	98
Silagemais	35 866	56 041	56
Tabak	1 675	2 952	76

(Nach: W. Klohn/H.-W. Windhorst, Die Landwirtschaft der USA, Vechtaer Materialien zum Geographieunterricht, 2011, S. 158)

M 23 **Bewässerungsmethoden in den USA im Wandel**

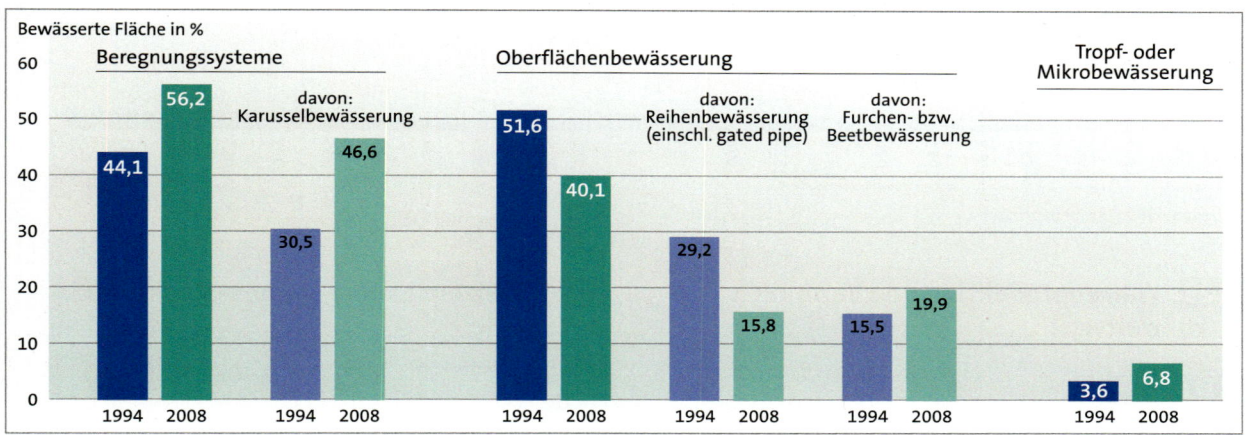

(eigene Grafik; Datenquelle: W. Klohn/H.-W. Windhorst, Die Landwirtschaft der USA, Vechtaer Materialien zum Geographieunterricht, H. 1/2011, S. 163)

Aufgaben

1 Erläutern Sie die Abhängigkeiten der US-Landwirtschaft von den Geofaktoren an ausgewählten Beispielen. Informieren Sie sich in diesem Zusammenhang über die Anbaubedingungen entsprechender Leitpflanzen (M 5, M 8, Atlas).

2 Erstellen Sie ein Fließdiagramm zur Niederschlagsvariabilität in semiariden Räumen, das die ökonomischen und ökologischen Folgen einer Region berücksichtigt (M 15 – M 19, Autorentexte).

3 Informieren Sie sich im Internet über die stationäre Viehwirtschaft in den USA (*feedlots*). Ermitteln Sie Betriebsgrößen und ökologische Folgen dieses Nutzungssystems.

4 Stellen Sie die Bedeutung des Bewässerungsfeldbaus für den Anbau der Getreidefrucht in den USA heraus (M 20 – M 22).

5 Erörtern Sie Vor- und Nachteile der unterschiedlichen Bewässerungsmethoden (M 23).

6 Diskutieren Sie die ökologischen und ökonomischen Probleme im Rahmen der Nutzung fossiler Wasserreservoirs (vgl. M 19).

1.4 Kontrovers: Agrarmacht USA – „Weizen als Waffe"?

M 24 **Entwicklung der Weizenproduktion ausgewählter Staaten**

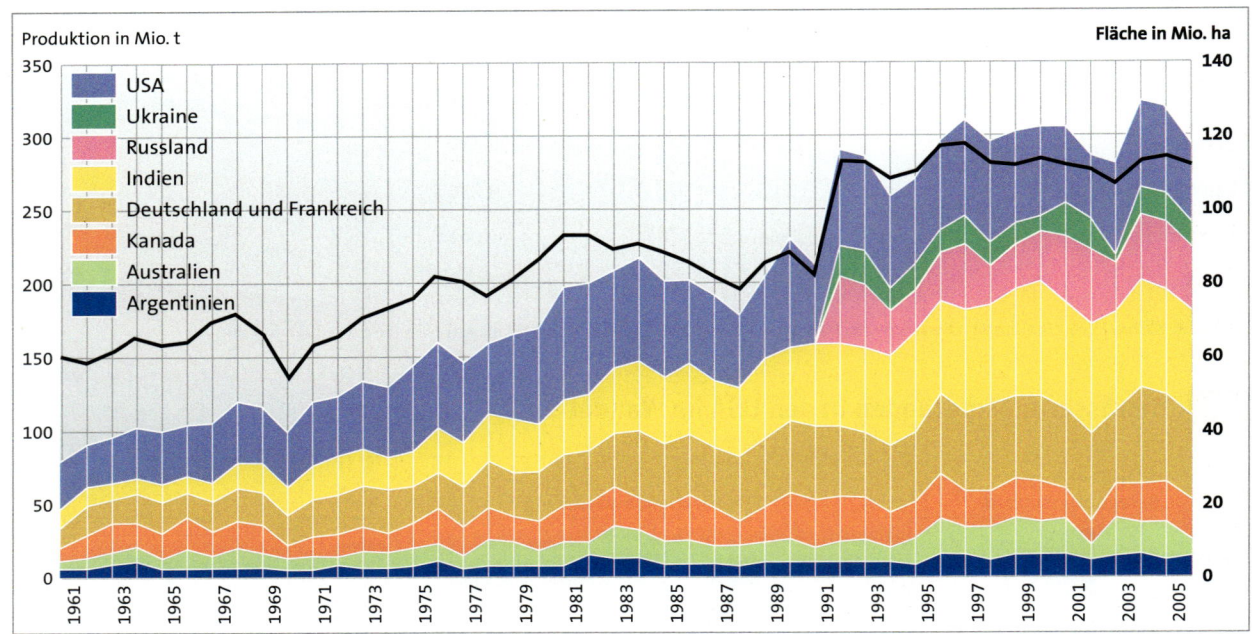

(Quellen: FAO, agri benchmark)

M 25 **Weizenproduktion und Verbrauch weltweit**

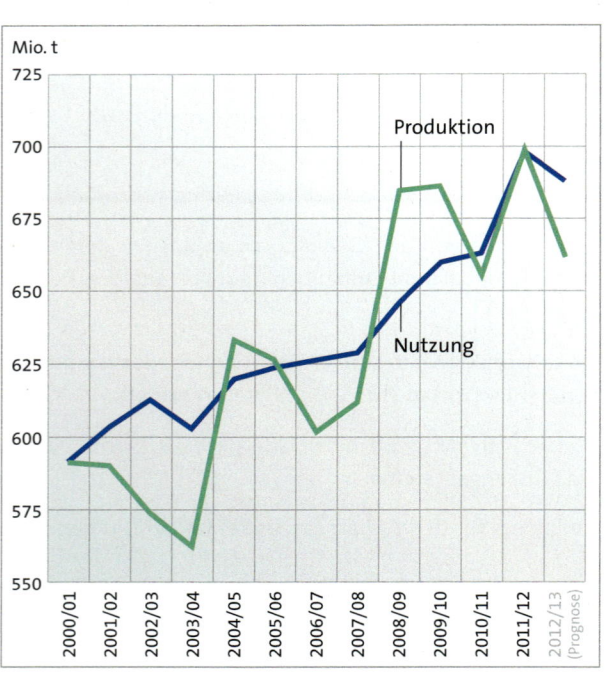

M 26 **Weizen: Export-Import-Struktur USA**

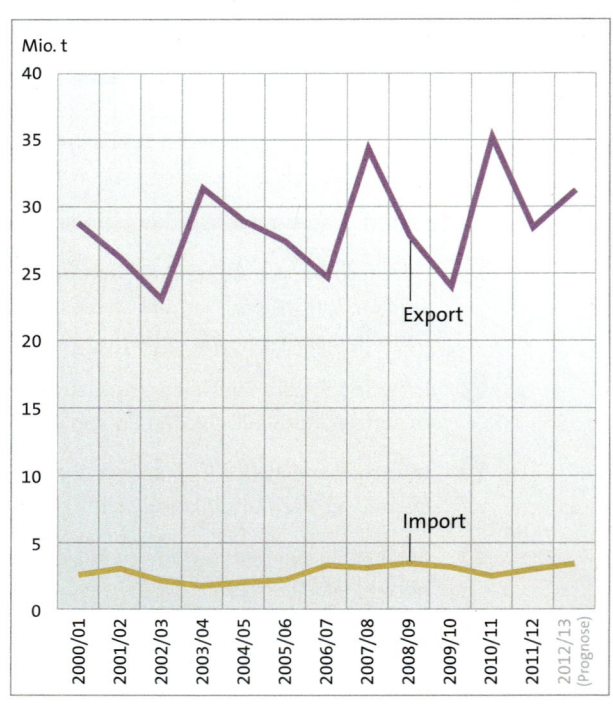

(M 25/M 26: Quellen: AMIS, FAOSTAT)

Weizenüberschüsse werden vor allem in den entwickelten Industrieländern erzielt; die größte Nachfrage besteht in den bevölkerungsreichen Ländern mit kolonialer Vergangenheit.

Für mehr als 80 % der Menschheit sind Reis, Weizen oder Mais unverzichtbare Grundnahrungsmittel. Obwohl das „Recht auf Nahrung" weltweit gemäß Artikel 11 des UN-Sozialpakts zu einem fundamentalen Menschenrecht zählt, werden landwirtschaftliche Produkte genauso wie z. B. Erdöl oder Gold an Börsen gehandelt; die Versorgung der Weltbevölkerung mit Lebensmitteln kann so zum Spekulationsgeschäft werden. Die CME, die Chicago Mercantile Exchange, ist die größte Getreidebörse der Welt. Nicht nur Angebot und Nachfrage landwirtschaftlicher Erzeugnisse bestimmen hier die Preise: An der Warenterminbörse agieren auch Händler, die nicht an den Agrarprodukten selbst interessiert sind, sondern an „Wetten" die auf steigende oder fallende Preise abgeschlossen werden. Bei Missernten oder Produktionseinbußen infolge politischer Unruhen erzielt der Händler Spekulationsgewinne, wenn wegen Knappheit das Angebot sinkt und die Preise steigen. Umgekehrt kann man auch auf fallende Preise wetten und einen Gewinn einstreichen, falls bei überdurchschnittlichen Ernteerträgen ein Überangebot entsteht.

NGOs wie Greenpeace oder Foodwatch kritisieren seit Jahren diesen Handel mit Optionen und Agrar-Futures: Das Geschäftsmodell beruhe bei diesen Finanzprodukten auf der Erwartung von Ernteausfällen; die Spekulation mit diesen Papieren verursache selbst Agrarpreiserhöhungen und steigere damit den Hunger in der Welt.

M27 Weizenpreise und Nahrungsmittelspekulation

LBBW stellt Nahrungsmittelspekulationen ein

Spekulationen an der Börse mit Mais, Soja, Weizen – für Verbraucherschützer sind das verantwortungslose Geschäfte. Die Landesbank Baden-Württemberg verzichtet 5 nun darauf.

Die Landesbank Baden-Württemberg (LBBW) steigt vollständig aus dem Geschäft mit der Spekulation mit Lebensmittel-Rohstoffen aus. Künftig werde nicht mehr in Agrarrohstoffe wie Mais, Weizen, Soja und Kakao inves-10 tiert, hieß es bei der Bank. „Damit reagieren wir auf die öffentliche Diskussion, inwieweit Investments in Nahrungsmittel ethisch vertretbar sind", teilte ein LBBW-Sprecher mit. (26.06.2012)

(Nach: ZEIT ONLINE; http://www.zeit.de/wirtschaft/unternehmen/2012 06/lbbw-lebensmittel-spekulationen)

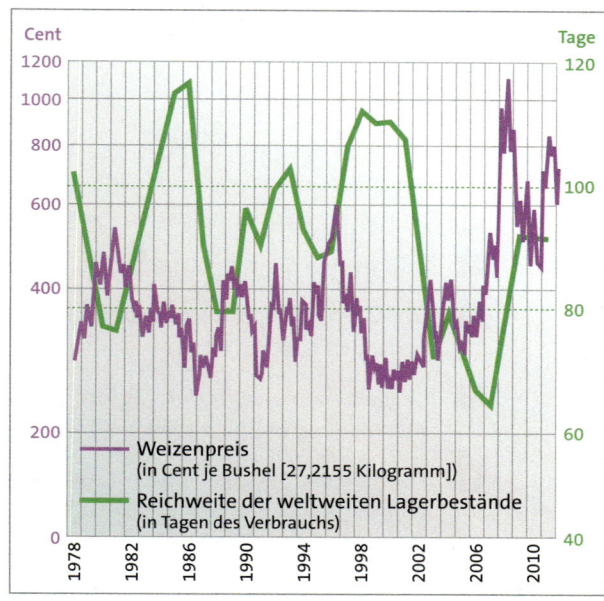

(Quellen: Thomson Reuters, CME, CBOT, CTFC, BDBe)

Mit Nahrungsmittelüberschüssen steigern Staaten wie die USA jedoch auch ihre Exporterlöse in Ländern, die auf Lebensmittelimporte angewiesen sind. Auf diese Weise entstehen nicht nur ökonomische, sondern auch politische Abhängigkeiten, z. B. wenn die Lieferung von Nahrungsmitteln mit politischem Wohlverhalten verknüpft wird. So lautet denn auch der Vorwurf an die reichen Exporteure, sie verwendeten „Weizen als Waffe".

Auf der anderen Seite könnte aufgrund des weltweit wachsenden Bedarfs an eiweißhaltiger Nahrung auch die Rindfleischproduktion weiterhin Steigerungsraten verzeichnen und die Anbauflächen für Futtermais könnten auf Kosten des Weizens wachsen. Die Bedeutung des Weizenanbaus im Rahmen der globalen Ernährungssicherung und als Waffe gegen ökonomische Konkurrenz, aber auch gegen politische Gegner im globalen Geschehen, würde möglicherweise an Dynamik verlieren. Diese Einschätzung geht aber auch damit einher, dass Russland und die Ukraine in den letzten Jahren deutliche Zuwachsraten beim Weizenanbau erreichten und dass Indien wie auch China ihre Erträge durch verbessertes Saatgut und Einsatz moderner Bewässerungstechniken steigern konnten. Nicht auszuschließen ist, dass andere landwirtschaftliche Produkte, z. B. Futtermittel, Baumwolle oder Saatgut, an die Stelle des Weizens treten.

Aufgaben

1 „Agrarweltmacht USA" – Erörtern Sie die Bedeutung der amerikanischen Landwirtschaft für die USA und die Welt.

2 Erläutern Sie die Bedeutung des Weizenanbaus in den USA regional und global. Vergleichen Sie insbesondere die Weizenproduktion der USA unter den größten Weizenproduzenten der Welt und die räumliche Weizenproduktion innerhalb der USA.

3 Informieren Sie sich über die Kritik insbesondere von NGOs an Spekulationen mit Agrarprodukten.

4 Diskutieren Sie: Ist es ökonomisch sinnvoll bzw. ethisch vertretbar, dass Nahrungsmittel an Börsen gehandelt werden.

5 Untersuchen und erörtern Sie anhand der Materialien (M 24 – M 27), inwieweit die Entwicklungen an den Märkten in Zukunft einen Einsatz von „Weizen als Waffe" wahrscheinlich machen.

6 Formulieren Sie einen Textentwurf für eine Rede, in der sich der amerikanische Präsident mit dem Vorwurf auseinandersetzt, die USA nutzten landwirtschaftliche Produkte als ökonomische und politische Waffe. Bedenken Sie, dass der Redner dabei unterschiedliche Adressaten und Zielgruppen im Blick haben muss: die „Weltöffentlichkeit", Weltmarktkonkurrenten, Bündnispartner, amerikanische Erzeuger von Agrarprodukten, eigene Anhänger bzw. Wähler etc.

2. China: Werkbank der Welt – oder mehr?

Neben der Bezeichnung „Reich der Mitte" hat sich für China die Formulierung „Werkbank der Welt" eingebürgert. Damit wird einmal die globale Verflechtung Chinas in den Welthandel angesprochen. Zugleich wird die Ausrichtung der Produktion charakterisiert: die chinesische Wirtschaft als billiger Produzent von Konsumwaren. Dabei nutzen Unternehmen aus entwickelten Industriestaaten Fertigungsanlagen in China z. B. für die Herstellung von Textilien oder Schuhen. Motive für diese Auslagerungen sind Kosteneinsparungen durch Niedriglöhne und unterentwickelte Standards bei den Arbeitsbedingungen. Doch ähnlich wie bei anderen Staaten trifft diese schlagwortartige Kennzeichnung der Wirtschaft nur einen Teilaspekt: Gewiss gehörte China in den letzten Jahrzehnten mit seinen Niedriglöhnen zu den Gewinnern der Globalisierung und konnte mit seinen Produkten von der Werkbank außergewöhnliche Zuwachsraten verzeichnen. Aber China versucht zunehmend im

Russland:	➤ Zapfsäule der Welt?
Indien:	➤ Globaler Dienstleister?
Brasilien:	➤ Rohstofflager und globaler Farmer?
Deutschland:	➤ Konstruktionsbüro für Maschinenbau, Energieeffizienz und Umwelttechnologie?
China:	➤ Werkbank der Welt?

Zuge eines *Global Going* (➔ S. 127 ff.), mit hochwertigen eigenen Produkten den Weltmarkt zu bedienen. Und die durch jahrzehntelanges Wachstum erwirtschafteten Devisenreserven erlauben den Erwerb von Konsum- oder Investitionsgütern auf dem Weltmarkt. Für die deutsche Automobilindustrie ist China seit 2009 der wichtigste Neuwagenmarkt. Insofern sichert das Land, wo sich 1000 Einwohner (noch) 50 Autos teilen, in Deutschland Wachstum und Arbeitsplätze.

M1 Hannover-Messe 2012: Zwei Perspektiven

➤ **„China möchte mehr sein als die Werkbank der Welt"**
(Markus Taube, Institut für ostasiatische Wirtschaft der Universität Duisburg-Essen)

➤ **„Wir sehen den Drachen kommen, aber aus der Perspektive des Maschinenbaus kommt er erst mal in die Höhle des Löwen"**
(Hannes Hesse, Verband Deutscher Maschinen- und Anlagenbau)

(Zit. nach: ARD-tagesthemen, 22.4.2012, 22.45 Uhr)

M2 Hannover-Messe 2012: Partnerland China

Auf der weltgrößten Industriemesse in Hannover eröffneten im Frühjahr 2012 Bundeskanzlerin Angela Merkel und der damalige chinesische Ministerpräsident Wen Jiabao die Ausstellung. China als Partnerland war mit 500 Unternehmen vertreten und beeindruckte mit dem bislang größten industriellen Auftritt auf einer Messe im Ausland.

Ein besonderer Schwerpunkt der Ausstellung galt der „Greentelligence". Die Veränderungen bei den Anteilen am weltweiten Photovoltaik-Umsatz in den letzten Jahren spiegeln die gewachsene Bedeutung Chinas in diesem Wirtschaftssegment (M 3).

M3   Chinese Champions

- Unter den sechs größten Solarzellenherstellern weltweit sind vier chinesische Unternehmen.
- 45 % des gesamten Photovoltaik-Umsatzes erzielen chinesische Unternehmen.
5 - Seit 2004 ist der Anteil deutscher Photovoltaik-Hersteller am gesamten Photovoltaik-Umsatz von 69 % auf 21 % zurückgegangen, der Umsatzanteil chinesischer Produzenten ist dagegen um über das Sechsfache gestiegen.

(eigene Recherche; Quelle: Studie „Chinese Champions", http://www.chinese-champions.de/)

In den Medien war die Messe Anlass, sich mit dem ökonomischen Aufstieg Chinas zur Weltmacht zu befassen; diskutiert wurden u. a. das außerordentliche Wirtschaftswachstum, der ständig steigende Außenhandel, der Energie- und Rohstoffhunger, die globalen Investitionen oder die gewaltigen Devisenüberschüsse, die China auch zu einem politischen Machtfaktor werden lassen.

Nicht ohne Sorgen fragen manche Beobachter, wie kooperativ sich die neue Weltmacht bei der Lösung internationaler Fragen – etwa beim Klimaschutz oder in der Währungs- und Finanzpolitik – verhalten und welche Rolle China als Mitglied des Sicherheitsrates der UNO bei der Bewältigung internationaler Krisen spielen wird.

Eine Auswertung der folgenden Materialien ermöglicht eine genauere Analyse.

2.1 Aufstieg zur „Werkbank der Welt"

Der wirtschaftliche Aufstieg Chinas wird nur verständlich, wenn man die komplexen Zusammenhänge zwischen den natürlichen Voraussetzungen und den sozio-ökonomischen Verhältnissen des Landes analysiert. Dies erfordert eine Darstellung der naturgeographischen Voraussetzungen, die den Aufstieg Chinas zur Wirtschaftsmacht ermöglichten. Beleuchtet werden auch historisch-politische Bedingungen, insbesondere die Reformen seit 1978, ohne die sich die außergewöhnliche Wirtschaftsdynamik nicht hätte entfalten können.

Die folgende Übersicht zeigt unterschiedliche Dimensionen, die den Aufstieg Chinas zur wirtschaftlichen Weltmacht bestimmen und begünstigen. Im Unterricht können nicht alle Aspekte ausführlich behandelt werden; gleichwohl ist es hilfreich und erweitert den Horizont, wenn bei der Detailarbeit die komplexen Zusammenhänge im Blick bleiben. Die Übersicht gibt zudem Hinweise zur Verzahnung mit anderen Teilkapiteln des Bandes und verweist auf Möglichkeiten des fächerübergreifenden Arbeitens im gemeinschaftskundlichen Aufgabenfeld.

M4 **China: Dimensionen**

Naturräumliche Dimension

↙   ↓   ↘

Klima:
- An welchen Klimazonen hat China Anteil?
- Gliederung in humide und aride Landesteile, in Gebiete mit maritimem und kontinentalem Einfluss

Relief/Geomorphologie:
- Gebirgslandschaften
- Beckenlandschaften
- Flusslandschaften
- Küstenlandschaften

Lage im Raum:
- Verkehrsgunst
- Rohstoffvorkommen

Historische und religiös-ethnische Dimension

↙   ↓   ↘

- Welche historischen Erfahrungen (z. B. Kaiserzeit/ Kolonialismus/Kulturrevolution) bestimmen die Gegenwart?

- Anteil und regionale Verteilung unterschiedlicher Volksgruppen; Verhältnis der Mehrheitsbevölkerung (Han-Chinesen) zu den nationalen Minderheiten
- Welche Rolle spielt der Konfuzianismus in Vergangenheit und Gegenwart; welche Elemente dieser Religion sind wirkungsmächtig?

Gesellschaftliche und politische Dimension

↙   ↓   ↘

Gesellschaftliche Dimension
- Aspekte sozialer Ungleichheit (Bsp. Wanderarbeiter)
- Welche Werte und Normen halten die Gesellschaft zusammen?
- Politische Steuerung der demografischen Entwicklung → V, S. 210 ff.

Menschenrechtsdimension
- Wie definiert das Land die Menschenrechte und wie ist das Verhältnis zur westlichen Interpretation?

Politische Dimension
- Legitimation: Wie legitimiert sich das politische System? → Bd. 1, V, S. 175 f. Effizienz: Wie erfolgreich ist das System bei der Bewältigung politischer Aufgaben?
- Internationale Dimension: Welche Rolle spielt das Land bei der Bewältigung von Krisen?

Ökonomische und ökologische Dimension

↙   ↓   ↘

Ressourcen:
- Rohstoffe: Art, Standorte und Fördermengen
- Energiegewinnung: fossile Brennstoffe, Atomkraft, regenerative Energie
- Importabhängigkeit

Ökonomische Struktur:
- Verteilung nach den drei wirtschaftlichen Sektoren
- Inwieweit sind Eckpunkte des magischen Vierecks erfüllt?
- Bedeutung des Außenhandels, Technologietransfer, Rohstoffbedarf
- Industriezentren, Clusterbildungen, Urbanisierung, Mega-Cities

Ökologische Dimension:
- Boden- und Naturschutz
- Nachhaltigkeit
- Position zu internationalen Vereinbarungen wie z. B. zum Klimaschutz

Chinas Naturraumpotenzial –
Voraussetzungen für die wirtschaftliche Stärke des Landes

China ist mit ca. 9,6 Mio. km² nach Russland, Kanada und den USA viertgrößtes Land der Erde, aber mit etwas mehr als 1,3 Mrd. Menschen der bevölkerungsreichste Staat. Infolge der großräumigen Ausdehnung dieses ostasiatischen Staates stellt sich das Land in vielen geographischen Dimensionen als sehr heterogen dar.

Der Aufstieg Chinas zur Exportmacht und zum Motor der Globalisierung ist eng verknüpft mit den natürlichen Raumgegebenheiten und den Bevölkerungsschwerpunkten im Land. Entlang einer Linie Harbin – Lanzhou – Lhasa lässt sich die Landesfläche in eine trockene, wenig besiedelte (Bevölkerungsdichte z.T. < 50 E/km²), land-

wirtschaftlich benachteiligte Westhälfte und einen feuchten, agrarischen und bevölkerungsreichen (Bevölkerungsdichte z.T. > 200 E/km²) Gunstraum östlich dieser Linie einteilen (s. M 5/M 6).

Während der trocken-kontinentale Landesteil Chinas hauptsächlich viehwirtschaftlich genutzt wird, da Feldbau nicht möglich ist, liegt die Konzentration agrarischer Tätigkeiten im humid-maritim beeinflussten Osten und Süden des Landes. Regenfeldbau ist nur östlich der agronomischen Trockengrenze, die etwa der 400 mm-Isohyetenlinie (Linie mit gleichen Jahresniederschlagssummen) entspricht, möglich (vgl. M 6).

M 5 **Bevölkerungsdichte in China**

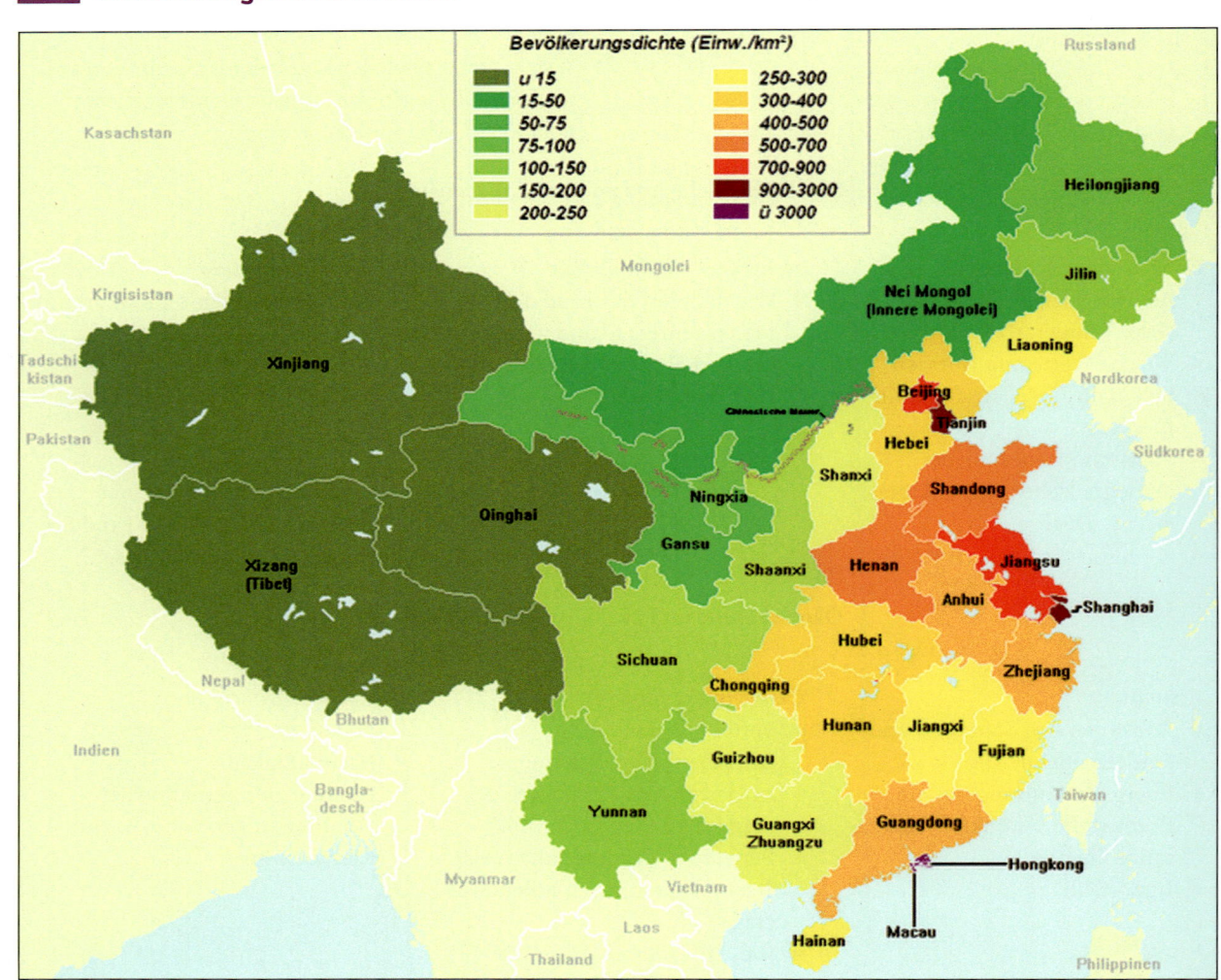

M6

Niederschlagsverteilung in China

Obgleich China etwa 7 % der globalen Ackerfläche aufweisen kann, werden nur 13 % davon ackerbaulich intensiv und knapp ein Drittel viehwirtschaftlich genutzt. Dies hängt mit den klimatischen Besonderheiten in Abhängigkeit von den Reliefunterschieden dieses Landes zusammen. Wüstenklima im N und NW (Wüste Taklamakan, Gobi), tropische Klimate im äußersten SO, Hochgebirgsklima im SW des Landes und kaltgemäßigte Klimate im NO zeichnen ein vielfältiges, auf kurzer Distanz variantenreiches Bild langjähriger atmosphärischer Bedingungen. Im bevölkerungsreichsten Landesteil (s. M5) zwischen dem Roten Becken, der Großen Ebene und dem südchinesischen Bergland herrscht das für China charakteristische humide subtropische Klima (Ostseitenklima, vgl. M10), das von monsunalen Luftmassenströmungen geprägt ist: Einer sehr warmen, humiden Jahreszeit zwischen Mai und September mit maritimen Luftmassenströmungen aus südlichen Richtungen (meist Südostmonsune) mit Maximalwerten wichtiger Klimaelemente steht das kühle, vergleichsweise schwach humide Winterhalbjahr (Nordwestmonsun), wenn kontinentale Luftmassen wetterbestimmend sind, gegenüber (vgl. M11). Die Einflüsse warmer Meeresströmungen im ostchinesischen Meer mildern die kalte Jahreszeit deutlich.

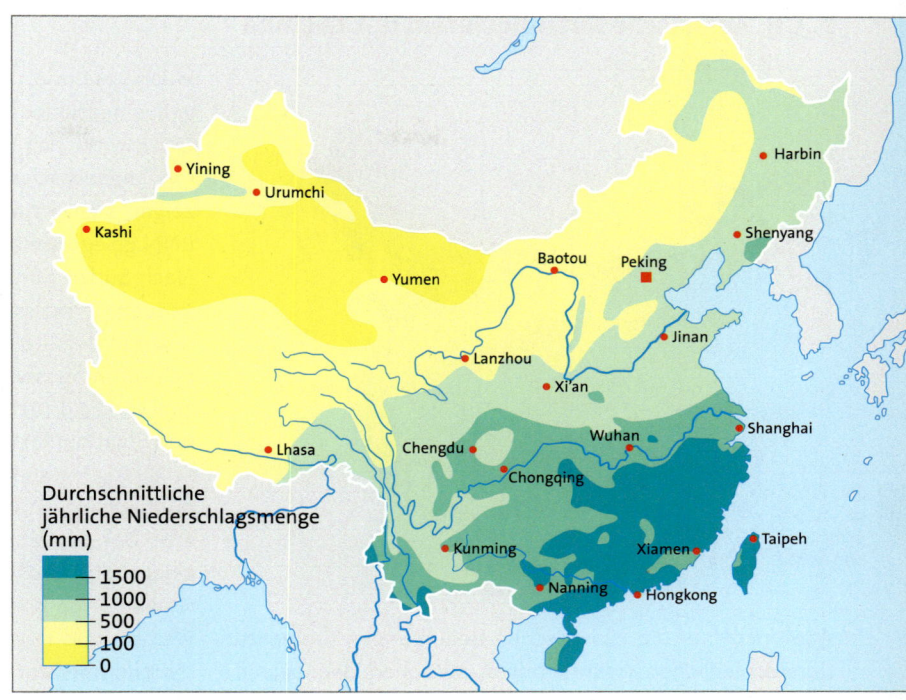

Durchschnittliche jährliche Niederschlagsmenge (mm)
- 1500
- 1000
- 500
- 100
- 0

M7 Jahresdurchschnittstemperaturen in China

Durchschnittliche Jahrestemperatur (°C)
- 24
- 18
- 12
- 6
- 0

M8 Agrarische Nutzungsintensität in China

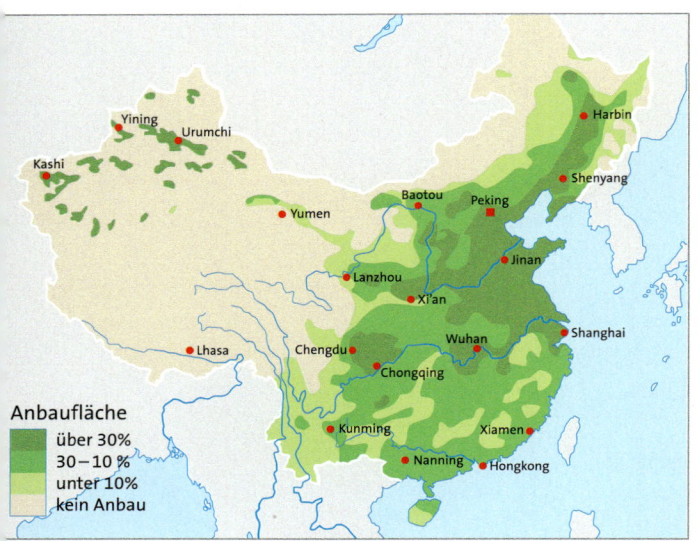

Anbaufläche
- über 30%
- 30–10 %
- unter 10%
- kein Anbau

Huang He und Jangtsekiang. Das von diesen Höhenzügen eingeschlossene Tarim-Becken besitzt durch seine Oasenwirtschaft regionale Bedeutung bei der Versorgung mit landwirtschaftlichen Gütern. Ähnliche Verhältnisse zeigen sich im trockenen, zwischen 1000 und 2000 m üNN gelegenen Norden Chinas.

Nach Süden nimmt die ackerbauliche Nutzung mit steigenden Temperaturen und Niederschlägen zu und erreicht in der Großen Ebene ihre größte Intensität. In den Schwemmflussbereichen der Unterläufe wird eine Vielzahl von Feldfrüchten angebaut, allen voran Weizen, Mais und Sojabohnen (M12, M13). Die Deltas der großen Flüsse Huang He und Jangtsekiang zeichnen sich durch großräumiges Bewässerungsland für die Baumwollproduktion aus. Der Südrand dieses zwischen 0 und 150 m hoch gelegenen Landschaftsabschnittes entlang der 16 °C-Jahresisotherme bildet gleichzeitig die Grenzlinie zwischen Weizen- und Reisanbaugürtel. Mit Zunahme der Jahresmitteltemperatur nach Süden kann Reisanbau auch in höheren Lagen des südchinesischen Berglands betrieben werden. Infolge der Fortschritte in der Saatzucht und im Rahmen des Programms der „Grünen Revolution" sind heute bis zu drei Ernten/Jahr möglich. Die Reispflanze (*oryza sativa*) hat sich zur wichtigsten Kulturpflanze entwickelt. In Abhängigkeit vom Relief wird der Nassreisfeldbau in Überschwemmungsebenen (Rotes Becken, Region Wuhan) oder auf terrassierten Höhenzügen des Berglandes erfolgreich betrieben (M14). China war 2010 mit fast 200 Mio. t Reis der größte Anbauproduzent weltweit.

Aber nicht nur die klimatischen Bedingungen führen zu unterschiedlichen Ausprägungen zwischen den beiden Landesteilen, auch die reliefbedingten Höhenunterschiede lassen deutliche Unterschiede zwischen Ost und West erkennen. Sie drücken sich besonders in der landwirtschaftlichen Nutzungsintensität aus. Etwa ein Fünftel der Landesfläche liegt mit Höhen über 5000 m üNN im Westen des Landes (Himalaya-Region, Qinghai-Tibet-Plateau, Tian-Shan), Hochchina genannt, und wird in wenigen Teilbereichen sehr extensiv weidewirtschaftlich genutzt. Hier entspringen die für den Osten und die agrarische Nutzung des Landes bedeutenden Ströme

M9 Landesnatur Chinas im Blockmodell

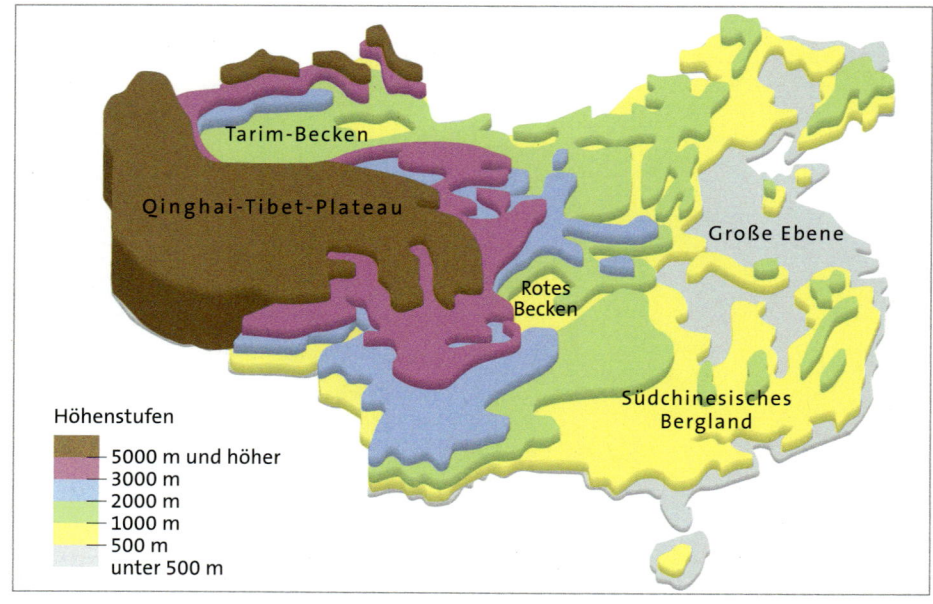

Höhenstufen
- 5000 m und höher
- 3000 m
- 2000 m
- 1000 m
- 500 m
- unter 500 m

M 10 Typisches Klimadiagramm des chinesischen Subtropenklimas

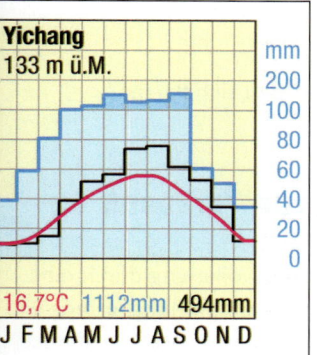

M 11 Monsunale Strömungen in Ostasien

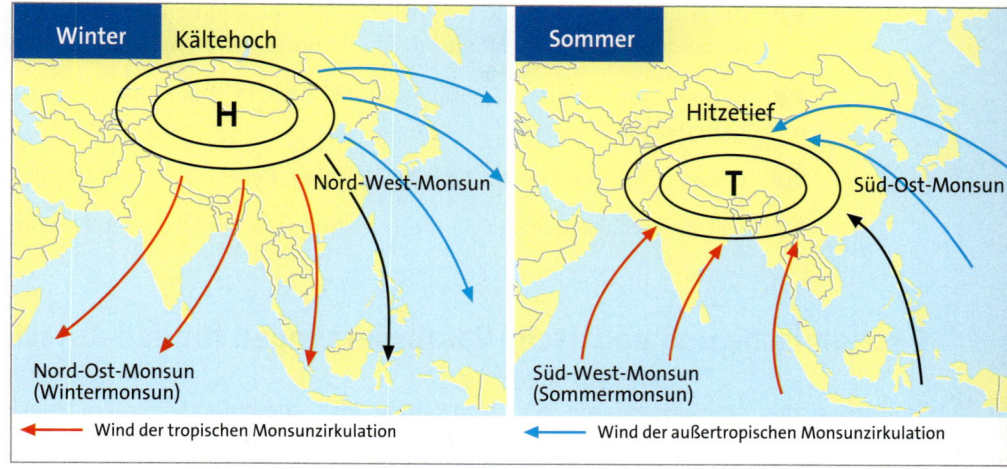

Winter

Kältehoch

H

Nord-West-Monsun

Nord-Ost-Monsun
(Wintermonsun)

→ Wind der tropischen Monsunzirkulation

Sommer

Hitzetief

T

Süd-Ost-Monsun

Süd-West-Monsun
(Sommermonsun)

→ Wind der außertropischen Monsunzirkulation

(Nach: Matthias Forkel; www.klima-der-erde.de)

M 12 Weizenanbau in der Provinz Yunnan

M 13 Maisernte in der Provinz Henan

M 14 Nassfeldreisanbau auf terrassierten Flächen in der Provinz Gungxi

Die optimalen Bedingungen zwischen den Geofaktoren und der agrarischen Nutzung schufen einen Gunstraum, der die Versorgung des immer noch wachsenden Milliardenvolkes mit Grundnahrungsmitteln sichert und nicht nur wegen der prosperierenden Industrialisierung im Küstenraum zur Landflucht beiträgt.

Aufgaben

1 Zeigen Sie anhand des Kartenmaterials den Zusammenhang zwischen Geofaktoren und Gunstraum für landwirtschaftliche Nutzung auf und präsentieren Sie Ihre Ergebnisse vor dem Kurs.

2 Kartenarbeit: Verorten Sie die Fotos M 12 bis M 14 auf einer Atlaskarte bzw. auf den thematischen Karten dieses Teilkapitels.

3 Erläutern Sie den Zusammenhang zwischen Relief, Klima und Bevölkerungsverteilung.

4 Welche Voraussetzungen für die Entfaltung einer industriellen Dynamik ergeben sich daraus?

Ökonomische und politische Voraussetzungen für den Aufstieg zur Werkbank

Steigerung des Lebensstandards der Bevölkerung als ZIEL und Aufstieg zur globalen Wirtschaftsmacht als ERGEBNIS

Vor gut drei Jahrzehnten fasste die Kommunistische Partei Chinas weitreichende Beschlüsse: Unter dem Einfluss von KPCh-Chef Deng Xiaoping beschloss die Staats- und Parteiführung, die Funktionsweise der Planwirtschaft zu reformieren um Wachstum und Beschäftigung zu erhöhen. Seit 1992 propagierte die KPCh ausdrücklich die Einführung einer „sozialistischen Marktwirtschaft" als Reformziel. Die Reformen sollten eine Steigerung des Lebensstandards der chinesischen Bevölkerung durch eine international verflochtene Wirtschaftsordnung ermöglichen. Eine besondere Herausforderung bestand darin, das riesige Arbeitskräftepotenzial im bevölkerungsreichsten Land der Erde durch Schaffung entsprechender Arbeitsplätze zu nutzen.

M 15 zeigt, wie sich im globalen Rahmen der ökonomische Aufstieg Chinas als „Nullsummen-Spiel" darstellt: Die Zuwachsraten des Landes schmälern die Anteile am Weltsozialprodukt der bisherigen Wirtschaftsgiganten.

M 15   Chinas Aufstieg

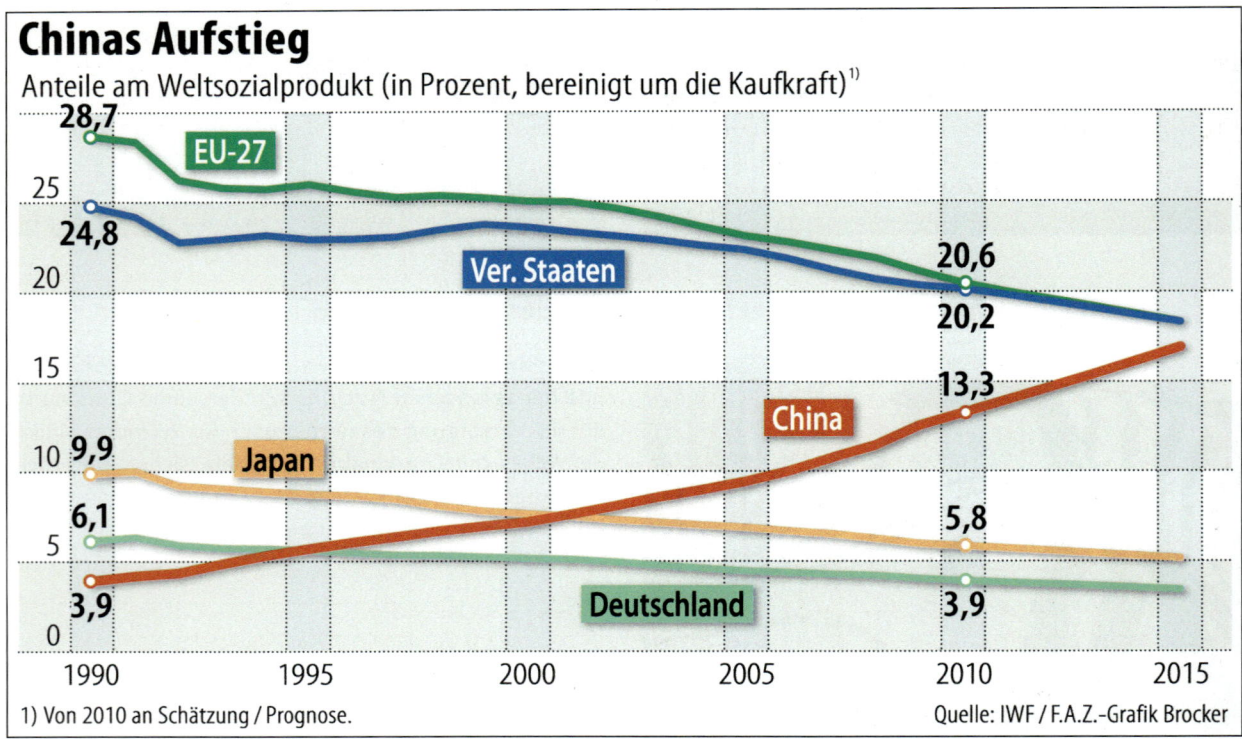

Chinas Aufstieg

Anteile am Weltsozialprodukt (in Prozent, bereinigt um die Kaufkraft)[1]

1) Von 2010 an Schätzung / Prognose.

Quelle: IWF / F.A.Z.-Grafik Brocker

M 16 Phasen des Aufstiegs

Zeitraum	Ziele	Beispiele/Erläuterungen
1978–1987	**1. Phase: Importsubstitution** Zunächst ging es vorrangig um die Herstellung von Produkten, die vorher importiert wurden. Durch höhere Importzölle wurden ausländische Waren gezielt verteuert, um einen Anreiz für die Produktion im eigenen Land zu schaffen. Der Einstieg in die Reformen erfolgte in der Landwirtschaft: Die Bauern durften den Teil der Ernte, der über den staatlichen Planvorgaben lag, selbst auf Märkten verkaufen und zusätzliche Einnahmen erzielen; ab 1984 galt dieses Konzept auch für die Industrie. Diese Reformschritte führten zu einem deutlichen Wirtschaftswachstum in den vier Sonderwirtschaftszonen Südchinas, die unter Mithilfe ausländischer Investoren 1979 gegründet wurden. Mit dem Beitritt zur Weltbank und zum Internationalen Währungsfonds im Jahr 1980 erhielt China umfangreiche Entwicklungskredite, die die Weltbank zur Verfügung stellte.	Entwicklung der vier Sonderwirtschaftszonen in Südchina: – Shenzhen – Zhuhai – Shantou – Xiamen → Kartenarbeit: M 5 (S. 118)
1987–1992	**2. Phase: Exportorientierung** Niedrige Lohnkosten in der arbeitsintensiven Produktion führten ab 1987 zu deutlichen Wettbewerbsvorteilen und kurbelten den Export an. Die Staats- und Parteiführung schloss mit den exportorientierten Unternehmen Zielvereinbarungen, die einen Anreiz für die Erwirtschaftung von Devisen zur eigenen Verwendung enthielten. In dieser Phase entwickelte sich entlang der gesamten chinesischen Küstenlinie eine Wirtschaftsregion, die komplett mit dem Außenhandel verbunden war. Die kostengünstigen chinesischen Industriestandorte zogen zunehmend ausländische Investoren an; zudem verbesserten sich die Exportchancen durch eine schrittweise Abwertung des chinesischen Renminbi.	→ Chinesische Produkte für den Export: Recherche „Made in China"
1992–2001	**3. Phase: Entwicklung heimischer Wirtschaftszweige** Parallel zum Ausbau der Exportorientierung entwickelten sich heimische Wirtschaftszweige für den Binnenmarkt. Dem dienten z. B. Importzölle zum Schutz der eigenen Autoindustrie. Ausländische Direktinvestitionen (ADI) in erheblichem Umfang unterstützten diese Entwicklung. Politisch wurde dieser Kurs vom XIV. Parteitag der KPCh im Jahr 1992 abgesichert, als die „Sozialistische Marktwirtschaft" offiziell als Wirtschaftsordnung eingeführt wurde. Dadurch konnten die Außenhandelsrechte chinesischer Unternehmen ausgeweitet werden; so stieg in den 1990er-Jahren die Zahl der zum Außenhandel zugelassenen chinesischen Unternehmen von 5000 auf 23000 (Informationen zur politischen Bildung, Nr. 289, S. 18); 2001 lag die Zahl bei 35000. Die Reformen führten zu zweistelligen Wachstumsraten, die durch das Interesse ausländischer Investoren angekurbelt wurden. Auch der Finanzsektor wurde reformiert: Die Banken vergaben vorrangig Kredite an Unternehmen, die Gewinne erzielten und Zins und Tilgung bedienen konnten. Viele Staatsunternehmen (Ausnahme Telekommunikation, Energie und Medien) wurden privatisiert oder geschlossen, was zu einem erhöhten Arbeitsplatzrisiko führte.	→ „Sozialistische Marktwirtschaft" als Wirtschaftsordnung (S. 124) → Wumart-Manager **und** KP-Mitglied – ein Widerspruch? (M 17, M 18) → Wachstum (M 19) → BIP (M 20) → Handelsvolumen (M 21) → Arbeitslosenquote

Zeitraum	Ziele	Beispiele/Erläuterungen
Seit 2001	**4. Phase: Aufstieg zur wirtschaftlichen Weltmacht** Vorrang hat die umfassende Versorgung der eigenen Bevölkerung. Der Beitritt Chinas zur WTO am 11. Dezember 2001 führte zu einer allmählichen Anpassung der außenwirtschaftlichen Gesetzgebung an die gängigen Normen der WTO: China sagte den Schutz geistigen Eigentums zu und verpflichtete sich zu einer weiteren Liberalisierung des Außenhandels. Auch den Konflikt um die unterbewertete chinesische Währung Renminbi entschärfte die Regierung in Beijing: Eine moderate Aufwertung, die den Wettbewerbsvorteil im Export reduzierte, zeigte 2008 die internationale Kooperationsbereitschaft. Der Blick auf den Big Mac-Index zeigt zugleich, dass aufgrund niedriger Lohn- und Materialkosten die chinesische Exportwirtschaft weiter wettbewerbsfähig bleibt. Aktuell beteiligt sich China an dem globalen Wettlauf um die knapper werdenden Rohstoffe. Die Teilnahme an internationalen Konferenzen macht deutlich, dass sich China als Global Player versteht und nach einer angemessenen Position in der Weltwirtschaft strebt. Dies dokumentiert sich nicht zuletzt in einer stärkeren Investition chinesischer Unternehmen im Ausland und im Aufkauf bzw. in der Beteiligung an ausländischen Firmen. Ein besonderes Interesse gilt dabei dem Ursprungsland von Produkten „Made in Germany".	→ Big Mac-Index (M 22) → Ziele und Motive (M 23) → Wo investiert China? (M 24) → Beteiligungen und Übernahmen (M 25) → Einkaufstouren in Deutschland (M 26 a und b)

„Sozialistische Marktwirtschaft" als Wirtschaftssystem?

Die Beschreibung des Wirtschaftssystems im kommunistischen China als „Sozialistische Marktwirtschaft" ist wenig aussagekräftig. Es gibt zwar „Pläne", aber anders als in den gescheiterten sozialistischen Planwirtschaften Osteuropas ist Pragmatismus in der chinesischen Wirtschaft vorherrschend, weil die Umsetzung, das Erreichen der Ziele den „Unternehmern mit roter Kappe" freigestellt ist. So scheut man sich z. B. nicht – wenn es um Erfolg und hohe Wachstumsraten geht – auf das Millionenheer der illegalen Wanderarbeiter zurückzugreifen. Ein Umweltbewusstsein setzt sich nur langsam durch: So kalkuliert man etwa in der Schwerindustrie bei 10 % Wachstum mit 9 % Kostenbelastung für die Umwelt. Die Folge: Bei ungünstiger Wetterlage und Smog rufen die Behörden – wie im Januar 2013 mehrfach geschehen – „Alarmstufe Orange" aus und verhängen zeitweise ein Fahrverbot. Am Rande des 18. Parteikongresses im November 2012 wurden zudem zahlreiche Korruptionsfälle diskutiert. Das zentralistische Einparteiensystem, das in neoliberaler Manier quasi alles erlaubt, was wirtschaftlichen Erfolg verspricht, hat der Trierer China-Experte Dirk Schmidt karikierend als „Leninismus/Thatcherismus" bezeichnet.

M 17 Zhang Wenzhong – Unternehmer und KP-Mitglied

Das Hochhaus „Jade Quelle" im Westen von Peking wirkt etwas heruntergekommen. [...] Von dort aus, einem Büro im 19. Stockwerk, kämpft Zhang Wenzhong um Chinas Verbraucher. [...] Zhang ist der Chef von Wumart, einer
5 chinesischen Supermarktkette mit 12 000 Angestellten. Seine Konkurrenten heißen Wal-Mart, Metro und Carrefour – die größten Einzelhandelsketten der Welt. [...]
Zhang Wenzhong gehört zur neuen Unternehmergeneration Chinas. Dunkler Anzug, dünn gerahmte Brille,
10 jugendlicher Typ. Der 42-Jährige ist bestens ausgebildet – nach der Promotion in Betriebswirtschaft ging Zhang zum Studium an die US-Eliteuniversität Stanford. Und

Zhang ist Mitglied der Kommunistischen Partei (KP). Seit die allein regierende KP vor zwei Jahren erstmals offiziell Kapitalisten den Eintritt gestattete, sind Tausen- 15 de Privatunternehmer in der Partei aktiv. Die chinesischen Kapitalisten, einst als Klassenfeinde bekämpft, wurden damit offiziell rehabilitiert. Schätzungen zufolge sind 20 Prozent der Privatunternehmer Parteimitglied. „Unternehmer mit roter Kappe" werden Leute wie 20 Zhang heute in China genannt: Ihre Firmen führen sie rein marktwirtschaftlich. [...]
Zhang gründete seine Supermarktkette Wumart 1994 – benannt nach einem chinesischen Sprichwort: „Gute

25 Waren, geringer Preis". Damals gab es in China nur staatliche Geschäfte. Das Sortiment war klein, die staatlichen Angestellten unfreundlich. Und es gab Bauernmärkte, die Fleisch ungekühlt an eisernen Haken und das Gemüse in Plastiktüten verkauften. „Heute hat sich 30 das Kaufverhalten geändert", sagt Zhang. Mit mehr als 50 Super- und Hypermärkten, die meisten davon in der Hauptstadt Peking und Nordchina, ist Wumart heute einer der großen Einzelhändler der Volksrepublik. [...] Angesichts eines Wirtschaftswachstums von gut neun 35 Prozent sieht Zhang viel Raum für weitere Expansion. „Die Gesellschaft wächst rasant und die Chinesen geben immer mehr für Konsum aus", sagt der Manager. Im Gegensatz zu anderen Firmen, die oft schnell und ungeplant expandieren, ist er vorsichtig. „In unserem Kerngebiet 40 Nordchina leben 90 Millionen Menschen – etwa so viele wie in Deutschland", sagt Zhang. Bevor er seine Supermärkte in andere Landesteile bringt, will er das erreichte Geschäft stabilisieren. Die Konkurrenz vor allem mit den ausländischen Großunternehmen sei in China 45 stark, betont er. [...] Gegen solche übermächtige Konkurrenz zu bestehen, ist für die vergleichsweise kleine chinesische Supermarktkette schwierig. „Als lokale chinesische Firma verstehen wir die Bedürfnisse der chinesischen Kundschaft besser", sagt Zhang. 50 Um die Interessen der chinesischen Einzelhandelsketten gegen die ausländische Konkurrenz zu schützen, nutzt Zhang seinen politischen Einfluss. [...] Für Zhang ist sein Engagement in der Partei kein Interessenkonflikt. [...] „Ich mache keine Politik, sondern gebe Anregungen." 55 Die politische Ideologie der KP interessiert ihn nicht. Statt von Marx und Mao, die früher von jedem Chef eines chinesischen Staatsbetriebs zitiert wurden, redet Zhang von Umsatzzahlen und Renditeerwartungen. [...]

(Nach: Harald Maass, Der Unternehmer; in: Frankfurter Rundschau, 03.12.2004)

M 18 Die KPCh – eine leninistische Kaderpartei

Die Kommunistische Partei Chinas ist die einzige Regierungspartei Chinas. [...]
Die Kommunistische Partei Chinas ist die Vorhut der chinesischen Arbeiterklasse, die treue Vertreterin aller 5 chinesischen Nationalitäten und der führende Kern der sozialistischen Sache Chinas.
Das endgültige Ziel der Partei ist die Verwirklichung der Gesellschaftsordnung des Kommunismus.

Die Kommunistische Partei Chinas lässt sich vom Marxismus-Leninismus, den Mao-Zedong-Ideen und der 10 Deng-Xiaoping-Theorie leiten.
Grundlegende Linie der Kommunistischen Partei Chinas im Anfangsstadium des Sozialismus ist es, die Volksmassen aller Nationalitäten um sich zusammenzuschließen und zu führen, den Wirtschaftsaufbau als Mittelpunkt 15 zu betrachten, an den Vier Grundprinzipien sowie an der Reform und Öffnung festzuhalten und im Vertrauen auf die eigene Kraft hart zu arbeiten, um China zu einem starken, modernen sozialistischen Staat mit hoch entwickelter Demokratie und Zivilisation aufzubauen. 20
Man muss am sozialistischen Weg, an der demokratischen Diktatur des Volkes, an der Führung der Kommunistischen Partei Chinas, am Marxismus-Leninismus und den Mao-Zedong-Ideen festhalten und die bürgerliche 25 Liberalisierung bekämpfen.

(Nach: China Internet Information Center; http://german.china.org.cn/de-zhengzhi/2.htm)

Als „einzig regierende Partei" des Landes verlangt die KPCh von ihren Mitgliedern, dass sie sich voll der Parteidisziplin unterwerfen; Paragraf 1 des Parteistatuts verlangt: „Alle Organe der Partei und alle Parteimitglieder 30 gehorchen dem Zentralkomitee".
Neue Parteimitglieder werden mit einem feierlichen Ritus aufgenommen und leisten den „Parteieintrittsschwur". Sie versprechen, „zu gehorchen", „Aufgaben auszuführen", der Partei „treu" zu bleiben, „jederzeit alles 35 zu opfern", „niemals Verrat zu begehen" sowie „alle Parteigeheimnisse zu bewahren".

(Autorentext)

M 19 Wachstum

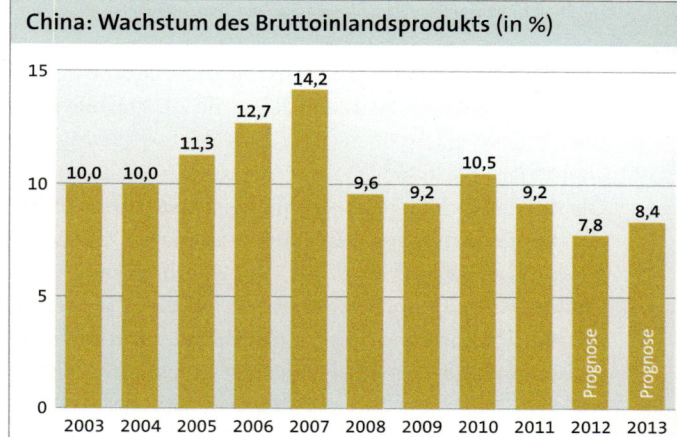

China: Wachstum des Bruttoinlandsprodukts (in %)

M 20   BIP

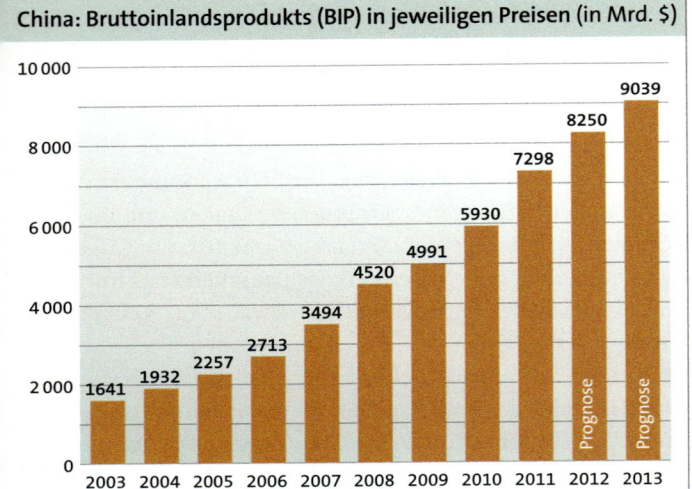

China: Bruttoinlandsprodukts (BIP) in jeweiligen Preisen (in Mrd. $)

M 21   Handelsvolumen

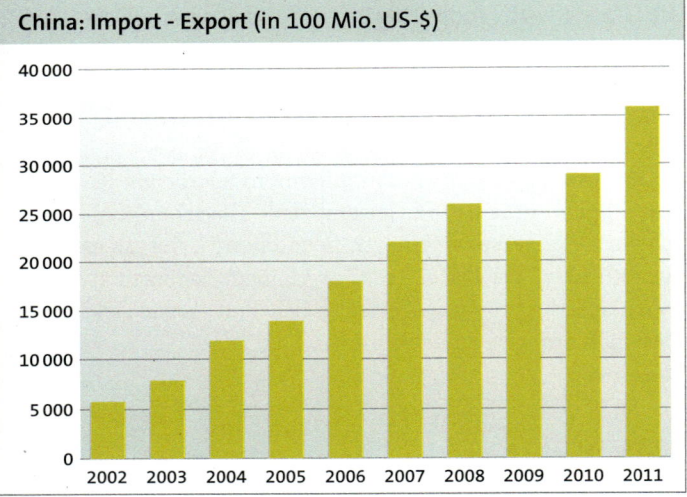

China: Import - Export (in 100 Mio. US-$)

(M 19 – M 21 zusammengestellt nach verschiedenen Quellen)

Ergänzende Information: Die Arbeitslosenquote in China lag im Zeitraum zwischen 2003 und 2013 stabil knapp über 4 %.

Die Kursentwicklung des Renminbi ist seit Jahren Thema auf Konferenzen des IWF (Internationaler Währungsfonds). Der Vorwurf: Es drohe ein „Währungskrieg", weil Chinas Währung unterbewertet sei; auf diese Weise verschaffe sich das Land Vorteile beim Export und sei in der Lage, gewaltige Devisenüberschüsse zu erzielen. Mittlerweile hat sich China zum größten Gläubiger der Welt entwickelt.

Die Pekinger Führung reagiert flexibel. Sie verbittet sich zwar eine Einmischung in innere Angelegenheiten, war aber gleichwohl seit 2005 mehrfach zu Aufwertungen der chinesischen Währung bereit.

Im *Big Mac-Index* spiegeln sich deutlicher als in den offiziellen Währungsparitäten die internationalen Wettbewerbsvorteile Chinas, die auf niedrigen Arbeits- und Materialkosten beruhen.

M 22   Der Big Mac-Index als Kaufkraft-Indikator

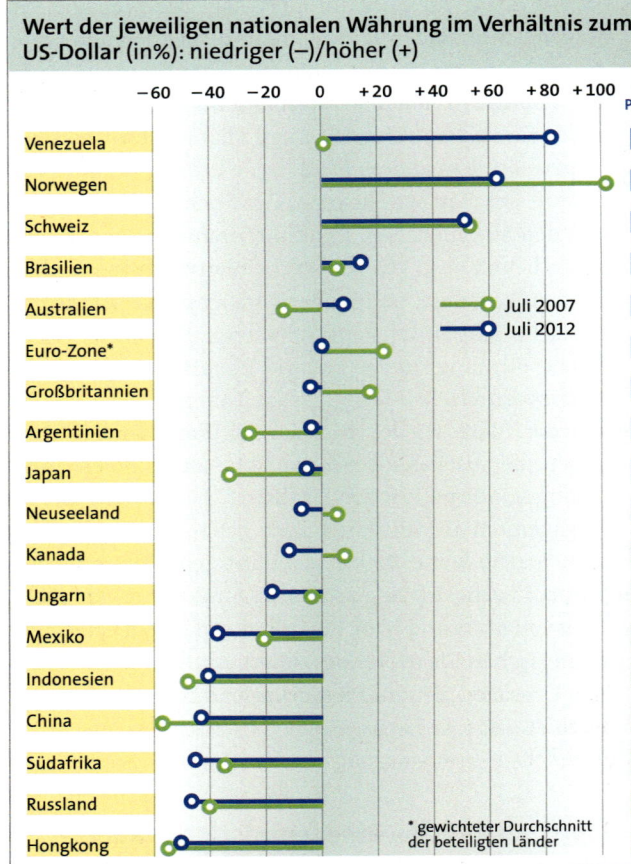

Wert der jeweiligen nationalen Währung im Verhältnis zum US-Dollar (in %): niedriger (–)/höher (+)

(Quelle: McDonald's/The Economist; nach: The Economist)

Das britische Magazin „The Economist" entwickelte den Big Mac-Index, um mit einer eigenen Methode die unterschiedliche Kaufkraft von Währungen im globalen Vergleich darstellen zu können. Dabei wird der jeweilige Burger-Preis in Relation gesetzt zum Preis in den USA; so ergibt sich eine Über- bzw. Untergewichtung der einzelnen Landeswährungen. Die Grafik zeigt z. B., dass der Preis für einen Big Mac in der Schweiz um das mehr als 2,5-fache höher ist als in China.

10 Noch anschaulicher fiel der Vergleich des britischen Magazins aus, als der Preis für einen Big Mac in Bezug gesetzt wurde zu einem anderen global gehandelten Produkt: dem Goldpreis!

Für eine Unze Feingold (31 g Gold – hier symbolisiert 15 durch die Krügerrand-Goldmünze) erhielt man am 28.7.2012 in den USA 374 Big Macs, in Deutschland 373, in der Schweiz 247 und in China 661 Burger.

(Autorentext)

Aufgaben

1 Fassen Sie in einer Mindmap wesentliche Inhalte der aufgeführten Statistiken und Grafiken sowie Ihrer Internetrecherchen zum wirtschaftlichen Aufstieg Chinas seit 1978 zusammen.

2 Unterscheiden Sie im System der „Sozialistischen Marktwirtschaft" (M 16 – M 21) Chinas „leninistische" und neoliberale Elemente („Leninismus/Thatcherismus"). Inwieweit kann man von einer „entfesselten Marktwirtschaft" sprechen?

3 Interpretieren Sie M 15 („Chinas Aufstieg") genauer, indem Sie differenzierte Ergebnisse formulieren und die Informationen aus M 16 berücksichtigen.

4 M 15: Zwischen 1990 und 2010 stieg der Anteil Chinas am Weltsozialprodukt von 3,9 % auf 13,3 %. Erklärt dieser Anstieg allein die niedrigeren Werte in den vier anderen Wirtschaftsregionen?

5 Relativieren Sie die Aussage von M 15, indem Sie z. B. eine Kostenrechnung (Arbeits-Material-Transportkosten) für ein im chinesischen Foxconn-Werk produziertes iPhon berücksichtigen (Link: http://appdamit.de/wpcontent/uploads/2011/08/iphone5_produktionskosten.jpg).

6 Informieren Sie sich in diesem Zusammenhang (z. B. bei China Labor Watch) über die Arbeitsbedingungen bei Foxconn.

7 Informieren Sie sich über die aktuellen Währungsparitäten zwischen Dollar, Euro und Renminbi sowie über die Höhe der chinesischen Devisenreserven.

2.2 Chinas Aufstieg zum „Global Player"

China konnte in den zurückliegenden Jahren durch den Absatz seiner Produkte im Ausland gewaltige Devisenüberschüsse erwirtschaften – Anfang 2013 2,3 Billionen US-Dollar – und gilt als das wichtigste Gläubigerland in der globalen Finanzwelt. Diese Erträge wecken vor allem aber auch das Interesse der Chinesen an weltweiten Beteiligungen und Übernahmen wichtiger Firmen. Ziele und Motive dieses „Global Going" verraten ein geplantes und koordiniertes Vorgehen.

M 23 Global Going: Ziele und Motive

Chinas ökonomische Entwicklung zeigt, dass es tatsächlich mehr sein will als die Werkbank der Welt. Das Land versteht sich als Global Player und setzt in den Regionen der Erde unterschied-

Schlagzeilen

Chinesische Vormacht: Clinton warnt Afrikaner vor neuem Kolonialismus

Hillary Clinton ist nach Sambia gereist, um die amerikanisch-afrikanischen Wirtschaftsbeziehungen anzukurbeln. Die US-Außenministerin nutzte ein Interview, um mit dem Vorgehen der Chinesen abzurechnen. Sie warnte vor einem neuen Kolonialismus – die Afrikaner könnten mehr von den USA lernen.

(han/Reuters; nach: SPIEGEL ONLINE, 13.06.2011, http://www.spiegel.de/politik)

China betreibt keinen Neo-Kolonialismus in Afrika

Das chinesische Außenministerium bestritt am Donnerstag, dass die Volksrepublik für einen „real existierenden Neo-Kolonialismus in Afrika" verantwortlich ist. Diese These hatten zuvor gewisse westliche Medien in früheren Berichten vertreten.

(China Daily; nach: http://german.china.org.cn/, 10.12.2011)

5 liche Akzente: Während Afrika, Südamerika und Australien vor allem als Rohstofflieferanten interessant sind, investiert China in Europa, Nordamerika und in Teilen Asiens im sekundären und tertiären Sektor. Beim Markteintritt chinesischer Unternehmen geht es zu-
10 nächst darum, freie finanzielle Mittel zu investieren; zugleich will das Land sich neue Absatzmärkte erschließen und sich gegen nationale und internationale Konkurrenz behaupten. Es geht aber auch darum, sich durch die Erschließung neuer Ressourcen und Fähigkeiten die eigene Wettbewerbsfähigkeit und ein nachhaltiges Wachs-
15 tum zu sichern.

(Autorentext)

M 24 Hauptinvestitionstätigkeiten des chinesischen *Global Going*

Wirtschafts-sektoren	Europa	Afrika	Asien	Nord-, Südamerika	Australien
Primärer Sektor	–	Bergbaulicher Rohstoffsektor, Landmanagement in Verbindung mit dem Pachten landwirtschaftlicher Nutzflächen	Abbau von Erzen und fossilen Energierohstoffen, Land- und forstwirtschaftliche Produktion	Abbau von Erzen und fossilen Energierohstoffen (Erdgas/Erdöl)	Abbau von Erzen und fossilen Energierohstoffen (Erdöl, Kohle)
Sekundärer Sektor	Technologie- und forschungs-/entwicklungsintensive Produktionsbereiche, Energiewirtschaft	Energiewirtschaft	Textilindustrie, Energiewirtschaft	Automobilindustrie	–
Tertiärer Sektor	Telekommunikation, Verkehrsinfrastruktur, Finanzsektor	Infrastruktur, Telekommunikation	Gesundheitssektor, Handel, Verkehr, Telekommunikation	Energiesektor, Bildung und Informationstechnologie, Finanzsektor	–
Anteile an den Direktinvestitionen (2008)	13,8 %	20,9 %	41,5 %	13,6 %	10,2 %

(Eigene Darstellung auf der Basis verschiedener Quellen)

Flankiert wird dieses *Global Going* durch den Ausbau chinesischer Häfen: Im Jahr 2012 lagen von den 20 größten Häfen der Welt 15 in Asien, davon 9 in China. Mit einer Umschlagsleistung von jährlich 31,4 Millionen Standardcontainern (TEU) nimmt Schanghai mittlerweile die Spitzenposition ein, gefolgt von Singapur (29,9 Mio. TEU) und Hongkong (24,4 Mio. TEU). Der Hamburger Hafen – lange Zeit weltweit unter den Top Ten – liegt mit 9,0 Mio. (TEU) nur noch auf Platz 14.

Zur Strategie weltweiter Sicherung von Handelswegen gehört auch die Übernahme ausländischer Häfen: 2009 leaste die China Ocean Shipping Company (Cosco) einen Teil des griechischen Hafens Piräus für 35 Jahre und zahlte 500 Millionen Euro dafür. Die Chinesen investierten weitere 300 Millionen Euro, um die Kapazität zu erweitern. Mittlerweile hat sich das Frachtvolumen verdreifacht und aus Piräus soll einmal einer der zehn größten Häfen der Welt werden. Bereits jetzt arbeiten im chinesischen Teil des Hafens 1000 Arbeiter, während im griechischen Teil nur noch 800 beschäftigt sind. Ein Cosco-Manager: „Wir gewinnen Marktanteile, indem wir das ganze Jahr über sieben Tage die Woche 24 Stunden arbeiten".

Die Kehrseite: Die Chinesen senken die Löhne und sparen beim Arbeitsschutz. So verlangen die Vereinbarungen über den Arbeitsschutz, dass auf der griechischen Seite neun Personen einen Kran bedienen müssen. Bei Cosco sind es nur vier. Ein Gewerkschafter dazu: „Sie bringen die Standards der Dritten Welt nach Europa."

In Deutschland wurden im letzten Jahrzehnt immer wieder spektakuläre Beteiligungen und Übernahmen deutscher Industrieunternehmen durch chinesische Investoren diskutiert (→ M 25). In M 26 a und b werden zwei konkrete Beispiele näher beleuchtet.

M 25 **Erfolgreiche Beteiligungen an und Übernahmen von deutschen Industrieunternehmen durch chinesische Betriebe**

Dt. Unternehmen[1]	Standort (Jahr der Gründung)[2]	Industriebranche	Produkt(e)	Chienesisches Unternehmen	Stammsitz	Produkt(e)	Jahr	Akquisitionsart[3]	Mitarbeiter[4]
Dürkopp Adler	Bielefeld (1860)	Maschinenbau	Industrienähmaschinen	Shanggong Group (SGSB)	Shanghai	Industrienähmaschinen	2005	Ü	1 150
Emag	Salach (1952)	Maschinenbau	Laserschweißmaschinen	Jiangsu Jinsheng (Pan)	Bejing	Textilmaschinen	2011	B	1 650
Getrag	Untergruppenbach (1935)	Automobilzulieferer	Getriebe	Jiangxi Transmission Co. Ltd.	Nanchang	Getriebe, Motoren	2011	B	14 000
Kiekert	Heiligenhaus (1857)	Automobilzulieferer	Zentralverriegelungen, Schlösser	Hebei Lingyun Industrial Group Corporation Ltd.	Bejing	Schläuche, Türelemente, Gelenkwellen	2012	Ü	4 000
KHD Wedag	Köln (1856)	Maschinen- und Anlagenbau	Schleifmaschinen	AVIC Bejing	Bejing	Schiffswerft	2011	B	2 012
KSM Castings	Hildesheim (1946)	Automobilzulieferer	Motorenbau, Getriebe aus Aluminium	CITIC Dicastal	Qinhuangdao	Autofelgen aus Aluminium	2011	Ü	2 700
Medion	Essen (1983)	Konsumelektronik	Computer, Mobilephones, TV-Geräte	Lenovo	Bejing	Computertechnologie	2011	Ü	1 000
Preh	Neustadt/Saale (1919)	Automobilzulieferer/Elektronik	Klimaanlagenelektronik, Steuerungselemente	Joyson Investment Holding	Ningbo	Autoelektronik	2011	Ü	2 500
Putzmeister	Aichtal (1958)	Maschinenbau	Betonpumpen, Anlagentechnik	Sany	Bejing	Betonmischer, Kräne, Straßenbaumaschinen	2012	Ü	1 100
Saargummi	Wadern (1947)	Automobilzulieferer	Dichtungssysteme	CQLT	Chongqing	Lampen, Textilmaschinen	2011	Ü	750
Schwing	Herne (1934)	Maschinenbau	Betonbaumaschinen (Pumpen, Mischmaschinen, Farbmischer)	Xuzhou Construction Machinery Group (XCMG)	Jiangu	Kräne, Straßenbaumaschinen	2012	Ü	700
Sunways	Konstanz (1993)	Photovoltaik	Solarzellen	LDK Solar	Xinyu City	Solarzellen, -module, Wafer	2012	B	340
Vensys Energy	Diepholz, Neunkirchen (o. A.)	Maschinenbau, Elektrotechnik	Turbinenhersteller (u. a.) Windkrafträder	Goldwind Science and Technology	Urumqi	Windenergieanlagen	2008	Ü	190

(Eigene Recherche/Darstellung auf der Basis verschiedener Quellen)

[1] Name des Unternehmens zum Zeitpunkt der Beteiligung/Übernahme. – [2] Heutiger Stammsitz muss nicht mit dem ursprünglichen Gründungsjahr übereinstimmen. – [3] Art der Akquisition: B = Beteiligung (Anteile am Altunternehmen bis zu 50 %), Ü = Übernahme (Mehrheitsbeteiligung am Altunternehmen > 50,1 %). – [4] Zahl der Mitarbeiter (ca.-Angaben) des Unternehmens bzw. der Unternehmensgruppe zum Zeitpunkt der Beteiligung/Übernahme.

M 26a   Aldi-Lieferant Medion wird chinesisch

Der chinesische PC-Spezialist Lenovo übernimmt für rund 629 Millionen Euro den deutschen Computerhersteller MEDION, der mit seinen Computern, Kameras und Navigationsgeräten v.a. als Aldi-Lieferant bekannt
5 wurde. Die Chinesen boten den Medion-Aktionären 13 Euro je Aktie in bar; dieser Preis lag 18% über dem aktuellen Kurs.

(Nach: Augsburger Allgemeine, 03.06.2011)

Das Essener Unternehmen war 1983 gegründet worden und ging 1998 an die Börse. Zuletzt gab es mehr als 1000
10 Mitarbeiter. 2010 stieg der Umsatz von MEDION auf 1,64 Millliarden Euro; der Gewinn vor Zinsen und Steuern lag allerdings nur bei knappen 28 Millionen Euro. Der Unternehmensgründer und Mehrheitseigentümer Gerd Brachmann gab 2011 17,75 Millionen seiner Aktien an
15 die Chinesen ab und erzielte einen Erlös von 230 Millionen Euro – 80% in bar und 20% in Form von Lenovo-Aktien. Die Augsburger Allgemeine berichete am 3. Juni 2011 über die Reaktion des Essener Unternehmers: „Ich bin stolz, ein wichtiger privater Teilhaber der am schnellsten wachsenden PC-Firma der Welt zu sein". 20 Die Übernahme werde die Marktposition von Medion stärken. Die Firmenstruktur in Essen werde beibehalten. Auch die Position von Lenovo wird weiter gestärkt. Das Unternehmen, der weltweit viertgrößte PC-Hersteller der Welt, hatte bereits 2005 für 1,75 Milliarden Dollar 25 die PC-Sparte von IBM übernommen. Die Übernahme mache für beide Geschäftspartner Sinn: Medion könne mit einem starken Partner seinen Einkauf beim Hardware-Geschäft profitabel gestalten; Lenovo wiederum erhalte Zugang zum europäischen Markt für Unterhal- 30 tungselektronik durch den starken Vertriebskanal Aldi. Ertragreiche Börsengeschäfte und profitable Kooperationsmodelle sind die eine Seite; die Kehrseite: Immer wieder berichten Medien über Missstände in chinesischen Fabriken. So wurde beispielsweise von der Fair 35 Labor Association (FLA) der größte Produktionspartner von Apple, das chinesische Unternehmen Foxconn, unter die Lupe genommen. Das Unternehmen produziert in seinen riesigen chinesischen Werken unter anderem iPhones und iPad-Tablets. Die FLA untersuchte drei Fox- 40 conn-Fabriken und befragte über 35 000 Arbeiter. Dabei wurden mehr als 50 Verstöße festgestellt. Fast zwei Drittel der Foxconn-Arbeiter sagten, sie könnten mit dem Gehalt nicht ihre Grundbedürfnisse finanzieren. Dabei gelten die Einkommen bei Foxconn bereits als über- 45 durchschnittlich in China, was die Jobs sehr begehrt macht. Die Bezahlung ungeplanter Überstunden sei unfair, weil nur abgeschlossene 30-Minuten-Blöcke vergütet würden. Wer 28 Minuten arbeite, bekomme keine Überstunden bezahlt; bei 58 Minuten gebe es nur zu- 50 sätzliches Geld für eine halbe Stunde. Mehr als 43 Prozent der Befragten erzählten zudem von Zwischenfällen wie Handverletzungen oder Unfällen mit Fabrikfahrzeugen. Bei Foxconn seien dabei bisher nur solche Zwischenfälle registriert worden, die zu einer Unterbre- 55 chung der Produktion geführt hätten.
Nach Veröffentlichung der Untersuchungen sagten Apple und Foxconn zu, die Arbeitsbedingungen zu verbessern; es sei allerdings zu erwarten, dass sich dadurch die Apple-Produkte in Zukunft verteuerten. 60

(Autorentext)

M 26b Chinesen auf Einkaufstour in Deutschland

Putzmeister und der chinesische Baumaschinenhersteller Sany teilten künftig das weltweite Betonpumpen-Geschäft unter sich auf, sagte Putzmeister-Chef Norbert Scheuch am Dienstag am Stammsitz in Aichtal bei Stuttgart. „Ich bin froh, Sany als Wettbewerber los zu sein", sagte er und kündigte gemeinsam mit Sany-Chef Liang Wengen eine Expansion in Schwellenländern wie Indien, Brasilien und der Türkei sowie eine Ausweitung der Produktpalette um Betonmischer und Kräne an. Der 2011 bei 575 Millionen Euro liegende Umsatz soll sich so bis 2016 auf zwei Milliarden Euro vervielfachen.

Für die Ende Januar unter Dach und Fach gebrachte Übernahme von Putzmeister für rund 360 Millionen Euro hat der Sany-Konzern inzwischen grünes Licht von den Regierungen in Peking und Berlin bekommen. Mit Putzmeister sichert sich der als Chinas Caterpillar bekannte Baumaschinenhersteller die Weltmarktführerschaft bei Betonpumpen und hofft auf mehr Geschäfte außerhalb Chinas. Für die 2009 von der weltweiten Wirtschaftskrise gebeutelten Schwaben kamen die zahlungskräftigen Chinesen gerade recht: „Die globale Krise hat uns gelehrt, dass man mit nur einem Produkt nicht krisenfest ist", begründete Putzmeister-Gründer Karl Schlecht den Verkauf an den vielfach größeren Konkurrenten aus China mit zuletzt gut zehn Milliarden Euro Umsatz.

(Quelle: Reuters; nach: Handelsblatt, 17.04.2012; www.handelsblatt.com/ unternehmen/industrie/nach-der-uebernahme-chinesen-geben-putzmeister-ehrgeizigen-ziele-vor/6520448.html)

Im Bereich der Betonpumpen, Erdbohrmaschinen, Baggerkräne ist SANY die bekannteste Marke Chinas. Seit 2006 ist SANY – bezogen auf Produktion & Verkaufszahlen – Weltmarktführer in dem Bereich Autobetonpumpen.

Jedes Jahr investiert SANY 5 % des Jahresumsatzes in Forschung und Entwicklung (R&D). Das Ziel ist die stetige Verbesserung der SANY-Produkte und diese auf Weltniveau zu bringen – gemäß dem Leitmotiv „Quality Changes the World". Zu diesem Zweck unterhält SANY ein Forschungs- und Entwicklungszentrum, welches heute zu den führenden Instituten Chinas zählt und bereits zahlreiche Auszeichnungen erhalten hat. Dazu zählen weltweit 536 erteilte Patente in zahlreichen Kerntechnologien. Global gesehen ist SANY in 150 Ländern mit 30 Niederlassungen außerhalb Chinas vertreten und exportiert in mehr als 110 Länder.

Außerhalb Chinas betreibt SANY Entwicklungs- und Produktionszentren in Brasilien, Indien und den USA. Am 01.01.2009 unterzeichnete SANY den Vertrag zum Bau eines Forschungs- und Entwicklungszentrums mit angeschlossener Produktion in Bedburg/Deutschland mit einem Volumen von 100 Mio €. Das ist die bisher größte Investition eines chinesischen Unternehmens in Europa.

(Informationen zusammengestellt nach: http://www.sanygroup.com/ group/de-de/about/group.htm)

Sany Group Co. Ltd ist eines der 50 größten Unternehmen für Baumaschinen weltweit, ein „Global Player" mit 60 000 Mitarbeitern in mehr als 150 Ländern. Die Unternehmensgruppe bietet fast die gesamte Bandbreite an Baumaschinen mit den Hauptprodukten Betonpumpen, Straßenbaumaschinen, Kräne und Kranfahrzeuge, Bergbau- und Erdbaumaschinen.

Durch „Einkaufstouren" in den führenden Industriestaaten erwerben chinesische Firmen das notwendige Know-how, um Produkte zu entwickeln, die westlichen Standards entsprechen. Auf dem Internationalen Autosalon in Genf 2013 sah sich z. B. Audi mit einem chinesischen Konkurrenzmodell konfrontiert, das sogar den Namen des AUDI Q3 kopiert hatte.

M 27 Namensstreit

Audi Q3.
Preis: ab Euro 30 250 ,–

Qoros GQ3
Verkauf in Europa ab 2. Halbjahr 2013
Preis voraussichtlich ab Euro 11 000 ,–

Im März 2013 präsentierte der chinesische Autohersteller *Qoros Automotive Europe* in Genf eine Kompaktlimousine für den europäischen Markt, die ganz nach westlichen Standards entwickelt wurde und in Europa verkauft werden soll.

Bei Design und Ingenieurskunst setzen die Hersteller ganz auf europäisches Know-how: Der Sicherheitschef kommt von Volvo, der Designer von der BMW-Tochter Mini und Vorstandschef Steinwascher war zuvor Top-Manager im US-Geschäft von VW. Das chinesische Modell wurde unter dem Namen **GQ3** vorgestellt.

Wie sensibel die deutsche Konkurrenz die fernöstliche Herausforderung aufnahm, zeigte sich an der Reaktion von AUDI: Der deutsche Autobauer, der ein ähnliches Fahrzeug unter der Bezeichnung Q3 anbietet, setzte vor einem Hamburger Gericht eine einstweilige Verfügung durch, die es den Chinesen untersagt, das Kürzel „Q" für die neue Limousine zu verwenden.

Aufgaben

1. Weisen Sie nach, dass dem „Global Going" eine umfassende Strategie zugrunde liegt, bei der die Besonderheiten der unterschiedlichen Weltregionen berücksichtigt werden. Erläutern Sie dabei, welcher Stellenwert den einzelnen Erdteilen jeweils zugemessen wird.

2. Analysieren Sie die Beteiligungen an und die Übernahmen von deutschen Industrieunternehmen durch chinesische Betriebe in M 25 genauer (Branchen, Produkte, Arbeitsplätze).

3. Diskutieren Sie: Inwieweit stellt die Kooperation von Medion und Lenovo (M 26 a) bzw. von Putzmeister und Sany (M 26 b) eine „Win-Win-Situation" dar?

4. Vergleichen Sie – auch durch Internetrecherche – die beiden Fahrzeuge AUDI Q3 und Qoros GQ3 (heißt jetzt Qoros 3 Sedan) genauer: Aussehen, technische Ausstattung, Preis.

5. Diskutieren Sie: Wie gefährlich kann für die deutsche Autoindustrie die chinesische Konkurrenz werden? Unterscheiden Sie dabei: Konkurrenz auf dem deutschen/europäischen Binnenmarkt bzw. Konkurrenz auf Exportmärkten wie z. B. in den USA, in Asien/China.

2.3 Ausblick: China im 21. Jahrhundert

„Motor der Weltwirtschaft" oder „an den Grenzen des Wachstums"?

Wen Jiabao

Von 2003 bis 2013 war Wen Jiabao chinesischer Ministerpräsident. In seinem letzten Rechenschaftsbericht vor dem Nationalen Volkskongress forderte er im März 2013 seinen Nachfolger Li Keqiang auf, den Reformkurs fortzusetzen: Stärkung des Binnenkonsums, Ausbau der Dienstleistungswirtschaft sowie Erleichterung des Marktzugangs für Privatunternehmen.

Insgesamt zeichnete Wen Jiabao ein positives Bild der wirtschaftlichen Lage: Das Wachstum werde 2013 bei „real 7,5 %" liegen. Zur Konjunkturbelebung werde man einen Anstieg des Staatsdefizits von umgerechnet 147 Milliarden Euro – von 1,5 auf 2 % des BIP – in Kauf nehmen, um zusätzliche Staatsausgaben zu finanzieren. China wolle damit auch einen Beitrag zur Überwindung der internationalen Finanzkrise leisten und sehe sich als „Motor der Weltwirtschaft".

Über weltweite Reaktionen auf die Rede berichtete die FAZ (06.03.2013): „In der ganzen Welt stiegen die Aktienkurse nach Wens Rede. Anleger zeigten sich beruhigt, dass das Wachstumsziel nicht verringert werde und notfalls mit Staatsausgaben verteidigt werden soll."

M28 **Chinas rasanter Infrastrukturausbau**

Chinas rasanter Infrastrukturausbau in den vergangenen fünf Jahren (2007–2012)

Neue Flughäfen	Neue Eisenbahntrassen in Kilometern	Neue Autobahnen in Kilometern	Zuzug in die Städte in Millionen Menschen	Neue städtische Arbeitsplätze in Millionen	Neue Sozialwohnungen in Millionen
+31	+19 700 / +8 951	+42 000	+84,63	+58,70	+18
von insgesamt 183 Flughäfen 2012	davon Hochgeschwindigkeit	von 95 600 km Autobahnen 2012			

BIP-Volumen
6,34 Bio.€
(2012)

3,25 Bio.€
(2007)

+95 %

Weitere Kennzahlen für 2012

Bevölkerung (Millionen)	1354
Abdeckung in Gesundheitsversich. (Mio.)	1300
Abdeckung in Rentenversicherung (Mio.)	790
Zahl der Wanderarbeiter (Mio.)	263
Pro-Kopf-Einkommen Stadt (netto, Jahr)	3000 €
Pro-Kopf-Einkommen Land (netto, Jahr)	970 €
Armutsgrenze (netto, Jahr)	281 €
Monatsrente (städtischer Betrieb)	210 €
Anteil Hochschüler (an 18- bis 22-Jährigen)	30 %
Autos je hundert städtische Haushalte	21,5
Wohnraum je städtischem Einwohner	32,9 m²
Lebenserwartung	75 Jahre

RUSSLAND
KASACHSTAN
MONGOLEI
JAPAN
NORD-
Peking
SÜDKOREA
CHINA
Schanghai
NEPAL
INDIEN
Taiwan
Hongkong
BURMA
VIETNAM
LAOS
1000 km

Quellen: Tätigkeitsbericht der chinesischen Regierung für 2012; Nationales Statistikbüro; Chinesische Verwaltung für Zivilluftfahrt CAAC, Chinesisches Eisenbahnministerium / F.A.Z.-Grafik Brocker

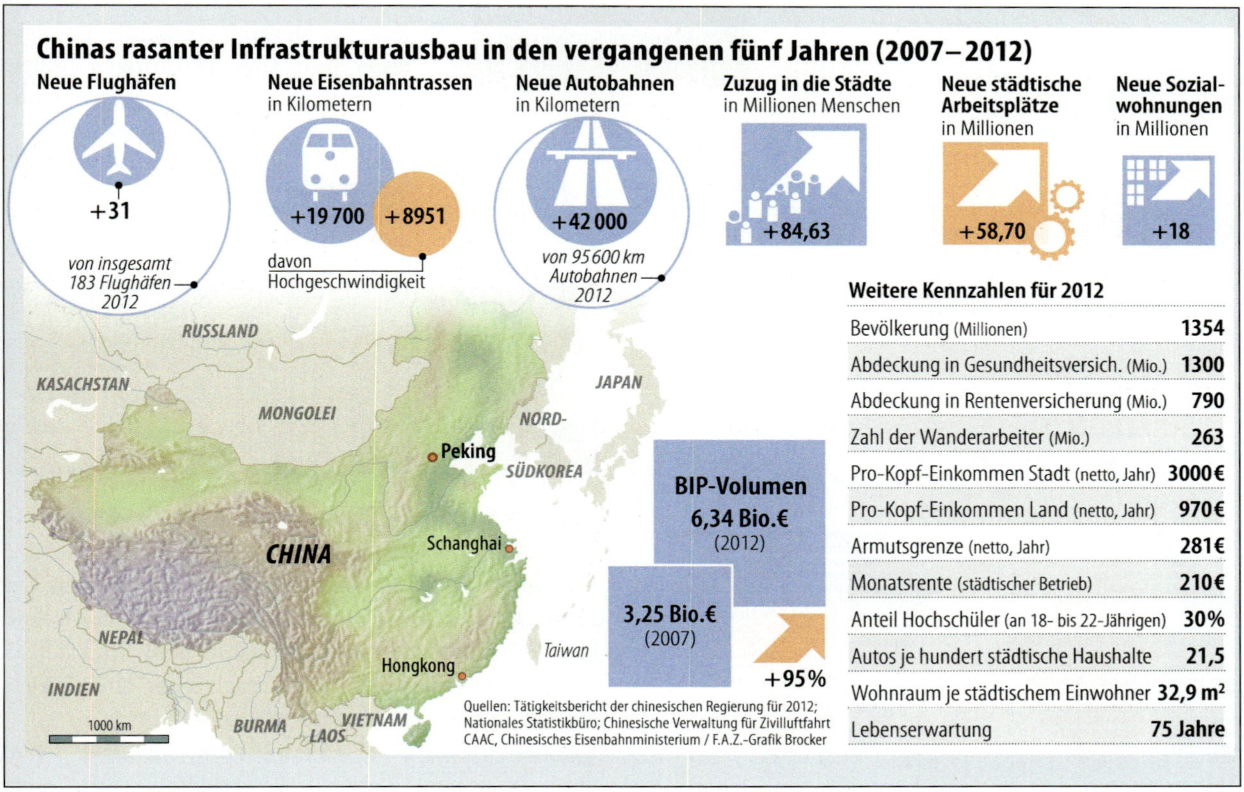

(Nach: FAZ, 06.03.2013, S. 13)

M 29 China: Unbegrenztes Wachstum?

China: Der schwarze Riese

Aufgestiegen zur drittgrößten Wirtschaftsmacht der Erde, Rekorde brechend in Produktion und Export – nichts scheint die Erfolgsgeschichte der Volksrepublik China aufhalten zu können. Außer China selbst. Denn immer deutlicher zeigt sich, wie eine ohne Rücksicht auf Menschen und Umwelt betriebene Industrialisierung die Lebensgrundlagen des 1,3 Milliarden-Volkes zerstört.

(Nach: Tilman Wörtz/Florian Hanig, GEO Magazin, Nr. 11/2007, S. 1)

Verschmutzter Fluss (Provinz Henan, Mai 2013)

Chinas Energiehunger
Primärenergieverbrauch
in Millionen Tonnen Öläquivalenten[1]

- Vereinigte Staaten
- Europäische Union[2]
- China

2000
1500
1000
500
0

1965 70 75 80 85 90 95 2000 05 10

1) Energie, die aus Öl, Gas, Kohle, Atomkraft und aus erneuerbaren Quellen erzeugt wird. 2) Auf Basis der aktuellen EU-Mitglieder.
Quelle: BP   F.A.Z.-Grafik Walter

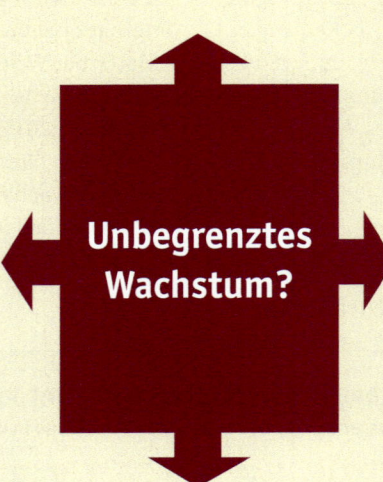

Unbegrenztes Wachstum?

[...] Wanderungsbewegungen von 600 Mio. Chinesen aus ländlichen Gegenden in die Städte würden mit Leichtigkeit dafür sorgen, dass der Bedarf an Rohstoffen in diesem Jahrhundert hoch bleibe. China stehe vor der Herausforderung, in jedem Jahr eine neue Stadt von der Größe Sydneys zu bauen. In dem Zusammenhang stehe das in jüngster Zeit zu beobachtende aggressive Vorgehen chinesischer Unternehmen im Ausland, die Bergbaubetriebe unter ihre Kontrolle bringen wollen. Die Botschaft ist klar: Gehe hinaus und finde neue Ressourcen weltweit!

(Nach: EQS Financial Markets & Media GmbH, 14.10.2008; www.financial.de/news/topstories/topstory-rohstoffe-verstadterung-in-china-treibt-den-rohstoffbedarf)

China ist weltgrößter Energieverbraucher

China verbraucht ein Fünftel des Weltenergiebedarfs – und löst die Vereinigten Staaten als größten Verbraucher ab. Der globale Energiebedarf und die Kohlendioxidemissionen steigen stark.

(Nach: Marcus Theurer, 08.06.2011; http://www.faz.net/aktuell/)

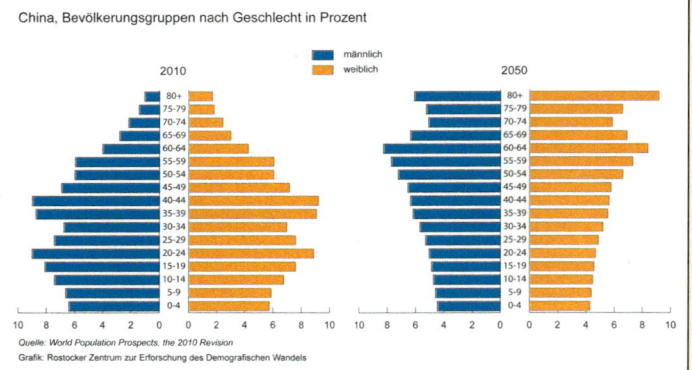

China, Bevölkerungsgruppen nach Geschlecht in Prozent

■ männlich
■ weiblich

2010   2050

80+
75-79
70-74
65-69
60-64
55-59
50-54
45-49
40-44
35-39
30-34
25-29
20-24
15-19
10-14
5-9
0-4

10 8 6 4 2 0 0 2 4 6 8 10   10 8 6 4 2 0 0 2 4 6 8 10

Quelle: World Population Prospects, the 2010 Revision
Grafik: Rostocker Zentrum zur Erforschung des Demografischen Wandels

(Nach: www.zdwa.de)

→ V/2.2, S. 210 ff.: Bevölkerungsentwicklung China

Chinesische Bombe platzt zwischen 2015 und 2020

Die Zahl der erwerbsfähigen Menschen wird in China bis zum Ende des Jahrzehnts spürbar zurückgehen. Die Auswirkungen sind dramatisch – für die Weltwirtschaft [...]. Das Reich der Mitte tritt damit dem Klub der alternden entwickelten Industriestaaten bei, ohne bereits ein solch entwickeltes Industrieland zu sein. [...]
Das hat erhebliche Auswirkungen auf das Land. Schon jetzt verschlechtert sich das Verhältnis von Arbeitnehmern und Rentenbeziehern, mit allen Folgekosten für die gerade erst entstehenden Sozialsysteme.

(Nach: Frank Stocker, 03.02.2013; http://www.welt.de/finanzen/article 113340016/)

M 30   Chinas Grenzen des Wachstums

In China kursiert derzeit eine Scherzfrage: Angenommen chinesische Eltern hätten für ihr Baby nur die Wahl zwischen Milchpulver aus China oder Japan, welches würden sie nehmen? Die Pointe besteht darin, dass sie
5 den Antwortenden zwingt, entweder gegen die politische Korrektheit zu verstoßen oder gegen den gesunden Menschenverstand. Zwar ist es in China allgemein üblich, die Japaner als historische Erbfeinde zu verteufeln. Doch wenn es um die Gesundheit des eigenen Kin-
10 des geht, hört der Patriotismus auf. Besser als chinesisches Milchpulver ist das japanische bestimmt, glauben die Chinesen, Fukushima hin oder her.
Der schwarze Humor ist typisch für Chinas aktuelle Gemütslage. Wenn die Chinesen an diesem Wochenende
15 ihr traditionelles Neujahrsfest feiern, endet mit dem Jahr des Drachens auch ein Jahr der Desillusionierungen. Zwar hütet sich die Kommunistische Partei, unabhängige repräsentative Meinungsumfragen zu erlauben. Doch die Stimmung in Medien, Internetforen und
20 persönlichen Gesprächen lässt kaum Zweifel, dass die Chinesen so düster in die Zukunft blicken wie seit Langem nicht mehr. Die Ernüchterung zeigt sich in immer lebhafteren und wütenderen Diskussionen über unsichere Lebensmittel, schlechte Luft, sinkende Jobchancen
25 und staatliche Misswirtschaft. Das Vertrauen, dass sich China auf dem richtigen Weg befindet, ist dahin.
Es ist eine Desillusionierung mit Ansage. Seit Jahren warnen Experten in und außerhalb der Regierung, dass Chinas Boomphase zu Ende geht. Zwar klingen die
30 Wachstumszahlen noch immer beeindruckend, vor allem in westlichen Ohren: 2012 expandierte die chinesische Wirtschaft um 7,8 Prozent. Doch nicht nur die Zahlen selbst sind umstritten, sondern vor allem die Frage, wie gesund das Wachstum ist und wer davon profi-
35 tiert. Die Zeiten, in denen die überwiegende Mehrheit der Chinesen das Gefühl hatte, ihr Leben habe sich in den vergangenen Jahren verbessert und werde dies auch weiterhin tun, sind vorbei. Gleichzeitig merken sie, dass materieller Fortschritt allein nicht glücklich macht.
40 Damit driftet die öffentliche Meinung langsam aber sicher in Richtung jener Frage, welche die Pekinger Führung mehr fürchtet als jede andere: die Systemfrage. Direkte Angriffe auf die Ein-Partei-Herrschaft wissen Zensoren und Propagandisten zwar noch immer effek-
45 tiv abzufedern. Doch in vielen Bereichen des täglichen Lebens sind die Missstände so groß geworden, dass die Chinesen sich grundsätzlichere Gedanken machen. Galt nicht einmal die Devise, dass China die Ziele, die

Peking, Januar 2013

es sich setzt, auch erreichen kann? Warum tut es das dann nicht.
50 Beispiel Lebensmittel: Das Vertrauen in einheimisches Milchpulver und andere Nahrungsmittel sinkt. Das liegt nicht an übermäßig kritischer Berichterstattung in den Staatsmedien. Doch die bekannt gewordenen Skandale der vergangenen Jahre und ein intuitives Verständnis 55 für Chinas Strukturen reichen als Warnsignale aus und entkräften alle die Beteuerungen der Regierung, das Problem mit besseren Kontrollen zu lösen. So haben Grauimporte von Milchpulver aus Hongkong zuletzt so rapide zugenommen, dass der Handel nun radikal be- 60 schränkt werden muss, damit für Hongkonger Babys noch etwas übrig bleibt.
Beispiel Luftverschmutzung: Der jüngste Rekordsmog in Peking und anderen Großstädten zeigt, dass die Umweltpolitik den Problemen nicht gewachsen ist. Zwar 65 trumpft China mit Rekordinvestitionen in erneuerbare Energien auf, doch die Bevölkerung ist davon immer weniger zu beeindrucken und vertraut bei den Schadstoffwerten inzwischen lieber den Messungen der US-Botschaft als den Angaben der eigenen Behörden. 70
Beispiel Korruption: 2012 erregte der Skandal um Chongqings gestürzten Parteichef Bo Xilai die Öffentlichkeit. Wirklich überrascht hat er aber nur wenige. Chinesen haben kaum noch Illusionen über die Sauberkeit ihrer Politiker. Im Alltag macht schließlich fast jeder die 75 Erfahrung, dass Beziehungen und Bestechung in China mächtiger sind als alle Gesetze.

Die Partei ist sich schmerzlich bewusst, welche Gefahr der Vertrauensverlust für sie bedeutet. Die neue Füh-
80 rung um Staats- und Parteichef Xi Jinping [...] sendet deshalb Signale, die Hoffnung machen: Sie verspricht neue Reformen, eine gleichmäßigere Einkommensverteilung, einen gestärkten Rechtsstaat und ein umweltfreundlicheres Wirtschaftsmodell. Allerdings hat die
85 Vorgängerregierung schon mit den gleichen Parolen um Vertrauen geworben. Und die Vorvorgängerregierung.

Chinas neues Jahr steht im Zeichen der Schlange, die auch als kleiner Drachen gilt. Zwar ist sie weniger mächtig als ihr fabelhafter Verwandter, dafür aber schlauer. Das wäre ein gutes Leitbild, für China und den Rest der 90 Welt. Denn eines ist klar: Ein China, das an seinen Herausforderungen scheitert und in seinen Problemen versinkt, ist das Letzte, was die internationale Gemeinschaft gebrauchen kann.

(Bernhard Bartsch, in: Frankfurter Rundschau, 07.02.2013, Leitartikel)

Aufgaben

1 Erläutern Sie die Stärken der chinesischen Volkswirtschaft (Autorentext, M 28).

2 M 29 liefert Argumente für die These, dass China an Grenzen des Wachstums stoße. Unterscheiden Sie die Dimensionen, die das Wachstum begrenzen könnten.

3 Machen Sie einen Gestaltungsvorschlag (Mindmap) für M 29, der die Inhalte von M 30 berücksichtigt.

4 M 30 erschien als Leitartikel in einer Tageszeitung. Analysieren Sie den Text inhaltlich und stilistisch:
   a) Mit welchen Argumenten untermauert der Autor seine zentrale These?
   b) Wie plausibel erscheinen Ihnen die einzelnen Argumente?
   c) An welchen stilistischen Merkmalen erkennen Sie die Textart „Kommentar"

5 Formulieren Sie zum Leitartikel M 30 einen Leserbrief. Sie können sich dabei auch auf andere Materialien dieses Teilkapitels beziehen.

6 Diskutieren Sie abschließend die These: „Die Zukunft Chinas wird nicht primär von der ökonomischen Entwicklung abhängen, sondern davon, ob sich die Führung in Peking für politische Reformen öffnet."

3. Europa als Wirtschaftsraum

Wie nehmen wir Europa wahr?

M 1a Das nächtliche Europa aus dem Weltall

M 1b Raumbilder aus dem Weltraum

Was nimmt ein Astronaut wahr, wenn er aus dem Weltall auf das nächtliche Europa blickt? Zunächst wird ihm auffallen, dass Europa im Gegensatz zu anderen Erdteilen, weiten Teilen Afrikas oder Asiens zum Beispiel, auch bei Nacht erstaunlich hell erleuchtet ist. Er wird assoziieren, dass Europa ein sehr aktiver und bedeutender Wirtschaftsraum mit einem hohen Energiebedarf und ebenso hohem Energieverbrauch ist. Als gebildeter und weit gereister Mann weiß er natürlich, wie dicht Europa besiedelt ist.

Beim zweiten Hinschauen wird er natürlich feststellen, dass es auf dem europäischen Kontinent auffällig helle Stellen gibt, an denen sich die Lichtpunkte nicht mehr als Einzelpunkte identifizieren lassen. Mit seinem topografischen Wissen wird er Zentren identifizieren, einzelne Großstädte und Ballungsräume. Vielleicht wird sich in seinem Kopf durch die vorrangige Wahrnehmung aller hellen Stellen ein neues Raumbild Europas

festsetzen, ein helles Band vielleicht, das sich von Norden nach Süden zieht. Dieses Raumbild unterscheidet 20 sich von seinen bisherigen Raumbildern aus geographischen Karten.

Denkbar wäre aber auch, dass seine Wahrnehmung sich auf den Kontrast heller und dunkler Stellen fokussiert. Vielleicht versucht er, seine topographischen Kenntnisse 25 zu beleben, indem er sogar einzelne kleine Lichtpunkte als ihm bekannte Städte identifiziert. Dann könnte er weniger beleuchtete Räume besonderen Landschaften zuordnen, beispielsweise den Alpen, in denen sich Lichtpunkte nur in den Tälern feststellen lassen. Mögli- 30 cherweise erinnert er sich an einen Urlaubsaufenthalt an der hell erleuchteten Mittelmeerküste oder an die Westküste Irlands, das nur wenige erkennbare Lichtsignale zu seiner Raumstation sendet. Mit diesem Blick wird sein Raumbild Europas durch die Wahrnehmung 35 von Unterschieden, von Disparitäten, geprägt.

Handelt es sich bei unserem Astronauten um einen Wissenschaftler, der auf der Internationalen Weltraumstation mit der Erforschung des Klimawandels beauftragt ist, wird er das nächtliche Europa noch einmal ganz anders betrachten. Der Energiehunger dieses hochaktiven Wirtschaftsraumes wird ihm auffallen. Gleichzeitig wird er analytisch vorgehen und den Energiebedarf in Korrelation zur Bevölkerungsdichte, zur Ausprägung der Wirtschaftssektoren und zur Wirtschaftskraft setzen. Er wird Europa mit anderen dicht besiedelten Räumen in Ostasien oder mit der Ostküste der Vereinigten Staaten vergleichen, die er bereits auf seinen Erdumrundungen gesehen hat. Er wird sich fragen, woher die Energie kommt, wie sie transportiert wird, wie abhängig Europa von seinen Energielieferanten in Russland oder im Nahen Osten ist. Er wird über den Energiemix der vielen kleinen und mittelgroßen Länder nachdenken bzw. darüber, welche Anteile bereits aus regenerativen, welche noch aus fossilen Energieträgern gewonnen werden. Er wird sich fragen, wie lange sich die Welt den Energieverbrauch pro Kopf in Europa noch leisten kann und welche Konsequenzen sich aus diesem Energieverbrauch für den globalen Klimawandel weltweit ergeben können.

Sollte unser Astronaut zudem ein politisch interessierter Mensch sein, wird er möglicherweise weitergehende Überlegungen anstellen. Er wird vielleicht schauen, ob sich Zusammenhänge zwischen seiner Wahrnehmung aus dem All und der europäischen Schuldenkrise herstellen lassen. Er wird Konvergenzprogramme der Europäischen Kommission reflektieren, die die Disparitäten innerhalb der Europäischen Union mit ihren fast 30 Nationalstaaten auszugleichen versuchen. Er wird sich fragen, welche aktuellen Förderprogramme es im Rahmen der europäischen Regionalpolitik für strukturschwache und benachteiligte Regionen gibt. Er wird über die Funktionsweise und Schwierigkeiten supranationaler Kooperation nachdenken. Vielleicht kennt er auch die Klassifizierungen von Staaten und Räumen durch die Europäische Kommission, nach denen sich die Zuwendungen von Fördergeldern in der aktuellen Förderperiode richten.

Als Naturfreund wird er sich möglicherweise über den Sinn von Wirtschaftsförderung und Infrastrukturprojekten in den wenigen noch vergleichsweise unbelasteten Naturlandschaften Europas sowie über Konflikte und Lebensqualität in den Ballungsräumen Gedanken machen. Er wird feststellen, dass die Lichter in Deutschland trotz des Ausstiegs aus der Atomenergie immer noch leuchten, und sich fragen, ob die Energiewende in Deutschland gelingen und ein Modell für andere Staaten in Europa und in der ganzen Welt werden kann. Er wird über den Preis der Energiewende nachdenken, über Energiesicherheit, über Energiekosten, über neue und intelligente Stromnetze. Möglicherweise denkt er auch an Landtags- oder Bundestagswahlen, in denen das Thema Energie zum Wahlkampfthema wird. Er kennt die Reizthemen: Versorgungsengpässe, steigende Preise, Beeinträchtigung des Landschaftsbildes durch Windräder, Trassen für Hochspannungsleitungen.

(Autorentext)

Aufgaben

1 Sammeln Sie zunächst unabhängig voneinander Ihre Assoziationen zum Weltraumbild M1 a. Notieren sie Ihre Fragen und Raumwahrnehmungen. Vergleichen Sie Ihre Ergebnisse.

2 Vergleichen Sie Ihre Assoziationen mit den verschiedenen Wahrnehmungen des Astronauten (M1 b). Welcher Blick entspricht Ihrer Wahrnehmung?

3 Formulieren Sie Fragen, die der Autorentext aufwirft. Ordnen Sie diese Fragen spezifischen Perspektiven (geographisch, ökologisch, ökonomisch, politisch) zu. Planen Sie Ihren Unterricht: Mit welchen Fragen und Perspektiven wollen Sie sich beim Thema „Wirtschaftsraum Europa" beschäftigen? Welche Aspekte wollen Sie arbeitsteilig, welche gemeinsam bearbeiten?

4 Reflektieren Sie Ihre bisherige Raumwahrnehmung Europas vor dem Hintergrund folgender Thesen: „Wir nehmen die Wirklichkeit immer so wahr, wie wir sie sehen wollen." und „Wirklichkeit gibt es nur als Konstrukt." Erörtern Sie am Beispiel Europas Ursachen und Faktoren von Raumwahrnehmungen und Raumvorstellungen.

3.1 Europäische Regionalpolitik: Die Antwort der EU auf regionale Disparitäten

Europa ist kein einheitlicher Raum. Er ist nicht nur natur-geographisch vielfältig, sondern lässt sich auch ökono-misch, demografisch, kulturell und politisch in vielerlei Hinsicht unterscheiden. Der Fachbegriff „Disparitäten" umschreibt die Unterschiedlichkeit und Vielfalt zunächst sehr allgemein. Je nachdem, unter welchem Aspekt und mit welchem Differenzierungsgrad man die Europäische Union betrachtet, werden sich unterschiedliche Raum-bilder regionaler Disparität ergeben.

Das Statistische Amt der Europäischen Union (EuroStat) stellt regelmäßig Statistiken über Länder der EU zusam-men, die von den nationalen statistischen Ämtern der Mitgliedstaaten erhoben und zur Verfügung gestellt wur-den. Durch die Harmonisierung von statistischen Defini-tionen und Berechnungsmethoden sorgt EuroStat dafür, dass die Länder und Regionen aussagekräftig miteinan-der verglichen werden können. EuroStat erstellt auch regionale Daten für die Staaten der EU und die Beitritts-kandidaten. Dabei verwendet es eine hierarchisierte Sys-tematik (sogenannte NUTS-Ebenen), um Räume ver-schiedener Größen und Strukturen zu klassifizieren und zu vergleichen.

Die von EuroStat zur Verfügung gestellte Datenbasis bil-det unter anderem die Grundlage für strategische poli-tische Entscheidungen und Mittelzuweisungen innerhalb der Europäischen Union. Im Rahmen der Kohäsionspoli-tik, aber auch in anderen Ausgabenfeldern werden enor-me Summen zum Ausgleich regionaler Disparitäten be-reitgestellt (→ M 2). Die Raumbilder, die Experten für die politischen Entscheidungsträger bereitstellen, haben des-halb sehr konkrete Auswirkungen auf viele Regionen in der EU.

M 2 **Das EU-Budget**

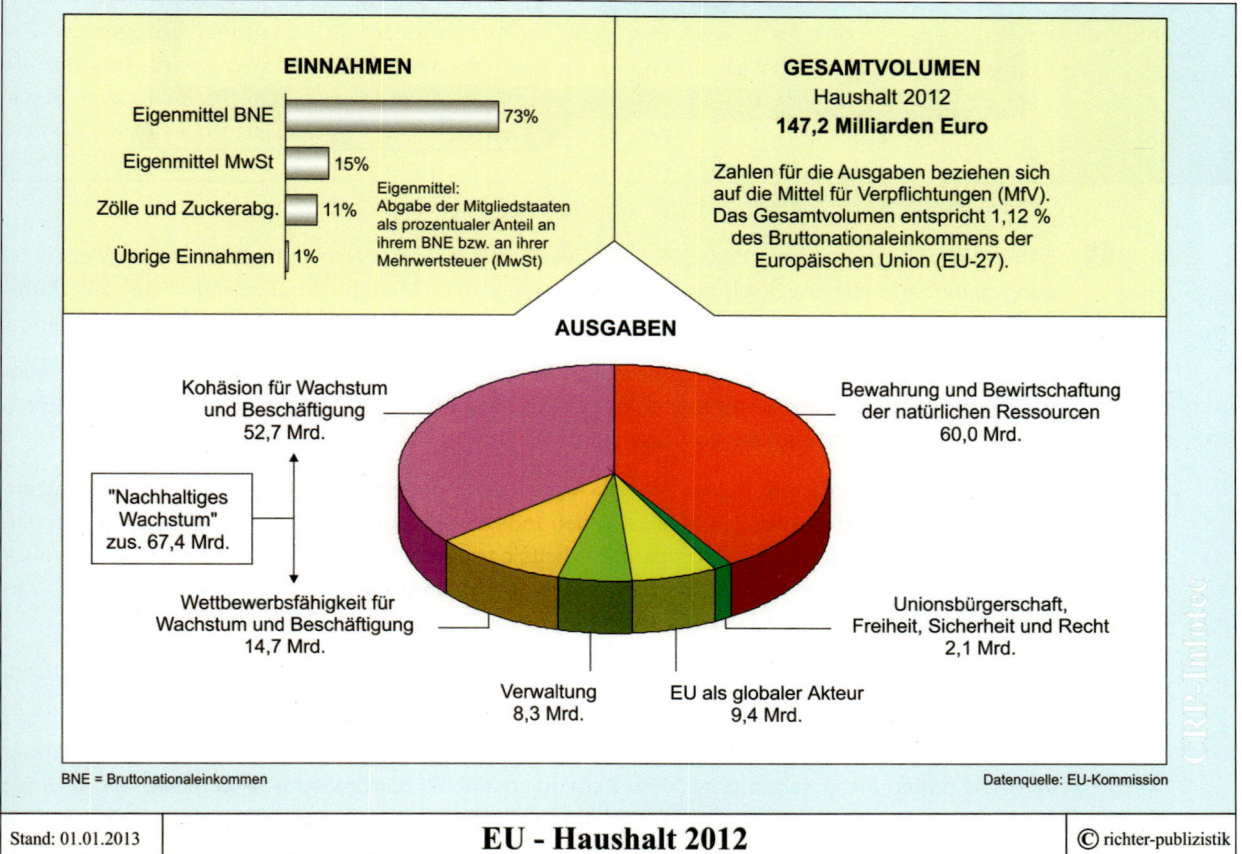

Mit Web-GIS eigene Raumbilder konstruieren

Mithilfe des Internet-Werkzeugs **Web-GIS** können Sie selbst solche Raumbilder regionaler Disparitäten auf verschiedenen NUTS-Ebenen (national oder regional) erzeugen und sie anschließend mit professionell erstellten Raumbildern vergleichen.

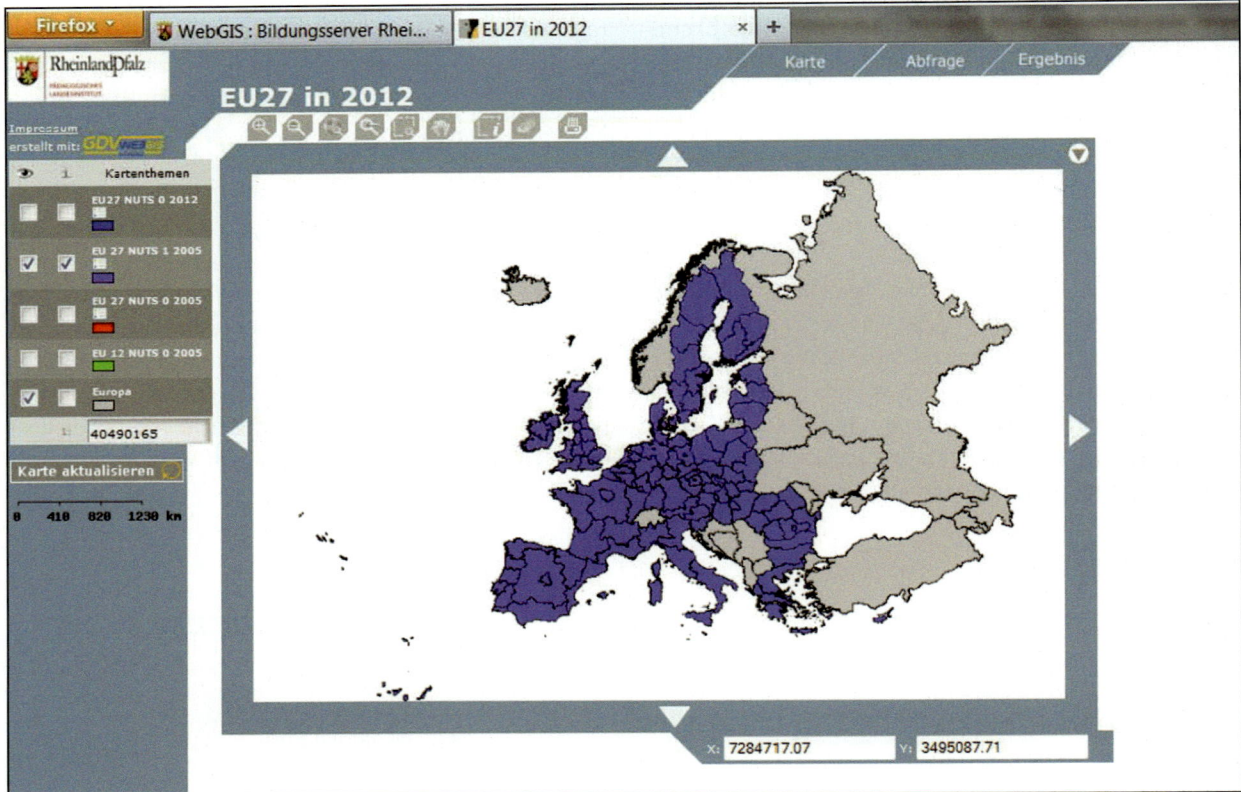

1. Gehen Sie zunächst auf die Web-GIS-Seite des Bildungsservers Rheinland-Pfalz (http://webgis.bildung-rp.de/kartendienste.html) und klicken Sie unter dem Menüpunkt **„Kartendienste"** auf **„Europa"**.

2. Wählen Sie einen Kartendienst zu Europa und entscheiden Sie sich für eine **NUTS-Ebene** (0 = national, 1 = regional). Nutzen Sie gegebenenfalls zum Kennenlernen des Instruments Web-GIS die bereitgestellten Arbeitsblätter auf der vorhergehenden Seite.

3. Erstellen Sie eigene Karten, indem Sie das Klassifizierungs-Tool oder die Abfragefunktion nutzen. Treffen Sie dazu Entscheidungen, nach welchen **Indikatoren** (Attributen) Sie die Disparität untersuchen, z. B. BIP/Kopf in Kaufkraftstandards, Arbeitslosenquote, Anteil am primären Sektor, Bevölkerungsdichte. Wählen Sie zwischen verschiedenen **Abfrageoperatoren**. Untersuchen Sie, wie sich verschiedene **Abfragewerte** (Variablen) auswirken.

4. Stellen Sie sich gegenseitig Ihre Karten (Raumbilder) vor und erörtern Sie mögliche Konsequenzen, d. h. Planungen und Entscheidungen, die sich daraus für die Politik ergeben könnten.

5. Vergleichen Sie Ihre eigenen Raumbilder mit professionellen Produkten (Blaue Banane oder Trauben). Sie finden diese Karten unter dem Kartendienst EU-27 Europäische Union 2008. Erörtern Sie auch hier: Was zeigen diese Karten? Welche Daten wurden zugrunde gelegt? Welche politischen Entscheidungen ziehen sie nach sich?

Erstellen eines Dossiers

Allgemeines

Ein Dossier ist eine Sammlung von Informationen und Dokumenten zu einem bestimmten Thema (meist in einer Hülle zusammengefasst). Dossiers können sich auf öffentliche Angelegenheiten beziehen, z. B. die Beziehungen zu einem bestimmten Staat, die Wirtschaftsentwicklung einer Region oder die Funktion einer politischen Institution. Zum Dossier gehören neben den Quellen (also den zugrunde liegenden Unterlagen mit Quellenangaben) auch die Berichterstattung sowie ein Abschlussbericht. Das Dossier hat den Zweck, einen interessierten Leser (z. B. einen Mitschüler, einen politischen Entscheidungsträger) knapp und übersichtlich, aber auch umfassend zum dargestellten Sachverhalt zu informieren. Dossiers enthalten neben reinen Sachinformationen durchaus auch interpretierende und bewertende Elemente oder Einschätzungen (z. B. Prognosen, Szenarien), die jedoch als solche gekennzeichnet sein sollten.

Bearbeitungsverfahren und Form des Dossiers

(1) Ein Dossier ist eine Terminarbeit, die pünktlich vorliegen soll. Erstellen Sie sich deshalb über die nachfolgenden Schritte einen für den festgelegten Bearbeitungszeitraum passenden **Arbeitsplan**. Vereinbaren Sie außerdem vor Beginn der Arbeitsphase im Kurs die **Bewertungskriterien** für die abschließende Bewertung der Dossiers. Eine Gewichtung könnte beispielsweise so aussehen: Gliederung des Dossiers (20 %), Qualität und Vielfalt der benutzten Quellen (30 %), Qualität der Bearbeitung (35 %), optische Gestaltung, Schriftbild und handwerkliche Sauberkeit (15 %).

(2) Sammeln Sie nun zunächst Materialien über einen begrenzten bzw. vorher festgelegten Zeitraum. Prinzipiell sind die verschiedensten Materialien denkbar: Karten, Grafiken, kurze Textquellen, Tabellen, Karikaturen, Bilder. Auf Seriosität der Quellen muss bei der Recherche unbedingt geachtet werden. Sie müssen korrekt mit Quellenangaben nachgewiesen werden.

(3) Bearbeiten Sie während oder nach der Recherchephase die Materialien. Kürzungen, sinnerschließende (farbige) Markierungen, Hervorhebungen im Text oder Randnotizen und/oder knappe Zusammenfassungen (Summeries) von Texten oder Sinneinheiten sind erlaubt. Sie können auch eigene Materialien (z. B. Skizzen und Schaubilder) erstellen.

(4) Entwickeln Sie eine sinnvolle Gliederung für Ihr Dossier. Orientieren Sie sich dabei an grundlegenden Kategorien (z. B. Problem(e), Interessen, Konflikt(e), Akteure, naturräumliche und politische Voraussetzungen, Chancen, Risiken). Ordnen Sie die vorher bearbeiteten Materialien gemäß der Gliederung. Eine chronologische Anordnung ist zu vermeiden. Knappe Summeries bieten sich am Ende eines Gliederungspunktes an. Vergessen Sie nicht, Ihrem Dossier einen Titel zu geben, der (gegebenenfalls im Untertitel) eine interessante übergreifende Frage oder eine erste Bewertung enthält.

(5) Erstellen Sie zum Schluss einen knappen Abschlussbericht, der einen Ausblick, persönliche Einschätzungen und/oder Hinweise auf nicht bearbeitete Aspekte enthalten kann. Er kann weiterführende Fragen aufwerfen oder Erfahrungen im Arbeits- und Lernprozess reflektieren. Der Abschlussbericht sollte aber keinesfalls eine gedruckte Textseite übersteigen.

(6) Tauschen Sie die Dossiers im Kurs aus und bewerten Sie sich gegenseitig nach den im ersten Schritt ausgehandelten Bewertungskriterien. Geben Sie sich gegenseitig ein ausführliches mündliches Feedback, bei dem Sie Ihre Bewertungen begründen. Besonders gelungene Produkte sollten ausgestellt werden. In Einzelfällen können die Ergebnisse auch als Kurzvortrag präsentiert werden.

Methodenschulung

Unterrichtliche Umsetzung am Beispiel der europäischen Regionalpolitik

Die Europäische Kommission, die strategisch und politisch initiativ an der Vergabe von Mitteln aus dem Kohäsionsfonds beteiligt ist, bietet im Internet eine interaktive Informations-Plattform (Regionalpolitik – Inforegio: http://ec.europa.eu/regional_policy/index_de.cfm) zur europäischen Regionalpolitik mit zahlreichen Dokumentationen, Links und einer großen Menge hilfreicher Materialien. Diese Plattform bietet Ihnen eine seriöse und spannende Grundlage für Ihre Dossierarbeit.

Bevor Sie sich ein Thema, Projekt oder eine Region für Ihr individuelles Dossier auswählen, sollten Sie sich erst einmal mit den Möglichkeiten der Plattform auf einer offenen Erkundungstour vertraut machen. Verschaffen Sie sich einen Überblick über die vielen Programme und Projekte der europäischen Regionalpolitik. Weisen Sie Ihre Kursmitglieder auf interessante Aspekte und Optionen hin, die Sie bei Ihrer Erkundungstour entdeckt haben. Verteilen Sie anschließend im Kurs die Themen für die Dossiers. Denkbar sind dabei zwei grundsätzlich verschiedene Vorgehensweisen:

Variante I: Bearbeiten Sie alle gemeinsam **eine** Region (ein Projekt oder ein Programm). Teilen Sie dabei im Kurs einzelne Aspekte thematisch auf oder gehen Sie arbeitsgleich vor (d. h. alle bearbeiten die Region umfassend).

Variante II: Bearbeiten Sie arbeitsteilig **verschiedene** Regionen (Projekte oder Programme). Achten Sie bei der Verteilung neben dem individuellen Interesse auch auf die Streuung der Regionen in ganz Europa und in den Grenzregionen. Vielleicht gibt es auch gute persönliche Gründe für die Bearbeitung einer Region (z. B. Migrationserfahrung, Urlaubserfahrung, Ziel der Studienfahrt, möglicher Studienort).

3.2 Fallbeispiel Solarthermie – eine Chance für die Region EU-MENA?

▸ „**Die Fokusregion EU-MENA**

Sauberer Wüstenstrom kann im Nahen Osten und Nordafrika (MENA) die dringend benötigte Meerwasserentsalzung ermöglichen, rund zwei Drittel des steigenden
5 regionalen Energiebedarfs decken und parallel Energie für den Export zur Verfügung stellen, um etwa 15 Prozent des europäischen Verbrauchs zu decken. Studien des Deutschen Zentrums für Luft- und Raumfahrt (DLR) zeigen, dass dieses Ziel technisch und wirtschaftlich realisierbar ist und ökonomische sowie ökologische Vorteile 10 für alle Partner bietet." ◂

(Nach: http://www.desertec.org/de/globale-mission/eu-mena/)

M3 **Das DESERTEC-Konzept: Strom aus der Wüste**

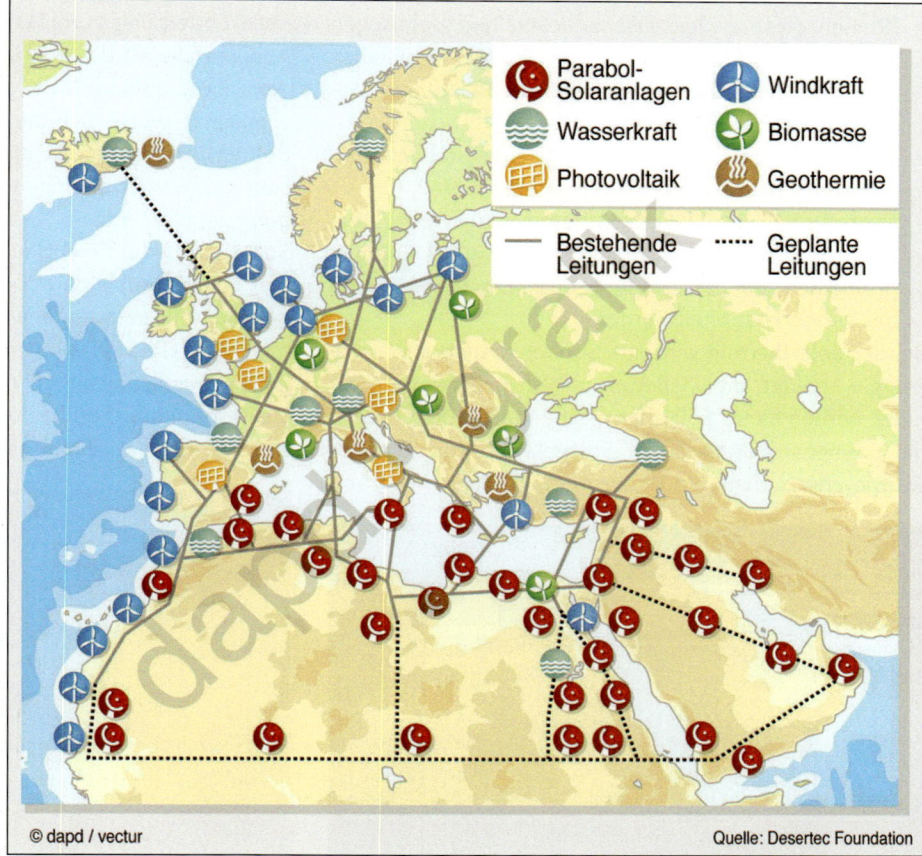

© dapd / vectur

Quelle: Desertec Foundation

EU-MENA (*Europe*, *Middle East*, *North Africa*) – eigentlich steht dieser von der DESERTEC-Foundation als „Fokusregion" bezeichnete Raum eher für negative Schlagzeilen. Die Mittelmeerländer Südeuropas werden mit der europäischen Finanzkrise in Verbindung gebracht. Im Vergleich zum nördlichen Europa herrschen in vielen südlichen Regionen der EU hohe Arbeitslosigkeit, Armut und Perspektivlosigkeit. Der Norden Afrikas und der Nahe Osten erlebten zwar im „Arabischen Frühling" von 2011 eine beeindruckende Demokratiebewegung, die Regionen blieben aber seitdem politisch und ökonomisch weiterhin äußerst instabil. In vielen Ländern besteht zudem die Gefahr einer zunehmenden Islamisierung. Immer noch dominieren autoritäre Strukturen und Korruption Politik, Gesellschaft und Wirtschaft. Die Hoffnungslosigkeit im eigenen Land bewegt viele Menschen, ihre Heimat zu verlassen.

Die DESERTEC-Foundation, eine zivilgesellschaftliche Initiative zur Gestaltung einer nachhaltigen Zukunft, ging 2009 aus einem Netzwerk von Wissenschaftlern, Politikern und Ökonomen aus der Mittelmeerregion hervor. Das von ihr unterstützte DESERTEC-Konzept (Dii) möchte vor allem mit Solarthermie-Projekten in den sonnenreichen Gebieten der Klimaerwärmung auf dem Planeten entgegenwirken und gleichzeitig ökonomische und sicherheitspolitische Fortschritte in instabilen Regionen erzielen. Inzwischen ist das DESERTEC-Konzept eingebettet in zwei Programme, die die Europäische Union als politischer Akteur gemeinsam mit weiteren Anrainerstaaten am Mittelmeer 2008 auf den Weg gebracht hat: die **Union für das Mittelmeer** und den **Solarplan** für das Mittelmeer.

- Können diese zivilgesellschaftlichen und politischen Initiativen der Mittelmeerregion EU-MENA wirklich neue Chancen eröffnen? Wo liegen die Fallstricke? Welche Alternativen gibt es?
- Begründen gegenseitige Abhängigkeiten Stabilität und Fortschritt des gesamten Raumes EU-MENA?
- Kann der Solarplan für das Mittelmeer zu einem globalen Modell für eine nachhaltige Lösung von Energieproblemen, zur Bekämpfung des Klimawandels und der Wasserknappheit werden?

Bei der **Solarthermie** wird aus Sonnenstrahlung Wärmeenergie erzeugt, die wiederum zur Stromerzeugung genutzt werden kann. Solarthermische Kraftwerke bündeln die Sonnenstrahlung durch Spiegel. Die konzentrierte Wärme erhitzt dann ein in der Regel flüssiges Medium,

das in Form von Gas oder Dampf einer Turbine zugeführt wird, die dann wiederum über einen Generator elektrische Energie erzeugt.

Man kann vom Funktionsprinzip her zwei Typen solarthermischer Kraftwerksanlagen unterscheiden. Bei Solarturmkraftwerken reflektiert eine Vielzahl beweglicher Spiegel die einfallenden Sonnenstrahlen auf einen zentralen „Receiver". In der Brennkammer im Turm werden mehr als 1000 Grad Celsius erreicht. Dabei werden alle Spiegel permanent dem Gang der Sonne „nachgeführt". Solche Kraftwerksanlagen sind in ihrer Größe begrenzt, da die Spiegel wegen der Streuung des Lichts eine maximale Entfernung zum Turm nicht überschreiten dürfen. Anderenfalls würde die Streuung der Energie zu groß. Bei dem Parabolrinnenkraftwerk werden Rinnenreflektoren eingesetzt, wobei sich die zu erwärmende Flüssigkeit in Rohren im Brennpunkt dieser Rinnen befindet. Bei diesem Kraftwerkstyp können größere Flächen in der Umgebung genutzt werden.

Solarthermie hilft nicht nur bei der nachhaltigen Lösung von Energieproblemen sondern dient auch dem Kampf gegen die Wasserknappheit in ariden Räumen. Solarthermische Kraftwerke können die in der Regel nahe gelegenen Entsalzungsanlagen mit Energie beliefern, zumal sie in sonnenreichen Regionen rund um die Uhr das ganze Jahr bei voller Leistung arbeiten können.

Solarturmkraftwerk

Parabolrinnenkraftwerk

M 4 Solarthermie – Technologie der Zukunft

Im Gegensatz zur Photovoltaik, der direkten Umwandlung der Sonnenstrahlung in elektrischen Strom mit Solarzellen, können solarthermische Kraftwerke (STK, auch: **CSP** für *Concentrated Solar Power*) auch bei großer
5 Hitze mit hohen Wirkungsgraden und niedrigen Stromproduktionskosten glänzen – was in der Öffentlichkeit

meist so wenig bekannt ist, wie die Tatsache, dass STK nicht nur dann Strom liefern, wenn die Sonne scheint. Sie verfügen über Wärmespeicher (z. B. Flüssigsalztanks), die um die Mittagszeit mit überschüssiger Son- 10 nenenergie aufgeheizt werden können und die Produktion von Solarstrom deshalb auch nach Sonnenuntergang möglich machen. Auch tagsüber kann durch den Rückgriff auf die gespeicherte Wärme Elektrizität nach Bedarf erzeugt werden.

Dadurch dass STK Leistung nach Bedarf (Regelenergie) liefern können, sind sie eine der wenigen Techniken zur Nutzung erneuerbarer Energien, die über die Deckung des wachsenden Strombedarfs in EU-MENA hinaus auch konventionelle Kraftwerkskapazitäten reduzieren beziehungsweise ersetzen können.

In dem Szenario des DLR (Forschungszentrum der Bundesrepublik Deutschland für Luft- und Raumfahrt) wird jederzeit eine Deckung der Spitzenlast mit 25 % Reservekapazität gefordert – so wie auch heute. Dies ist [...] bis 2050 praktisch nur durch eine Verdopplung fossiler Kraftwerkskapazitäten oder durch die Nutzung solarthermischer Kraftwerke möglich, da die anderen erneuerbaren Quellen entweder zu wenig Regelleistung liefern könnten (Photovoltaik und Wind) oder aber hinsichtlich ihrer Energiepotenziale begrenzt seien (Biomasse und Wasserkraft). Im DLR-Szenario bleiben deshalb gasgefeuerte Spitzenlastkraftwerke mit geringer Auslastung auch noch bis 2050 erhalten, während konventionelle Grundlastkraftwerke fast vollständig verschwinden.

(Nach: Rolf Hug, 15.02.2007; http://www.solarserver.de/solarmagazin/solar-report_0207.html)

M5 Szenario der Stromversorgung in EU-MENA

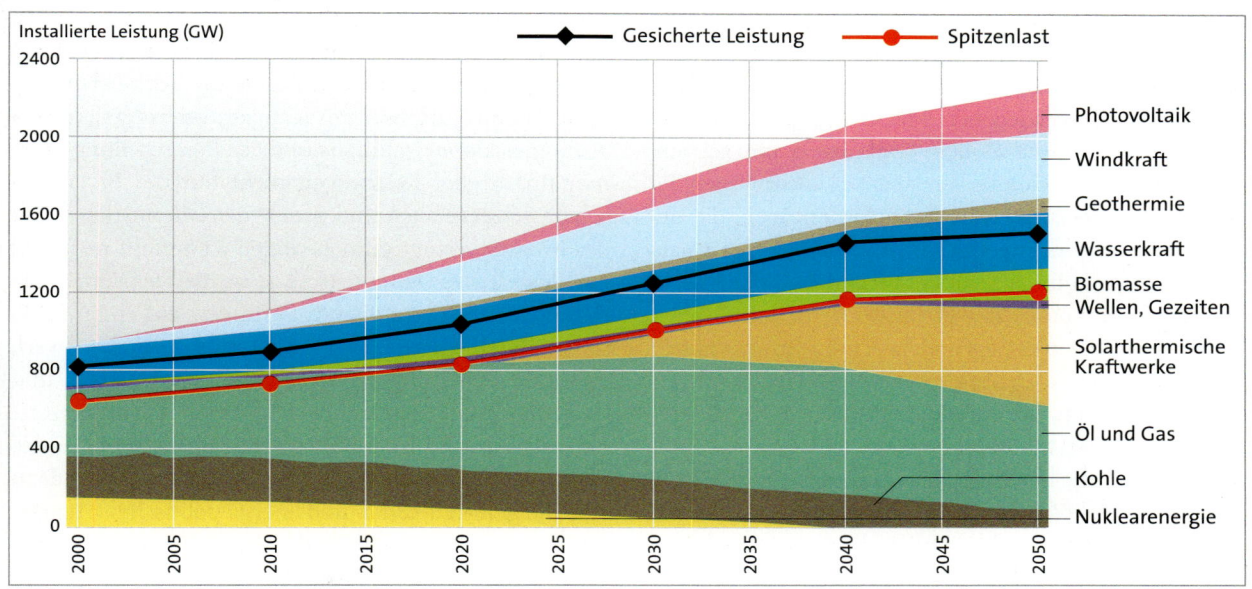

Nach diesem EU-MENA-Zukunftsmodell sollen Solarthermische Kraftwerke im Jahr 2050 zu 68 % für den lokalen Strombedarf in MENA und Europa eingesetzt werden, zu 13 % für die Wasserentsalzung in MENA und 19 % sind für den Stromexport von MENA nach Europa vorgesehen.

(Nach: Rolf Hug, 15.02.2007; http://www.solarserver.de/solarmagazin/solarreport_0207.html)

M6 Solarplan für das Mittelmeer

Beim Gründungsgipfel der „Union für das Mittelmeer" haben sich im Juli 2008 die 40 Staats- und Regierungschefs aus den Mittelmeer-Anrainerländern und den 27 Mitgliedsstaaten der Europäischen Union unter anderem auch auf den „Solarplan für das Mittelmeer" geeinigt. Es war vor allem die Bundesrepublik Deutschland, die auf den Plan, Solarkraftwerke in den Wüstengebieten Nordafrikas zu bauen und darüber Europa mit Strom zu versorgen, besonderen Wert legte. Dieser Solarplan kann einen wichtigen Eckpfeiler für eine integrierte Klima- und Energiepolitik in Europa bilden, der dazu beiträgt, die Abhängigkeit von klimaschädlichen Energieträgern wie Kohle, Erdgas und Erdöl, aber auch von Kernenergie bei der Stromerzeugung zu reduzieren. Damit könnte diese Solarpartnerschaft ein wichtiger Baustein für die Europäer sein, um ihre Klimaziele zu erreichen. [...]

Auf globaler Ebene waren es vor allem die enormen Preissprünge bei Erdöl und Erdgas, die seit 2002 die globale Energieversorgung erschütterten. Die Gründe dafür sind vielschichtig und auch politischer Natur. So zeichnet sich eine deutliche Verengung auf den Weltmärkten ab, das heißt die steigende Nachfrage, angetrieben vom Energiehunger Chinas und Indiens, trifft auf geringere Produktions- und Weiterverarbeitungskapazitäten. Politisch betrachtet hat diese Situation auf internationaler Ebene zu einer Machtverschiebung geführt, denn die energiereichen Länder treten in dem Bewusstsein, eine sehr begehrte Ware zu kontrollieren, immer selbstbewusster auf. Energielieferungen erweisen sich nicht nur als reines Handelsgut, sondern auch als strategisches Gut und politisches Instrument. Die EU als größter Energienettoimporteur der Welt ist von diesen Umwälzungen stark betroffen. Bisher ist die Marktmacht der über 500 Millionen Konsumenten in der EU der 27 Mitgliedsländer nicht effektiv umgesetzt worden. [...]

Angesichts der gestiegenen Macht der Energieproduzenten und der wachsenden Konkurrenz um schwindende fossile Energiereserven, aber vor allem wegen der großen Energie- und Klimaherausforderungen, die untrennbar miteinander verknüpft sind, wäre aber eine abgestimmte und einheitliche Politik der EU-27 ein Gebot der Stunde für kommende Herausforderungen. [...]

Die im Juli 2008 neu gegründete Union für das Mittelmeer ist nur ein Forum in einer Reihe von institutionalisierten Kontakten, die den Rahmen für das Projekt stellen können. Der Mittelmeer-Union fehlt es aber an finanziellen Mitteln, diese müssten aus den Töpfen anderer EU-Politiken wie dem sogenannten Barcelona-Prozess geschöpft werden. Dieser wurde in den Neunzigerjahren zum Ausbau der Beziehungen der EU mit einer Reihe von Anrainer-Staaten des Mittelmeeres entwickelt. Seit 2004 gibt es zudem die Europäische Nachbarschaftspolitik. Im Rahmen der Europäischen Nachbarschaftspolitik werden bilaterale Aktionspläne mit den Nachbarländern im Osten und Süden ausgehandelt, in denen Energiefragen ein großer Raum eingeräumt wird. Ziel ist es, eine solidarische Energiegemeinschaft, basierend auf internationalem Recht, freiem Wettbewerb und Energietransit, aufzubauen. Im Grunde geht es darum, den EU-Binnenmarkt mit seinen Prinzipien Solidarität und Wettbewerb und damit Teile des „Acquis Communautaire", des gemeinsamen Gesetzbestandes der EU, langfristig zu exportieren. Mittelfristige Zielsetzung ist die schritt- und stufenweise regulative und rechtliche Harmonisierung der Energiemärkte und der Ausbau der Energieinfrastrukturen. Dies ist ein richtiges und vielversprechendes Ziel, denn ein funktionierender großer regionaler Energiemarkt ist nicht nur Vorbedingung für wirtschaftliche Prosperität, sondern auch zentrales Element für Stabilität und Sicherheit in der Region.

Ein Blick zurück auf den EU-Energiebinnenmarkt legt aber schonungslos die Schwächen in der politischen Umsetzung offen. Solange nationale Egoismen dominieren, ist nicht nur die angestrebte gemeinsame Energie-Außenpolitik schwach, sondern auch die Ausgestaltung des Binnenmarktes unzulänglich. Beides bedingt sich gegenseitig und führt in eine Sackgasse, die Durchbrüche in beide Richtungen blockiert. Solidarität unter den Mitgliedern im Markt verlangt nach funktionierenden grenzübergreifenden Strom- und Gasnetzen, um im Falle von Kürzungen oder Blackouts Energie bereitzustellen. [...]

Ein Großprojekt wie die Solar-Partnerschaft mit Afrika, das ein „Joint Venture" nicht nur zwischen zwei Regionen, sondern mehreren Staaten und zahlreichen Unternehmen sein muss, um realisiert zu werden, bedarf aber eines klaren Rahmens und der Bereitstellung enormer finanzieller Ressourcen nicht nur der Privatwirtschaft, sondern auch und gerade der Öffentlichen Hände. Brüssel verfügt zum heutigen Zeitpunkt nur über zahnlose Instrumente. Insofern ist die anvisierte Partnerschaft mit Afrika auch im Hinblick auf einen funktionierenden Energiemarkt in Europa wünschenswert, da sie die Schaffung von funktionierenden Netzen und gemeinsamen Regulationsmechanismen voraussetzt und anmahnt. Es ist dem Projekt zu wünschen, dass es nicht in der „doppelten Sackgasse" stecken bleibt; dazu sind die globalen klima- und energiepolitischen Herausforderungen zu dringlich. Die EU-27 muss für dieses Projekt die Weichen auf Vorfahrt stellen.

(Nach: Kirsten Westphal, Solarplan für das Mittelmeer; in: Spiegel der Forschung, 25. Jg./Nr. 2, Dezember 2008)

M7 Spaniens Schlüsselrolle bei DESERTEC

Wer in die Zukunft blicken will, muss nach Andalusien schauen: Zwischen Granada und Almeria blitzen die Spiegel der riesigen Parabolrinnenfelder der Solarkraftwerke Andasol 1, 2 und 3. Bereits 2007 ging PS10, das Solarturm-Kraftwerk der spanischen Firma Abengoa, einem der Gründungsgesellschafter von Desertec, ans Netz. Südspanien ist eine gigantische Versuchsküche für Thermosolarenergie, sagt Luis Crespo vom spanischen Branchenverband Protermo Solar: Hier wurde beispielsweise erforscht und praktisch erprobt, wie Flüssigsalz als Wärmespeicher funktioniert.

„Wir konnten in Kraftwerken wie Andasol 1 und 2 bewei-
sen, dass es möglich ist, thermosolare Energie zuverlässig zu speichern und verlustarm ins Netz einzuspeisen.
15 Unsere Firmen sind weltweit führend und mit ihrer
Technologie an Projekten in den Arabischen Emiraten
oder Nordafrika beteiligt. Insofern ist Desertec eine historische Chance für Spanien. Außerdem haben wir das
Glück, vor Ort mit dieser Energie arbeiten zu können.“
20 Zwar spielt Thermosolarenergie im Vergleich zu anderen erneuerbaren Energien wie Wind, Photovoltaik und
Wasser auch in Spanien noch eine relativ geringe Rolle,
aber die Branche boomt: Zwölf Kraftwerke arbeiten bereits, weitere 20 werden gebaut, 30 sind in Planung. [...]
25 Das Desertec-Projekt ist für Spanien allerdings nicht nur
in Sachen Technologietransfer interessant, sondern vor
allem im Rahmen des Solarplans fürs Mittelmeer. In den
Ländern der Mittelmeerunion sollen bis zum Jahr 2020
20 Gigawatt an neuen erneuerbaren Energiekapazitäten
30 aufgebaut werden. Dazu ist nicht nur ein gemeinsamer
ordnungspolitischer Rahmen, sondern auch eine gemeinsame Infrastruktur nötig. Antonio Hernández Gar-
cía, Generaldirektor Energiepolitik im spanischen Wirt-
schaftsministerium: „Spanien hat in beiden Projekten
35 eine Schlüsselposition, weil wir das einzige Land sind,
das eine direkte Stromverbindung von Nordafrika nach
Marokko hat. Wir wollen die Kraft aus dem Solarplan
fürs Mittelmeer und einer Industrieinitiative wie Desertec bündeln. Die große technologische Herausforde-
40 rung des Mittelmeer-Solarplans ist die Frage, wie der
Strom transportiert wird. Wir sind Transitland, aber
wenn die Energie von Spanien aus nicht weiter in den
Norden kommt, stehen wir vor einem Problem.“
Gerade an den Verbindungen zum Nachbarland Frank-
45 reich hapert es schon seit Langem. Seit 30 Jahren wird
über eine Verbesserung der Stromleitungen über die Py-
renäen diskutiert, passiert ist bisher wenig. Desertec ist
für Spanien ein Vehikel, nun zusätzlichen Druck auf die
Europäische Kommission auszuüben. Natürlich ist das
50 nicht ganz uneigennützig: Das Sonnenland Spanien,
das bereits jetzt 35 Prozent seiner Energie aus erneuerbaren Energien gewinnt und damit die Vorgaben der EU
für 2020 übertrifft, will selbst Energie ins europäische
Ausland liefern – nicht im großen Stil als Konkurrent zu
55 den Saharastaaten, aber eventuell als kleinerer Junior-
partner.
Beim nächsten Infrastrukturpaket müsse die Europäische Kommission daher besonderes Augenmerk auf den
Ausbau der Nord-Süd-Achse auf der iberischen Halbin-
60 sel legen. Ergänzend dazu will das französische Indus-
triekonsortium Transgreen ein Stromnetz unter dem

Mittelmeer bauen, das Italien mit Tunesien und Lybien
und Spanien mit Algerien verbindet. Entstanden im
Rahmen der Mittelmeerunion ist auch dieses Projekt eine Ergänzung von Desertec, keine Konkurrenz. 65

(Nach: Julia Macher, Spaniens Schlüsselrolle bei Desertec, 26.10.2010;
http://www.dradio.de/dlf/sendungen/umwelt/1304488/)

M8 Aufschwung für Südeuropa – Konkurrenz für das DESERTEC-Projekt?

Es hat bislang für großen Wirbel gesorgt – das Desertec-
Projekt. Es klingt gigantisch: Strom für Europa, der in
der Wüste Afrikas durch riesige Solarfelder gewonnen
wird. Doch jetzt könnte das Projekt unerwartete Konkurrenz bekommen. Nicht durch Atom-, Kohle- oder andere 5
Gaskraftwerke, sondern durch einen möglichen neuen
Standort. Politiker und Unternehmer wollen nämlich
mit Solarkraftwerken die Wirtschaft in den wankenden
Euro-Ländern auf Trab bringen.
Gewissermaßen könnte also das Wüstenstrom-Projekt 10
Desertec oder zumindest die Idee hierfür nordwärts wandern und auf dem Kontinent bleiben: Hatte die von deut-
schen Konzernen maßgeblich getragene Industrie-
initiative bisher die Wüste in Nordafrikas Ländern als
Standorte für die Kollektorfelder und Solarkraftwerke im 15
Blick, bringen Unternehmen und Politiker nun auch EU-
Länder wie Griechenland, Italien, Spanien oder Portugal
ins Gespräch. Mit Solarstrom aus europäischen Mittel-
meerländern ließen sich nämlich „drei Fliegen mit einer
Klappe“ schlagen, sagte Christoph Wolff, Vorstandsvor- 20
sitzender der Solar Millennium AG, dem „Handelsblatt“.
Der Vorschlag klingt plausibel. Denn wegen des hohen
Anteils an lokaler Wertschöpfung bei solchen Projekten
würde man der Wirtschaft in den entsprechenden Ländern Südeuropas helfen und zugleich die Transportwege 25
für den gewonnenen Strom deutlich reduzieren.
Aber auch deutsche Unternehmen, die Komponenten
für Photovoltaik-Anlagen liefern, könnten profitieren,
denn in Europa sind die deutschen Hersteller in der
Branche der erneuerbaren Energien noch führend. Solar 30
Millennium beispielsweise baut solarthermische Kraftwerke. [...]
Rückenwind erhält die „grüne Energie“ spätestens seit
der Katastrophe in Japan aus allen Bereichen. Auch in
der Politik (gerade in Deutschland) gelten erneuerbare 35
Energien als zukunftsweisend.
Lässt sich durch ein Desertec-Projekt in Südeuropa aber
auch die Wirtschaft in den hoch verschuldeten Ländern
Südeuropas ankurbeln? Klingt beinahe zu gut: Investi-
tion in erneuerbare Energien, kürzere Transportwege 40

und dadurch günstiger Strom für Deutschland, Förderung der Wirtschaft in Südeuropa und dadurch Sicherung der Euro-Zone ...

[...] Auch die Europäische Investitionsbank (EIB) hält den Ausbau der erneuerbaren Energien für einen der Schlüssel zum Umbau des Landes und fördert entsprechende Projekte. Und EU-Energiekommissar Günther Oettinger hatte in der vergangenen Woche angekündigt, bei den Hilfen für Griechenland der Sonnenstrom-Produktion besondere Beachtung zu schenken.

Naturgemäß sind die Initiatoren und Betreiber des Desertec-Projektes von Überlegungen, in Ländern wie Griechenland, Spanien und Portugal die Solarthermie in großem Stil voranzutreiben, nicht so richtig begeistert. Sie fürchten, dass dadurch die Desertec-Idee an Aufmerksamkeit einbüßen könnte. So räumt Paul van Son, Chef der Desertec Industrial Initiative (Dii), zwar ein, dass ein Land wie Griechenland gute Voraussetzungen habe, aber: „Noch besser als in Griechenland sind die Bedingungen für erneuerbare Energie in Nordafrika und dem Nahen Osten." Die Länder dieser Region verfügten über sehr große nutzbare Wüstenflächen mit weitaus höherer Sonneneinstrahlung.

(Alexander Schröder/complex economy; nach: www.finanzweblog.de/allgemein/2011/08/03/aufschwung-fur-sudeuropa-konkurrenz-fur-das-desertec-projekt/;03.08.2011)

Aufgaben

1 Gestalten Sie im Auftrag der Europäischen Kommission einen PP-Vortrag/eine Informationsbroschüre, die für die technischen, ökonomischen und ökologischen Vorzüge der Solarthermie wirbt.

2 Verschaffen Sie sich in einem Schaubild einen Überblick über die verschiedenen Solarthermie-Projekte im Mittelmeerraum: Akteure, Interessen, Chancen, Risiken. Nutzen sie dazu die Materialien M4–M7.

3 Erläutern Sie den Zusammenhang zwischen europäischer Integration und Energiesicherheit (M6/M7).

4 Recherchieren Sie im Internet den aktuellen Stand des DESERTEC-Konzeptes und des Solarplans für das Mittelmeer.

5 Erstellen Sie mithilfe der Szenariotechnik (→ Bd. 1, S. 19) ein positives und ein negatives Extremszenario für den Solarplan für das Mittelmeer (best-case-scenario, worst-case-scenario).

6 Führen Sie auf der Grundlage von M8 eine Pro-Kontra-Debatte zur Frage: „Braucht die EU wirklich Strom aus MENA?" durch. Besetzen Sie dazu folgende Rollen: EU-Kommissar für Energie, Ministerpräsident von Spanien, Chef der Desertec Industrial Initiative (Dii), Ministerpräsident von Griechenland, Ministerpräsident von Marokko; französischer Staatspräsident.

→ **Recherche-Tipp zum Thema Energieversorgung Europas:** Bundeszentrale für Politische Bildung (www.bpb.de), Stichworte Europa/Energie.

Projekt: Ostseepipeline – Supranationales Energieprojekt mit landschaftsökologischen Problemen

Der ehemalige Bundeskanzler Gerhard Schröder, der französische Premierminister François Fillon, Bundeskanzlerin Angela Merkel, der niederländische Premierminister Mark Rutte und der russische Präsident Dmitrij Medwedjew öffnen symbolisch ein Ventil für den ersten Strang der Nord Stream-Pipeline.

Ostseepipeline Nord Stream

Verlauf der beiden Röhren der Ostseepipeline Nord Stream

seit Nov. 2011 in Betrieb
ab Okt. 2012 in Betrieb

NORWEGEN · SCHWEDEN · Ostsee · FINNLAND · Wyborg · RUSSLAND · ESTLAND · LETTLAND · LITAUEN · DÄNEMARK · Lubmin · DEUTSCHLAND · POLEN

Länge: 1 224 km
Kapazität: max. 55 Mrd. Kubikmeter Erdgas pro Jahr

Teilhaber:
Gasunie 9,0
GDF Suez 9,0
Gazprom 51,0
Eon Ruhrgas 15,5
BASF/Wintershall 15,5

Quelle: Nord Stream dpa•17559

Aufgaben

 Recherieren Sie
- die Hintergründe für den Bau der Pipeline;
- (im Buch) über die ökologischen Folgen der Erdöl- und Erdgasförderung in Russland (→ II/3.1, S. 72 ff.);
- eine aktuelle landschaftsökologische Bewertung durch Umweltverbände;
- Energieabhängigkeit der Bundesrepublik und Europas von Russland (www.bpb.de).

2 Erläutern Sie den politischen Konflikt um die Nord Stream-Pipeline: eine Pipeline an den EU-Partnern vorbei?

3 Diskutieren Sie: Bietet die gegenseitige Abhängigkeit der EU und Russlands mehr Chancen oder Risiken?

Anwenden und Vertiefen

Zusammenfassende Arbeitsvorschläge zum Kapitel „Strukturen bedeutsamer Wirtschaftsräume"

S. 98 ff. **1.** Erläutern Sie Vielfalt und Umfang der landwirtschaftlichen Produktion in den USA.

S. 101 ff. **2.** Verdeutlichen Sie durch Analyse von Kartenmaterial die naturgeographischen Voraussetzungen der landwirtschaftlichen Produktion in den USA.

S. 102 f. **3.** Zeigen Sie an Beispielen die Abhängigkeit des Anbaus bestimmter Nutzpflanzen von der Physiogeographie.

S. 104 f. **4.** Weisen Sie am Beispiel Betriebsgröße bzw. Trockenfeldbau den Zusammenhang nach zwischen Strukturwandel und Produktivitätssteigerung. Erörtern Sie dabei am Beispiel Trockenfeldbau den Zusammenhang zwischen Produktionssteigerung und ökologischen Risiken.

S. 113 **5.** Informieren Sie sich über Warentermingeschäfte und sammeln/bewerten Sie Argumente, die gegen eine Spekulation mit Agrarprodukten sprechen.

S. 123 f. **6.** Kennzeichnen Sie den wirtschaftlichen Aufstieg Chinas seit 1978 zur „Werkbank der Welt".

S. 118 ff. **7.** Geben Sie einen Überblick über die naturräumliche Gliederung Chinas und weisen Sie nach, dass diese Voraussetzungen Grundlage der wirtschaftlichen Stärke des Landes sind.

S. 124 f. **8.** Charakterisieren Sie das Wirtschaftssystem Chinas und diskutieren Sie den Zusammenhang zwischen politischen und ökonomischen Elementen.

S. 133 ff. **9.** Erläutern Sie den Aufstieg Chinas zu einer Wirtschaftsmacht und erörtern Sie die Risiken dieser Entwicklung.

S. 128 ff. **10.** China als Handelspartner oder Konkurrent: Pro- und Kontra-Argumentation!

S. 139 ff. **11.** Erklären Sie den Begriff „Regionale Disparitäten" und nennen Sie Möglichkeiten und Instrumente der Europäischen Union, Disparitäten entgegenzuwirken.

S. 140 **12.** Nennen und bewerten Sie mögliche Indikatoren zur Messung von Disparitäten. Inwiefern sind Ergebnisse auf Grundlage solcher Indikatoren geeignet, politisches Handeln auf europäischer Ebene zu legitimieren.

S. 142 **13.** Verdeutlichen Sie die europäische Regionalpolitik an einem konkreten Fallbeispiel.

S. 143 ff. **14.** Verfassen Sie eine Argumentation zum Thema: „Solarthermie – Technologie der Zukunft", mit der Sie Unternehmen für das DESERTEC-Projekt gewinnen möchten.

S. 145 ff. **15.** EU-MENA: Zukunftsregion oder Sackgasse? Nehmen Sie zu dieser Frage Stellung unter Berücksichtigung aktueller technischer, ökonomischer und politischer Hürden.

Kernbegriffe
- Agrobusiness
- Feedlots
- Trockenfeldbau
- badland-Bildung
- Warentermingeschäfte
- Sozialistische Marktwirtschaft
- Global Player
- Global Going
- Grenzen des Wachstums
- Nachhaltigkeit
- Produktpiraterie
- Europäische Union
- Europäische Kommission
- Disparitäten
- Regionalpolitik
- Solarthermie

Umgang mit Statistiken

M1 Energieabhängigkeitsquoten

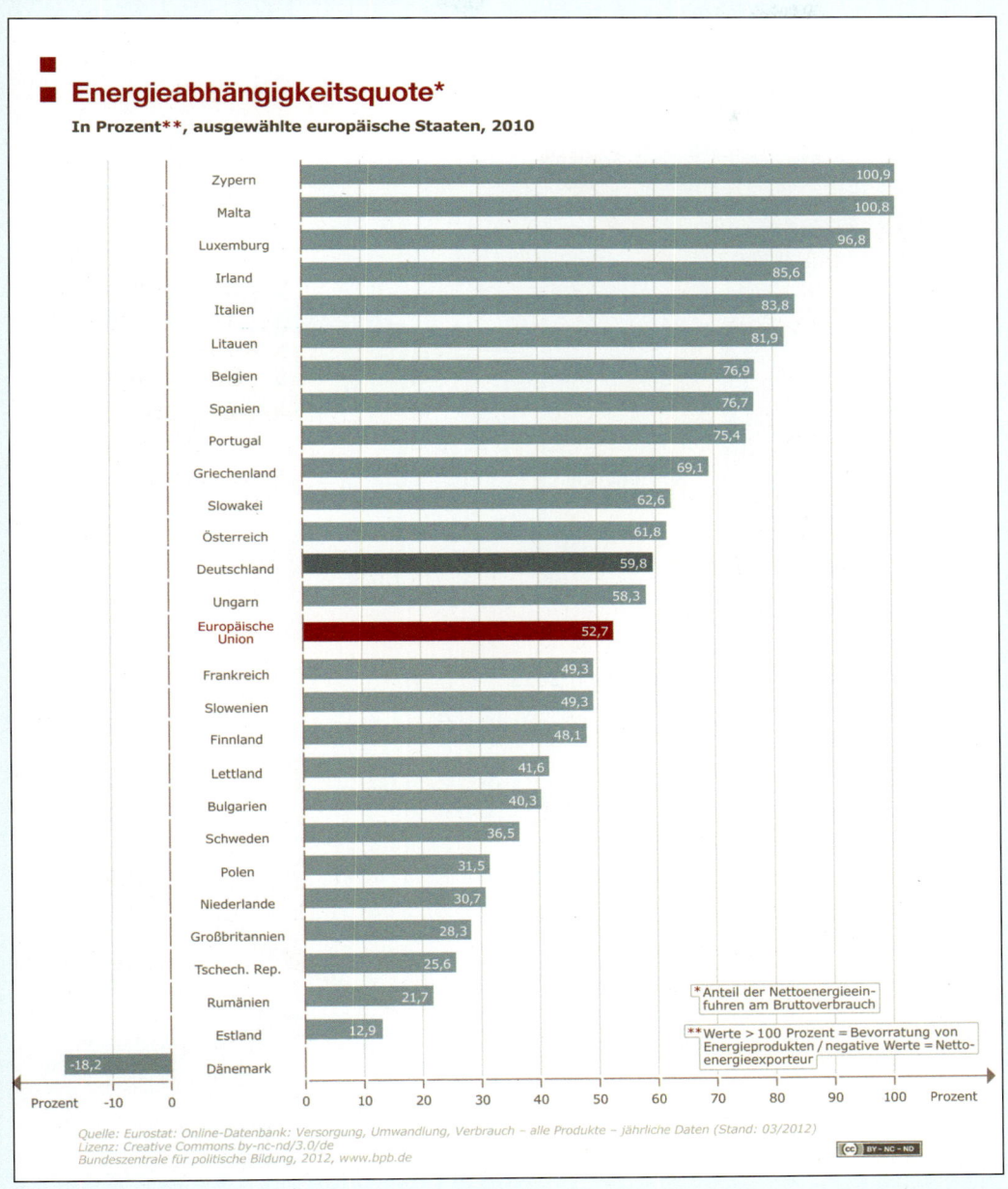

■
■ **Energieabhängigkeitsquote***

In Prozent**, ausgewählte europäische Staaten, 2010

Zypern	100,9
Malta	100,8
Luxemburg	96,8
Irland	85,6
Italien	83,8
Litauen	81,9
Belgien	76,9
Spanien	76,7
Portugal	75,4
Griechenland	69,1
Slowakei	62,6
Österreich	61,8
Deutschland	59,8
Ungarn	58,3
Europäische Union	52,7
Frankreich	49,3
Slowenien	49,3
Finnland	48,1
Lettland	41,6
Bulgarien	40,3
Schweden	36,5
Polen	31,5
Niederlande	30,7
Großbritannien	28,3
Tschech. Rep.	25,6
Rumänien	21,7
Estland	12,9
Dänemark	-18,2

* Anteil der Nettoenergieein-
fuhren am Bruttoverbrauch

** Werte > 100 Prozent = Bevorratung von
Energieprodukten / negative Werte = Netto-
energieexporteur

Quelle: Eurostat: Online-Datenbank: Versorgung, Umwandlung, Verbrauch – alle Produkte – jährliche Daten (Stand: 03/2012)
Lizenz: Creative Commons by-nc-nd/3.0/de
Bundeszentrale für politische Bildung, 2012, www.bpb.de

CC BY – NC – ND

Klausurtraining

M2 **Stromerzeugung: Deutschland und Frankreich im Vergleich**

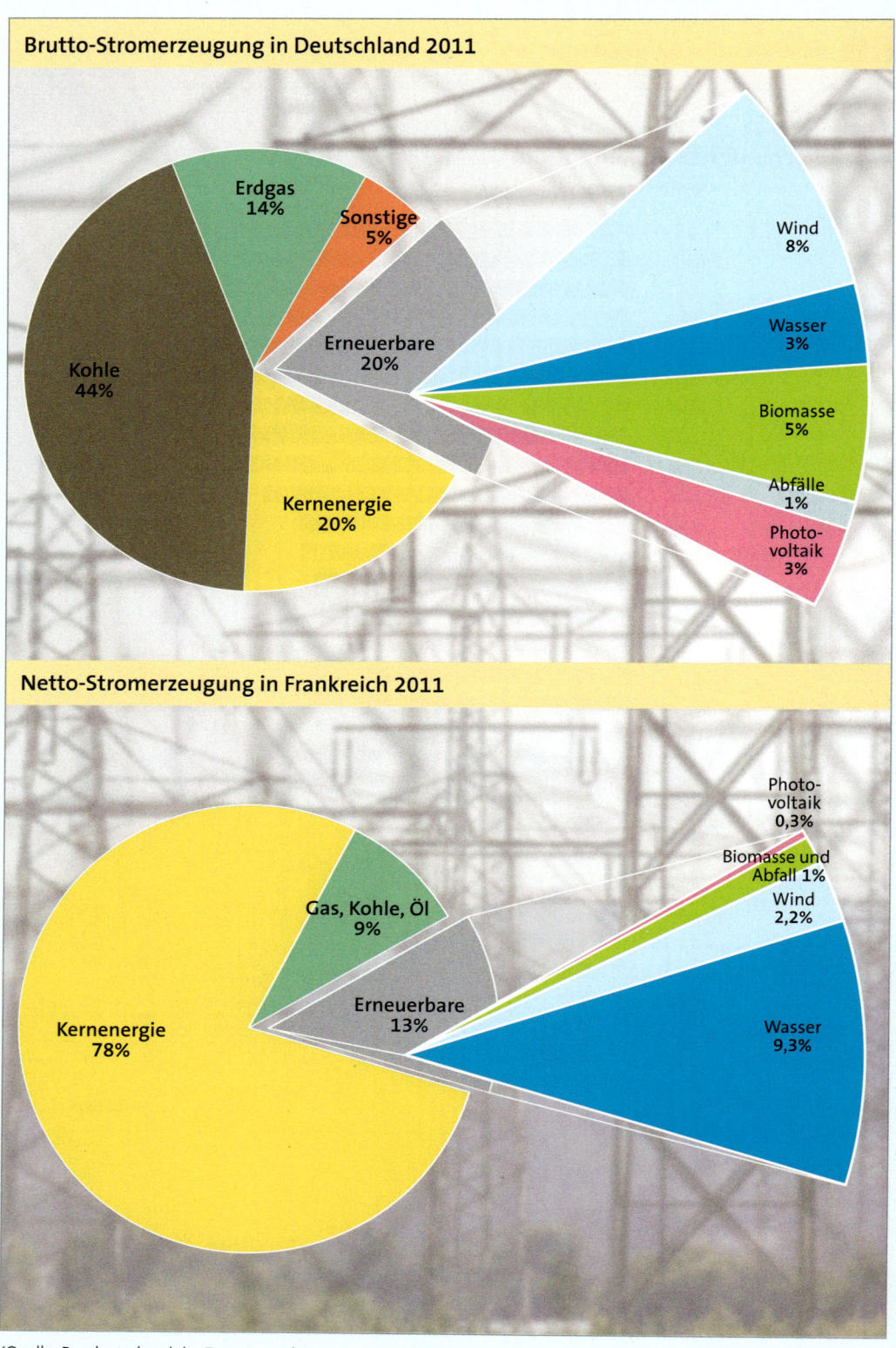

Brutto-Stromerzeugung in Deutschland 2011

Erdgas 14%
Sonstige 5%
Erneuerbare 20%
Kohle 44%
Kernenergie 20%
Wind 8%
Wasser 3%
Biomasse 5%
Abfälle 1%
Photo-voltaik 3%

Netto-Stromerzeugung in Frankreich 2011

Gas, Kohle, Öl 9%
Erneuerbare 13%
Kernenergie 78%
Photo-voltaik 0,3%
Biomasse und Abfall 1%
Wind 2,2%
Wasser 9,3%

(Quelle: Bundesverband der Energie- und Wasserwirtschaft/BDEW, Dez. 2011 und RTE (französischer Netzbetreiber), Jan. 2012)

M3 **Gasimporte der EU**

Energieimporte der EU-27* nach Ursprungsland – Gas
(Anteile in Prozent, Gesamtimport in 1000 Tonnen Rohöleinheiten, 1990 bis 2010)

	1990	1995	2000	2005	2009	2010
	Gesamtimport in 1000 t ROE					
	163 343	179 896	241 462	317 446	338 039	357 305
	Anteile in Prozent					
Russland	55,3	50,6	40,4	34,5	28,8	26,4
Norwegen	13,3	13,9	17,1	20,7	25,8	23,4
Algerien	14,3	16,3	19,6	15,3	11,9	12,0
Katar	0,0	0,0	0,1	1,3	3,8	7,1
Nigeria	0,0	0,0	1,5	3,0	2,0	3,0
Libyen	0,6	0,7	0,3	1,4	2,4	2,3
Trinidad und Tobago	0,0	0,0	0,3	0,2	1,8	1,2
Ägypten	0,0	0,0	0,0	1,4	1,7	1,1
Türkei	0,0	0,0	0,0	0,0	0,2	0,1
Kroatien	0,0	0,0	0,0	0,0	0,2	0,1
Top 10	83,5	81,4	79,4	77,8	78,6	76,8
Intra-EU	16,2	17,3	17,2	15,0	16,1	16,9

*einschließlich Intra-EU-Importe

Quelle: Eurostat: Online-Datenbank: Importe (nach Ursprungsland) – Öl, Gas, feste Brennstoffe – jährliche Daten, Versorgung, Umwandlung, Verbrauch – alle Produkte – jährliche Daten (Stand: 03/2012)

(Nach: Bundeszentrale für politische Bildung, 2012; www.bpb.de)

Aufgaben

1 Verfassen Sie im Auftrag der Bundeszentrale für politische Bildung einen beschreibenden und interpretierenden Text zur Grafik M1.

2 Skizzieren Sie verschiedene Möglichkeiten einer Umsetzung der Tabelle (M3) in eine anschauliche Grafik. Erörtern Sie Vorzüge und Nachteile der jeweiligen Darstellung.

3 Vergleichen Sie den Energiemix bei der Stromerzeugung und nennen Sie mögliche Gründe, die die Unterschiede zwischen Deutschland und Frankreich erklären (M2).

4 Formulieren Sie wahlweise eine Regierungserklärung der französischen/deutschen Regierung zur Zukunft der Energieerzeugung im eigenen Land. Verwenden Sie dabei ausgewählte Daten aus M2, die die Argumentation stützen. Die aktuelle Situation sollte jeweils als günstige Ausgangssituation gerechtfertigt werden (Stichworte: Energiewende, Energieabhängigkeit, sauberer Strom, Energiesicherheit, Klimawandel, Treibhausgase, bezahlbarer Strom, Nachhaltigkeit).

Klausurtraining

IV. Entwicklungsländer – Was ist (ein) Entwicklung(sland)?

Zwei Bilder, zwei Städte: Berlin und Mumbai. Es bleibt nur die Frage, wie die Bilder und die Aufnahmeorte einander zuzuordnen sind. Stereotype leiten uns hierbei mit konkreten Vorstellungen darüber, welche Charakteristika ein Entwicklungs- oder Schwellenland wie Indien und welche ein sogenanntes entwickeltes Land wie Deutschland kennzeichnen. Die Sauberkeit des Stadtbildes ist wohl eines davon. Wer bei so einer suggestiven Frage eine Falle vermutet und das erste Bild entgegen der gängigen Vorstellungen Mumbai zuordnet, liegt richtig. Tatsächlich stellt das zweite eine Szene aus Berlin (Alexanderplatz) dar. In Mumbai würde man eher Müll im Straßenbild angesichts einer je nach Standort schlechten bis fehlenden öffentlichen Infrastruktur zur Abfallentsorgung erwarten. Und tatsächlich, auch Bilder der Müllberge am Straßenrand kann man dort aufnehmen. Aber eben nicht ausschließlich und deshalb ist in Mumbai genauso das abgebildete Hotel im noblen Bankenviertel zu finden. Ebensolche Blicke bieten sich selbstverständlich auch in Stuttgart. Es zeigt sich: In den punktuellen Perspektiven der Bilder, die auf einen Augenblick und einen Blickwinkel beschränkt sind, wird die Vielfalt dessen, was ein Land und seine Entwicklung ausmacht, deutlich reduziert. Und doch bestehen wesentliche Unterschiede zwischen Mumbai und Stuttgart, zwischen dem Leben in Indien und Deutschland.

Was macht also die Entwicklung und den Entwicklungsstand eines Landes aus? Welche Perspektive ist leitend? Und: Wer teilt die Welt ein? In seiner Antrittsrede vom 20. Januar 1949 führte US-Präsident Harry Truman den Begriff „Unterentwicklung" ein, als er von sog. „unterentwickelten Gebieten" sprach. Dazu Gustava Esteva (mexikanischer Aktivist und Begründer der Universidad de la Tierra in Oxacs/Mexiko): „Ich bin unterentwickelt worden, als ich 13 Jahre alt war, als Präsident Truman das Amt antrat und das Wort ‚Unterentwicklung' prägte. Ich war einer der zwei Milliarden Menschen, die an eben jenem Tag unterentwickelt wurden. Wir waren es nicht".

Sie werden die Begriffe Entwicklungsland und Entwicklung im Fokus dieses Kapitels vorfinden. Dabei wird berücksichtigt, dass Entwicklungsland nicht gleich Entwicklungsland ist und dass innerhalb eines Landes, ja sogar innerhalb einer Stadt und auch (indirekt gebunden an den geographischen Raum) zwischen den Menschen in einem Entwicklungsland große Unterschiede bestehen können.

Sie werden sich kritisch mit medialen Darstellungen von Entwicklungsländern, speziell im Kartenbild, auseinandersetzen. Eine fundierte Raumanalyse wird Ihnen helfen, die Vielfalt und Komplexität des Lebens und Geographie-Machens in Entwicklungsländern – mindestens in Ausschnitten – zu verstehen, wobei Sie verschiedene Akteure in den Blick nehmen können. Sie werden diese Methode der Raumanalyse an zwei Beispielen kennenlernen und durchführen: anhand der weltgrößten Goldminen in Peru, die den Anwohnern keinen goldwerten Reichtum bringen, und anhand der Situation der Jugend in Ruanda, dem Partnerland von Rheinland-Pfalz.

Diese Leitfragen spielen im Kapitel „Entwicklungsländer – Was ist (ein) Entwicklung(sland)?" eine Rolle:

- Was ist Entwicklung? Gibt es alternative Konzepte zur Entwicklung?
- Was kennzeichnet ein Entwicklungsland? Welche verschiedenen Klassifikationen existieren und wie begründen sich diese jeweils?
- Wie kann Entwicklung stattfinden? Welche Kontroversen gibt es über Entwicklungsstrategien?
- Inwiefern muss die mediale Darstellung von Entwicklungsländern bewusst hinterfragt werden?
- Wie wird eine synoptische Raumanalyse mithilfe der vier Raumkonzepte durchgeführt?
- Warum profitiert die Bevölkerung der Region Caramarca in Peru nicht vom Ressourcenreichtum und Goldabbau?
- Welche Konsequenzen hat der Status eines Entwicklungslandes für das gegenwärtige und zukünftige Leben der Jugend in Ruanda?

1. Entwicklungsländer im Kartenbild

Die BBC (British Broadcasting Cooperation, einflussreiche britische Rundfunkanstalt) veröffentlicht auf ihrer Homepage im Bereich „education" zur Thematik Entwicklungsländer eine Karte wie diese (M1). Sie scheint einen sehr klaren Einblick zu geben, welche Areale der Erde im vorliegenden Kapitel wohl eine Rolle spielen sollten. Die Problematik der Entwicklungsländer, so die Botschaft, lässt sich

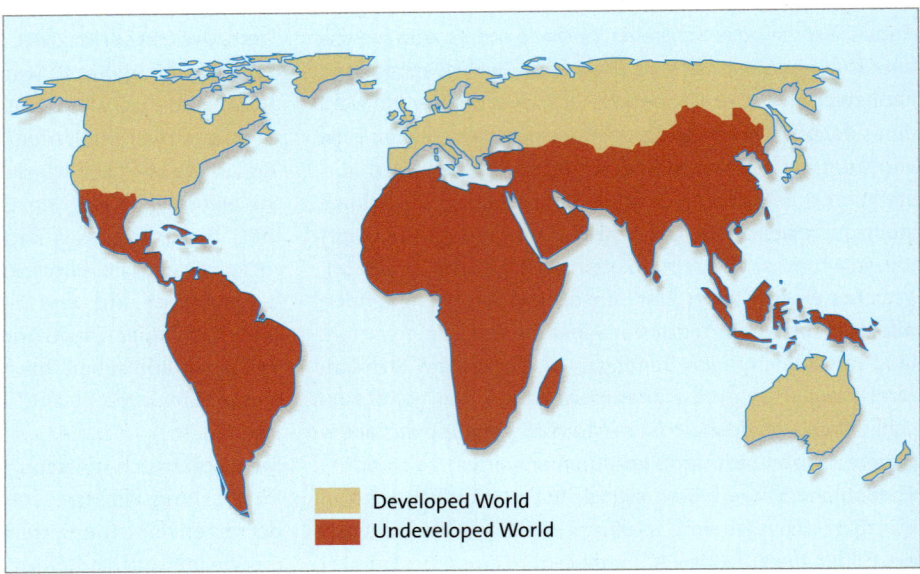

klar vom entwickelten Rest der Welt abgrenzen. Allerdings dient diese Karte in erster Linie dazu, die Kommunikation mittels einer sehr einfachen Klassifikation zu erleichtern, die keine Zwischentöne zulässt. Um Entwicklungsländer tatsächlich zu verstehen, eignet sich eine einfache Betrachtungsweise jedoch nicht: Schon die zweite Karte (M2) macht deutlich, dass selbstverständlich mehr Feinheiten und Abstufungen bestehen.

M2 Gliederung der Welt nach dem Human Development Index (HDI)

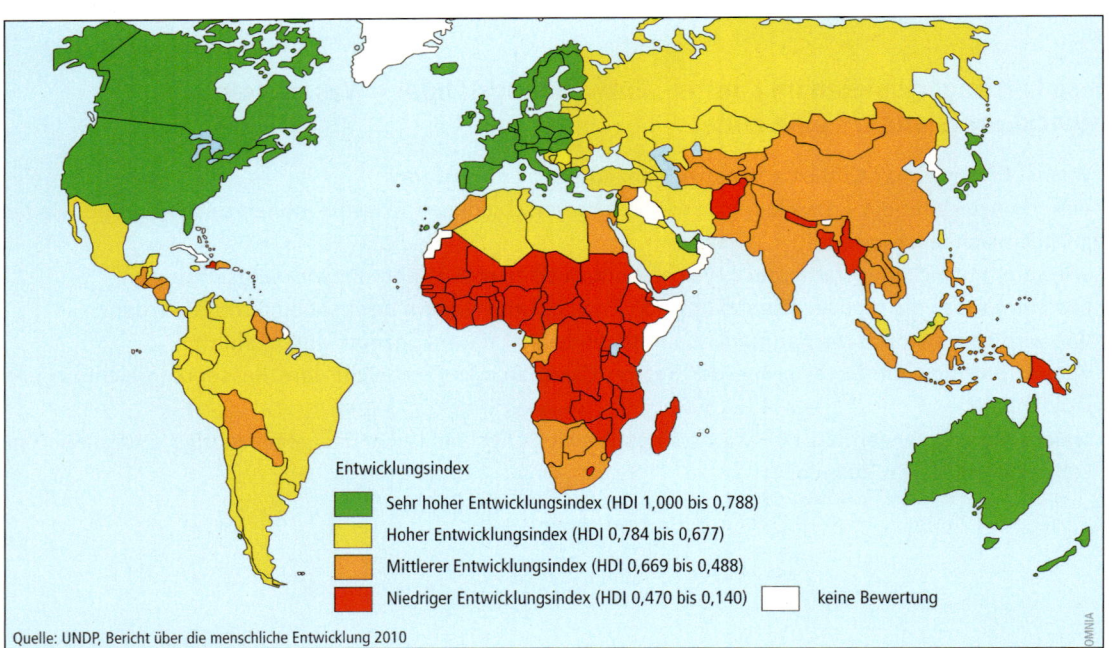

Quelle: UNDP, Bericht über die menschliche Entwicklung 2010

(Nach: OMNIA Verlag)

→ Vergleichen Sie hierzu auch Kap. V/2., S. 202, M 5.

Doch auch hier müssen grundlegende Fragen gestellt werden: Was entscheidet, in welchem Zahlenraum einem Land eine bestimmte Farbe zugeordnet wird bzw. wo die Grenzen der damit festgelegten Klassen sind? Welche Indikatoren verbergen sich hinter den Zahlenwerten des HDI? Wie werden diese Indikatoren gewichtet? Gibt es noch weitere, zusätzliche Indikatoren, die über Entwicklung Aufschluss geben können? Was meinen überhaupt die Begriffe „Entwicklung" und „Entwicklungsland"? Ist das Leben in Ländern gleicher Farbe wirklich gleich angenehm/gut/beschwerlich/gefährlich? Was ist mit Unterschieden (Disparitäten) innerhalb eines Landes? Inwiefern geben die Indikatoren Hinweise auf die Dynamik und Richtung der Entwicklungsprozesse?

Ähnlich wie für physisch-geographische Geozonierungen gilt auch für Zonen bzw. Klassifikationen der Länder der Welt nach ihrem Entwicklungsstand, dass es sich hierbei um menschgemachte Einteilungen handelt, welche die Orientierung in der Welt erleichtern sollen. Die Grenzen der Aussagekraft der Klassifikationen dürfen jedoch nicht vernachlässigt werden. Gerade Darstellungen in Karten scheinen in ihrem Überblicksbild und ihrer Klarheit manchmal vergessen zu lassen, dass die Welt nicht so einfach ist, wie sie scheint. Wir dürfen uns nicht, wie der Kartograph Denis Wood mahnt, von der „Macht der Karten" täuschen lassen, sondern müssen kartographische Darstellungen stets hinterfragen: Paradoxerweise ist die geeignete Frage dafür nicht zwangsläufig die, was in der Karte dargestellt wird, sondern auch die, was nicht in ihr zu finden ist. Um diese Frage exemplarisch zu beantworten, wird dieses Kapitel auf Problemfälle eingehen, mit denen Menschen an ganz konkreten Orten, die nach der Klassifikation der Karten in Entwicklungsländern lokalisiert sind, zu kämpfen haben.

M3 Robert Kennedy (1968)

Am 18. März 1968 beschwor Robert Kennedy, damals demokratischer US-Präsidentschaftskandidat, in einer legendären Rede in Kansas seine Zuhörer: „Das Bruttoinlandsprodukt erfasst nicht die Gesundheit unserer Kinder, nicht die Qualität ihrer Schulen und nicht ihre Freude beim Spielen. Es spiegelt weder die Schönheit unserer Dichtung noch die Stabilität unserer Ehen wider, es sagt nichts aus über das Niveau unserer politischen Diskussionen oder die Integrität unserer Politiker. Es misst weder unseren Mut noch unsere Weisheit noch unsere Hingabe an unser Land. Kurz gesagt, misst es alles bis auf die Dinge, die das Leben lebenswert machen."

(Zit. nach: Neue Maßstäbe des Wohlstands; in: Atlas der Globalisierung, Le Monde diplomatique, Berlin 2012, S. 158)

Aufgaben

1. Problematisieren und diskutieren Sie die Aussage der Begriffe „Entwicklungsland" und „Industrieland", „Dritte Welt" und „Eine Welt".

2. Kartenarbeit: Stellen Sie am Beispiel eines Landes ihrer Wahl (z. B. Afghanistan) fest, welche Informationen, die für den Begriff der Entwicklung und für die Entwicklung des Landes relevant sein könnten, sich aus der Karte M2 entnehmen/nicht entnehmen lassen.

3. Nennen Sie die zentralen Unterschiede zwischen dem BIP und dem HDI als Entwicklungsindikatoren.

4. Welche Indikatoren und Informationen benötigen wir (über die Indikatoren des HDI hinaus), um den Entwicklungsstand und die Entwicklungsperspektiven eines Landes (z. B. von Afghanistan) realistisch einschätzen zu können?

5. *„Menschen sind der wirkliche Reichtum eines Landes"* (Einleitung Human Development Index von 1990, Übersetzung). Begründen Sie das dieser Aussage zugrunde liegende Ziel von Entwicklung. Beziehen Sie M3 mit ein.

6. **Recherchetipp:** Seite der UN zum Weltentwicklungsbericht (http://hdr.undp.org/en/statistics/hdi/).

2. Grundinformation: Entwicklungsländer

Auseinandersetzung mit dem Entwicklungsbegriff

Gesellschaften sind im Fluss und verändern sich. Sofern diese Entwicklung progressiv verläuft, d. h. insgesamt zu einem höheren Lebensstandard führt, zu Innovationen, von denen signifikante Teile der Bevölkerung profitieren, spricht man von Entwicklung im Sinne der Begrifflichkeiten der Entwicklungstheorien. Diese Entwicklung erfolgt auf sozialen, wirtschaftlichen, technologischen und politischen Gebieten. So profitieren weitere Bevölkerungsteile von einem vermehrten gesellschaftlichen Reichtum, von der Gleichstellung der Frau, vom Ausbau des Bildungssystems, von der Erhöhung des politischen Mitspracherechts sowie von Entwicklungen im Kommunikationssektor und im medizinischen Bereich, um nur einige Beispiele zu nennen. Problematisch wird diese Deutung des Begriffs allerdings dann, wenn die Auswirkungen von Veränderungen – oder auch von nie zuvor dagewesenen Innovationen – nicht eindeutig als positiv gewertet werden können, wie etwa eine vermehrte Arbeitslosigkeit oder eine starke Umweltbelastung durch technologische Neuerungen. Progression muss daher nicht immer positiv sein, was bereits im Hinblick auf den Begriff Nachhaltigkeit erkannt wurde. Stellt diese Ambivalenz aber den positiv konnotierten Begriff der Entwicklung infrage? Das macht zugleich deutlich, wie schwer es ist, den Entwicklungsstand eines Landes zu definieren: Was benötigt ein Land, um als entwickelt zu gelten? Ist die Summe der Innovationen, die ein Land vereint, maßgeblich? Fest steht bereits, dass genügend Beispiele existieren, die aufzeigen, dass Entwicklung nicht immer in den gleichen Bahnen verlaufen muss: Galt einst die Dichte an Telefonanschlüssen mit Recht als Kriterium der Entwicklung, so mussten viele Staaten diesen Schritt der Entwicklung nicht gehen, da sie ihn durch Einführung des Mobilfunks überspringen konnten (Leap frog theory).

M1 Beispiel: Bruttonationalglück in Bhutan – Ausrede für ein „Land im Mittelalter" oder alternative Entwicklungsform?

Nicht statistischen Größen wie dem Bruttoinlandsprodukt sei man politisch verpflichtet, äußerte Bhutans damaliger König Jigme Singye Wangchuck 1974 in einem Interview mit der „Times" eher beiläufig, sondern dem „Gross National Happiness", zu Deutsch „Bruttonationalglück". Was für europäische Ohren ein wenig nach Pekingoper klingt, nach verordnetem kollektiven Frohsinn, war ursprünglich als buddhistische Anti-These zu der in der westlichen Welt vorherrschenden Jagd nach mehr Effizienz, höherer Produktivität, höherem Profit gedacht. Im Zentrum der Politik soll das Glück des Einzelnen stehen, das sich nicht materiell definieren lässt. So muss sich jede öffentliche Investition, jede politische Gesetzesänderung daran messen lassen, ob sie tatsächlich dem Allgemeinwohl dient – und nicht einem abstrusen Wachstumsmantra.

„Der Drang nach mehr, die Angst vor Verlust oder Verringerung des Vermögens verdrängt weitgehend jedes Sichzufriedengeben als eine der wichtigsten Voraussetzungen für Glück im wirklich menschlichen Sinne", meint der ehemalige Botschafter Harald Nestroy. [...] Empfinden wir also so selten ein Gefühl des Glücks, weil wir dem falschen Begriff nacheifern? Nestroy: „Im Buddhismus wird Glück als Zustand innerer Ausgeglichenheit definiert".

(Nach: Elian Ehrenreich, Spiegel Online, 25.01.2010; http://www.spiegel.de/reise/fernweh/himalajastaat-bhutan-auf-der-suche-nach-dem-bruttonationalglueck-a-673514.html)

Entwicklungsländerbegriff und Kritik

Um Länder im Hinblick auf ihren Entwicklungsstand im alltäglichen und fachwissenschaftlichen Sprachgebrauch unterscheiden zu können, waren bereits verschiedene Begriffspaare und -gruppen in Gebrauch.

M2 Verschiedene historische und aktuelle Begrifflichkeiten zur Differenzierung des Entwicklungsstandes

- **Zivilisierte und unzivilisierte Welt:** In der Zeit des Kolonialismus grenzte sich die europäische, selbstgenannte „zivilisierte Welt" von der „unzivilisierten" ab, mit dem Argument fehlender Errungenschaften und insbesondere des fehlenden christlichen Glaubens.

- **Drei Welten:** Die Begriffe Erste, Zweite und Dritte Welt wurden im 20. Jahrhundert verschiedentlich und heute noch gelegentlich genutzt. Im Kalten Krieg verstanden sich die westlichen Industrienationen als Erste Welt, bezeichneten die sozialistischen Staaten als Zweite und die Entwicklungsländer als Dritte Welt. China wiederum verstand die Supermächte USA und Sowjetunion als Erste Welt und alle von diesen abhängigen Industrienationen als Zweite. Der Begriff „Dritte Welt" taucht auch heute noch gelegentlich für sich allein auf. Als Zweite Welt werden heute eher selten Schwellenländer bezeichnet.

- **Nord-Süd:** Der „entwickelte Norden" und der „unterentwickelte Süden" haben nur insofern etwas mit der geographischen Lage zu tun, als dass die meisten entwickelten Staaten auf der Nordhalbkugel und die meisten Entwicklungsländer auf der Südhalbkugel liegen.

- **Industrie- und Agrarnationen:** Die Unterscheidung beruht auf der unterschiedlichen Verteilung der Anteile der verschiedenen Wirtschaftssektoren an der Gesamtzahl der Beschäftigten sowie am Bruttoinlandsprodukt in Abhängigkeit vom Entwicklungsstand. Allerdings erfassen diese Zahlen nicht zuverlässig Subsistenzwirtschaft. Der Begriff „Agrarland" deckt auch nicht die mögliche Bedeutung etwa des Bergbausektors mit ab. Zudem sind „Industrienationen" heute vielmehr im Dienstleistungs- und Informationssektor tätig, während die industrielle Produktion in Schwellen- oder Entwicklungsländer ausgelagert wird.

- **Low income, lower middle income, upper middle income und high income countries:** Diese Klassifikation beruht auf durch die Weltbank gesetzten Schwellenwerten und wird auch zur Beurteilung des Entwicklungsstandes verwendet. Entwicklung bemisst sich hierbei, wie die Benennung zeigt, ausschließlich am Bruttoinlandsprodukt pro Kopf.

- **Failed states, Transformations- und Schwellenländer:** Diese Begriffe sind jeweils definiert durch ein Bündel an Bedingungen und wurden von verschiedenen Institutionen geschaffen. Hinzu kommen weitere Begriffe für regionale Staatengruppen (*Tigerstaaten* etc.)

(Autorentext)

Aufgaben

1 „Wer die Worte macht, hat die Macht"? Begründen Sie mithilfe der oben stehenden Definitionen M2, dass eine Klassifikation auch immer etwas über ihren Urheber aussagen kann und darüber, wie dieser seine Stellung in der Welt bewertet.

2 „Nord-Süd" ist eine recht ungenaue Dichotomie (= Klassifikation in zwei Extreme): Differenzieren Sie grafisch in einer Weltkarte oder Faustskizze der Erde auf Basis Ihres Vorwissens die Welt im Hinblick auf den Entwicklungsstand.

Eigenschaften (Indikatoren) und Probleme von Entwicklungsländern

In gängigen Datengrundlagen und Länderberichten (z. B. Deutsche Stiftung Weltbevölkerung, DSW-Datenreport; Fischer Weltalmanach) findet sich eine Vielzahl von Indikatoren zur Erfassung und Konkretisierung des Entwicklungsstandes.

M3 Länderbarometer

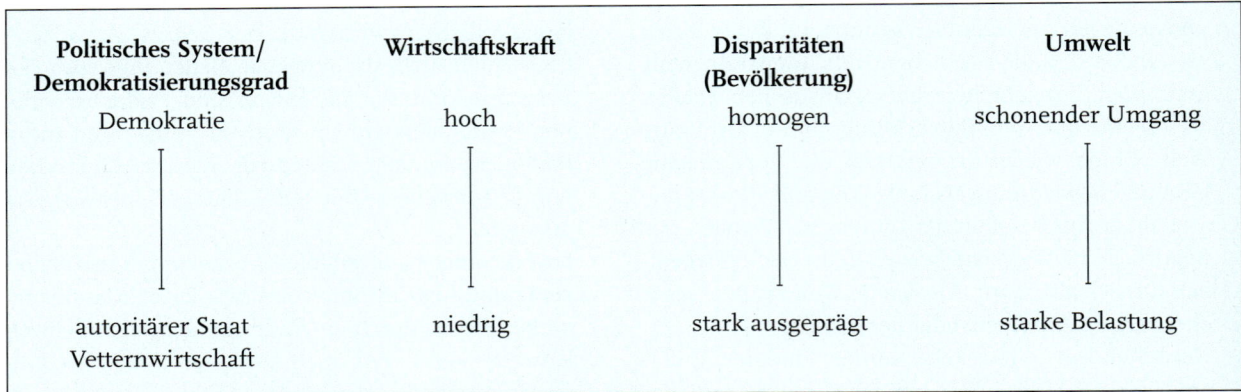

(Nach: Jens Willhardt/Udo Weierich, Szenarien und Strategien für einen Erdöl exportierenden Staat, Unterrichts-Konzepte Erdkunde KEK71–24 Beitrag I. 3, S. 40, Hallbergmoos (Stark-Verlag) 2012)

Aufgaben

1. Erstellen Sie eine Liste von Merkmalen zur Kennzeichnung des Entwicklungsstandes eines Landes Ihrer Wahl, gruppieren Sie diese zunächst nach Oberbegriffen (Kategorien) und entwerfen Sie ein Wirkungsgefüge zur Veranschaulichung der Zusammenhänge zwischen einzelnen Merkmalen.

2. Erläutern Sie die Vor- und Nachteile des Indikators „Pro-Kopf-Einkommen" zur Kennzeichnung des Entwicklungsstandes.

3. „Die Auswahl (der Indikatoren) bestimmt die Aussage!" Mithilfe des sog. Länderbarometers (M3) lässt sich die Situation eines Landes zusammenfassend veranschaulichen. Ergänzen Sie diese Visualisierungshilfe um weitere Bereiche und tragen Sie Ihre Länderbeispiele in das Barometer (Bleistiftkreuz) ein.

4. Erörtern Sie, ob mit statischen Daten objektive Aussagen zum Entwicklungsstand eines Landes getroffen werden können. Welche alternative Vorgehensweise würden Sie vorschlagen?

5. Überprüfen Sie den Zusammenhang zwischen Reichtum und CO_2-Ausstoß eines Landes. Mit welchen Daten können diese Angaben sinnvoll ergänzt werden?

Entwicklungstheorien und deren Relativierung: Irrtümer und Denkanstöße

Wer weiß, wie die Dinge zusammenhängen, kann sie beeinflussen. Nach diesem Grundsatz wird seit Jahrzehnten versucht, die Ursachen der Unterentwicklung zu ergründen und aus diesen Erkenntnissen Ansätze abzuleiten, durch welche die Entwicklungsländer vorangebracht werden sollen.

Entwicklungstheorien sind verschiedene Erklärungsmuster für die Ursachen der Unterentwicklung mit unterschiedlicher Reichweite.

Entwicklungstheorien und -strategien sind eng miteinander verbunden. Entwicklungsstrategien legitimieren sich über bestimmte Entwicklungstheorien.

Entwicklungsstrategien sind Handlungsempfehlungen, um die Entwicklung eines Landes voranzutreiben.

M4 Rostows Stufenmodell 1960

① Traditionelle Wirtschaft

Kaum Infrastruktur, keine hohe soziale oder ökonomische Erwartung; Dominanz des Agrarsektors.

② Übergang

Minimale Infrastruktur, Impetus zum „take-off" von außen oder innen; Unternehmensgründungen erbringen Wachstum der Investitionsquote; wirtschaftlicher Fortschritt als Ziel; wirtschaftliches Wachstum beginnt.

③ Aufstieg

„Take-off-societies"; Abbau traditioneller Strukturen in allen gesellschaftlichen Bereichen; sprunghafter Anstieg der Investitions- und Sparquote am Volkseinkommen; Entstehung neuer Wachstumsindustrien; selbsttragende Wirtschaft beginnt.

④ Reifung

Voraussetzung für Produktion vorhanden als Kapitalakkumulation; Ausbau technischen Know-hows; regelmäßiges, zyklisches Wachstum; Steigerung des Pro-Kopf-Einkommens und Konsums; Entstehung neuer Industrien; internationaler Handel blüht.

⑤ Massenkonsum

Volle Entfaltung aller Produktionskräfte; Wachstum des Realeinkommens; Mitteleinsatz für Konsumgüter statt Existenzgrundlage; Zahl der Angestellten im Gegensatz zu Arbeitern steigt; Wohlfahrtsstaat.

(Zusammenstellung nach Rostow 1960 und weiteren Quellen)

M5 Auswahl an Entwicklungstheorien in Kurzform

Endogene Theorien: Unterentwicklung liegt (ausschließlich) im Land begründet.	
Geodeterminismustheorie Nachteilige natürliche (insbesondere klimatische) Bedingungen führen zum Entwicklungsrückstand.	**Ressourcenfluchtheorie** Der Reichtum an einer Ressource verhindert die Entwicklung in anderen Bereichen und macht abhängig von Konjunkturschwankungen.
Modernisierungstheorie Entwicklungsländern mangelt es (noch) an kultureller Innovation.	**Theorie der Kreislaufprozesse** In negativen Rückkopplungen („Teufelskreise"), die als unabänderlich (miss)verstanden werden, bleibt eine Änderung von Handlungsmustern aus.
Exogene Theorien: durch Kräfte außerhalb des Landes bedingt	
Imperialismustheorie Die koloniale Abhängigkeit wirkt nach, die daraus resultierenden Strukturen behindern noch heute die Entwicklung.	**Dependenztheorie** Die Entwicklungsländer werden durch die entwickelten Länder in Abhängigkeit und in für sie nachteiligen Handelsbeziehungen gehalten.
Schlussendlich ist wohl eine Mischung aus endogenen und exogenen Faktoren zu nennen.	

(Autorentext)

M6 **Erklärungsansätze für „Unterentwicklung" im Vergleich**

Erklärungsansätze für Unterentwicklung

EL = Entwicklungsländer, IL = Industrieländer, UE = Unterentwicklung, E = Entwicklung, t = Zeit

Theorie-„Lager"

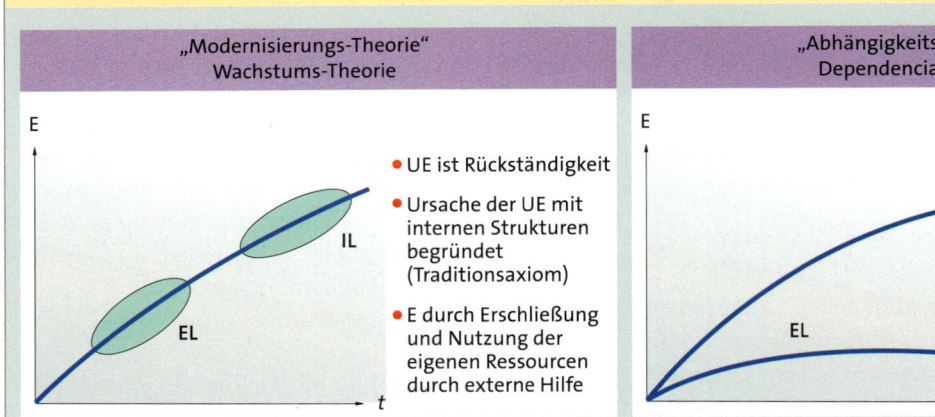

„Modernisierungs-Theorie"
Wachstums-Theorie

- UE ist Rückständigkeit
- Ursache der UE mit internen Strukturen begründet (Traditionsaxiom)
- E durch Erschließung und Nutzung der eigenen Ressourcen durch externe Hilfe

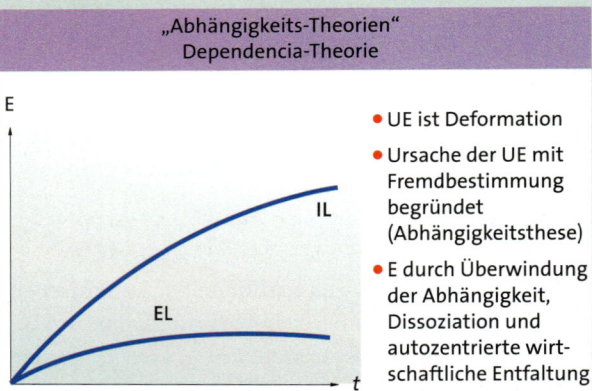

„Abhängigkeits-Theorien"
Dependencia-Theorie

- UE ist Deformation
- Ursache der UE mit Fremdbestimmung begründet (Abhängigkeitsthese)
- E durch Überwindung der Abhängigkeit, Dissoziation und autozentrierte wirtschaftliche Entfaltung

Sozial-Struktur

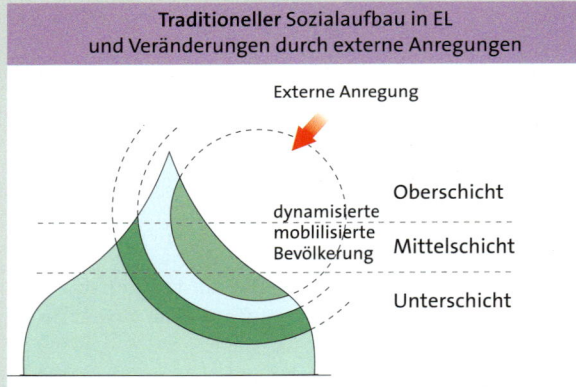

Traditioneller Sozialaufbau in EL
und Veränderungen durch externe Anregungen

Externe Anregung

dynamisierte mobilisierte Bevölkerung

Oberschicht
Mittelschicht
Unterschicht

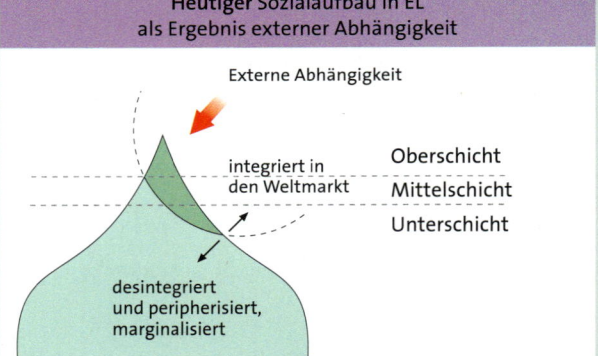

Heutiger Sozialaufbau in EL
als Ergebnis externer Abhängigkeit

Externe Abhängigkeit

integriert in den Weltmarkt

Oberschicht
Mittelschicht
Unterschicht

desintegriert und peripherisiert, marginalisiert

Raum-Struktur

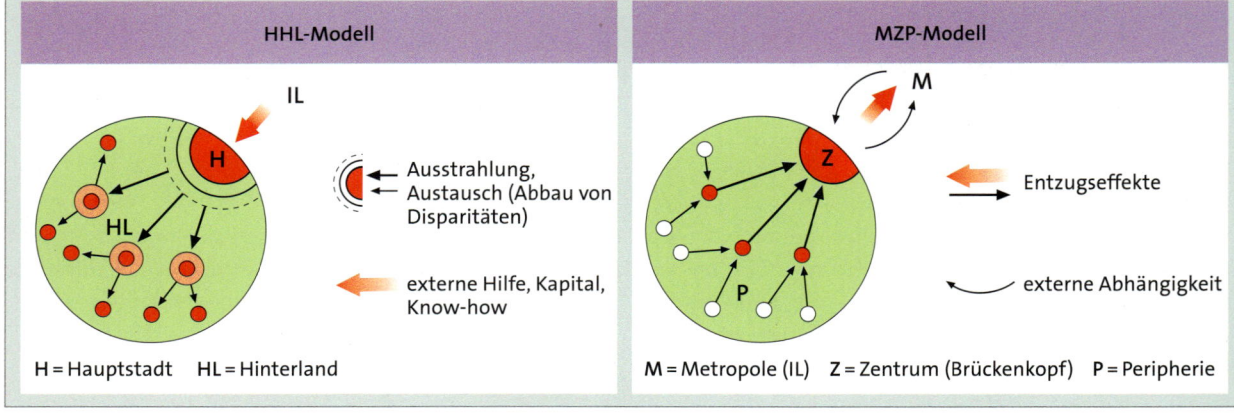

HHL-Modell

IL

H

HL

← Ausstrahlung, Austausch (Abbau von Disparitäten)

← externe Hilfe, Kapital, Know-how

H = Hauptstadt   HL = Hinterland

MZP-Modell

M

Z

P

← Entzugseffekte

← externe Abhängigkeit

M = Metropole (IL)   Z = Zentrum (Brückenkopf)   P = Peripherie

(Nach: Fred Scholz, Entwicklungsländer, Das geographische Seminar, Braunschweig (Westermann) 2006)

M7 Entwicklungsstrategien und Entwicklungszusammenarbeit (Erfahrungen)

Erfahrungen I (1960er-Jahre): **Wirtschaftswachstum** allein führt nicht zur Armutsminderung, weil es im globalen (Rationalisierungs-) Wettbewerb zu wenig Arbeitsplätze schafft.	**Erfahrungen II (1970er-Jahre):** Der **Grundbedürfnis-Ansatz** führte nicht zu nachhaltiger und breitenwirksamer Armutsminderung, weil er politisch nicht durchsetzbar war.
Erfahrungen III (1980er-Jahre): Der **Selbsthilfe-Ansatz** führte nicht zur Armutsminderung, weil er die Selbsthilfekapazitäten der Armen überfordert.	**Erfahrungen IV (1980er-/190er-Jahre):** Die **Strukturanpassungspolitik** von IWF und Weltbank führte nicht zur Minderung von Armut, weil – im Konkurrenzkampf um begrenzte Chancen sich die Stärkeren durchsetzen (Fragmentierung); – der Markt in vielen Fällen versagt.
Erfahrungen V (1990er-Jahre): **Partizipation** allein führt nicht zur Armutsminderung, weil – die ärmeren Bevölkerungsgruppen weniger partizipationsfähig sind; – sie die ökonomischen Möglichkeiten nicht ausweitet.	**Erfahrungen VI (1990er-Jahre):** **Mikro-Finanzierung** allein führt nicht zur Armutsminderung dort, wo es an ökonomischen Möglichkeiten für die Armen fehlt.
Erfahrungen VII (generell): **Projekt-Hilfe** führt nur zu nicht nachhaltigen Insellösungen, wenn die Rahmenbedingungen die Handlungsspielräume der Armen strukturell begrenzen.	

(Zusammenstellung nach T. Rauch)

Aufgaben

1. Beschreiben Sie die Stadien der wirtschaftlichen Entwicklung nach Rostow (M4) und nehmen Sie zu den folgenden Thesen von Hemmer und Menzel Stellung:
   – „Rostows Stufentheorie ist kein logisches, sondern ein chronologisches Konzept mit logischen Schwächen" (H.-R. Hemmer, Wirtschaftsprobleme der Entwicklungsländer, München 1978, S. 247).
   – „40 Jahre Entwicklungsstrategie = 40 Jahre Wachstumsstrategie" (Ulrich Menzel, in: Handbuch der Dritten Welt, München 1992, S. 131).

2. Vergleichen Sie die Modernisierungs- und die Dependenztheorie (M5, M6). Berücksichtigen Sie besonders die Aspekte theoretischer Ansatz, die Sozial- und die Raumstrukturen.

3. Erörtern Sie die verschiedenen Strategien zur Bekämpfung der Armut (M7) hinsichtlich ihrer Reichweite, Chancen und Grenzen.

→ Buchtipp: Entwicklung(en) im Kartenbild

Le monde diplomatique, Die Welt von Morgen – Der neue Atlas der Globalisierung, Berlin 2012
Der „Atlas der Globalisierung" steht seit einigen Jahren für ein Kartenwerk, das ausnehmend politisch ist. Mit dieser Ausgabe „Die Welt von Morgen" werden Konflikte und Entwicklungen in ihrer globalen Vernetzung und lokalen Wirksamkeit illustriert. Die Statik, die dem Entwicklungsländerbegriff gelegentlich noch anhaftet, wird durch eine unentrinnbare Dynamik aufgelöst. Veränderungen oder – anders gesagt – Entwicklungen treffen nicht nur Entwicklungsländer, sondern auch die sogenannten entwickelten Staaten. Dabei steht der Begriff nunmehr eher für Wandel als für generellen Fortschritt. Wer gestern noch die Welt dominierte, büßt morgen schon an Macht ein. Die feinen Differenzen des Entwicklungsbegriffs zeigt dieser Atlas auf – und beantwortet zugleich vielschichtig die Frage, wer sich denn nun entwickelt und wohin.

Mediale Katastrophen-Kommunikation – und ihre Auswirkungen

M 8   **Karte der Häufigkeit der Nennung eines Landes in der britischen Zeitung „The Guardian" im Jahr 2010**

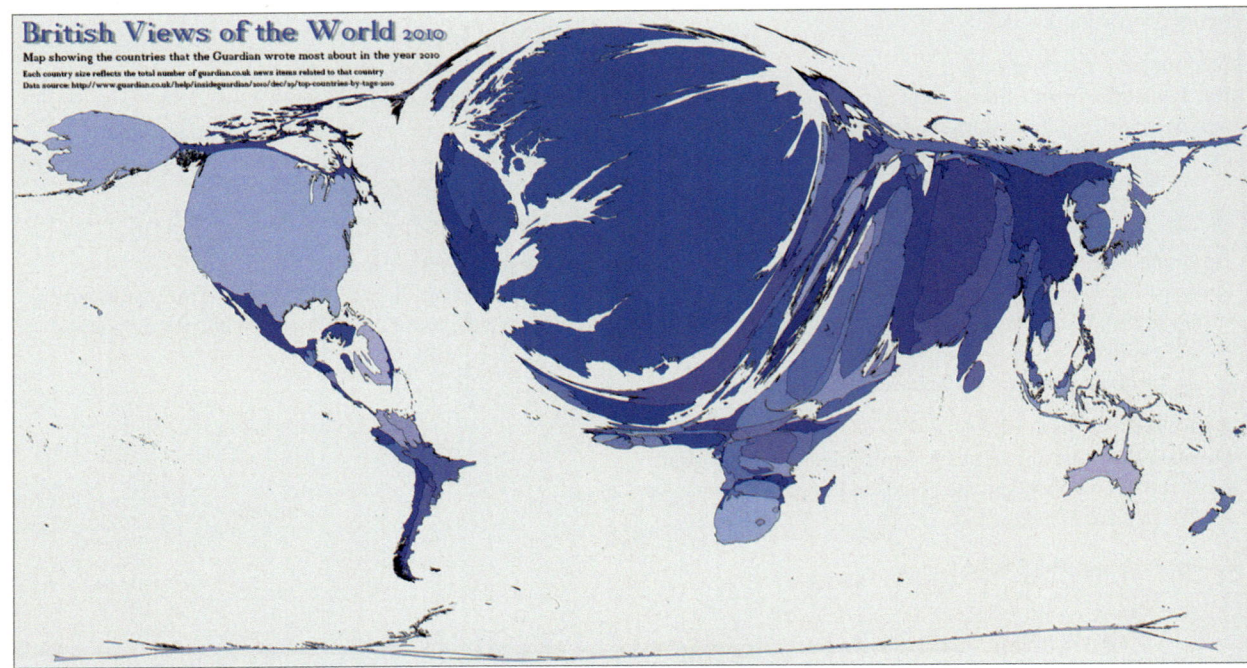

(© Benjamin Hennig, SASI Research Group/University of Sheffield; www.viewsoftheworld.net)

Die Karte M8 zeigt, dass Menschen zunächst erst einmal an medialen Berichten aus ihrer nächsten Umgebung interessiert sind (hier 22134 Nennungen), gefolgt von Nachrichten aus Ländern, denen sie sich eng verbunden fühlen (hier beispielsweise USA mit 6246 Nennungen). Daneben zeigen sich auffällige Häufungen bei Staaten, in denen sich zu jenem Zeitpunkt größere Katastrophen ereigneten (hier die im Kriegszustand befindlichen Länder Afghanistan mit 1765 Nennungen und Irak mit 1248 Nennungen sowie das von einer Flut heimgesuchte Pakistan mit 793 Nennungen). Kommuniziert wird, was den Leser betrifft und ihn betroffen macht. Und über Betroffenheit kommt auch die alltägliche Katastrophe der Armut in Entwicklungsländern in den Fokus.

Aufgaben

1   Beschreiben Sie die Bilder, die in Ihrem Kopf zuerst erscheinen, wenn Sie den Begriff Entwicklungsland hören. Spielt dabei die Bedeutung des Wortstammes „Entwicklung" noch eine Rolle?

2   Erklären Sie, wodurch Menschen betroffen sind/werden/gemacht werden.

3   Erläutern Sie mithilfe von M 9, welche Folgen es hat, dass die Medien vor allem betroffen machende Meldungen über Entwicklungsländer verbreiten.

4   Begründen Sie, warum sich kurzfristige, große Katastrophen noch „besser" als alltägliche Armut medial inszenieren lassen. Welche Rolle spielt der Faktor der Gewöhnung? Schlussfolgern Sie, welche Auswirkungen dies auf die Bereitschaft der Menschen hat, Hilfe zu leisten.

M 9 **Folgen der massenmedialen Kommunikation über Entwicklungsländer für Weltbilder**

Die „Dritte Welt" – das ist **ein endloses Meer von Armut und Elend**. Menschen, die im Müll nach Nahrung suchen, hungernde Kinder vor leeren Töpfen, endlose Flüchtlingsströme nach Katastrophen oder kriegerischen Konflikten. Man hat den Eindruck, dass dies von Jahr zu Jahr schlimmer wird. Es ist aussichtslos, daran etwas ändern zu wollen.

Dagegen spricht, dass nach fast allen statistischen Erhebungen die weltweite Armut in den letzten Jahren deutlich abgenommen hat. Auch wenn die Bilder aus dem Fernsehen etwas anderes auszusagen scheinen, so muss man doch feststellen, dass sich das Pro-Kopf-Einkommen gerade auch in den „Entwicklungsländern" erhöht, die Lebenserwartung verbessert, die Kindersterblichkeit deutlich verringert haben – und das alles trotz der Bevölkerungszunahme. Dabei gab es die größten Entwicklungserfolge in Asien. In Afrika hingegen hat die Zahl der extrem Armen seit 1990 sogar noch zugenommen, wenn auch der relative Anteil zurückgegangen ist.

Vielleicht ist unsere pessimistische Weltsicht das Ergebnis fragwürdiger Fernsehbilder. Wenn immer nur über Katastrophen, Kriege und Krankheiten berichtet wird, muss sich der Eindruck festsetzen, dass alles immer nur noch schlimmer wird. Tatsächlich aber gibt es keinen Grund, daran zu zweifeln: Die Armut konnte weltweit erkennbar verringert werden. Entwicklungserfolge sind möglich, haben es vielen Millionen Menschen vor allem in Asien gestattet, der extremen Armut zu entkommen. Dieses festzustellen bedeutet nicht zu übersehen, dass weiterhin ein erheblicher Teil der Menschheit in Armut lebt.

(Nach: Welthaus Bielefeld, Die alten Thesen stimmen nicht mehr – 20 entwicklungspolitische Irrtümer und Denkanstöße, Bielefeld 2011)

Der positive Blick:
Entwicklungsfortschritte – und ihre Auswirkung auf Entwicklungshilfen

Die mediale Berichterstattung über Entwicklungsländer ist an Krisen und Katastrophen orientiert. Dabei zeigt sich, dass zumindest im globalen Durchschnitt auch Fortschritte zu verzeichnen sind. Benötigen die Entwicklungsländer deshalb nun weniger Hilfe?

M 10 a Von wegen Armut

Als die *ZEIT* vergangene Woche die Deutschen nach dem Zustand von Umwelt, Familie und Gesellschaft befragte, zeigten sich die Bundesbürger pessimistisch. Besonders deprimierend sieht nach Meinung der Befragten
5 die Lage in den Entwicklungsländern aus. Drei Viertel meinen, dass es den Menschen dort immer schlechter gehe.

Die Diagnose könnte irreführender kaum sein. Denn der Anteil der Menschheit, der in besseren Verhältnis-
10 sen lebt als noch vor vierzig Jahren, ist drastisch gestiegen. Deutlich zeigt dies der Index der menschlichen Entwicklung, der alljährlich vom Entwicklungsprogramm der Vereinten Nationen veröffentlicht wird. Es ist fast egal, welchen Indikator man nimmt – Bildung, Gesund-
15 heit, Ernährung –, in den allermeisten Ländern zeigt der Trend stabil in eine positive Richtung.

Heute sterben dank Impfungen, sauberem Wasser und besserer medizinischer Versorgung sechzig Prozent weniger Kinder als 1970. Bei Frauen stieg die weltweite Le-
20 benserwartung im selben Zeitraum von durchschnittlich 61,2 auf 73,3 Jahre, bei Männern von 56,4 auf 67,5 Jahre. Auch die landwirtschaftliche Produktivität nimmt zu: Seit den Siebzigerjahren hat sich die Nahrungsmittelproduktion in den Entwicklungsländern verdreifacht.
25 Mittlerweile verlieren weltweit mehr Menschen gesunde Lebensjahre durch Übergewicht als durch Unterernährung. Laut Weltbank verzeichneten in der vergangenen Dekade mehr als fünfzig Länder mit über [insgesamt] vier Milliarden Einwohnern ein durchschnittliches
30 Wachstum von fünf Prozent pro Jahr. „Durch dieses Wachstum ist die Armut stärker zurückgegangen als jemals zuvor", so der Organisationschef Jim Yong Kim.

Innerhalb von zwei Generationen haben Länder wie Thailand, Indonesien oder Vietnam den Sprung vom Ar-
35 menhaus zum Schwellenland geschafft. Taiwan oder Südkorea gehören heute zu den voll entwickelten Industriestaaten, deren Bildungsniveau sogar Deutschland übertrifft. Und China, Indien und neuerdings Brasilien gelten als kommende Großmächte, die mit ihren High-
40 techprodukten schon heute Europäern und Amerikanern das Fürchten lehren. [...]

(Harro Albrecht, in: DIE ZEIT, Nr. 14 v. 27.03.2013; nach: ZEIT ONLINE, http://www.zeit.de/2013/14/entwicklungslaender-afrika-uganda)

M 10 b Statistik und Wirklichkeit: ein Leserbrief zum Artikel „Von wegen Armut"

Ich fahre seit 5 Jahren für jeweils 4 Wochen durch West- und Zentralafrika, und zwar nicht auf „Durchgangsstrecken", sondern viel „offroad".

Es mag ja sein, dass es rein statistisch afrikanischen Ländern besser geht, vermutlich einem kleinen Teil sehr viel 5 besser, aber ich habe nicht den Eindruck, dass es der Mehrzahl der Bevölkerung wirklich besser geht. Warum sonst sitzen Frauen in Kamerun an großen Felsklötzen, um diese mit Hämmern zu Schotter kleinzuschlagen, um dann den Schotter an Straßenbaufirmen zu verkau- 10 fen? Vermutlich machen die das nicht als Fitnesstraining. Länder wie Mali, welches als „Aufsteigerstaat" gerühmt wurde, ist nun wohl wieder ganz schnell ganz nach unten gerutscht. Bei den Dogon z. B. wurde eine einfache Touristeninfrastruktur aufgebaut, nur kom- 15 men eben jetzt keine Touristen mehr. [...]

Statistik von Organisationen und Banken ist für mich, wenn einer 1 kg Brot pro Woche hat und der andere 100 kg, dann haben statistisch beide 50,5 kg, also geht es beiden gut. 20

(Nach: ZEIT ONLINE, 11.04.2013; http://www.zeit.de/2013/14/entwicklungslaender-afrika-uganda#comments)

M 11 Spendenaufrufe

Aufgaben

1 Wägen Sie die kurz- und langfristigen Auswirkungen positiver Nachrichten über Entwicklungsfortschritte sowie katastrophen- und krisenorientierter Nachrichten zu Entwicklungsländern auf die Spendenbereitschaft von Menschen in entwickelten Ländern ab.

2 Nahes und fernes Unglück: Diskutieren Sie die Formel M = U : E (Mitleid/Mitgefühl ist Unglück geteilt durch Entfernung).

3 Stellen Sie Vermutungen an, welcher der beiden Spendenaufrufe zur Sicherung der Ernährung der Bevölkerung erfolgreicher sein könnte (M11). Welches Bild der Bevölkerung wird jeweils vermittelt? Entscheiden Sie, welcher der beiden Organisationen Sie Geld spenden würden.

Ungewissheit als Anlass für lebenslanges Lernen verstehen

Nachrichten über Entwicklungsländer sind punktuell und tendenziell ausgerichtet. Auch Allianzen und Sympathien steuern die Informationen, die nach draußen dringen. Entwicklungsland ist nicht gleich Entwicklungsland. In Entwicklungsländern können Menschen unter sehr unterschiedlichen Bedingungen leben. Manche sind verzweifelt, andere selbstbewusst. Die Fülle an Hilfsorganisationen ist unüberschaubar. Entwicklung ist ein vielschichtiger Begriff. Die Möglichkeiten der Entwicklungszusammenarbeit sind vielfältig und ihre Folgen sind nicht immer absehbar. Die Frage nach Schuld an der Unterentwicklung steht im Raum.

All diese Faktoren hinterlassen bei Ihnen möglicherweise eine gewisse Unsicherheit, wo Sie Ihre Position zum global bedeutsamen Problem der Entwicklungsländer einnehmen können. Wirkt das Thema auf den ersten Blick noch einfach und klar, wird es bald komplex, insbesondere dann, wenn konkrete Entscheidungen zu treffen sind. Was können Sie tun? Welche Haltung können Sie einnehmen? In M 12 werden Ihnen verschiedene Ratschläge und Hinweise angeboten und eine mögliche Vorgehensweise zur Verfügung gestellt. Was halten Sie davon?

M 12 Mit Unsicherheiten und Ungewissheiten umgehen – aber wie?

☞ Tasten Sie Ihre eigenen Urteile und Denkgewohnheiten dahingehend ab, inwieweit diese durch überkommene Entwicklungstheorien beeinflusst sind. Akzeptieren Sie, dass immer ein Geflecht an Faktoren Unterentwicklung bewirkt. Machen Sie sich mit dem Einzelfall vertraut, auch wenn Sie auf diese Weise nicht für jedes Land sofort eine Erklärung parat haben können.

☞ Hinterfragen Sie kritisch Indikatoren, Berichte und Bilder zu Entwicklungsländern. Beziehen Sie ihr Wissen aus vielfältigen Quellen. Denken Sie in mehreren Perspektiven.

☞ Geben Sie sich nicht mit zu einfachen Erklärungen zufrieden. Erkennen Sie mögliche Interessen hinter simplen Weltbildern.

☞ Ordnen Sie ihr Wissen mit Concept Maps oder anderen Hilfen. Sie werden nie vollständiges Wissen erlangen, aber ihr Wissensnetzwerk wird aufnahmefähig für Neues sein und diesem Sinn verleihen.

☞ Seien Sie sich dessen bewusst, dass sich in der internationalen Politik und in instabilen Staaten die Bedingungen rasant ändern können. Bleiben Sie aktuell und informieren Sie sich über die Nachrichten.

☞ Lassen Sie sich nicht durch Komplexität lähmen. Sie können nicht alles wissen und deswegen müssen Sie auch nicht alles wissen, um eine Meinung äußern und eine Entscheidung treffen zu dürfen. Sie müssen aber alles dafür tun, die Dinge möglichst gut zu verstehen und Widersprüchen nachzugehen. Verschuldetes Unwissen ist etwas anderes als Ungewissheit.

☞ Erkennen Sie den Problembezug hinter Alltagshandlungen und reagieren Sie darauf. Seien Sie sich der möglichen Folgen des eigenen Handelns (Einkaufsentscheidungen etc.) bewusst und entscheiden Sie, welche Folgen Sie in welchem Ausmaß vertreten können. Radikale Wege und Einschränkungen sind meist gar nicht nötig, um anderen Menschen mit den eigenen, beschränkten Möglichkeiten zu helfen.

☞ Ein gesunder Skeptizismus gegenüber Spendenaufrufen ist kein Grund, ausgewählte Hilfsprojekte nicht eingängig zu prüfen bzw. nach Belegen für deren Effizienz, Erfolg und Nachhaltigkeit zu suchen und diese bei positiver Beurteilung zu unterstützen.

(Autorentext)

3. Peru – Gold macht nicht satt

**Peru: Proteste in Cajamara lösen Regierungskrise aus (10.12.2011)
Aufstand gegen das Gold**

▶ „Gold kann man nicht essen, sagen die Bauern in Peru und fürchten um ihr Land und ihr Wasser. Denn eine der größten Goldminen Südamerikas soll erweitert werden und beim Abbau des Goldes gelangt Zyanid ins Was-
5 ser. Der peruanische Staat will davon nichts wissen, für ihn steht ein Milliardengeschäft auf dem Spiel. Er arbei-
tet Hand in Hand mit den Minenbetreibern. Friedliche Demonstrationen schlägt die Polizei nieder, einzelne Protestler werden in privaten Fahrzeugen der Mine abtransportiert." ◀ 10

(Julia Ballaschk, WDR, 30.09.2012; nach: http://www. ardmediathek.de/ das-erste/weltspiegel/peru-gold-macht/nicht-satt?documentId=11936950)

3.1 Vier Raumkonzepte

Geographische Räume sind selten einfach strukturiert. Gerade wenn physische und anthropogene Bedingungen sowie menschliches Handeln zusammen betrachtet werden sollen, bedarf es genügend komplexer Instrumente zur Raumanalyse. Wie lässt sich dieser Fall in Peru – „Gold kann man nicht essen" oder noch schärfer formuliert „Gold tötet Kleinbauern" – lösen? Wie können wir eine umfassendere Sicht auf die Region und die dort lebenden Menschen gewinnen? Hierzu eignet sich beispielsweise die Betrachtung mittels der „Vier Raumkonzepte". Hierbei wird vierfach der Blickwinkel bei der Beschreibung und Erklärung eines Raumes gewechselt, um durch diesen Perspektivenwechsel den betrachteten Raum vielschichtiger zu verstehen. Dabei ist es insbesondere wichtig, dass auch die Verbindungen zwischen den Räumen nicht außer Acht gelassen werden – eine Zusammenschau angestrebt wird.
Nach einer solchen synoptischen Raumanalyse durch die vier Raumkonzepte ist die Überlegung von Bedeutung, welche Handlungsoptionen und Szenarien zur Lösung des Problems angedacht werden können.

M1 **Vier Fenster der Weltbeobachtung – Fragen, die sich aus den vier Raumperspektiven ergeben**

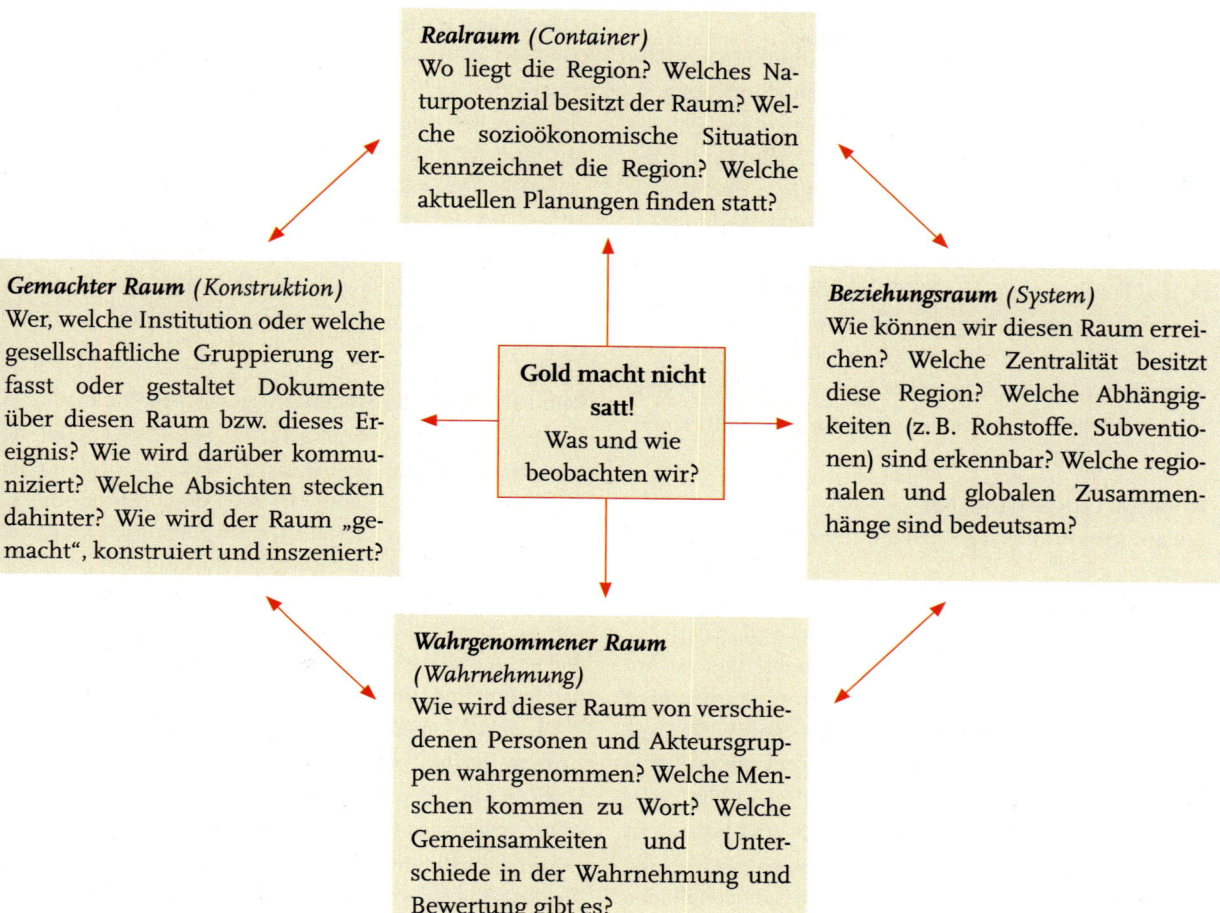

Realraum (Container)
Wo liegt die Region? Welches Naturpotenzial besitzt der Raum? Welche sozioökonomische Situation kennzeichnet die Region? Welche aktuellen Planungen finden statt?

Gemachter Raum (Konstruktion)
Wer, welche Institution oder welche gesellschaftliche Gruppierung verfasst oder gestaltet Dokumente über diesen Raum bzw. dieses Ereignis? Wie wird darüber kommuniziert? Welche Absichten stecken dahinter? Wie wird der Raum „gemacht", konstruiert und inszeniert?

Gold macht nicht satt!
Was und wie beobachten wir?

Beziehungsraum (System)
Wie können wir diesen Raum erreichen? Welche Zentralität besitzt diese Region? Welche Abhängigkeiten (z. B. Rohstoffe. Subventionen) sind erkennbar? Welche regionalen und globalen Zusammenhänge sind bedeutsam?

Wahrgenommener Raum (Wahrnehmung)
Wie wird dieser Raum von verschiedenen Personen und Akteursgruppen wahrgenommen? Welche Menschen kommen zu Wort? Welche Gemeinsamkeiten und Unterschiede in der Wahrnehmung und Bewertung gibt es?

Pfeil Containerraum – Raum der Lagebeziehungen: Der „Raum der Lagebeziehungen" sucht Erklärungen, warum die im „Containerraum" erfassten Dinge sind, wo und wie sie sind.

Pfeil Containerraum – Raum als soziale Konstruktion: Obgleich der Containerraum der neutralen Erfassung der Dinge dienen soll, hat das Konzept „Raum als soziale Konstruktion" in der Praxis natürlich einen Einfluss darauf, welche Informationen im „Containerraum" überhaupt erfasst und welche beim Datensammeln übersehen oder ausgelassen werden.

Pfeil Containerraum – Wahrgenommener Raum: Der „wahrgenommene Raum" eines Menschen wird nicht alle Aspekte des „Containerraums" abbilden. Genauso kann aber die Wahrnehmung desjenigen, der den „Containerraum" erfassen will, einen Einfluss darauf haben, was er tatsächlich im „Containerraum" darstellen wird.

Pfeil Raum der Lagebeziehungen – Wahrgenommener Raum: Der individuell „wahrgenommene Raum" ist oftmals bedeutsamer für das Verhalten eines Menschen als die messbaren Lagebeziehungen.

Pfeil Raum der Lagebeziehungen – Raum als soziale Konstruktion: „Raum als soziale Konstruktion" ist teilweise viel wirkmächtiger als Raum-Lagebeziehungen. Tatsächlich kann die soziale Konstruktion auch zu materiellen Veränderungen führen, indem aus ihr etwa Planungsentscheidungen über die Infrastruktur folgen.

Pfeil Wahrgenommener Raum – Raum als soziale Konstruktion: „Raum als soziale Konstruktion" hat einen großen Einfluss auf die individuell „wahrgenommenen Räume", denn nicht nur der Eindruck vor Ort, sondern auch die sozialen Konstruktionen über einen Ort beeinflussen die individuelle Wahrnehmung.

(Autorentext)

Information: Vier Raumkonzepte – Blicke auf die Welt

Containerraum

Dieses Konzept dient der **Beschreibung** der Dinge, die sich in einem Raum befinden, sowie der Darstellung ihrer Eigenschaften. Es wird beispielsweise gefragt: Wo befindet sich der Raum? Was sind die naturräumlichen Bedingungen? Welche anthropogenen Faktoren sind in dem Raum zu verzeichnen? Wird sich der Raum in Zukunft durch konkrete anthropogene Maßnahmen oder physisch-geographisches Wirken verändern? Das Containerraumkonzept dient dem Sammeln von Informationen. Es entspricht damit der klassischen geographischen Denkschule der **Länderkunde**, die möglichst viele Informationen über einen Raum möglichst neutral aufzählen möchte.

Raum der Lagebeziehungen

Erklärungen für die Lage und die Eigenschaften der Dinge stehen im Zentrum dieses Konzepts. Es werden Fragen beantwortet wie: Wie ist der Raum infrastrukturell angebunden? In welche regionalen und globalen Zusammenhänge ist der Raum eingeordnet? Welche Abhängigkeiten dieses Raums von anderen Räumen sind erkennbar? Eine besondere Rolle spielt hierbei die Lage der Dinge zueinander. Die Faktoren Zentralität, Nähe, Distanz, Anbindung sowie Transport-/Reisezeiten spielen eine bedeutsame Rolle. Dieses Konzept entspricht damit der **Raumwissenschaftlichen Geographie**, die dem Beschreiben der Länderkunde wissenschaftliche Erklärungen entgegensetzen soll und damit Räume und ihre Ausprägungen besser verstehbar macht.

Wahrgenommener Raum

Der wahrgenommene Raum zeigt auf, wie Menschen in unterschiedlichen Situationen und somit aus unterschiedlichen Blickwinkeln ein und denselben Raum verschieden wahrnehmen und bewerten. Demzufolge unterscheiden sich auch ihre Entscheidungen, die sie in und für einen spezifischen Raum treffen. Zentrale Fragen sind: Wie wird der Raum von verschiedenen Akteuren/Gruppen wahrgenommen? Welche Gemeinsamkeiten und Unterschiede in der Bewertung gibt es? Das Konzept folgt der Idee der **Wahrnehmungsgeographie**, die dem menschlich versursachten Wo und Wie der Dinge eine weitere Komponente der Erklärung hinzufügt.

Raum als soziale Konstruktion (gemachter Raum)

Dieses komplexe Konzept zeigt auf, wie Menschen Räumen **Bedeutungen** zuweisen, die nicht nur für den einzelnen relevant sind, sondern auch durch **Kommunikation** geteilt werden. Obgleich diese Bedeutungen nicht allein unbewusst der Raumwahrnehmung entspringen, sondern auch ganz bewusst formuliert werden, erlangen sie oftmals eine kaum mehr hinterfragte Glaubwürdigkeit. Auf diese Weise werden auch soziale Regeln für das Handeln in einem Raum verankert. Es können beispielsweise folgende Fragen gestellt werden: Welche Gruppe verfasst weitreichende Kommunikation (z. B. Dokumente) über einen Raum? Welche Bedeutungen werden zugewiesen, wie wird der Raum inszeniert? Welche Regeln für menschliches Handeln folgen daraus? Welche Absichten stecken dahinter? Dieses Konzept folgt der **handlungstheoretischen Sozialgeographie**, die viel stärker das bewusste, intendierte und nicht durch die Umwelt gesteuerte Handeln von Menschen betrachtet als die Wahrnehmungsgeographie.

3.2 Vier Blicke auf den Goldabbau in Peru

Mit einem Human Development Index von 0,725 (2011) gilt Peru nicht als eines der besonders prekären Länder, aber liegt mit Platz 80 der weltweiten Rangliste auch deutlich hinter der Spitzengruppe der am weitesten entwickelten Staaten zurück. Die Weltbank klassifiziert Peru als Schwellenland (2012). Neben einigen Kernzonen der industriellen Entwicklung um die Hauptstadt Lima und an der Küste existieren weite Gebiete, in denen die Bevölkerung als Kleinbauern Subsistenzwirtschaft betreibt.

Die Rohstoffvorkommen des Landes scheinen dennoch einen höheren Reichtum erwarten zu lassen. Gerade das umfangreiche Vorkommen an Gold, welches traditionell und sprichwörtlich als Indikator für Reichtum gilt, ist eng verstrickt in ein Wechselspiel von (Entwicklungs-)Problemen.

Die Mine Yanacocha (Department Cajamarca) im Nordwesten des Landes ist eine der größten und ertragreichsten Goldminen weltweit. Davon profitieren jedoch nicht alle Betroffenen gleichermaßen: Zunehmender Wassermangel und Giftstoffe durch den Bergbau bringen die örtlichen Kleinbauern in Bedrängnis. Gerade die aktuell geplante Erweiterung im Projekt Conga sorgt für enorme Spannungen bis hin zu gewalttätigen Auseinandersetzungen zwischen Bevölkerung, Polizei und privaten Wachdiensten.

In diesem Konfliktfeld stellen sich zahlreiche Fragen, so auch die folgende: Warum profitiert die lokale Bevölkerung nicht vom Reichtum der Mine derart, dass die Notwendigkeit zum Kleinbauerntum ohnehin entfällt und damit das Konfliktpotenzial abgeschwächt werden würde?

Perspektive Containerraum

M2 **Goldmine „Yanacocha" bei Cajamarca**

(yana = „schwarz, dunkel"; qoch'a = „See, Lagune")

M3 **Armut in der Region Cajamarca (in %)**

	2004	2006	Differenz
Stadtgebiet	37,1	31,2	-5,9
Land	69,8	69,3	-0,5

(Quelle: INEI – Encuesta Nacional de Hogares Anua/Enaho, 2004 und 2006)

M4 **Goldabbau und Goldpreis**

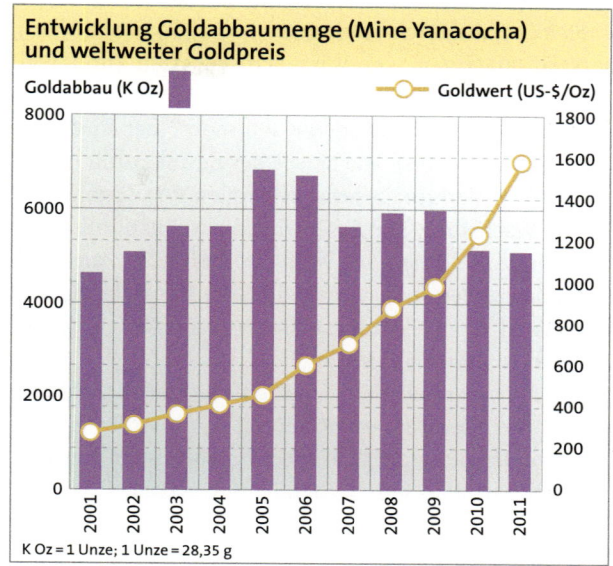

Entwicklung Goldabbaumenge (Mine Yanacocha) und weltweiter Goldpreis

K Oz = 1 Unze; 1 Unze = 28,35 g

(Eigene Recherche/Darstellung)

M5 **Beschäftigte in der Region Cajamarca**

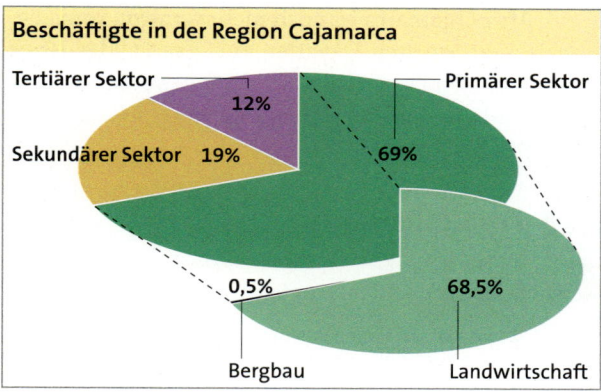

(Eigene Recherche/Darstellung)

M6 **Soziale Veränderungen in den 1990er-Jahren**

Für den Zeitraum von 1993 bis 1999 lässt sich für Cajamarca zusammenfassend feststellen:

1. Die Armut in Cajamarca hat wie in ganz Peru ein „indianisches Gesicht".
2. Die Kindersterblichkeit in Cajamarca (130 Todesfälle pro 1000 Geburten) liegt um das Fünffache über dem nationalen Durchschnitt. 5
3. In Cajamarca leben 51,7 % der Bevölkerung in absoluter Armut. Dies ist die höchste Zahl in Peru (neuere Daten […] verstärken diesen Trend). 10

4. Die Produktion von Grundnahrungsmitteln hat sich verringert. Auch die Produktion und der Verzehr von Fleisch haben sich verringert.

15 5. Nach Aussagen von Wirtschaftsexperten (und von Vertretern der Mine selbst) ist die Mine der große Gewinner der „Revolution von Fujiniori" (der Entfesselung des Marktes). Die Masse der Bevölkerung ist die große Verliererin dieser neoliberalen Revolution.

20 6. Das Wachstum, gemessen mit makroökonomischen Daten im Rahmen der Weltwirtschaft, führt nicht zu einer sozialen und wirtschaftlichen Entwicklung zugunsten der Gesamtbevölkerung, sondern trägt zu deren weiterer Verarmung bei.

25 7. Die Anwesenheit der Mine hat die Ungleichheit in der Bevölkerung vergrößert. Sie provoziert noch mehr soziale und moralische Verwerfungen und destabilisiert das gesellschaftliche Gesamtgefüge der Stadt und deren Umgebung.

30 8. Abschließend aus der Presseankündigung zu dem neuen Buch über die Tätigkeiten der Minen in Cajamarca: „Allein mit der Ausbeutung in Cajamarca nimmt die Minera Yanacocha S. R. L. (MYSRL) den ersten Platz in der Goldproduktion Lateinamerikas ein. Aber Cajamarca ist noch mehr verarmt: vom ehe-

35 mals viert ärmsten Departements des Landes ist es zum ärmsten Departement in Peru geworden".

(Wilhelm Knecht, Die Goldmine Yanacocha; nach: http://www.cajamarca. de/download/yanacocha. pdf)

M7 Korruptionswert

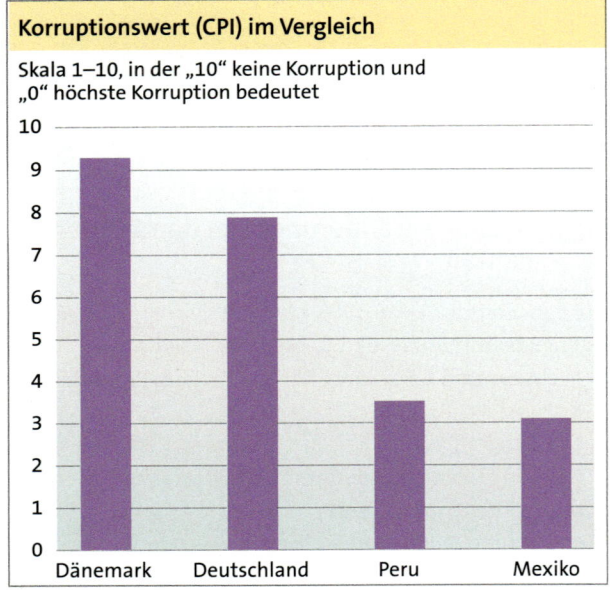

(Eigene Recherche/Darstellung)

M8 Importe und Exporte Perus (2010)

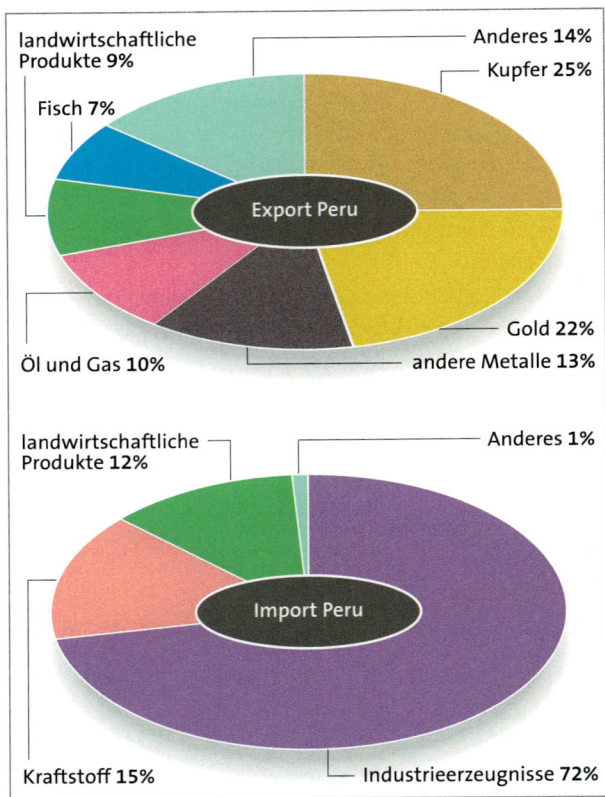

(Eigene Recherche/Darstellung)

M9 Aus einem Interview mit dem Hydrologen Reinhard Seifert über die Trinkwasserqualität im Umfeld der Mine

„Sie haben zahlreiche Wasseranalysen in der Region Cajamarca durchgeführt. Welches Ausmaß der Verschmutzung haben Sie gemessen?"

„Ich kann Ihnen mit Sicherheit sagen, dass eine Verschmutzung mit Arsen und Schwermetallen in den 5 größten Flüssen der Region vorliegt. Seit die Mine Yanacocha eröffnet wurde, haben wir beobachten können, wie das Vieh seine Zähne verloren hat und Tausende Forellen in den ländlichen Gebieten gestorben sind. Ein normaler pH-Wert für Wasser liegt bei 6,87. Wenn der 10 Wert unter 5 sinkt, wird das Wasser sauer und die Forellen beginnen zu sterben. Im Rio Grande und Rio Porcon, den beiden größten Flüssen, die Cajarmarcas Trinkwasser bringen, haben wir Werte von 3,5 beobachtet. Das ist katastrophal." 15

(Eigene Übersetzung (I. Gryl) nach: http://upsidedownworld.org/main/ peru-archives-76/3608-scientist-calls-peru-conga-mining-project-an-enviromental-disaster-interview-with-reinhard-seifert; 01.05.2012)

Aufgaben

1. Lokalisieren Sie das Gebiet und erstellen Sie eine topographische Übersichtsskizze.

2. Beschreiben Sie die Nutzungsstruktur des Raums.

3. Beschreiben Sie die technischen und ökonomischen Merkmale der Mine Yanacocha.

4. Beschreiben Sie die anstehenden Planungen zum Ausbau der Mine und erläutern Sie Gründe für diesen.

5. Nennen Sie weitere Nutzungen, die neben dem Bergbau stattfinden.

6. Erläutern Sie Folgen des Bergbaus.

Perspektive: Raum der Lagebeziehungen

M 10 **Auswirkungen der Mine im Kartenbild**

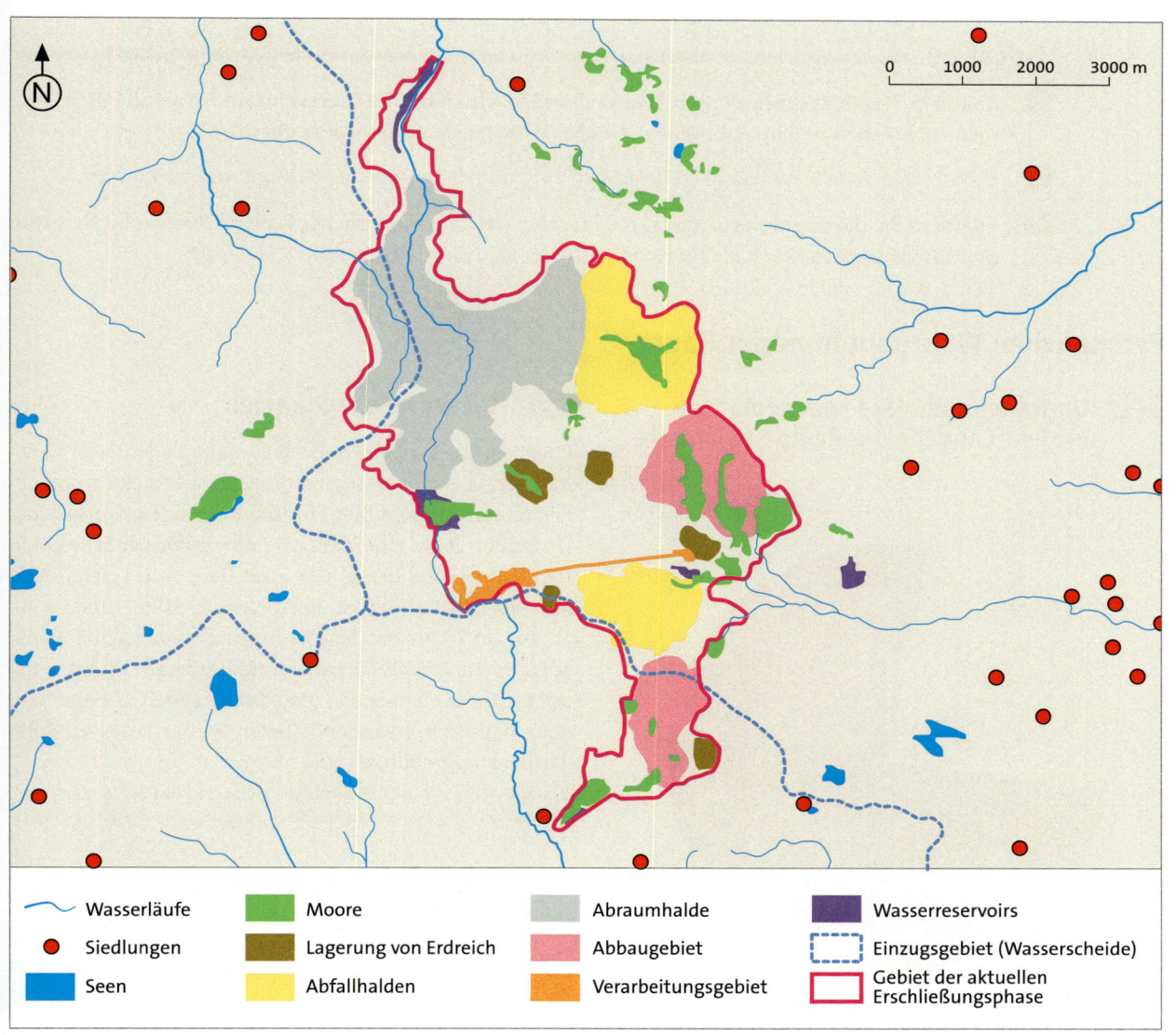

〰 Wasserläufe	🟩 Moore	⬜ Abraumhalde	🟪 Wasserreservoirs
🔴 Siedlungen	🟫 Lagerung von Erdreich	🟥 Abbaugebiet	⬛ Einzugsgebiet (Wasserscheide)
🟦 Seen	🟨 Abfallhalden	🟧 Verarbeitungsgebiet	▭ Gebiet der aktuellen Erschließungsphase

0   1000   2000   3000 m

M 12 Investoren

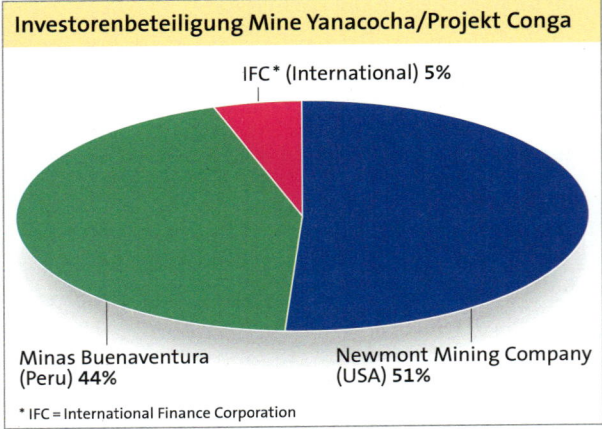

Investorenbeteiligung Mine Yanacocha/Projekt Conga

IFC* (International) 5%

Minas Buenaventura (Peru) 44%

Newmont Mining Company (USA) 51%

* IFC = International Finance Corporation

(Eigene Recherche/Darstellung)

M 13 Vom Investor Newmont geplante Investitionen bis 2015 (Auswahl)

Investitionsgebiet/Projekte	US-$
Unterstützung der heimischen Landwirte	607 000
Gesundheit/Bildung	> 7 Mio.
Ausbau der Infrastruktur (Straßen, Schulen, Wasserspeicheranlagen, etc.)	> 24 Mio.

(Zusammengestellt nach: Newmont, Social Development Fact Sheet Project Conga)

Aufgaben

1 Erläutern Sie die Besitzstrukturen: Wer sind die die Nutznießer des Bergbaus und in welchem Zusammenhang stehen sie mit dem Raum? Welche Abhängigkeiten sind zu beobachten?

2 Erklären Sie, welche Nutzungskonflikte sich aufgrund der räumlichen Nähe einstellen können.

3 Erläutern Sie die Wasserversorgung und insbesondere die Funktion der Seen der Region für Bergbau und Landwirtschaft sowie die Konsequenzen der aktuellen und geplanten Nutzung.

Perspektive: Wahrgenommener Raum

M 14 Umfrageergebnisse zum geplanten Projekt Conga in der Region Cajamarca

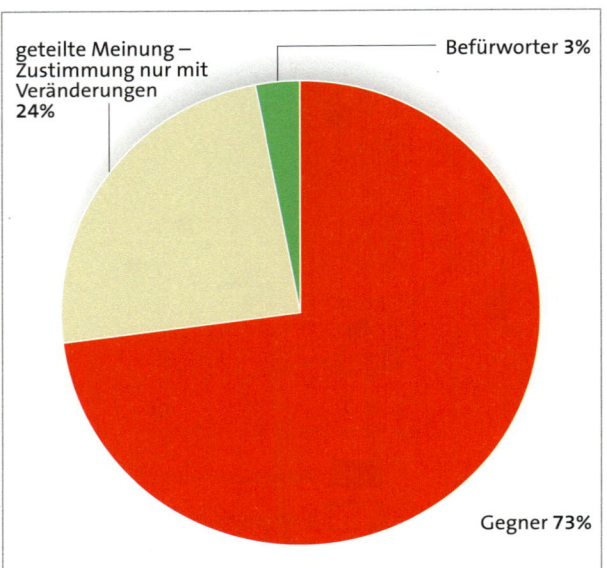

geteilte Meinung – Zustimmung nur mit Veränderungen 24%

Befürworter 3%

Gegner 73%

(Eigene Recherche/Darstellung)

M 15 Verschiedene Stimmen

Gregorio Santos Guerrero, Regionalpräsident von Cajamarca und erklärter Gegner des Conga-Projektes, sprach von einem „großen Sieg" für die Region. Das vorgelegte Gutachten leute eine Zeitenwende in der peruanischen Bergbaugeschichte ein; der Staat habe nun verstanden, 5 dass der Staat zunächst „Vertrauen schaffen" müsse, so Santos. In Cajamarca selbst gingen derweil nach Polizeiangaben rund 2 000 Menschen auf die Straße, um, streng bewacht von Tausenden Polizisten, gegen „Conga" zu demonstrieren. In anderen Teilen Perus kam es zu Soli- 10 daritätskundgebungen.

(Nach: D. Raiser, 18.04.2012; http://www.infoamazonas.de/20 12/04/18/ cajamarca-bergbau-gutachter-mahnen-verbesserungen-am-conga-projekt -an.html)

Campesina: „Wir wollen nicht, dass sie das ökologische Gleichgewicht von Cajamarca zerstören, wir Bauern werden kämpfen, bis Conga gestoppt wird. Wir wollen
15 nicht, dass sie unsere Landschaft zerstören, denn wir Bauern leben vom Boden hier."

Martin Bröckelmann-Simon, Geschäftsführer Misereor: „Es wurden 50 Wasserproben entnommen, an 6 verschiedenen Orten; von diesen Wasserproben waren 29
20 so sehr mit Schwermetall belastet, dass sie gesundheitsgefährdend waren."

Manuel Ramos: „Mit dem Megaprojekt Conga werden 120 natürliche Wasserspeicher und 800 Quellen zerstört – und der Abfall den sie produzieren werden, der wird
25 nur wenige hundert Meter von hier abgeladen und bleibt hier."

Familie Lopéz: Ihr Haus liegt nur wenige Kilometer entfernt von der Mine Yanacocha. Die Familie lebt von dem, was ihnen der Boden einbringt. Marco Arana begleitet
30 uns. Der Theologe leitet die Organisation Tierra y Libertad, Boden und Freiheit. Er setzt sich für Familien ein, die vom Bergbau betroffen sind. Wie Familie Lopéz: Seit die Mine da ist, ernten sie immer weniger.

Vicente Lopéz: „Das Wasser hier in Cajamarca schmeckt
35 ganz anders. Meiner Meinung nach ist es nicht gut zum Trinken. Aber was schlimmer ist: Die Mine verbraucht so viel Wasser, dass für uns nicht mehr genug da ist. Der Fluss 200 m von hier war einmal voller Wasser, aber in den letzten Jahren ist es immer weniger geworden."

Marco Arana, Organisation „Tierra y Libertad" (Boden 40 **und Freiheit):** „Es gibt Verträge zwischen Minenbetreibern, Polizei und Militär. Darin sichern die Minenbetreiber der Polizei Fahrzeuge und Kommunikationsausrüstung als Unterstützung zu. Und seit Kurzem versorgen sie die Polizei auch mit Waffen." 45
(Nach: Julia Ballaschk, WDR, 30.09.2012)

„Heute sind sie wieder sehr brutal angegriffen worden. Im Stadtzentrum hat das Militär mit Gasbomben geschossen. Dabei sind Kinder, Frauen und Passanten getroffen worden", schreibt uns eine Augenzeugin aus Cajamarca. 50
(Nach: https://www.regenwald.org/aktion/880/peru-gold-graebt-menschen-das-wasser-ab; 05.07.2012)

M 16 Militäreinsatz

Polizei und Militär haben den Auftrag, das Gebiet der geplanten neuen Mine (Projekt Conga) vor Demonstranten zu schützen.

Aufgaben

1. Beschreiben Sie, wie verschiedene Akteure/Gruppen den Raum wahrnehmen.

2. Erklären Sie auf dieser Basis die sich abzeichnenden Konflikte.

3. Bewerten Sie die eingebrachten Argumente auf Basis Ihrer Einblicke in den „Containerraum" und den „Raum der Lagebeziehungen".

Perspektive: Raum als soziale Konstruktion (gemachter Raum)

M 17 **Auszüge von der Homepage des Betreibers Newmont**

Als Betreiber der größten Goldmine Lateinamerikas stehen wir, Newmont, in der Pflicht, unsere Umwelt- und Produktionsstandards zu sichern, die sowohl nationalen als auch internationalen Gesetzen genügen. Wir sind ein
5 Unternehmen, dass das permanente Wachstum der Region fördert im Zusammenspiel mit verantwortungsvollem Wirtschaften. Dies würdigt unsere Arbeiter und diejenigen, die sich für eine bessere Gesellschaft engagieren, in der Bergbau neben anderen Nutzungen in der
10 Region koexistieren kann. Fakten auf einen Blick:
- Newmonts peruanisches Bergbaugeschäft ist das größte in Lateinamerika.
- Unser Unternehmen hat 13 296 Hektar Wald aufgeforstet, um den historischen Waldverlust auszuglei-
15 chen.

(Eigene Übersetzung (I. Gryl) nach: http://www.newmont.com/south-america)

M 18 a **Spray-Bild im Zentrum von Lima**

M 18 b **Für Wasser und gegen Conga-Goldmine bei Cajamarca**

M 19 **Deutschsprachige Petition: Was wir erreicht haben, und wie!**

Im Norden Perus hält der Kampf zwischen dem **weltweit größten Goldproduzenten** und der lokalen Bevölkerung weiterhin an. Das Unternehmen, Newmont Mining, beabsichtigt, 4,8 Mrd. Dollar in den Goldabbau in **einem fragilen Ökosystem** zu investieren. Der Bergbau würde 5
Seen zerstören, Wasserquellen verschmutzen und damit die auf der Landwirtschaft beruhende Lebensweise der Menschen ernsthaft bedrohen. Der **Großteil der Bevölkerung Cajamarcas lehnt das Projekt deshalb ab**. Wir wenden uns nun an die internationale Gemeinschaft 10
und bitten um Ihre Unterstützung für die lokale Bevölkerung in diesem ungleichen **Kampf für sauberes Wasser und eine gesunde Umwelt**. Die Menschen würden das Wasser um keinen Preis gegen Gold eintauschen.
Ein Unternehmen mit zweifelhaftem Ruf: Das Projekt Con- 15
ga ist eine Erweiterung des Unternehmens Minera Yanacocha. Dessen Aktionäre sind Newmont Corporation, Buenaventura und die IFC (Weltbank). Yanacocha betreibt bereits seit 19 Jahren Goldabbau im Tagebau in Cajamarca und hat eine umfangreiche Geschichte an 20
Sozial- und Umweltkonflikten. So hat Yanacocha z. B. einen Unfall mit verheerenden ökologischen und sozialen Folgen zu verantworten: das Auslaufen großer Mengen von Quecksilber in der Gemeinde Choropampa im Jahr 2000. 25
Umweltrisiko: Conga bedroht die Quellen fünf verschiedener Flüsse, fünf Bergseen der Region sowie Hunderte Hektar der dortigen Feuchtgebiete. Dadurch ist die Wasserverfügbarkeit und damit die Lebensgrundlage innerhalb zahlreicher Ortschaften ernsthaft gefährdet. Statt- 30
dessen würden dort Millionen Tonnen giftigen Mülls gelagert werden, welche mit hoher Wahrscheinlichkeit die Verschmutzung der Oberflächen- und Grundwasser nach sich ziehen werden.
Wirtschaftliche Ungerechtigkeit: Mehr als die Hälfte der 35
Bevölkerung arbeitet in der Landwirtschaft oder Viehzucht, während der Bergbau gerade einmal 1,5 % beschäftigt. Der Bergbau würde die Lebensgrundlage sehr stark in Mitleidenschaft ziehen.
Fehlende Demokratie: Da die Bevölkerung nicht in die 40
Projektplanung mit einbezogen wurde und die Regierung einseitig über dessen Ausführung entschieden hat, lehnte die Bevölkerung das Projekt von Beginn an ab. Dies hat zahlreiche Konflikte, Verletzte und eine Kriminalisierung der Proteste hervorgerufen. 45

Bitte wenden Sie sich an die Aktionäre von Newmont und sprechen Sie sich gegen eine Investition in das Projekt Conga aus.

(Nach: AVAAZ – Bürgerpetitionen; http://www. avaaz.org/de/petition/ Stop_the _Conga_mining_project_2/)

M20 Stellungnahme eines Gutachters zum Umweltbericht der Minenbetreiber

Der Conga-Umweltbericht stellt kein unabhängiges, interessenfreies Gutachten dar. Es ist wichtig festzuhalten, dass das Umweltgutachten durch Unternehmen verfasst wurde, die ein wirtschaftliches Interesse am Vorankom-
5 men des Conga-Projektes haben. Alle dafür öffentlich zugänglichen technischen Daten und Informationen über Verfahren wurden durch die Unternehmen oder ihre Berater/Auftragnehmer gesammelt, die direkt durch diese Unternehmen bezahlt werden. Die Stellung-
10 nahmen im Bericht zu den Auswirkungen des Projekts auf die Umwelt kommen ebenso von diesen Unternehmen oder ihren bezahlten Auftragnehmern.

Der Bericht enthält viele nützliche Informationen, aber lässt häufig „unbequeme" Details aus und beinhaltet Halbwahrheiten und falsch interpretierte Aussagen. Ins- 15 gesamt ist dieser Umweltbericht in erster Linie ein PR-Dokument, um die Ausstellung von Genehmigungen voranzutreiben. Alle Stellungnahmen im Bericht sind „gefärbt" durch den Mangel eines finanziell unabhängigen Ansatzes. 20

Der Umweltbericht wartet nicht mit jener Qualität an Messungen und Daten auf, die es der Öffentlichkeit, den Behörden und Investoren ermöglichen könnte, die zukünftigen Auswirkungen des Projekts adäquat abzuschätzen. In hoch entwickelten Ländern würde ein der- 25 artig technisch inadäquater Umweltbericht nicht für Genehmigungsverfahren akzeptiert werden.

Alle vergleichbaren Bergbauprojekte haben langfristig und unausweichlich maßgebliche negative Auswirkungen auf Wasservorkommen. Es gibt keinen Grund 30 zu glauben, dass dies beim Conga-Projekt anders sei.

(Robert E. Moran (Gutachter), The Conga Mine, Peru – Comments on the Environmental Impact Assessment (EIA) and Related Issues; eigene Übersetzung (I. Gryl) nach: http://denjustpeace.org/wordpress/wp-content/uploads/Peru-Conga-REM-Rept-English-March-84.pdf)

Aufgaben

1 Schlussfolgern Sie auf Basis der Darstellungen und Dokumente, welche verschiedenen Bedeutungen dem Raum zugewiesen werden.

Analysieren Sie die Interessen, die jeweils hinter den Texten bzw. den darin kommentierten Dokumenten stehen, und bewerten Sie aus Ihrer Sicht deren Berechtigung.

Erläutern Sie, welche Bedeutung vor Ort dominiert, wie diese Dominanz gesichert wird und wie sie das Handeln der Menschen bestimmt.

2 **Schlussfolgerung:** Überlegen Sie nach Analyse durch die vier Raumkonzepte, welche Handlungsoptionen und Szenarien zur Lösung des Problems angedacht werden können.

4. Partnerland Ruanda –
mit zukunftsfähiger Entwicklung?

Unter dem Titel „Ruandas Zukunft" können Sie das Land entlang der Teilaspekte Partnerschaft, Umwelt, Jugend und Handel bearbeiten, vielperspektivisch betrachten und untersuchen. Dabei stellen, wie bereits am Raumbeispiel Peru („Gold macht nicht satt") aufgezeigt werden konnte, die Ihnen bekannten vier Raumperspektiven eine wertvolle Orientierungs- und Reflexionshilfe dar. Ganz bewusst soll hier nun das vierte Raumkonzept unter folgenden Fragestellungen schwerpunktmäßig berücksichtigt werden:

- Wie wird Ruandas Zukunft in den Medien dargestellt?
- Wer, welche Institution oder welche gesellschaftliche Gruppe, verfasst oder gestaltet Dokumente über dieses Land und seine Zukunft?
- Wie wird darüber kommuniziert? Welche Absichten stecken dahinter?
- Wie wird das Partnerland Ruanda „gemacht", konstruiert und inszeniert?

Zukunft Ruandas – verschiedene Stimmen

Zukunft der Partnerschaft gesichert – Interview mit neuer Ministerpräsidentin (Malu Dreyer)

▰ **Wo liegen Ihrer Meinung nach die größten Herausforderungen in unserem Partnerland?**
Malu Dreyer: Eine große Herausforderung liegt sicherlich darin, dass der in einigen Bereichen wachsende
5 Wohlstand auch der ländlichen Bevölkerung zugute kommt. Die Versöhnung zwischen den Ethnien und die weitere demokratische Entwicklung sind ebenfalls Aufgaben, die von der ruandischen Politik zu leisten sind. Wir wollen sie in Gesprächen im Rahmen der Partner-
10 schaft darin bestärken, aber auch durch Projekte wie zum Beispiel Arbeit schaffende Maßnahmen auf dem Land oder den Bau von Schulen, um die Situation für die Gesamtbevölkerung zu verbessern.

Und wie kann Ruanda aus Ihrer Sicht seine positive Entwicklung zukunftsfähig fortsetzen? 15
Malu Dreyer: Ruanda ist jetzt schon ein im afrikanischen Vergleich attraktiver Investitionsstandort. Es kann seine wirtschaftliche Entwicklung weiter verbessern, indem die Infrastruktur ausgebaut wird. Insbesondere in die Bildung muss investiert werden. Auf Dauer können nur 20 für gut ausgebildete junge Menschen Arbeitsplätze entstehen. Im Rahmen der Partnerschaft können Kooperationen wie zum Beispiel zwischen den Hochschulen in Kigali und Kaiserslautern dazu beitragen, von denen im Übrigen auch wir profitieren. ▰ 25
(Interview geführt von Hanne Hall, in: Ruanda Revue, Ausgabe 1/2013)

Ruandas Wahlsieger Kagame: Erst der Wohlstand, dann die Moral

▰ **Ruandas wiedergewählter Präsident will Wirtschaftswachstum und Wohlstand im Alleingang schaffen. Ohne Entwicklungshilfe. Paul Kagame hat Erfolg – doch so dynamisch er das Land vorantreibt, so wenig kümmern ihn Demokratie und Menschenrechte.** 5
Raus aus der Entwicklungshilfe, weg von den Almosen und Geschenken. Viele afrikanische Länder haben sich eingerichtet im kuschelwarmen globalen System des Gebens und Nehmens. Die regelmäßige Hilfe aus dem Ausland ist für sie selbstverständlich geworden. Ruanda 10 will etwas anderes. „Wir wollen die Menschen aus der Armut bringen und sie Steuern zahlen lassen", sagt Sayinzoga [die stellvertretende Finanzministerin]. [...]

lich nur mit wirtschaftlichem Wachstum und Wohlstand ausgleichen zu können. Demokratie und Menschenrechte? Meinungsfreiheit und Liberalismus? Für Kagame ist die Reihenfolge klar: erst der Friede und das Wachstum, dann Meinungsfreiheit und Menschenrechte. ◢   30

(Nach: Horand Knaup, SPIEGEL ONLINE, 11.08.2010; http://www.spiegel.de/politik/ausland/ruandas-wahlsieger-kagame-erst-der-wohlstand-dann-die-moral-a-711258.html)

▼ **Clarisse aus Ruanda:** „Mein Lebensmotto – Für immer Frieden"
Clarisses Mutter: „Ich wünsche mir für die Jugendlichen in Ruanda, dass sie mündig und verantwortlich agieren können, damit sie nicht instrumentalisiert werden." ◢   5

(Nach http://www.kickfair.org/flg/fussball-verbindet/mdb/biographien-module/modul7.php)

▼ **Katharina aus Rheinland-Pfalz:** „Der Besuch der Genozidgedenkstätte Gisozi/Kigali konfrontierte uns mit den schrecklichen Ereignissen von 1994. Die dort zu sehenden Fotografien von kleinen Kindern, die während des Genozids gewaltsam getötet wurden, werden mir noch lange in   5 Erinnerung bleiben. Es bleibt die Frage, wie so ein Massaker entstehen kann, und gleichzeitig drängt sich mir die Frage auf: Wie können überlebende Opfer und Täter weiterhin zusammen in einem Land leben?" ◢

(Katharina Süsterhenn, Schulpartnerschaft – Megina-Gymnasium Mayen; in: Ruanda Revue, Ausgabe 2/2012, Themenheft „Jugend zwischen Tradition und Moderne", S. 11)

Doch so dynamisch er [der Präsident] sein Land voran-
15 treibt, so wenig hält der ehemalige Offizier und Geheimdienstmann von Meinungsfreiheit und demokratischen Rechten. Zeitungen werden verboten, Journalisten verschwinden und können sich selbst im Ausland ihres Lebens nicht mehr sicher sein. Dass der Erfolg teuer er-
20 kauft ist, dass Ruanda noch weit entfernt von einer funktionierenden Demokratie ist, ficht den Präsidenten nicht an. [...] Stattdessen verteidigt er seine restriktive Politik mit dem Hinweis auf die besondere Geschichte seines Landes. Er glaubt, die noch immer bestehenden Diffe-
25 renzen und Animositäten zwischen Hutu und Tutsi letzt-

Zwei eher „objektive" Blicke auf Ruandas Zukunft

M1 **Ruanda und Deutschland im Vergleich**

Demographische Indikatoren	Ruanda	Deutschland
Bevölkerung (Mitte 2012)	10,8 Millionen	81,8 Millionen
Bevölkerung pro Quadratkilometer	411	229
Geburten pro 1 000 Einwohner	33	8
Todesfälle pro 1 000 Einwohner	10	10
Natürliche Bevölkerungswachstumsrate pro Jahr	2,2 Prozent	-0,2 Prozent
Gesamtfruchtbarkeitsrate (Kinder pro Frau)	4,6	1,4
Bevölkerungsprojektion für 2050	20,6 Millionen	71,5 Millionen
Städtische Bevölkerung	17 Prozent	73 Prozent
Anteil der Bevölkerung unter 15 Jahren	42 Prozent	13 Prozent
Anteil der Bevölkerung über 65 Jahren	2 Prozent	21 Prozent
Lebenserwartung von Frauen	55 Jahre	83 Jahre
Lebenserwartung von Männern	53 Jahre	78 Jahre

Indikatoren der reproduktiven Gesundheit	Ruanda	Deutschland
Säuglingssterblichkeit pro 1 000 Lebendgeburten	50	3,4
Müttersterblichkeit pro 100 000 Geburten*	540	7
Betreute Geburten*	52 Prozent	
Verheiratete Frauen 15–49 Jahre, die Familienplanung anwenden (gesamt)	52 Prozent	70 Prozent
Verheiratete Frauen 15–49 Jahre, die Familienplanung anwenden (moderne Methoden)	45 Prozent	66 Prozent
Anteil der HIV-Infizierten im Alter von 15–49 Jahren im Jahre 2010	2,9 Prozent	0,1 Prozent

Quellen: Deutsche Stiftung Weltbevölkerung, Datenreport 2012 und *UNFPA Weltbevölkerungsbericht 2011

(Nach: Jugend – Delegationsreise von Roger Lewentz (Minister des Innern, für Sport und Infrastruktur) nach Ruanda vom 6. bis 14. Oktober 2012, S. 12; http://www.isim.rlp.de/fileadmin/ism/Delegationsmappe_zur_Jugenddelagation_2012_nach_Ruanda.pdf)

M2 Ruanda SWOT-Analyse 2011

Die **SWOT-Analyse** – engl. für **S**trengths (Stärken), **W**eaknesses (Schwächen), **O**pportunities (Chancen) und **T**hreats (Risiken) – ist ein Instrument der Strategischen Analyse und Planung.

Strengths (Stärken)	Weaknesses (Schwächen)
Politische Stabilität durch starke Regierung	Mängel der Infrastruktur, hoher Investitionsbedarf
Generell gute Sicherheitslage	Binnenlage ohne eigenen Zugang zu Häfen
Konsequente Korruptionsbekämpfung	Hohe Transport- und Produktionskosten Starker Fachkräftemangel in allen Bereichen

Opportunities (Chancen)	Threats (Risiken)
Stabiles Wachstum	Stark ungleichgewichtige Handelsbilanz
Stabile Geberunterstützung für Investitionen	Wettbewerbsverzerrung durch regierungsnahe Firmen
Wachstumssektoren Bauwirtschaft, Telekommunikation, Tourismus Erdölpotenzial	Politische Verwicklung in Regionalkonflikte

(Nach: 2011 Germany Trade and Invest – Gefördert vom Bundesministerium für Wirtschaft und Technologie und vom Beauftragten der Bundesregierung für die neuen Bundesländer aufgrund eines Beschlusses des Deutschen Bundestages; http://www. gtai.de/GTAI/Content/DE/Trade/Fachdaten/PUB/2011/09/pub2011109198001_16404.pdf)

Ruandas Zukunft in den Medien – „Ruanda wird *gemacht*"

Geographien, Regionen, Räume oder Ereignisse sind nicht per se – oder einfach so, sondern werden alltäglich *gemacht*. Das klingt zunächst kompliziert und versperrt uns einen direkten Zugang. Aber dahinter steckt die Grundannahme, dass nicht die Räume *an sich* einen gewissen Einfluss auf uns Menschen haben, sondern entscheidend sind die Bedeutungen, die wir den Räumen geben. Denn Bedeutungen sind nicht von sich aus da, sondern werden erst über soziale, kommunikative und technische Prozesse generiert. Durch die Zuweisung von Bedeutungen durch handelnde Menschen wird klar, was mit der Konstruktion von Raum – dem gemachtem Raum – gemeint ist.

Die immer wieder thematisierten Raumprobleme erscheinen nun als Probleme des Handelns. Oder anders gesagt: Menschen weisen Räumen Bedeutungen zu und stellen sie auf diesem Wege handelnd her. Zugleich werden handlungsleitende Regeln in Räumen – was gesellschaftlich erlaubt ist, was nicht – durch Bedeutungszuweisungen gesetzt. Raumprobleme können als raumproduzierende Handlungsprobleme der Menschen aufgefasst werden. Konkret gefragt: Wird Ruandas Zukunft *gemacht*? Dieser Herstellungsprozess, die Raumproduktion am Beispiel des Partnerlandes Ruanda, wird in diesem Kapitel in den Fokus gerückt, analysiert und diskutiert.

M3 **Vier Themen in der Ruanda Revue**

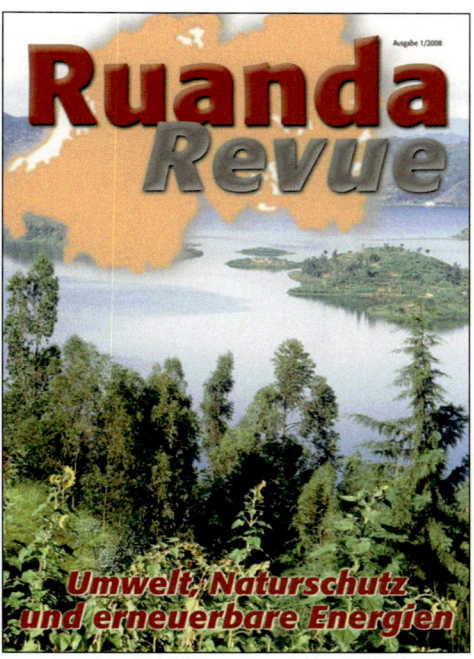

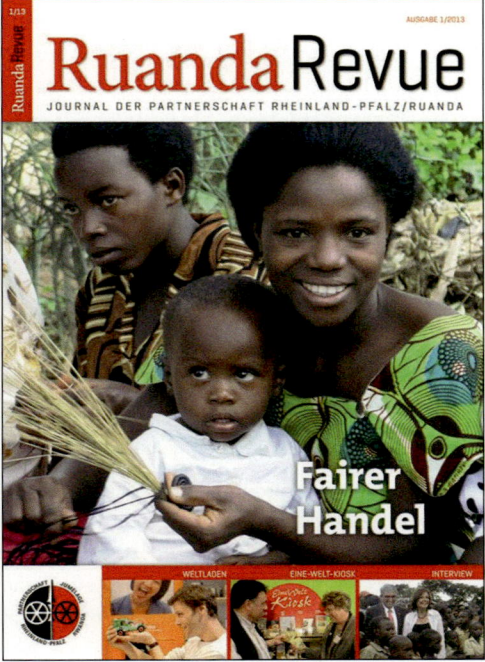

Die in M1 und M2 zusammengestellten Daten und Indikatoren zeigen uns einen eher raumstrukturellen Zugang. Auf dieser – eher „objektive" Daten erfassenden – Grundlage lassen sich begründete Aussagen hinsichtlich der Frage nach Ruandas Zukunft ableiten. Mit M3 hingegen wird Ihnen zusätzlich ein Materialpaket angeboten, welches nun gezielt unter den Aspekten „Wahrnehmung" und vor allem unter dem Gesichtspunkt der „Konstruktion" untersucht werden soll.

Alle Materialien sind als PDF-Dokumente auf den Internetseiten der Partnerschaft Rheinland-Pfalz / Ruanda online abrufbar: *„Seit 1982 ist das Land Rheinland-Pfalz mit dem ostafrikanischen Land Ruanda partnerschaftlich verbunden. Diese Seiten verstehen sich als Informationsplattform rund um das rheinland-pfälzische Partnerland. Hier können Sie sich sowohl über Ruanda selbst als auch über die Aktivitäten der Ruanda-Engagierten in Rheinland-Pfalz informieren"* (www. rlp-ruanda.de).

In Ihrem Erdkundeunterricht wird der Raum „Ruanda" nun ebenfalls unter der Perspektive seiner sozialen, technischen und politischen Konstruiertheit betrachtet. Gezielt wird danach gefragt, wer unter welchen Bedingungen und aus welchen Interessen wie über Ruandas Zukunft kommuniziert und für wen, und wer durch alltägliches Handeln Ruandas Entwicklungsperspektiven fortlaufend produziert. Dabei spielen die Texte der Ruanda Revue (M3), die dort verwendeten Fotos, die Internetpräsenz, der Schreibstil der Verfasser, das dabei zugrunde gelegte Kommunikationsmodell und die verwendeten Zeichen u. a. eine entscheidende Rolle. Auch stellt sich die Frage, inwieweit kulturelle Prägungen und Wertvorstellungen (inbegriffen) auf Konstruktion und Planung wirken. Und: Zielen die veröffentlichten Beiträge und vorgestellten Projekte überhaupt auf eine zukunftsfähige Entwicklung Ruandas? Auf wessen Wahrnehmungshorizont und Handlungsspielraum zielen die Beiträge eigentlich ab?

Nach welchen Kriterien können Sie diese Raumproduktionen nun analysieren und diskutieren?

Kriteriengeleitete Analyse und Reflexion

- Der Zusammenhang zwischen einer zukunftsfähigen Entwicklung Ruandas und dem Leitbild der Nachhaltigkeit ist offenbar. **„Nachhaltige Entwicklung"** ist ein Wertmaßstab. Er berücksichtigt die Aspekte Ökologie, Ökonomie und Soziales. Alle drei Dimensionen sind hilfreich bei Ihrer Analyse und abschließenden Diskussion. Bei einer solchen Fragestellung geht es zugleich um Raumanalyse, Raumbewertung und Raumverantwortung (→ Kap. I, S. 10).
- Mit dem besonderen Fokus auf das medial „gemachte Ruanda" treten nun weitere Kriterien und Betrachtungsebenen hinzu. Da sind zunächst die Erkenntnis von der **„Gemachtheit"**/Konstruktion von Räumen und die Bewusstheit, dass sich über Ruanda seine Konstruktionen legen.
- Des Weiteren sind die Reflexion der **Verlässlichkeit** der Quellen und Autoren sowie die Art ihrer Informationsübertragung geradezu zwingend und müssen stets berücksichtigt werden.
- Besonders wichtig werden nun in der ergänzenden und weiterführenden Betrachtung das Lesen und Hinterfragen der verwendeten Zeichen (Semiotik und Stilistik) der Texte und Bilder, das Erfassen der **Intentionalität**

der medialen Inszenierungen, das Enthüllen verschiedener Wahrheiten in Bildmedien und anderen medialen Vermittlungen (hier: Ruanda Revue) sowie das **Aufdecken der Maßstäbe und Kriterien für Entscheidungen** im spannungsgeladenen Mensch-Umwelt-Gefüge.
- Das Thema dieses Kapitels birgt stets die Grundfrage, wie die Menschen leben sollten, damit sie **menschenwürdig** leben können.

Aufgaben und Vorgehensweise im Unterricht

Phase 1: Themenfindung und Einteilung in Gruppen

Das übergeordnete Thema „Partnerland Ruanda – mit zukunftsfähiger Entwicklung?" sollten Sie in einer arbeitsteiligen Gruppenarbeit behandeln und abschließend Ihre Ergebnisse gemeinsam auswerten. Die Gruppeneinteilung ergibt sich aus den vier genannten Teilthemen „Partnerschaft, Umwelt, Jugend, Handel" der vorgeschlagenen Themenhefte der Ruanda Revue (www.rlp-ruanda.de).

Phase 2: Online-Broschüren analysieren, auswerten und Präsentation vorbereiten

Jede Gruppe erstellt nach Analyse des jeweiligen Themenheftes eine PowerPoint-Präsentation. Nach einem Überblickslesen erfolgt die Entscheidung hinsichtlich der konkreten inhaltlichen Schwerpunktsetzung und der Gliederung des Vortrages. Dabei gilt der Grundsatz „Weniger ist Mehr!", z. B. der konkrete Bezug zu einem Projekt, die vertiefende Betrachtung von Einzelmaßnahmen und/oder eine umfassendere Bildauswertung. Für alle Gruppen ist die kriteriengeleitete Analyse der Raumproduktion (Zukunft Ruandas) die maßgebliche Zielstellung und soll unbedingt im Blick gehalten werden. Dabei können die obigen Kriterien angewendet werden.

Phase 3: Präsentation und gemeinsame Auswertung

Die jeweiligen Gruppen präsentieren Ihre Ergebnisse und stehen für Rückfragen zur Verfügung. Um Besprechungen effektiver zu gestalten, ist es wichtig, den Standpunkt des anderen besser verstehen zu lernen und Fragestellungen aus verschiedenen Perspektiven zu betrachten. Eine Orientierung und Hilfe kann die „Sechs-Hüte-Methode" (M4) leisten. Sie ist unter dem Namen „Denkhüte von De Bono" (engl.: Six Thinking Hats) bekannt. Sie ist von Edward de Bono 1986 entwickelt worden und findet beson-

ders bei Gruppendiskussionen konkret Anwendung. Die Beobachter der Präsentation nehmen dabei unterschiedliche Rollen ein, die durch verschiedenfarbige Hüte symbolisiert werden. Dabei entspricht jeder Hut einem bestimmten Blickwinkel. Ziel ist es, eine effiziente Diskussion über eine Frage nach der zukünftigen Entwicklung des Partnerlandes Ruanda zu führen und dabei keinen Blickwickel zu vergessen.

Nach Abschluss der Vorträge: Alle Gruppen stellen sich im Plenum einem Feedback, einer konstruktiv-kritischen Rückmeldung. Dieser Prozess und das gemeinsame Gewichten sowie die Zusammenführung der Ergebnisse mit Blick auf Ruandas Zukunft können gewinnbringend für alle sein. Dem blauen Hut kommt hierbei eine besondere Bedeutung zu. Er moderiert, steuert, zentriert die Fragestellung und fordert das parallele und vernetzende Denken unter den Hüten, den Teilnehmern, ein.

M4 Die sechs Hüte des Denkens (nach Edward de Bono)

Gelber Hut	Roter Hut	Blauer Hut
? Optimistisches Denken ? Best-Case-Szenario ? Spekulative Haltung	? Emotionales Denken und Empfinden ? Gefühle und Meinungen ? Subjektive Haltung	? Ordnendes, moderierendes Denken ? Überblick über die Prozesse ? Big-Picture-Haltung
Partnerland Ruanda – mit zukunftsfähiger Entwicklung?		
Grüner Hut	Schwarzer Hut	Weißer Hut
? Kreatives, assoziatives Denken ? Neue Ideen, Kreativität ? Konstruktive Haltung	? Kritisches Denken ? Risikobetrachtung, Probleme, Skepsis, Kritik und Ängste ? Objektive Haltung	? Analytisches Denken ? Konzentration auf Tatsachen ? Objektive Haltung

(Eigener Entwurf nach verschiedenen Quellen)

Phase 4: Abschluss und Beantwortung der Rahmenfrage

Auch Unterricht produziert „Raum". Selbstverständlich existiert Ruanda oder irgendeine andere Region nicht aufgrund dessen, dass sie als Gegenstand einer Unterrichtsstunde behandelt wird. Aber die entsprechenden Bildmedien mit den darin gebundenen unterschiedlichen Bedeutungen werden in Unterrichtsgesprächen teilweise stark geformt bzw. umgeformt (also produziert bzw. reproduziert).

Wenn Länder/Erdausschnitte/Regionen in der Schule präsentiert werden, dann trägt (Geographie-)Unterricht zur subjektiven Konstruktion genau jener Räume bei, die er im Grunde versucht, *objektiv* darzustellen und zu behandeln. So sollten Sie sich abschließend auch der Frage stellen, welches Ruanda Sie in Ihrer Unterrichtsreihe *gemacht* und in Ihren Präsentationen *(re-)produziert* haben. Die Rahmenfrage würde dann lauten: Welches Ruanda-(Raum-)Bild wurde (wie) von Ihnen produziert?

Anwenden und Vertiefen

Zusammenfassende Arbeitsvorschläge zum Kapitel „Entwicklungsländer – Was ist (ein) Entwicklung(sland)?"

S. 156 **1.** Beschreiben Sie eine Weltkarte Ihrer Wahl zum „Entwicklungsstand" Ihrer Wahl.

S. 158 f. **2.** Setzen Sie sich kritisch mit den Begriffen „Entwicklungsland", „Schwellenland" und „Industrieland" auseinander.

S. 160 **3.** Begründen Sie, warum es sich bei Klassifikationen von Ländern um menschgemachte Einteilungen handelt. Welcher Stellenwert kommt hierbei dem sog. „Länderbarometer" zu?

S. 160 **4.** *„Deutschland – ein Entwicklungsland!"* – Beziehen Sie persönlich Stellung.

S. 161 f. **5.** Erläutern Sie Unterschiede und Gemeinsamkeiten der Modernisierungs- und Dependenztheorie.

S. 164 f. **6.** Erläutern Sie die Folgen der massenmedialen Kommunikation über Entwicklungsländer für Weltbilder.

S. 168 – 170 **7.** Worin begründet liegt der Mehrwert einer synoptischen Raumanalyse?

S. 171 – 173 **8.** Ermitteln Sie das naturräumliche Ausstattungspotenzial Perus mithilfe geeigneter Atlaskarten.

S. 174 – 177 **9.** Erläutern Sie die sozio-ökonomischen Bedingungen der Region Cajamarca.

S. 172 **10.** Beschreiben Sie die Handelsbilanz Perus. Definieren Sie vor diesem Hintergrund den Fachbegriff „Terms of Trade".

S. 168 – 177 **11.** Entwerfen Sie eine PowerPoint-Präsentation zum Thema „Regionale und soziale Disparitäten in Peru". Konkretisieren Sie dabei auch das Zentrum-Peripherie-Modell und präsentieren Sie Ihre Ergebnisse in Ihrem Kurs.

S. 178 – 183 **12.** Erläutern Sie die naturgeographischen Voraussetzungen in einem afrikanischen und einem südamerikanischen Staat hinsichtlich einer (möglichen) landwirtschaftlichen Nutzung.

S. 185 – 187 **13.** Worin begründet liegt der Mehrwert eines *reflektierten Maßstabswechsels*? Konkretisieren Sie dies an einem Beispiel.

S. 163 f. **14.** Nehmen Sie Stellung zu der Frage, ob man für Entwicklungshilfe spenden sollte.

S. 165 f. **15.** Erläutern Sie mithilfe einer Pressemitteilung oder eines Filmausschnittes Ihrer Wahl, welche Folgen es hat, dass die Medien vor allem betroffen machende Meldungen über Entwicklungsländer verbreiten.

S. 163 **16.** Porträtieren und bewerten Sie die Entwicklungsstrategien der Regierung Ruandas vor dem Hintergrund der jüngeren ruandischen Geschichte.

S. 178 – 183 **17.** Bewerten Sie die Auswirkungen und Wirksamkeit der Inszenierung Ruandas als Partnerland in Rheinland-Pfalz für die Bevölkerung Ruandas.

Kernbegriffe

- Entwicklungsland
- Transformations- und Schwellenländer
- Entwicklungstheorien (Modernisierung vs. Abhängigkeit)
- Entwicklungsstrategien
- Wachstumsmodell nach Rostow
- Indikatoren der Entwicklung
- Bruttonationalglück
- Failed states
- Partizipation
- Mikro-Finanzierung/ Mikrokredite
- Zentrum-Peripherie-Modell
- Synoptische Raumanalyse
- Grundbedürfnisstrategie
- Subsistenzwirtschaft
- Entwicklungshilfe/ Entwicklungszusammenarbeit
- Terms of Trade
- Land Grabbing
- Raumkonzepte
- Raum als Konstruktion
- Marginal Land

Räume aus unterschiedlichen Perspektiven und Maßstabsebenen betrachten

Wissen aktivieren und einen reflektierten Maßstabswechsel durchführen

Marginal Land – unterschiedliche Wahrnehmungen des gleichen Raumes

Die Bemühungen um Schonung der begrenzten fossilen Ressourcen und um Reduzierung der Treibhausgasemissionen (beispielsweise durch die EU-Richtlinie E 10) führen zu einer weltweiten explosionsartigen Zunahme der Produktion von Agrartreibstoffen. Diese Entwicklung hat einen zunehmenden Druck auf die Ressourcen Land und Wasser zur Folge. Der daraus resultierenden Verknappung wird mit einer weiteren Intensivierung der Landwirtschaft begegnet, was wiederum den Druck auf die Ressourcen und Ökosysteme erhöht. Infolgedessen kam es zu einer kontroversen Debatte, inwiefern es vertretbar ist, Energiepflanzen in Regionen der Welt anzubauen, in denen Menschen wegen mangelnder Nahrungsmittelproduktion hungern und sterben. Im Zuge der sog. Teller-Tank-Debatte wurde das Argument der *marginal lands* eingeführt, um die Produktion von Energiepflanzen zu kontrollieren und ethisch zu legitimieren. Dieses Konzept sieht vor, dass Pflanzen für die Produktion von Agrartreibstoffen nur noch an Standorten angebaut werden sollen, an denen aufgrund der ungünstigen ökologischen Bedingungen keine Nahrungsmittel produziert werden (können), sodass keine Konkurrenz zwischen Energie- und Ernährungsproduktion entsteht. Angesichts des weltweit explosionsartig zunehmenden Bedarfs an Agrarflächen infolge der wachsenden Weltbevölkerung und der rasant steigenden Produktion von Agrarrohstoffen besteht ein besonders großes Interesse herauszufinden, wo sich solche marginalen Flächen befinden. Daher sind in jüngerer Vergangenheit unterschiedliche Untersuchungen, gestützt durch Fernerkundung und GIS, zu diesem Zweck durchgeführt worden und die Weltbank kam zum Ergebnis, dass sich die weltweit größten Landreserven in der afrikanischen Guinea-Savanne befinden, welche zu 93 % ungenutzt sei, und beziffert die verfügbaren Landreserven auf 201 546 000 Hektar (Deininger/Beyrlee 2011, S. xxxiv; vgl. M 1). Dieses Gebiet wird angesichts dieses Potenzials auch als „Africa's Sleeping Giant" bezeichnet.

> **Info zur Guinea-Savanne:**
> Die Guinea-Savanne ist nicht die Savanne des Landes Guinea, sondern die Vegetation der klimatisch definierten Guinea-Zone. Die „Guinea Savannah zone" zeichnet sich durch Niederschläge zwischen 800 und 1200 mm aus und ermöglicht eine Pflanzenwachstumsphase von 150 bis 210 Tagen. Sie wird äquatorwärts durch die Regenwaldzone und polwärts durch die Sudanzone begrenzt. (World Bank 2009; vgl. M 1 und M 2.)

An diesen Untersuchungen gibt es jedoch scharfe Kritik, die sowohl auf methodischer und technischer als auch auf erkenntnistheoretischer Ebene formuliert wird (Nalepa/Bauer 2012, Young 1999). Methodisch und technisch wird kritisiert, dass die Modelle zu wenige Parameter berücksichtigen und mit Daten gefüttert werden, die sehr ungleiche und teilweise sehr geringe räumliche Auflösungen aufweisen. Das Verrechnen gut aufgelöster Parameter mit diesen schlecht aufgelösten Parametern führe zu fragwürdigen Gesamtergebnissen. Auch die zeitliche Auflösung sei häufig mangelhaft, sodass beispielsweise Dynamiken in der Landnutzung nicht wahrgenommen werden. So werden etwa verbuschte Flächen als ungenutzt eingestuft, obwohl es sich oft um mehrjährige Brachen handelt, die für die nachhaltige Funktionsweise der Anbausysteme wesentlich sind. Wirklich bemerkenswert ist der eklatante Widerspruch zwischen der fernerkundlichen Erkenntnis, dass die Guinea-Savannen zu 93 % ungenutzt seien und der sozioökologischen und paläobotanischen Erkenntnis, dass die Guinea-Savanne eine alte und intensiv genutzte Kulturlandschaft darstellt. Auch heute ist der Bereich der Guinea-Savanne verhältnismäßig intensiv besiedelt und aufgrund der relativ hohen Geburtenraten wird sich dies in Zukunft auch vermutlich nicht ändern. Die Aussage der Weltbank, die Landressourcen seien noch umfangreich verfügbar und der afrikanische Riese warte nur darauf, geweckt zu werden (World Bank 2009), ist also nicht nur fragwürdig, sondern auch problematisch.

M1   **Die Guinea-Savanne**

Laut Weltbank gilt die Guinea-Savanne als die größte Landreserve Afrikas.

(Quelle: World Bank 2009. Nach: K.W. Hoffmann/Ph. Kersting, Zeigt das wahre Afrika. Die europäische Wahrnehmung von Ressourcen in Afrika – Naivität oder Strategie?; in: Geographie und Schule (Aulis Verlag), H. 197/2012, S. 48 f.)

M2   **Flächenverfügbarkeit in Afrika**

Blau: geringe Flächenverfügbarkeit
Rot: hohe Flächenverfügbarkeit

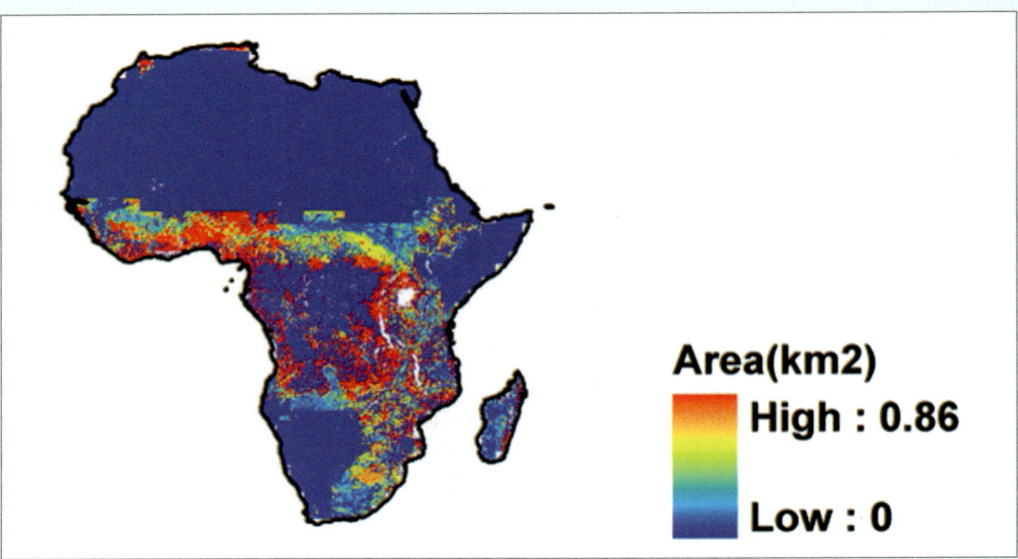

(Quelle: X. Cai/X.Zhang/D. Wang 2011, S. 337. Nach: s. M1)

M3 Der Kulturbaumpark in der westafrikanischen Guinea-Zone

M4 Perspektive auf lokaler Ebene

(Quelle: Lavigne/Delville 2006, S. 13. Nach: K.W. Hoffmann/Ph. Kersting, Landgeschäfte zwischen Chance („landinvestment") und Risiko („landgrabbing") – ein komplexes Thema bearbeiten und reflektieren; in: Geographie und Schule (Aulis Verlag), H. 203/2013, S. 19, eigene Übersetzung)

Aufgaben

1 Stellen Sie die beteiligten Akteure mit ihren Handlungen, Bedürfnissen und Interessen dar. Betten Sie diese in lokale und globale (Begründungs-)Zusammenhänge ein. Stellen Sie den Konflikt zwischen den Akteuren auf den jeweiligen Betrachtungs- und Handlungsebenen heraus.

2 Beurteilen Sie den Begriff „marginales Land", seine Trennschärfe und die angewandten Bewertungsmethoden zur Einstufung von Arealen.

3 Diskutieren Sie folgende Thesen:

a) Die Verpachtung/der Verkauf großer Landstriche in Afrika für die Herstellung von Agrarsprit ist eine moderne Form des Kolonialismus.

b) Die Renditen eines Anbaugebietes zur Herstellung von Agrarsprit sind umso höher, je besser das zur Verfügung stehende Land ist und je weniger nachhaltig das Land bewirtschaftet wird. Daher besteht kurzfristig Anreiz, den Begriff des marginalen Landes zu dehnen und zugleich auf Kosten der lokalen Bevölkerung Agrarland zu degradieren.

Inter-national emigrants

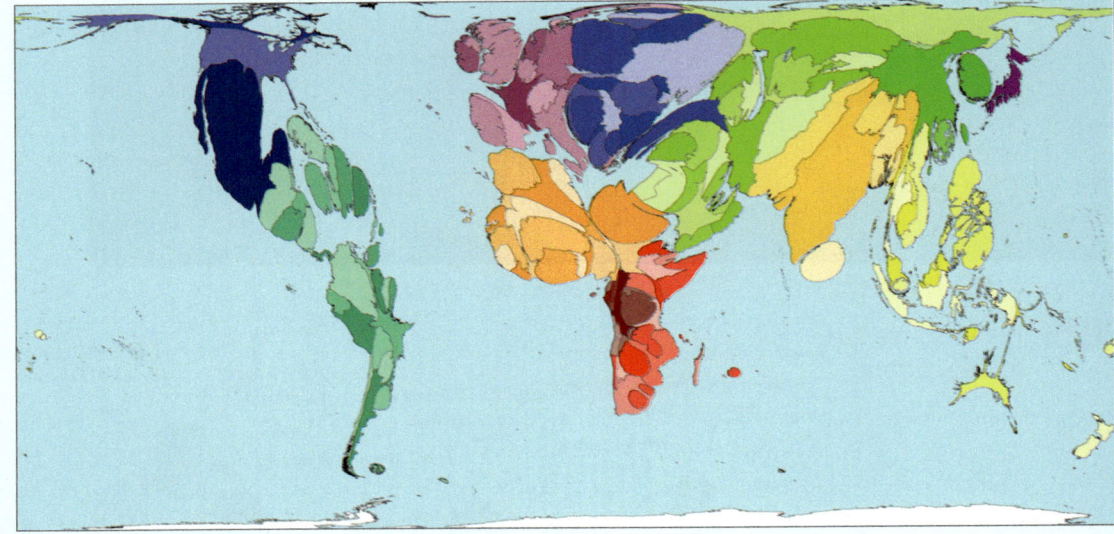

„I was determined to reach Europe or die trying. After everything I had gone through, I didn't care any, more ..."

(Mamadou Saliou „Billy" Diallo, 2005)

Carbon-Emissions 2000

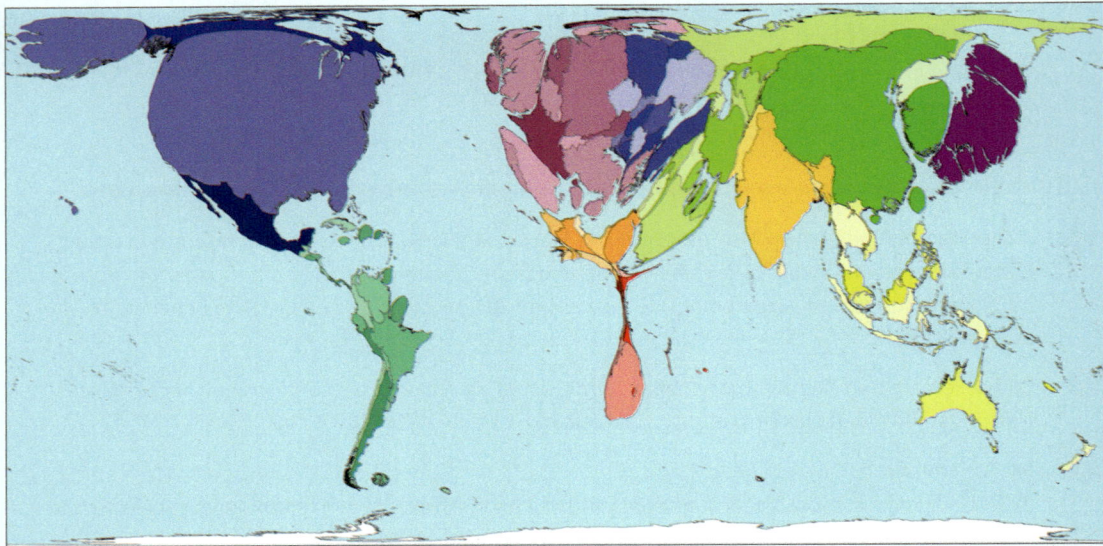

„If the world does not learn now to show respect to nature, what kind of future will the new generations have?"

(Rigoberta Menchú Tum, 1992)

Um unsere heutige Welt, wie sie ist und wie sie sich entwickelt, zu beschreiben und zu verstehen, kommt man um den Begriff der Globalisierung nicht herum. Globalisierung ist unumstritten ein zentrales Kennzeichen unseres Jahrhunderts und des beginnenden Jahrtausends. Zwar handelt es sich bei dem Prozess der Globalisierung keineswegs um ein neues Phänomen – die erste Phase der Globalisierung setzte bereits im Jahre 1500 ein – allerdings kann für die jüngste Phase der Globalisierung seit 1990 eine neue Dynamik konstatiert werden, etwa im Hinblick auf die Geschwindigkeit der Entwicklungen. Die politische Überwindung der bipolaren Welt und die zeitgleiche digitale Revolution lösten eine atemberaubende Beschleunigung von Veränderungen aus, die längst alle Lebensbereiche durchdringen. Bereits vor 1990 erkennbare globale Herausforderungen gewinnen an Dringlichkeit und erhöhen den Handlungsdruck. Die politischen, gesellschaftlichen und ökonomischen Akteure sind dabei kaum in der Lage, alle Entwicklungen gleich- und rechtzeitig einzuschätzen oder gar vorausschauend zu gestalten. Wie in der Vergangenheit lassen sich auch in der Gegenwart Gewinner und Verlierer im Globalisierungsprozess ausmachen. Vieles, was heute geschieht, wird die nachfolgenden Generationen existenziell betreffen. Gewaltige technische, soziale, ökonomische und ökologische Risiken zeichnen sich im Netzwerk der Weltprobleme ab, wo vieles komplex miteinander zusammenhängt. Diese fundamentalen Einsichten machen die Relevanz dieses Kapitels für den Unterricht aus.

Die nebenstehenden „verzerrten" Karten machen zwei Weltprobleme, Klima und Migration, in beeindruckender Weise sichtbar. Beide Weltprobleme spielen in diesem Kapitel und im gesamten Buch eine wichtige Rolle. Aber auch andere Problemlagen sollen in diesem Kapitel untersucht werden. Auf der Internetseite des *worldmapper* können sie dazu in einer ersten Recherche weitere interessante „verzerrte" Karten finden.

Im ersten Band von Grundkurs Politik/Geografie wurde die Globalisierung bereits unter wirtschaftspolitischen Gesichtspunkten eingeführt. Im folgenden Kapitel können Globalisierung und globale Herausforderungen über den Bereich der Wirtschaftspolitik hinausgehend bearbeitet werden. Dieses Kapitel fragt auch nach den Möglichkeiten menschlichen Handelns angesichts komplexer globaler Problemlagen, die das Überleben der Menschheit und das menschenwürdige Leben im lokalen, regionalen und weltweiten Kontext betreffen.

In Teilkapitel 1 erhalten Sie zunächst einen Überblick über die Dimensionen der Globalisierung und ihre Antriebskräfte. Die Materialien dienen der Wahrnehmung und Verknüpfung globaler – d. h. die gesamte Menschheit betreffender – Probleme.

Teilkapitel 2 fokussiert sich auf die globale Problematik einer immer noch schnell zunehmenden Weltbevölkerung im geschlossenen System des „Raumschiffs Erde". Exemplarisch werden drei Phänomene vertieft: Eng verknüpft mit der Bevölkerungsentwicklung ist der anhaltende Prozess weltweiter Verstädterung. Städte besitzen eine ungebrochene Anziehungskraft und wachsen teilweise unkontrolliert. Am Beispiel der Megacity Mumbai (Indien) werden damit verbundene Erscheinungsformen, Probleme und Lösungsansätze betrachtet. Ein zweites Phänomen zeigt sich zeitversetzt in fast allen Ländern der Erde. Es ist der mit sozialen Risiken, aber auch mit politischen Gestaltungschancen verbundene demografische Übergang der Gesellschaften. Schließlich wird auf das weltweit sichtbare Phänomen der „Migration" ein Augenmerk gelegt, vor allem dort, wo die globale „Völkerwanderung" auf die „Festung Europa" trifft.

Im Teilkapitel 3 wird das komplizierte Netz der Weltprobleme untersucht und es werden Wege aufgezeigt, wie man sich mithilfe einer Buchrecherche den Weltproblemen Nahrung, Energie, Klima annähern kann. Unterricht sollte nicht bei der Wahrnehmung von Befunden stehen bleiben. Eine Projektarbeit kann Möglichkeiten konkreten Handelns aufzeigen. Die UN-Millenniumsziele von 2001 verweisen schon auf die Notwendigkeit, sich auch über die Nationengrenzen hinweg in der internationalen Politik mit den Weltproblemen auseinanderzusetzen (→ Kap. VI).

Diese Leitfragen spielen im Kapitel „Globalisierung und globale Herausforderungen" eine Rolle:

- Welche Phänomene, welche Akteure, welche Dimension kennzeichnen den gegenwärtigen Globalisierungsprozess?
- Welche globalen Probleme der Weltgemeinschaft lassen sich identifizieren? Wie hängen sie zusammen?
- Nahrung, Wasser, Energie und Klima: Welche Erscheinungsformen, Ursachen, Lösungsansätze dieser globalen Problemlagen gibt es?
- Global denken – lokal Handeln? Kann ich durch mein Handeln die Welt gerechter machen?

1. Dimensionen des Lebens in der EINEN WELT – Problemlagen und Antriebskräfte der Globalisierung

M1 Ein Atlas der Misere

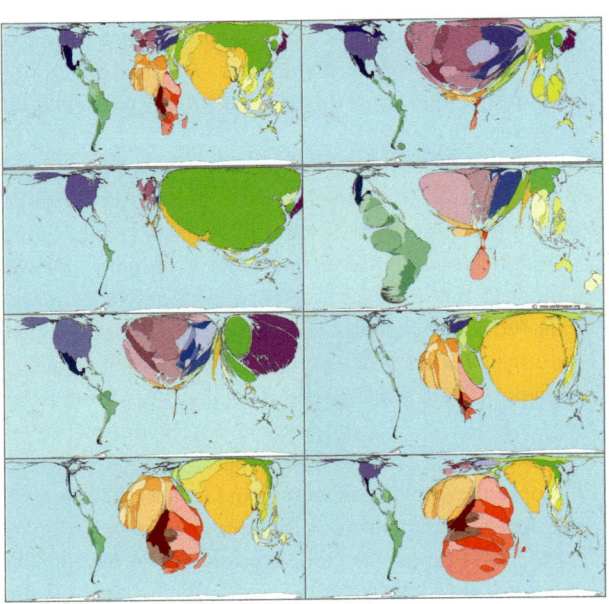

(Nach: Worldmapper.org; © SASI Group/University of Sheffield und Mark Newman/University of Michigan)

Was Zahlen und Worte nicht vermitteln, soll der Betrachter durch Bilder begreifen: Die Worldmapper verwandeln die Erde und ihre Ungerechtigkeit in einen Homunculus. „Das menschliche Auge ist besser ausgestattet, das Verhältnis bestimmter Dinge an der Größe einer [5] Fläche auszumachen, als um Schraffuren und Farbschattierungen in Zahlenwerte zu übersetzen", schreibt der Geograf Danny Dorling von der Universität in Sheffield. Dorling will der mangelhaften Anschaulichkeit verbreiteter Atlanten ein Ende setzen. Mit dem Projekt [10] und einer Veröffentlichung im Open Access Journal verschaffen er und sein Team der Öffentlichkeit eine völlig neue Perspektive auf die Verhältnisse in unserer Welt. Nicht die geografische Fläche eines Landes entscheidet dabei über seine Ausdehnung, sondern das Verhältnis [15] zwischen einer betrachteten Größe (zum Beispiel die Zahl HIV-Infizierter) und ihrer Bezugsgröße (der Bevölkerung).

(Nach: ZEIT ONLINE; www.zeit.de/online/2007/06/bildergalerie-worldmapper)

Eine Auflistung weltumspannender Problemlagen finden sie auf der Internetseite „*worldmapper*". Dort finden Sie auch die „verzerrten Karten" zu den einzelnen Problembereichen:

- Movement
- Transport
- Food
- Goods
- Manufacturers
- Services
- Resources
- Fuel
- Production
- Work
- Income
- Wealth
- Poverty
- Housing
- Education
- Health
- Disease
- Disaster
- Death
- Destruction
- Violence
- Pollution
- Depletion
- Communication
- Exploitation
- Action
- Cause of Death
- Age of Death
- Religion
- Language

Um einen ersten Zugang zu den globalen Weltproblemen zu gewinnen, bieten sich zwei verschiedene methodische Zugänge an:

☞ **Erstellen einer Collage (produktionsorientierte Methode):** Wählen Sie bestimmte Problembereiche aus der *Worldmapper*-Liste aus und erstellen Sie eine Collage (Bilder, Grafiken, Texte). Eine Collage zu beispielhaft ausgewählten Dimensionen der Globalisierung finden Sie auf den folgenden Seiten, die Sie erweitern können. Gehen Sie dabei arbeitsteilig vor, teilen Sie unterschiedliche Betrachtungsaspekte untereinander auf und vernetzen Sie Ihre erarbeiteten Ergebnisse sinnvoll miteinander.

☞ **Durchführung eines Projektes (prozessorientierte Methode):** Führen Sie ein Projekt zu einem ausgewählten Themenbereich aus der *Worldmapper*-Liste durch (→ Methodenschulung, S. 224 ff.).

Aufgaben

1. Informieren Sie sich im Internet über das *Worldmapper*-Projekt.

2. Entscheiden Sie sich für eine *Worldmapper*-Karte. Suchen Sie nach Ursachen und Folgen auffällig vergrößerter bzw. verkleinerter Flächen. Stellen Sie sich im Kurs gegenseitig Ihre Karten und ersten Ergebnisse vor.

3. Vergleichen Sie eine ausgewählte *Worldmapper*-Karte mit einer herkömmlichen thematischen Karte im Atlas zum gleichen oder zu einem ähnlichen Problem.

4. Betrachten Sie mehrere Problemlagen mit Blick auf ein ausgewähltes Land oder einen Kontinent.

5. Diskutieren Sie: Inwiefern ermöglichen die verzerrten Karten „eine völlig neue Perspektive auf die Verhältnisse in unserer Welt" (M 1)?

Globalisierung – ein Containerbegriff?

Das Containerschiff stellt nicht nur das quantitativ bedeutsamste Transportmittel im aktuellen Weltgüterverkehr dar. Es eignet sich auch als anschauliches Symbol für den Begriff der Globalisierung, der zahlreiche unterschiedliche, aber auch auf den ersten Blick ähnliche Dimensionen (Container) enthält. Deren Inhalt lässt sich auf den ersten Blick nicht erschließen. Vielmehr müssen die einzelnen Dimensionen jeweils inhaltlich geöffnet werden.

Die nachfolgende Darstellung (M 2) „stapelt" einige ausgewählte Aspekte und Dimensionen des Globalisierungsbegriffes aufeinander. Zu einigen Aspekten finden Sie auf den nächsten Seiten Materialien zur Auseinandersetzung, anderen können Sie selbstständig nachgehen. Recherchieren Sie dazu im *world wide web* und verschaffen Sie sich so einen multiperspektivischen Zugang zum „Containerbegriff" Globalisierung. Ergänzen Sie gegebenenfalls die Darstellung durch weitere „Container". Sie können die Darstellung auch als Ausgangsmaterial für die gemeinsame Planung Ihrer Unterrichtsreihe zur Globalisierung nutzen.

M 2   Dimensionen der Globalisierung

Gesellschaftliche Dimension *Aspekte Welternährung – Weltbevölkerung* → Kap. V/1.6, 2. und 3.	**Gesellschaftliche Dimension** *Aspekt Migration* → Kap. V/2.3	**Gesellschaftliche Dimension** *Aspekt Armut – Reichtum* Wer sind die Globalisierungsgewinner bzw. Globalisierungsverlierer? → Kap. IV und III
Aspekt Kommunikation ➤ Ordnen Sie den Aspekt Kommunikation begründet den zur Verfügung stehenden Dimensionen zu. → Kap. V/1.3	**Räumliche Dimension** *Aspekt neue Zentren* „Werkbank China" Dienstleister Indien Hightechstandort Deutschland Finanzzentrum London → Kap. III/2. und V/2.2	**Ökologische Dimension** *Aspekt Teller – Tank* Felder roden für Bioenergie oder bewirtschaften zur Nahrungsmittelversorgung der Bevölkerung? → Kap. IV, S. 185 ff.
Ökologische Dimension *Aspekt Klimawandel* Wie hoch sind die Kosten des Klimawandels? → Bd. 1, Kap. IV/4.1 → Kap. V/1.5 und II, S. 80 ff.	***Aspekt „seltene Erden"*** ➤ Recherchieren Sie „Seltene Erden" und verorten Sie diese im Rahmen der Dimensionen. → Kap. V/1.4	**Kulturelle Dimension** *Aspekt „kulturelle Globalisierung"* „Siegt" die westliche Kultur? Clash of civilization oder Weltethos?
Ökonomische Dimension *Aspekt Welthandel* Entgrenzung Renaissance des Protektionismus? → Bd. 1, Kap. IV/1.	**Ökonomische Dimension** *Aspekt Finanzmärkte* Devisenhandel 200 Mrd. in der Stunde – Finanzmarkttransaktionen per Mausklick → Bd. 1, Kap. IV/3.	**Ökonomische Dimension** *Aspekt Wachstum* Gibt es Grenzen des Wachstums? Weltbevölkerung → Kap. V/1.4 und 2. → Bd. 1, Kap. IV/4.2
Ökonomische Dimension *Aspekt Ressourcen* Wie weit reichen unsere Ressourcen? Endliche Ressourcen: Öl, Wasser ... → Kap. V/1.4	**Rechtliche Dimension** *Aspekt internationales Recht* WWW – ein rechtsfreier Raum? Beispiel ACTA → Kap. V/2.1	**Historische Dimension** *Aspekt Entwicklung* Beschleunigung von Entwicklungen im Informationszeitalter → Kap. V/1.3
Politische Dimension *Aspekt Sicherheit* Erweiterter Sicherheitsbegriff. Was hat Fukushima mit uns zu tun? (globale) Sicherheitsprobleme Piraterie am Horn von Afrika – neue, alte Gefahren → Kap. V/1.2	**Politische Dimension** *Aspekt Weltpolitik* Internationale Organisationen (UNO, IStGHof) – zahnlose Tiger? → Kap. VI/3.1	**Politische Dimension** *Aspekt Politische Kultur* Politische Widerstandsbewegungen über das Internet Beispiel: KONY 2012, Facebook-Demonstrationen, Twitter-Revolutionen
Politische Dimension *Aspekt neue Akteure* NGOs (z. B. Attac), Terror-Organisationen (z. B. Al Quaida), Konzerne, Banken etc. als neue globale Spieler → Kap. V/1.1 und VI/3.4	**Räumliche Dimension** *Aspekt Urbanisierung* Megacitys → Kap. V/2.1	**Räumliche Dimension** *Aspekte Transport/Infrastruktur* Beispiel Amazon Beispiel China → Kap. III/2.3
Dimension? *Aspekt?*	**Dimension?** *Aspekt?*	**Dimension?** *Aspekt?*

1.1 Politische Dimension: Aspekt neue Akteure

M 3 Nicht-Regierungsorganisationen

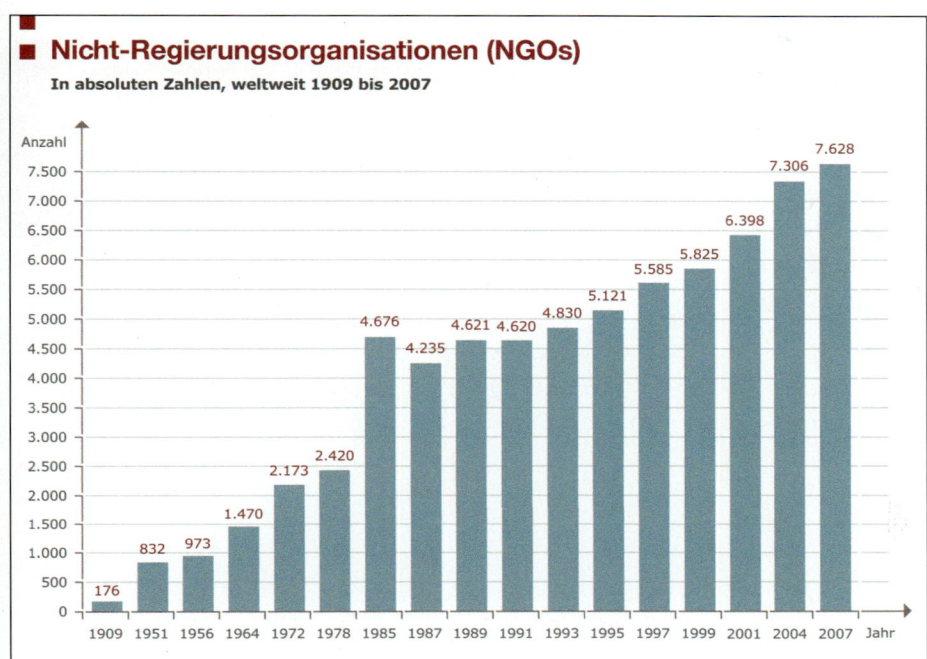

■ Nicht-Regierungsorganisationen (NGOs)

In absoluten Zahlen, weltweit 1909 bis 2007

(Quelle: Union of International Associations (UIA), Yearbook of International Organizations, Statistics on international Organizations, www.uia.be; nach: Bundeszentrale für politische Bildung, 2009, www.bpb.de)

→ VI/3.4, S. 265, M 16: Ambivalente Zwischenbilanzen

1.2 Politische Dimension: Aspekt Sicherheit

M 4 Dimensionen des erweiterten Sicherheitsbegriffs

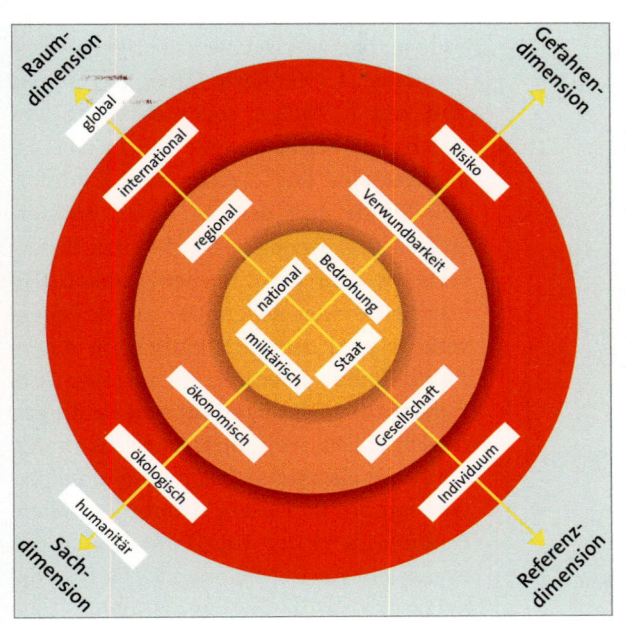

Während früher mit einem „engen Sicherheitsbegriff" vor allem die militärische Bedrohung nationaler Territorialität thematisiert wurde, kann heute mit einem „erweiterten Sicherheitsbegriff" auch das individuelle Risiko globaler Menschenrechtsverletzungen erfasst werden. Gleichzeitig lassen sich Sicherheitsaspekte aber auch kombinieren, sodass etwa die regionale Verwundbarkeit von Staaten angesichts ökologischer Katastrophen oder die Risiken globaler Wirtschaftskrisen für das Wohlergehen der Menschen in den Blick genommen werden können.

(Grafik und Text nach: Christopher Daase, Der erweiterte Sicherheitsbegriff, Working Paper 1/2010, hrsg. v. Projekt Sicherheitskultur im Wandel an der Goethe-Universität Frankfurt, S. 3)

1.3 Aspekt Kommunikation und Beschleunigung

M 5a Internet Users (2002)

(Nach: Worldmapper.org; © SASI Group/University of Sheffield und Mark Newman/Univerity of Michigan)

M 5b Datenverkehrprognose für 2016: 1.300.000.000.000.000.000.000 Byte

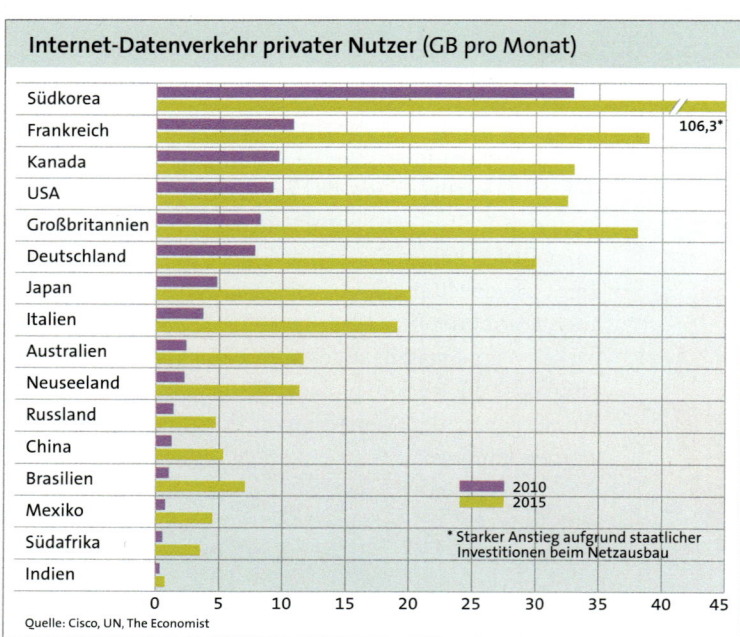

Internet-Datenverkehr privater Nutzer (GB pro Monat)

Südkorea · Frankreich · Kanada · USA · Großbritannien · Deutschland · Japan · Italien · Australien · Neuseeland · Russland · China · Brasilien · Mexiko · Südafrika · Indien

106,3*

2010
2015

* Starker Anstieg aufgrund staatlicher Investitionen beim Netzausbau

Quelle: Cisco, UN, The Economist

(Text nach: SPIEGEL ONLINE, http://www.spiegel.de/netzwelt/web/weltweiterdatenver kehr-soll-sich-bis-2016-vervierfachen-a-836495.html)

Die Zahlen sind gewaltig. Bis 2016 werde sich das durch die weltweiten Computernetze transportierte Datenvolumen vervierfachen, hat der Netzwerkausrüster Cisco berechnet. 1,3 Zettabyte Daten, das ist eine Zahl mit 20 Nullen, sollen dann pro Jahr durch die Datenleitungen flitzen. Die Ergebnisse sind Teil [...] einer jährlich erhobenen Studie, mit der die Wachstumsaussichten und Trends des weltweiten Datenverkehrs über das Internet-Protokoll (IP) ermittelt werden sollen. Der meiste Datenverkehr wird demnach künftig im Asien-Pazifik-Raum generiert, wo im Jahr 2016 monatlich 40,5 Exabyte durch die Leitungen fließen sollen, weit mehr sogar als in den USA, die als zweitgrößter Datentransporteur nur auf 27,5 Exabyte kommen sollen. Damit wird in der Top-Traffic-Region das Äquivalent von 14 Millionen DVDs über die Netzwerke transferiert – pro Stunde.

1.4 Ökonomische Dimension: Aspekte Begrenztheit von Ressourcen und Seltene Erden

M 6a Förderverläufe von Erdöl (Prognosen)

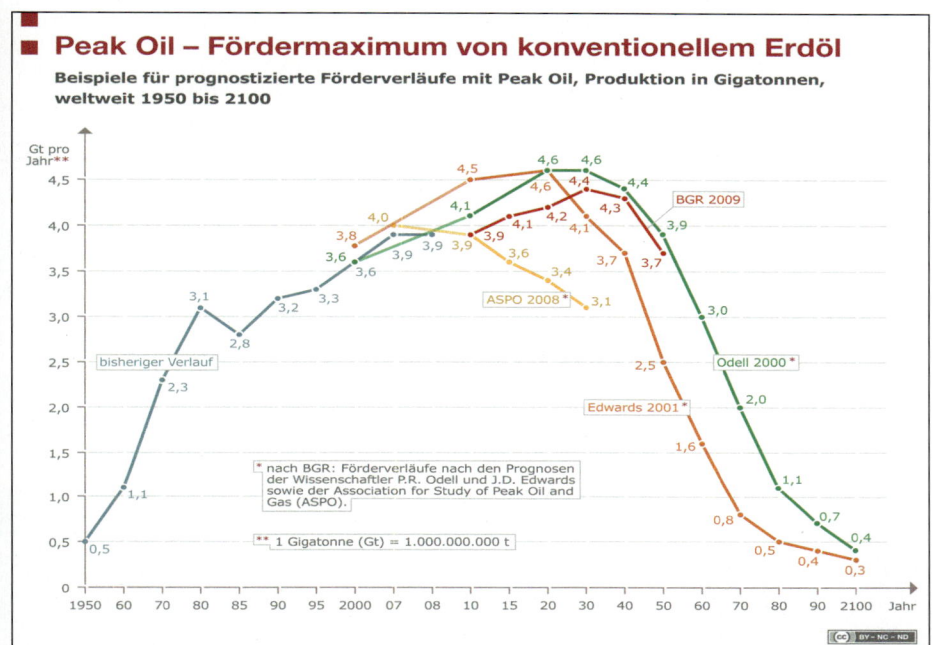

Peak Oil – Fördermaximum von konventionellem Erdöl

Beispiele für prognostizierte Förderverläufe mit Peak Oil, Produktion in Gigatonnen, weltweit 1950 bis 2100

(Quelle: Bundesanstalt für Geowissenschaften und Rohstoffe (BGR), Energierohstoffe 2009; Lizenz: Creative Commons by-nc-nd/3.0/de; nach: Bundeszentrale für politische Bildung, 2010, www.bpb.de)

M 6b Limited Resources

Int'l Herald Tribune

M 6c Knappe Rohstoffe als Bremse

Die Entwicklung von Zukunftstechnologien könnte durch die Knappheit der dafür benötigten Rohstoffe begrenzt sein. Das geht aus einer vom Bundeswirtschafts-ministerium in Auftrag gegebenen Studie hervor. Professor Rolf Kreibich, wissenschaftlicher Direktor des [5] Berliner Instituts für Zukunftsstudien und Technologiebewertung (IZT), nennt Beispiele: Für Brennstoffzellen werden Platin und Scandium gebraucht. Neodym sei ein limitierender Faktor für den Durchbruch von Hybrid- und Elektrofahrzeugen. Die Elektrooptik ist auf Gallium, [10] Germanium und Indium angewiesen. In Dünnschicht-Solarzellen werden Gallium, Indium und Tellur verarbeitet. Die Mikroelektronik greift auf Gallium und Tantal zu.

Das IZT hat gemeinsam mit dem Fraunhofer-Institut [15] für System- und Innovationsforschung (ISI) für 32 Zukunftstechnologien und 22 seltene Metalle untersucht, wie diese Technologien den Bedarf bis 2030 antreiben. Ergebnis: Besonders bei Gallium, Neodym, Indium, Germanium, Scandium, Platin und Tantal kommt es [20] schon bald zu Engpässen. Indium etwa wird für die Produktion von Flachbildschirmen wie für Dünnschicht-Solarzellen gebraucht. Die Forscher rechnen bis zum Jahr 2030 damit, dass allein die Nachfrage für diese beiden Technologien das 3,3-Fache der Weltproduktion des [25] Jahres 2006 betragen dürfte.

Bei Gallium rechnen sie sogar mit dem mehr als Sechs-
fachen der heutigen Produktion, beim Neodym mit dem
3,82-Fachen. Dazu kommt, dass gerade diese begehrten
30 Stoffe oft nur in wenigen Ländern vorkommen oder die
Produktion durch Bergbauunternehmen monopolhafte
Züge hat. So liegen 70 Prozent der Indium-Reserven in
China. Bei Kobalt, das bei der Produktion von Lithium-
Ionen-Batterien zur Stromspeicherung sowie bei der
35 Herstellung von Kraftstoffen aus Biomasse gebraucht
wird, kommen 40 Prozent aus der Demokratischen Republik Kongo, in der seit Jahren Konflikte herrschen. 70
Prozent der Lithium-Reserven lagern in Bolivien.

Volker Handke vom IZT wies darauf hin, dass die Europäische Union wie die Bundesrepublik an Rohstoffstra- 40
tegien arbeiteten, um die Versorgung der Industrie mit
seltenen Metallen zu gewährleisten. Allerdings gibt es
nicht allzu viele Handlungsmöglichkeiten. Handke fordert mehr Transparenz im Markt. Es gebe zu wenig Information über Verwendung und Förderung seltener 45
Metalle.

(Nach: Dagmar Dehmer, in: www.tagesspiegel.de/wirtschaft/seltene-
rohstoffe-knappe-rohstoffe-als-bremse/1488562.html)

1.5 Ökologische Dimension: Aspekte Klimawandel und Nachhaltigkeit

M 7a **Sind die Menschen noch zu retten?**

Berlin 2050: Ein Szenario der Klimakatastrophe

Hamburg 2050: Stadt unter Wasser

Der 9. Oktober 2006 war ein gewöhnlicher Montag. Angela Merkel hatte zum Energiegipfel geladen, das Institut der deutschen Wirtschaft präsentierte seine Konjunk-
turprognose. Alles Routine. Dass der 9. Oktober ein ganz
5 besonderer Tag war, merkten nur wenige. Es war der
Tag, an dem die Menschheit der Erde den Krieg erklärte.
Es war der World Overshoot Day.
Der besondere Tag hätte es verdient, ein globaler Gedenk-
tag zu werden. Overshoot Day ist der Tag eines Jahres, an
10 dem die Menschen alles verbraucht haben, was ihnen eine sich selbst erhaltende Natur erst bis zum Ende des Jahres liefern kann: Fische, Holz, Getreide, Wasser und Platz,
um Müll loszuwerden – auch solchen, der als klimaschäd-
liches Kohlendioxid (CO_2) Schornsteinen und Auspuff-
15 rohren entfleucht und in der Erdatmosphäre landet. Vom
9. Oktober an tickt die Schuldenuhr und die Menschen
überziehen ihr ökologisches Konto täglich mehr.

Im zweiten Stock eines Hauses in Oakland, Kalifornien,
sitzen elf Wissenschaftler, die das Datum des besonderen Tages errechnen. Jedes Jahr tun sie das aufs Neue. 20
Und jedes Jahr erschrecken sie die Ergebnisse mehr –
dokumentieren diese doch die fortschreitende „Zerstörung der Überlebensgrundlagen", wie Mathis Wackerna-
gel sagt, der Schweizer Chef des Forscherzirkels. Mithilfe gigantischer Datenmengen vergleicht das Team die 25
Biokapazität der Erde mit den Ansprüchen der Menschen. 1987 lebten die Menschen erstmals auf zu großem Fuß; Overshoot Day war der 19. Dezember. Mittlerweile beanspruchen die Menschen schon ein Viertel Erde zu viel. Die Nachrichtenagentur Reuters meldete am 30
9. Oktober: „Am Montag geriet die Welt ökologisch in
den roten Bereich." Die Botschaft ging in der Nachrich-
tenflut unter. [...]

(Fritz Vorholz, in: DIE ZEIT, Nr. 47 vom 16.11.2006)

M 7b World Overshoot Day

Jahr	Overshoot Day
1987	19. Dezember
1990	7. Dezember
1995	21. November
2000	1. November
2005	20. Oktober
2007	26. Oktober
2008	23. September
2009	25. September
2010	21. August
2011	27. September
2012	22. August

Wir überschreiten unsere Grenzen

Wenn unser ökologischer Fußabdruck auch weiterhin die Biokapazität der Erde überschreitet, dann leben wir auf Kosten unserer Zukunft.

74% der Biokapazität 1961

114% der Biokapazität 1985

156% der Biokapazität 2012

(Nach: BioRegional)

→ **Recherchetipp:** Weitere Hinweise zur Berechnung des World Overshoot Day: http://www.footprintnetwork.org/de

1.6 Gesellschaftliche Dimension: Aspekt Welternährung

▮ „Weltweit leiden etwa 1 Milliarde Menschen an Unterernährung und Hunger. Weit verbreitete Armut ist in jedem Fall der wichtigste Grund dafür. Aber unser hoher Fleischkonsum und Unterernährung in Entwicklungs-
5 ländern hängen durchaus zusammen. Olivier de Schutter, Sonderberichterstatter der Vereinten Nationen zum Recht auf Nahrung, sieht es so: ‚Wenn wir den Fleischkonsum in den reichen Ländern reduzieren, ihn weltweit bis 2050 auf einen Pro-Kopf-Verbrauch auf dem
10 Niveau von 2000 festschreiben – also auf jährliche 37,4 kg/Kopf – dann könnten ungefähr 400 Millionen Kilo Getreide für die menschliche Ernährung freigesetzt werden. Das ist genug, um 1,2 Milliarden Menschen mit ausreichend Kalorien zu versorgen.‘
15 Der Konsum an Fleisch ist in den letzten 20 Jahren in allen Regionen der Erde (außer Afrika) angestiegen – in den Industrieländern durch das bereits sehr hohe Niveau nur mäßig, in manchen Schwellenländern jedoch beträchtlich. China verzeichnete von 1992 bis 2002 einen

Anstieg um 70 Prozent. Heute liegt der Pro-Kopf-Ver- 20 brauch dort bei 52 kg. In den Industrieländern verbrauchen die Menschen pro Kopf und Jahr etwa 80 kg Fleisch, in den Entwicklungsländern mit etwa 25 kg deutlich weniger. Eine Ausnahme ist Indien, wo trotz steigenden Wohlstands im Schnitt nur 5 kg Fleisch pro Kopf und 25 Jahr gegessen werden.
Folglich ist auch die Produktion von Fleisch in den letzten Jahrzehnten rasant gestiegen. Seit 1970 kam es zu einer Verdreifachung auf fast 300 Millionen Tonnen in 2010. Im gleichen Zeitraum hat sich die Weltbevölke- 30 rung nur etwas mehr als verdoppelt. Das Problem: Die Fleischproduktion bedarf immenser Flächen: Von den weltweit ca. 5 Milliarden Hektar landwirtschaftlich genutzten Flächen werden fast 80 % von der Viehwirtschaft beansprucht. Dabei stellen tierische Lebensmittel im 35 Schnitt nur 17 % der weltweiten Ernährung." ◢

(Nach: fleischfrage.wwf.de/worum-gehts/fleisch-hunger/)

M 8a Virtuelle importierte Anbauflächen

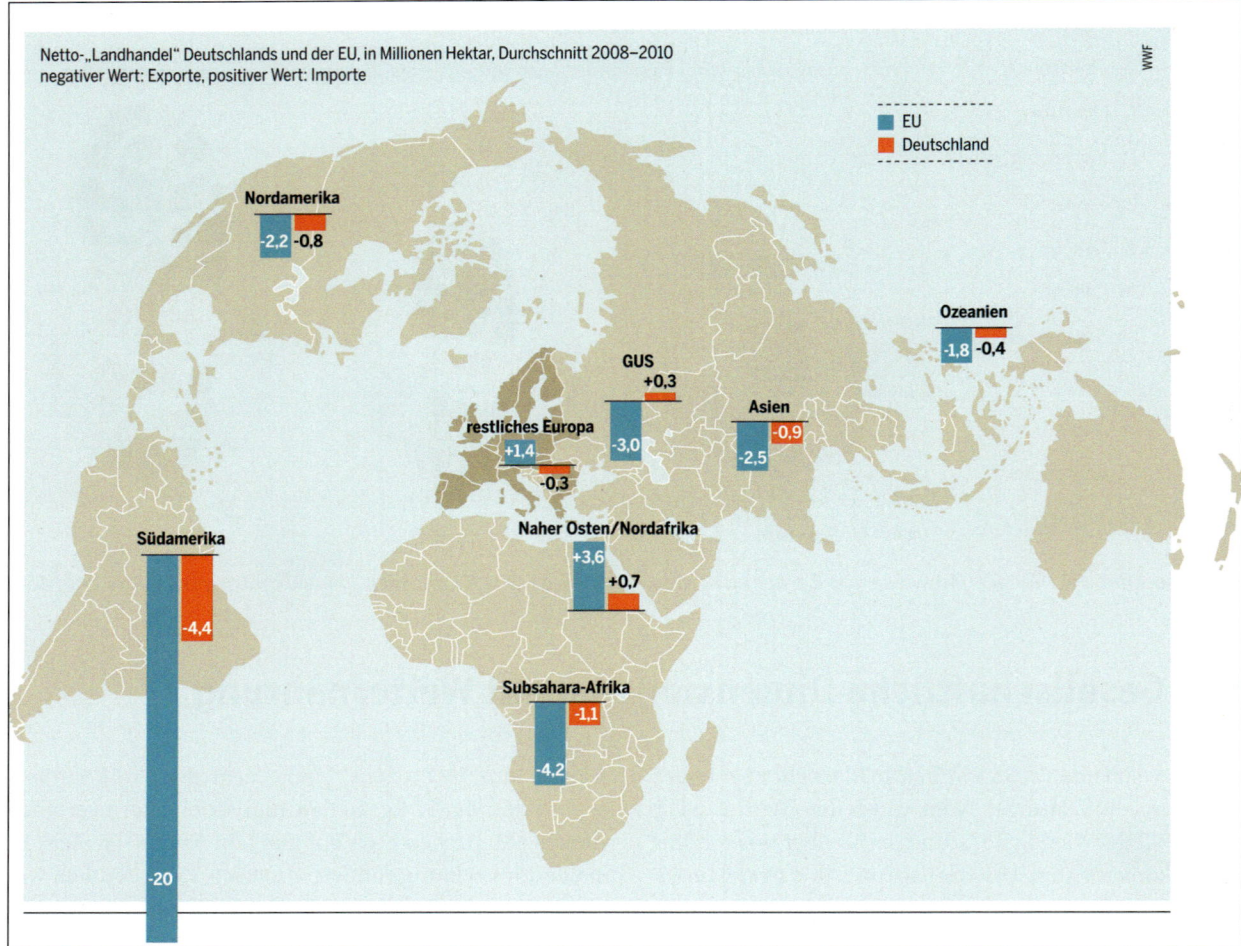

Netto-„Landhandel" Deutschlands und der EU, in Millionen Hektar, Durchschnitt 2008–2010
negativer Wert: Exporte, positiver Wert: Importe

WWF

- EU
- Deutschland

Nordamerika -2,2 -0,8

Ozeanien -1,8 -0,4

GUS +0,3

Asien -0,9 -2,5

restliches Europa +1,4 -3,0 / -0,3

Südamerika -4,4 / -20

Naher Osten/Nordafrika +3,6 +0,7

Subsahara-Afrika -1,1 -4,2

Im globalen Maßstab wandern von der jährlichen Getreideernte an Weizen, Roggen, Hafer und Mais über 40 Prozent oder fast 800 Millionen Tonnen direkt in die Tröge. Hinzu kommen 250 Millionen Tonnen Ölschrote, vor allem aus Sojabohnen, die übrigens, wie auch die heimischen Bohnen, Stickstoffsammler sind. Knapp ein Drittel der 14 Milliarden Hektar kultivierten Landes unserer Erde dient dem Anbau von Futtermitteln. Eine Rechnung der FAO fällt drastischer aus, wenn die Nebenprodukte aus der landwirtschaftlichen Erzeugung, die ins Futter gehen, ebenfalls berücksichtigt werden: Einschließlich Stroh, Ölkuchen von Soja und Raps oder Trester dienen sogar drei Viertel der Äcker in irgendeiner Weise der Tierfütterung. Der Weltagrarrat, bei der Unesco angesiedelt, schätzt, dass die Nutztierhaltung heute 70 Prozent der gesamten landwirtschaftlichen Nutzfläche beansprucht. Die Rechnung für Deutschland fällt noch drastischer aus. Die Hälfte der 12 Millionen Hektar Agrarflächen geht an die Futtermittelerzeugung, immer noch viel zu wenig für den Konsum hierzulande. Um das Defizit zu decken, werden Flächen im Ausland „eingekauft". Allein für die deutsche Tierproduktion werden nun in Lateinamerika auf etwa drei Millionen Hektar Soja angebaut. „Landgrabbing mit Messer und Gabel" nennt der Grünen-Europaabgeordnete Martin Häusling diesen Übergriff.

(Karte und Text nach: Heinrich-Böll-Stiftung/Bund für Umwelt- und Naturschutz/Le Monde diplomatique, Fleischatlas 2013, S. 38 f.)

M 8b Virtuelles Wasser

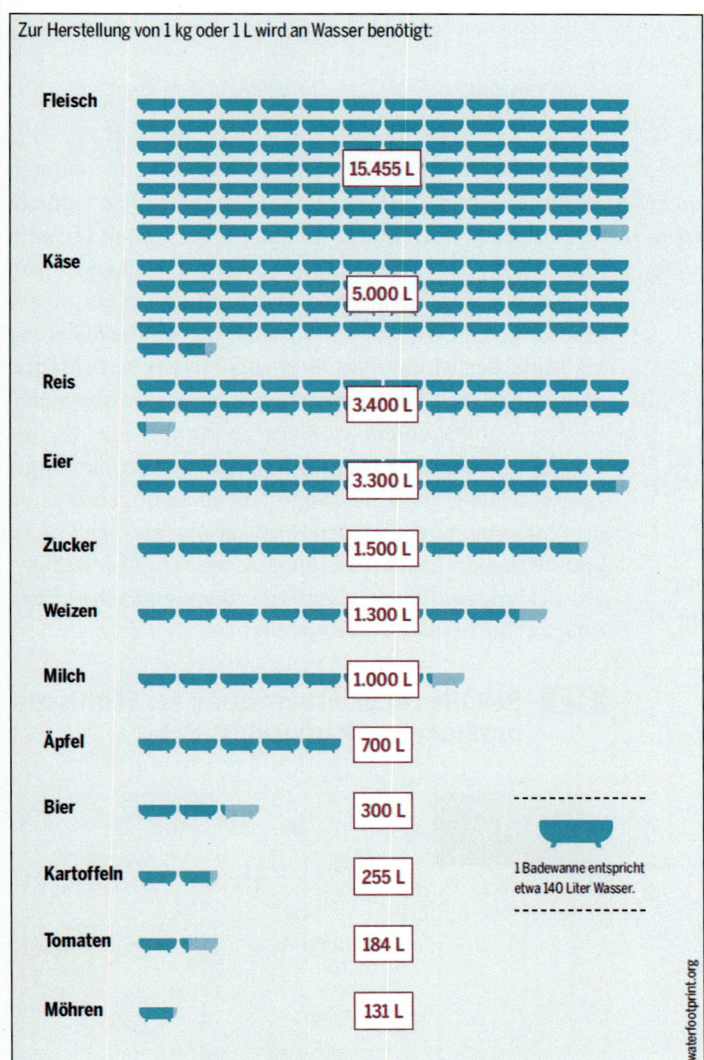

Zur Herstellung von 1 kg oder 1 L wird an Wasser benötigt:

Fleisch 15.455 L

Käse 5.000 L

Reis 3.400 L

Eier 3.300 L

Zucker 1.500 L

Weizen 1.300 L

Milch 1.000 L

Äpfel 700 L

Bier 300 L

Kartoffeln 255 L

Tomaten 184 L

Möhren 131 L

1 Badewanne entspricht etwa 140 Liter Wasser.

waterfootprint.org

(Nach: Heinrich-Böll-Stiftung/Bund für Umwelt- und Naturschutz/Le Monde diplomatique, Fleischatlas 2013, S. 38 f.)

Aufgaben

1. Recherchieren Sie unterschiedliche NGOs (wie Attac oder Greenpeace etc.) und erläutern Sie deren Organisationsstruktur und Ziele.

2. Erklären Sie den in M 4 dargestellten „erweiterten Sicherheitsbegriff". Finden Sie Beispiele für die vier genannten Dimensionen.

3. Verorten Sie die in M 6a – M 6c dargestellten Zusammenhänge in M 4 und erläutern Sie davon ausgehend Vorteile des „erweiterten Sicherheitsbegriffs" gegenüber dem „engen Sicherheitsbegriff" unter Berücksichtigung der aufgezeigten Globalisierungsprozesse.

4. Erörtern Sie die Aussagekraft von M 6a: Welche Rückschlüsse lassen die verschieden Prognosen zu?

5. Formulieren Sie Risiken und Hindernisse, die sich für die Europäische Union aus den knappen Ressourcen (M 6c) ergeben. Entwickeln Sie verschiedene Szenarien und diskutieren Sie politische Handlungsstrategien.

6. Suchen Sie nähere Informationen in Bezug auf den „World Overshoot Day" (M 7a, M 7b): Aufgrund welcher Daten wird er ermittelt? Reflektieren Sie den Aussagewert dieser Größe und erstellen sie verschiedene Szenarien in Bezug auf die Entwicklung des Verhältnisses von Weltbevölkerung (→ V/2.1) und Ressourcen.

7. Erläutern Sie den Zusammenhang zwischen Bevölkerungswachstum, Hunger, Ernährungsgewohnheiten, virtueller Landnahme und virtuellem Wasser (M 8a, M 8b). Recherchieren Sie im „Fleischatlas" (www.boell.de/downloads/2013-01-Fleischatlas.pdf). Diskutieren Sie im Kurs, inwieweit Fleischkonsum noch zeitgemäß bzw. ethisch vertretbar ist.

8. Erweitern Sie die Materialsammlung (M 4 – M 8b) durch geeignete Materialien zu weiteren globalen Problemen (z. B. internationaler Terrorismus, Kriege und Konflikte, Aids etc.)

2. Schlüsselproblem Bevölkerungswachstum

Die Beziehungen zwischen Mensch, Ökonomie und natürlicher Umwelt, die man jahrhundertelang als offenes System begriff, weil genügend natürliche Ressourcen (Boden/Land, Rohstoffe, Luft, Wasser) vorhanden schienen, erweisen sich als nahezu geschlossenes System. Der amerikanische Wirtschaftswissenschaftler Kenneth Boulding vergleicht die Erde mit einem Raumschiff:

▼ „Die Vorräte an Bord sind begrenzt, aber die Zahl der Astronauten nimmt stark zu. Produktion und Konsum verursachen immer mehr Abfallmengen und Schadstoffe, die im Raumschiff untergebracht werden müssen
5 und dort die Lebensbedingungen beeinträchtigen. Die Trinkwasserversorgung wird durch die Abfallproduktion infrage gestellt und die Klimaanlage arbeitet nicht mehr richtig: Die Luft zum Atmen wird knapp und verseucht. Die Erde ist damit ein geschlossenes System, das außer
10 Sonnenenergie keine Ströme von außen mehr empfängt oder an sie abgibt." ◢

(Quelle: K. Boulding/G. Braun, Economics of Pollution, New York 1971; zit. nach: Funkkolleg Sozialer Wandel, Brief 3, S. 77)

Momentan wächst die Zahl der „Astronauten im Raumschiff" jährlich um etwa 80 Millionen, das entspricht einer täglichen Zunahme um über 200000 Menschen. Dieser nüchterne quantitative Sachverhalt zieht im geschlossenen System Erde schwerwiegende Folgen nach sich: Landwirtschaftlich nutzbarer Boden und sauberes Trinkwasser werden immer knapper, die begrenzten Ressourcen noch schneller aufgebraucht; die Nahrungs- und Energieversorgung einer scheinbar unersättlichen Menschheit gestaltet sich zunehmend schwieriger; der Klimawandel verschärft die vorher beschriebenen Probleme erheblich. Das Wachstum der Erdbevölkerung erhöht die Risiken ökonomischer, sozialer und ethnischer Konflikte im globalen Rahmen, aber auch regional, vor allem auch in den schnell wachsenden Megastädten der Welt.

Das Wachstum der Weltbevölkerung stellt also längst ein Schlüsselproblem im Prozess der Globalisierung dar und es wird in diesem Jahrhundert das Zusammenleben und Überleben der Menschen auf unserem Planeten maßgeblich bestimmen. Auch wenn viele wohlhabende Gesellschaften heute schrumpfen, dabei überaltern und mit Problemen der sozialen Sicherung zu kämpfen haben:

Die Weltbevölkerung nimmt weiter dramatisch zu. 99 % des Bevölkerungswachstums findet in den sogenannten Less-Developed-Countries (LDC) statt, obwohl die durchschnittlichen Wachstumsraten auch hier zumeist sinken. Aber wegen der hohen Anzahl junger Menschen in Ländern mit Entwicklungsrückstand wird selbst bei einem kontrollierten generativen Verhalten die Weltbevölkerung bis Mitte des 21. Jahrhunderts nach einem *best-case-scenario* von derzeit 7 auf mindestens 9 Milliarden ansteigen. In den wohlhabenden Ländern schrumpfende, in den ärmsten Ländern dramatisch steigende Bevölkerungszahlen zeigen, dass der Begriff Bevölkerungsexplosion das Phänomen der globalen Bevölkerungsentwicklung zu undifferenziert beschreibt. Angesichts der gegenläufigen Entwicklungen trifft der Begriff der **demografischen Spaltung** auf die heutige Situation eher zu.

M1 Bevölkerungsentwicklung als Schlüsselproblem im „Raumschiff Erde"

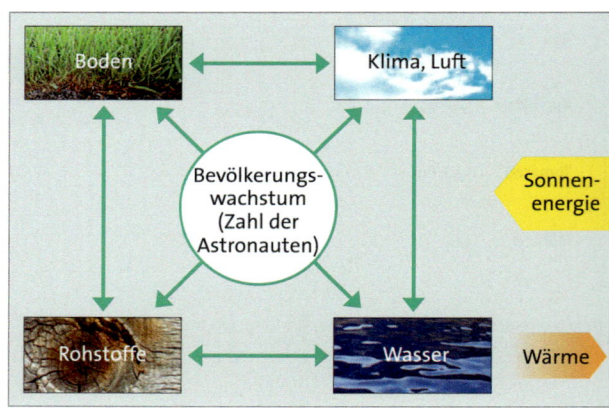

M2 Weltbevölkerungsprojektionen

Die unterschiedlichen Varianten der Bevölkerungsprojektionen unterscheiden sich hauptsächlich durch die ihnen zugrunde liegenden Annahmen über die zukünftige Geburtenentwicklung.

Für die mittlere Variante gehen die UN davon aus, dass 5 die durchschnittliche Kinderzahl pro Frau von heute 2,5 Kindern pro Frau weltweit bis zum Jahr 2100 unter das sogenannte Ersatzniveau (2,1) auf zwei Kinder pro Frau sinken wird. Die Weltbevölkerung würde demnach bis zum Jahr 2100 auf 10,1 Milliarden Menschen anwachsen. Wenn die durchschnittliche Kinderzahl um ein halbes Kind pro Frau höher läge, würde die Weltbevölkerung bis 2100 auf 15,8 Milliarden Menschen anwachsen (hohe Variante). Bei einem halben Kind weniger würden im Jahr 2100 nur noch 6,2 Milliarden Menschen auf der Erde leben (niedrige Variante). Angenommen, die Kinderzahl pro Frau bliebe bis 2100 konstant auf dem heutigen Niveau, würde die Weltbevölkerung zur Jahrhundertwende auf fast 27 Milliarden Menschen anwachsen.

(Text nach: http://www. weltbevoelkerung.de)

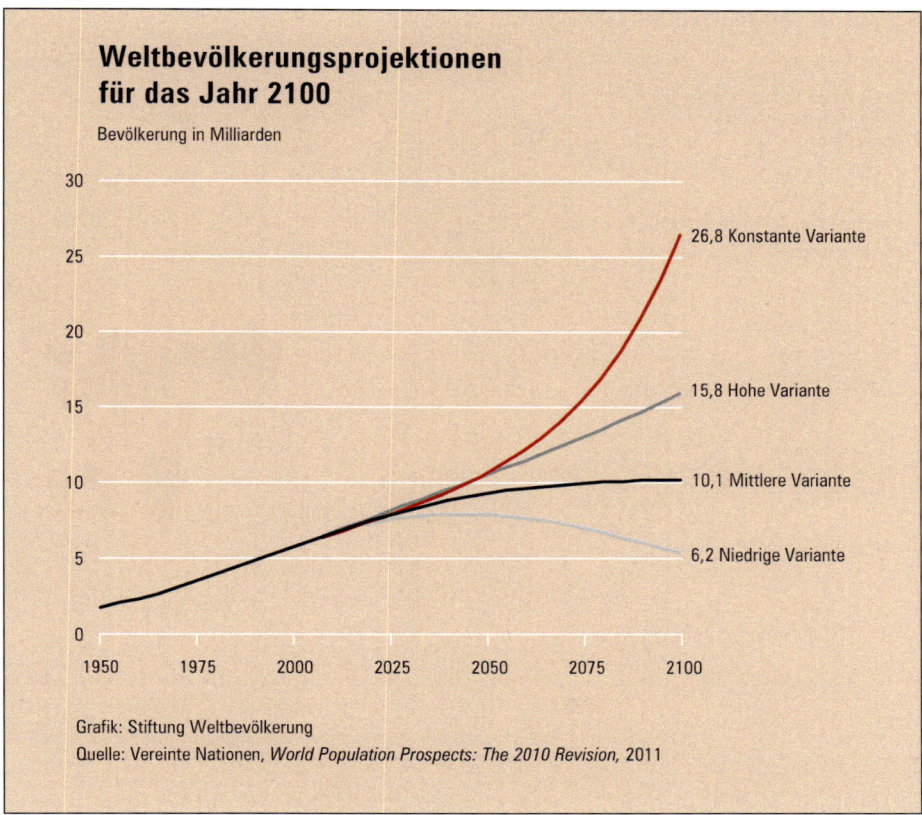

Weltbevölkerungsprojektionen für das Jahr 2100

Bevölkerung in Milliarden

26,8 Konstante Variante
15,8 Hohe Variante
10,1 Mittlere Variante
6,2 Niedrige Variante

Grafik: Stiftung Weltbevölkerung
Quelle: Vereinte Nationen, *World Population Prospects: The 2010 Revision,* 2011

M3 **Regionale Verteilung der Weltbevölkerung**

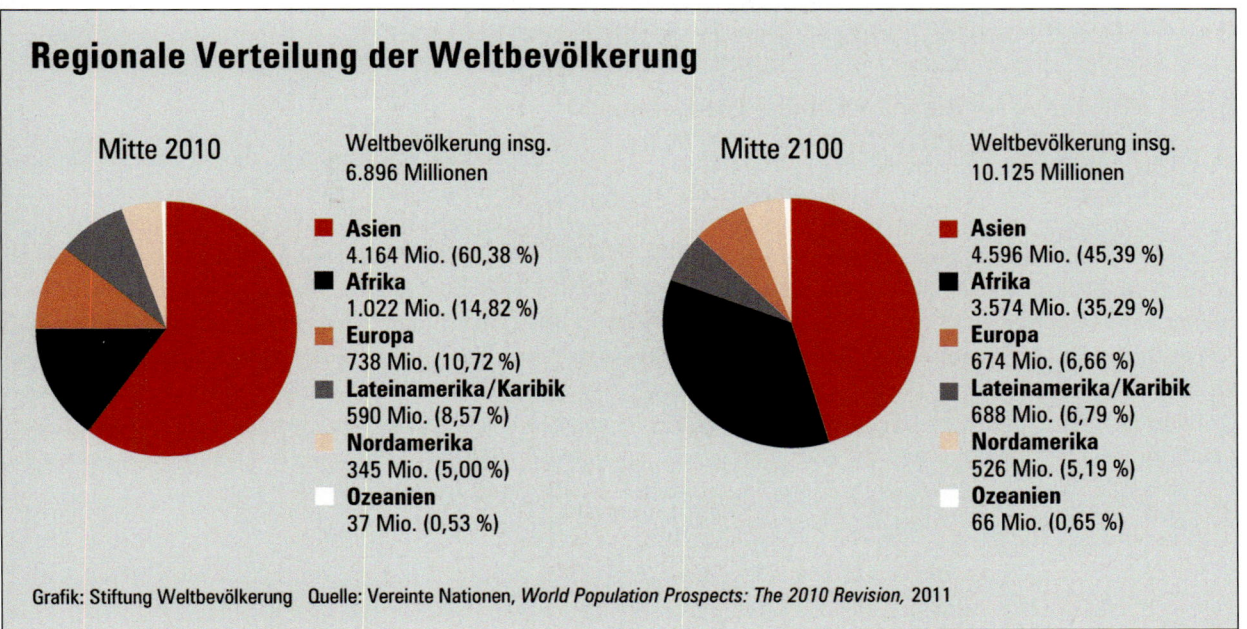

Regionale Verteilung der Weltbevölkerung

Mitte 2010

Weltbevölkerung insg.
6.896 Millionen

- **Asien** 4.164 Mio. (60,38 %)
- **Afrika** 1.022 Mio. (14,82 %)
- **Europa** 738 Mio. (10,72 %)
- **Lateinamerika/Karibik** 590 Mio. (8,57 %)
- **Nordamerika** 345 Mio. (5,00 %)
- **Ozeanien** 37 Mio. (0,53 %)

Mitte 2100

Weltbevölkerung insg.
10.125 Millionen

- **Asien** 4.596 Mio. (45,39 %)
- **Afrika** 3.574 Mio. (35,29 %)
- **Europa** 674 Mio. (6,66 %)
- **Lateinamerika/Karibik** 688 Mio. (6,79 %)
- **Nordamerika** 526 Mio. (5,19 %)
- **Ozeanien** 66 Mio. (0,65 %)

Grafik: Stiftung Weltbevölkerung   Quelle: Vereinte Nationen, *World Population Prospects: The 2010 Revision,* 2011

M4 Demografischer Übergang

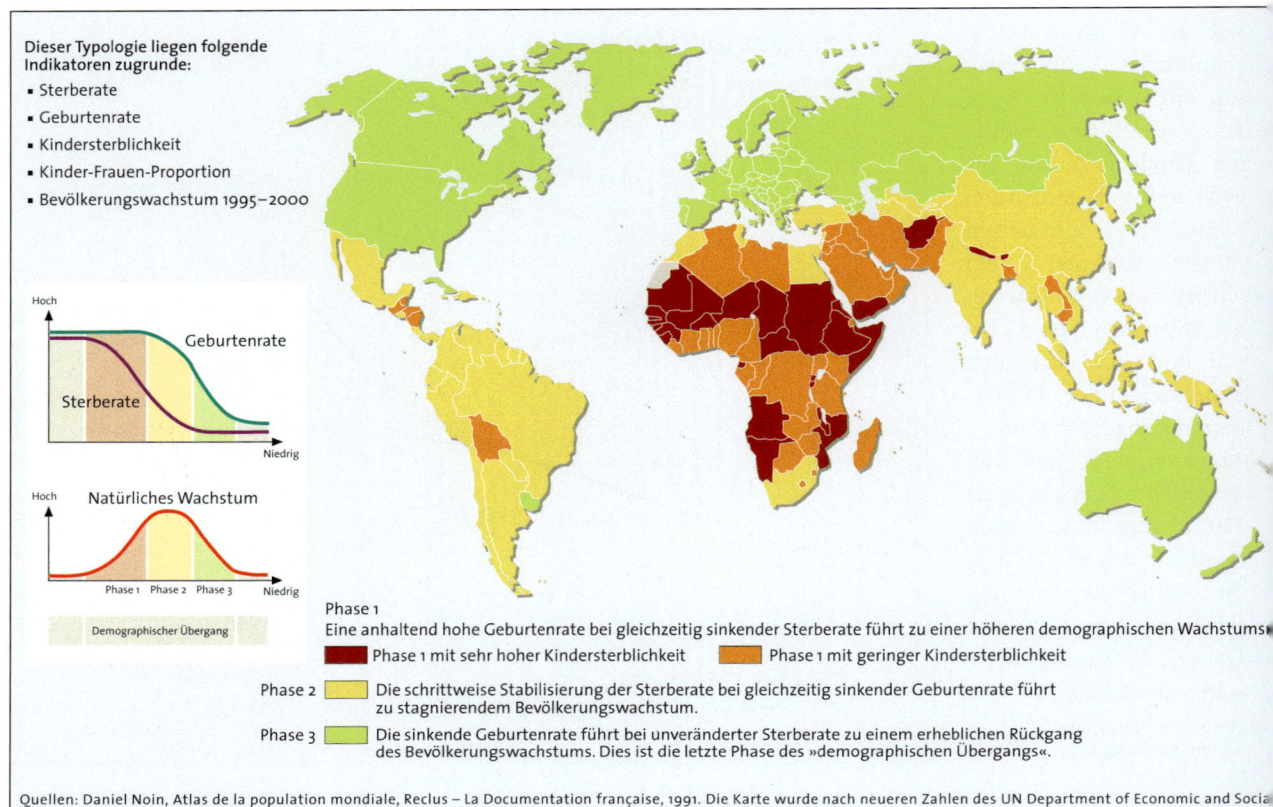

Dieser Typologie liegen folgende Indikatoren zugrunde:

- Sterberate
- Geburtenrate
- Kindersterblichkeit
- Kinder-Frauen-Proportion
- Bevölkerungswachstum 1995–2000

Phase 1
Eine anhaltend hohe Geburtenrate bei gleichzeitig sinkender Sterberate führt zu einer höheren demographischen Wachstums

■ Phase 1 mit sehr hoher Kindersterblichkeit   ■ Phase 1 mit geringer Kindersterblichkeit

Phase 2   Die schrittweise Stabilisierung der Sterberate bei gleichzeitig sinkender Geburtenrate führt zu stagnierendem Bevölkerungswachstum.

Phase 3   Die sinkende Geburtenrate führt bei unveränderter Sterberate zu einem erheblichen Rückgang des Bevölkerungswachstums. Dies ist die letzte Phase des »demographischen Übergangs«.

Quellen: Daniel Noin, Atlas de la population mondiale, Reclus – La Documentation française, 1991. Die Karte wurde nach neueren Zahlen des UN Department of Economic and Social (UNDESA/Population Division) und des Entwicklungsprogramms der Vereinten Nationen und der Weltbank aktualisiert.

(Nach: Atlas der Globalisierung, 2007, © taz Verlags- und Vertriebs GmbH/Le Monde diplomatique, Berlin)

M5 HDI: Index für die menschliche Entwicklung

→ Siehe Karte in Kap. IV/1., S. 156, M 2.

Der HDI ist eine Zahl zwischen 0 und 1, mit der mittels eines komplexen Berechnungsverfahrens die durchschnittliche Entwicklung eines Landes in drei grundle-
5 genden Bereichen menschlicher Entwicklung zusammenfassend bewertet wird:

1. **Lebensdauer**, gemessen als Lebenserwartung bei der Geburt.

2. **Bildungsniveau**, ermittelt aus dem Alphabetisierungs-
10 grad Erwachsener und der Dauer der Ausbildungszeit.

3. **Lebensstandard**, gemessen als Pro-Kopf-Einkommen in realer Kaufkraft (PPP = *Purchase Power Parities*)

Die Bewertung erfolgt durch die Vereinten Nationen (UNDP) im Entwicklungsbericht *Human Development Report* (HDR), der seit 1990 jährlich im November veröffent- 15 licht wird. Bei den Berechnungen bleiben jedoch die sozialen Disparitäten und Einkommensunterschiede, die es in den Ländern gibt, weitgehend unberücksichtigt; auch unterscheidet der HDI nicht zwischen Städten und ländlichen Gebieten. Umweltverbände kritisieren, dass wich- 20 tige Indikatoren aus dem Bereich der Ökologie fehlen, wie z. B. Rohstoffverbrauch, Energieeffizienz, Umweltbelastung und Treibhausgas-Emissionen.

(Autorentext)

M 6a/b Faktoren des Bevölkerungswachstums

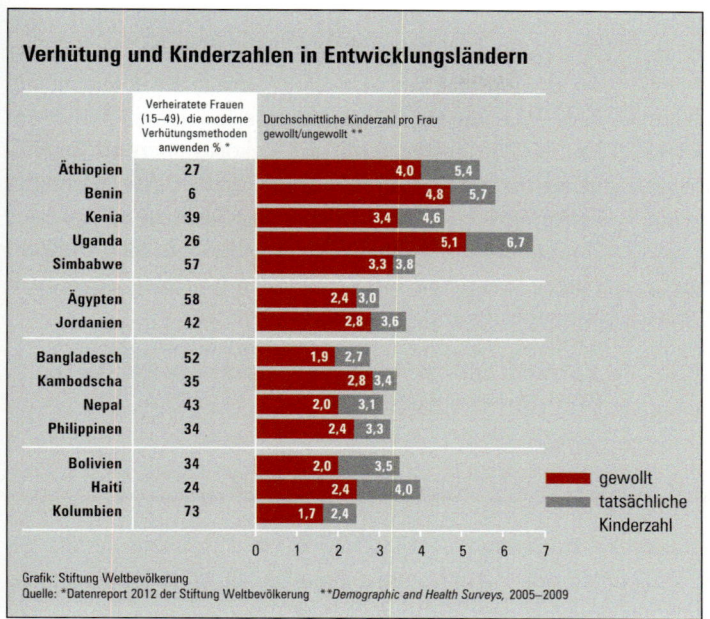

Verhütung und Kinderzahlen in Entwicklungsländern

	Verheiratete Frauen (15–49), die moderne Verhütungsmethoden anwenden % *	Durchschnittliche Kinderzahl pro Frau gewollt/ungewollt **
Äthiopien	27	4,0 / 5,4
Benin	6	4,8 / 5,7
Kenia	39	3,4 / 4,6
Uganda	26	5,1 / 6,7
Simbabwe	57	3,3 / 3,8
Ägypten	58	2,4 / 3,0
Jordanien	42	2,8 / 3,6
Bangladesch	52	1,9 / 2,7
Kambodscha	35	2,8 / 3,4
Nepal	43	2,0 / 3,1
Philippinen	34	2,4 / 3,3
Bolivien	34	2,0 / 3,5
Haiti	24	2,4 / 4,0
Kolumbien	73	1,7 / 2,4

■ gewollt
■ tatsächliche Kinderzahl

Grafik: Stiftung Weltbevölkerung
Quelle: *Datenreport 2012 der Stiftung Weltbevölkerung **Demographic and Health Surveys, 2005–2009

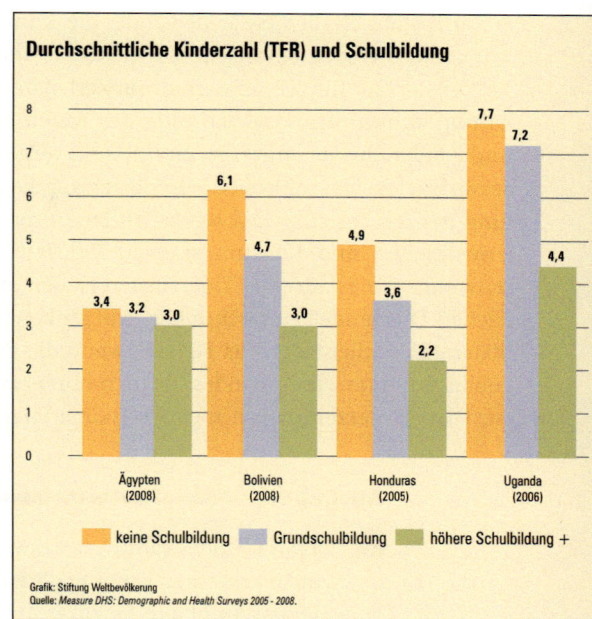

Durchschnittliche Kinderzahl (TFR) und Schulbildung

	Ägypten (2008)	Bolivien (2008)	Honduras (2005)	Uganda (2006)
keine Schulbildung	3,4	6,1	4,9	7,7
Grundschulbildung	3,2	4,7	3,6	7,2
höhere Schulbildung +	3,0	3,0	2,2	4,4

Grafik: Stiftung Weltbevölkerung
Quelle: Measure DHS: Demographic and Health Surveys 2005 - 2008.

M 7 Bevölkerungsstrukturen verschiedener Ländergruppen

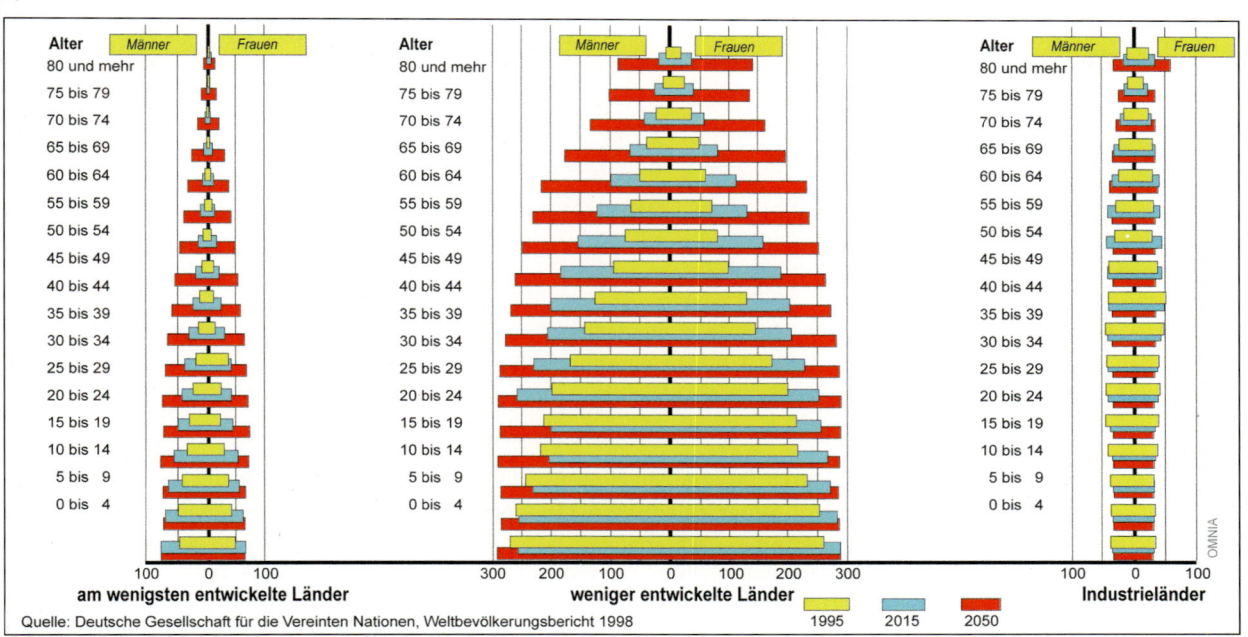

Quelle: Deutsche Gesellschaft für die Vereinten Nationen, Weltbevölkerungsbericht 1998   ■ 1995 ■ 2015 ■ 2050

am wenigsten entwickelte Länder — weniger entwickelte Länder — Industrieländer

(Nach: OMNIA Verlag)

M8 Demografische Dividende

Heute bietet sich für viele arme Länder die einmalige Gelegenheit, die „demografische Dividende" während des Zeitfensters zu nutzen, in dem die erwerbsfähige Bevölkerung zunimmt und gleichzeitig der Anteil der Alten und Kinder, die versorgt werden müssen, vergleichsweise niedrig ist. Dies wirkt sich sehr positiv auf die Entwicklung der Länder aus, weil wirtschaftliche Produktivität, Investitionen und Konsum steigen. Ein Teil des Aufschwungs der asiatischen Tigerstaaten ist der „demografischen Dividende" zuzuschreiben. Mit sinkenden Fertilitätsraten schließt sich das Fenster, wenn die größte Jugendgeneration eines Landes nicht mehr erwerbstätig ist. Dies ist derzeit in den meisten Industrieländern zu beobachten, in denen die „Baby Boomer" bald das Rentenalter erreichen, sodass die Gesellschaften nun vor der demografischen Herausforderung der Alterung stehen. „Die meisten Entwicklungsländer haben nur ein kleines Zeitfenster, bevor die Rekordzahlen an Jugendlichen ins mittlere Alter kommen und sie ihre „demografische Dividende" einbüßen", sagt Emmanuel Jimenez, Hauptautor des Weltbevölkerungsberichts 2007. Die Zahl junger Menschen erreiche in vielen armen Ländern in der nächsten Dekade ihren Höchststand.

(Nach: http://www.omnia-verlag.de/weltimwandel/php/start. php?id=3821 &bc=-3821; Quelle: Deutsche Stiftung Weltbevölkerung (DSW), Newsletter Jan. 2007, S. 2)

Aufgaben

1. Erläutern Sie, warum das Bevölkerungswachstum als ein Schlüsselproblem der Globalisierung bezeichnet werden kann. Erklären Sie dazu die Beziehungspfeile im Schaubild M1. Lokalisieren Sie das Schlüsselproblem Bevölkerungswachstum im Netz der Weltprobleme (→ V/3.).

2. Entwerfen Sie unterschiedliche Szenarien zu den vier Weltbevölkerungsprojektionen in M2. Wie stellen Sie sich die Lebensbedingungen und das Zusammenleben der Menschen in den verschiedenen Szenarien vor? Welche Chancen, welche Risiken ergeben sich aus den verschiedenen Szenarien?

3. Verfassen Sie anhand der kleinen Modelle in M4 eine Definition vom „demografischen Übergang". Ordnen Sie auf der Karte verschiedenen Ländern Phasen des demografischen Übergangs zu. Recherchieren und unterscheiden Sie die Begriffe „Least-Developed-Countries" (LLDC) und „Less-Developed-Countries" (LDC) und erstellen Sie eine Beispielliste für beide Ländergruppen.

4. Erörtern Sie anhand der Karten M4 und M5 den Zusammenhang von Fertilitätsraten (Geburtenraten) und Entwicklungsstand (HDI). Inwiefern gibt die Definition des HDI Hinweise auf Ursachen für hohes Bevölkerungswachstum.

5. Vergleichen Sie die Geburtenrate in Deutschland (2011: 1,4) mit den Geburtenraten weniger entwickelter Länder (M6). Stellen Sie nach einer sorgfältigen Analyse von M6a/b Thesen für diese Differenz auf und entwickeln Sie erste Vorschläge zur Beeinflussung des generativen Verhaltens in Entwicklungsländern. Begründen Sie den Fachbegriff „demografische Spaltung".

6. Die Bevölkerungsstrukturen (M7) geben Hinweise darauf, wie lange die Zeitfenster für eine demografische Dividende (M8) in unterschiedlichen Ländergruppen geöffnet sein könnten. Begründen Sie Ihre Einschätzungen anhand der Materialien.

7. Nennen Sie politische und ökonomische Voraussetzungen, die in weniger entwickelten Ländern gegeben sein müssen, damit sie die demografische Dividende nutzen können. Welche politischen Maßnahmen sollten Regierungen in dieser Phase des demographischen Übergangs ergreifen?

8. Internetrecherche: Analysieren Sie arbeitsteilig weitere Grafiken auf der Internetseite www.weltbevoelkerung.de. Stellen Sie interessante Befunde, Ursachen und Prognosen im Kurs vor.

Bevölkerungsentwicklung unter der Lupe

Das schnelle Wachstum der Weltbevölkerung darf nicht nur quantitativ und global betrachtet werden. Bei genauerem Hinsehen zeigen sich in der Wirklichkeit unzählige Facetten und Probleme. Mit einem dreifachen Blick werden im Folgenden beispielhaft Aspekte unter die Lupe genommen, die sich aus dem Schlüsselproblem Weltbevölkerung ergeben, um einen ersten Zugang zur Komplexität der Bevölkerungsproblematik zu eröffnen.

2.1 Blick auf die Verstädterung am Beispiel Mumbai/Indien

Das 21. Jahrhundert kann durchaus als Jahrhundert der Städte charakterisiert werden. Wohnte 1970 noch weniger als ein Viertel der Erdbevölkerung in Städten, leben heute schon mehr Menschen in Städten als auf dem Land. 2025 wird voraussichtlich mehr als die Hälfte der gesamten Weltbevölkerung allein in asiatischen Städten leben und davon ein großer Teil in Megastädten oder in Hyperstädten mit mehr als 20 Millionen Einwohnern. Nirgendwo ist auch die Zunahme der Weltbevölkerung eindrucksvoller erlebbar als in den **Megacities** der Erde. Neben wichtigen globalen Finanz- und Entscheidungszentren, den sogenannten **Global Cities** (London, New York, Tokio), die internationale Funktionen und Verflechtungen aufweisen, nimmt die Zahl der national bedeutsamen Megastädte unaufhaltsam zu. Die Anziehungskraft der großen Städte auf die Menschen ist ungebrochen. Vor allem Jüngere drängen in das zunehmend verstädternde Umland in der Hoffnung auf Arbeit und eine bessere Lebensperspektive als auf dem Land. Tatsächlich sind Megastädte in ihren Ländern längst zu Wachstumsmotoren und Zentren der Produktivität geworden. Sie bieten öffentliche Einrichtungen wie Krankenhäuser, Schulen und Universitäten. Die Konzentration der Bevölkerung in den städtischen Agglomerationen eröffnet die Möglichkeit, dass Güter und Dienstleistungen effizient bereitgestellt werden. Andererseits wachsen die Megacities so schnell, dass Städteplaner und Stadtverwaltungen mit den notwendigsten Maßnahmen nicht hinterher kommen. Die ungeregelte **Urbanisierung** führt zur Vernachlässigung ökologischer und städtebaulicher Standards, zu Slumbildung und sozialem Sprengstoff. Nirgends ist der Kontrast zwischen Arm und Reich augenfälliger als in den Megastädten der Entwicklungs- und Schwellenländer. Am Beispiel von Dharavi, dem berühmten Slum mitten in Mumbai, können Schwierigkeiten, Konfliktlagen und Lösungsansätze von Megastädten wahrgenommen werden. Zwischen zwei Bahnlinien entstand Dharavi, das, ursprünglich am

Stadtrand von Mumbai gelegen, von der Stadt umwachsen wurde, sodass es heute – unüblich für die meisten Slums – mitten in der Stadt liegt. Weltweite Berühmtheit erlangte Dharavi durch den mehrfach ausgezeichneten Spielfilm *„Slumdog Millionaire"*.

M 9 **Entwicklung der Megastädte**

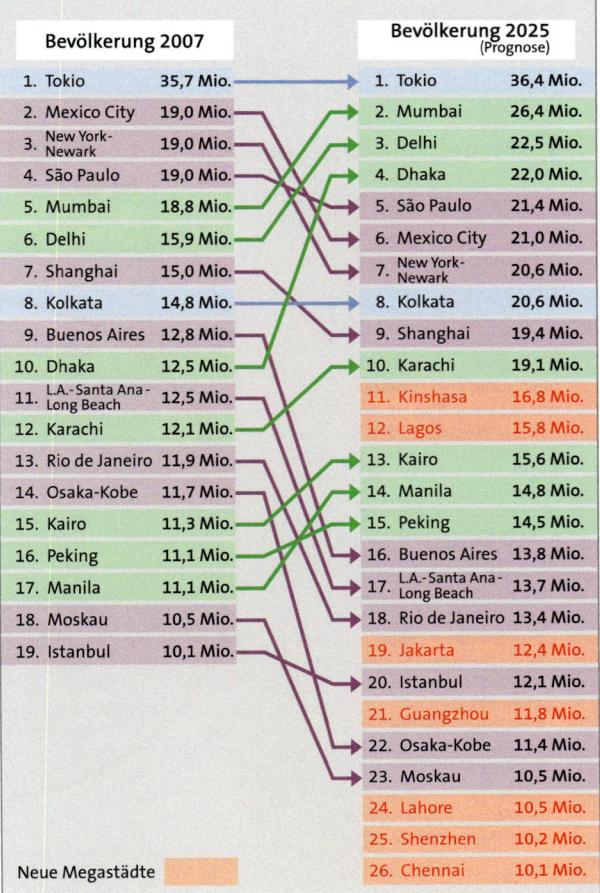

Bevölkerung 2007		Bevölkerung 2025 (Prognose)	
1. Tokio	35,7 Mio.	1. Tokio	36,4 Mio.
2. Mexico City	19,0 Mio.	2. Mumbai	26,4 Mio.
3. New York-Newark	19,0 Mio.	3. Delhi	22,5 Mio.
4. São Paulo	19,0 Mio.	4. Dhaka	22,0 Mio.
5. Mumbai	18,8 Mio.	5. São Paulo	21,4 Mio.
6. Delhi	15,9 Mio.	6. Mexico City	21,0 Mio.
7. Shanghai	15,0 Mio.	7. New York-Newark	20,6 Mio.
8. Kolkata	14,8 Mio.	8. Kolkata	20,6 Mio.
9. Buenos Aires	12,8 Mio.	9. Shanghai	19,4 Mio.
10. Dhaka	12,5 Mio.	10. Karachi	19,1 Mio.
11. L.A.-Santa Ana-Long Beach	12,5 Mio.	11. Kinshasa	16,8 Mio.
12. Karachi	12,1 Mio.	12. Lagos	15,8 Mio.
13. Rio de Janeiro	11,9 Mio.	13. Kairo	15,6 Mio.
14. Osaka-Kobe	11,7 Mio.	14. Manila	14,8 Mio.
15. Kairo	11,3 Mio.	15. Peking	14,5 Mio.
16. Peking	11,1 Mio.	16. Buenos Aires	13,8 Mio.
17. Manila	11,1 Mio.	17. L.A.-Santa Ana-Long Beach	13,7 Mio.
18. Moskau	10,5 Mio.	18. Rio de Janeiro	13,4 Mio.
19. Istanbul	10,1 Mio.	19. Jakarta	12,4 Mio.
		20. Istanbul	12,1 Mio.
		21. Guangzhou	11,8 Mio.
		22. Osaka-Kobe	11,4 Mio.
		23. Moskau	10,5 Mio.
		24. Lahore	10,5 Mio.
		25. Shenzhen	10,2 Mio.
Neue Megastädte		26. Chennai	10,1 Mio.

(Quelle: UN Habitat)

M 10 **Lage von Dharavi in Mumbai**

········· Bahnlinien
——— Straßen

Arabisches Meer

MUMBAI

✈ Airport

○ Dharavi

Downtown

Docks

INDIEN

DER STANDARD

(Nach:
http://derstandard.at/3027041)

M 11 **Modell der Push- und Pull-Faktoren bei der Verstädterung**

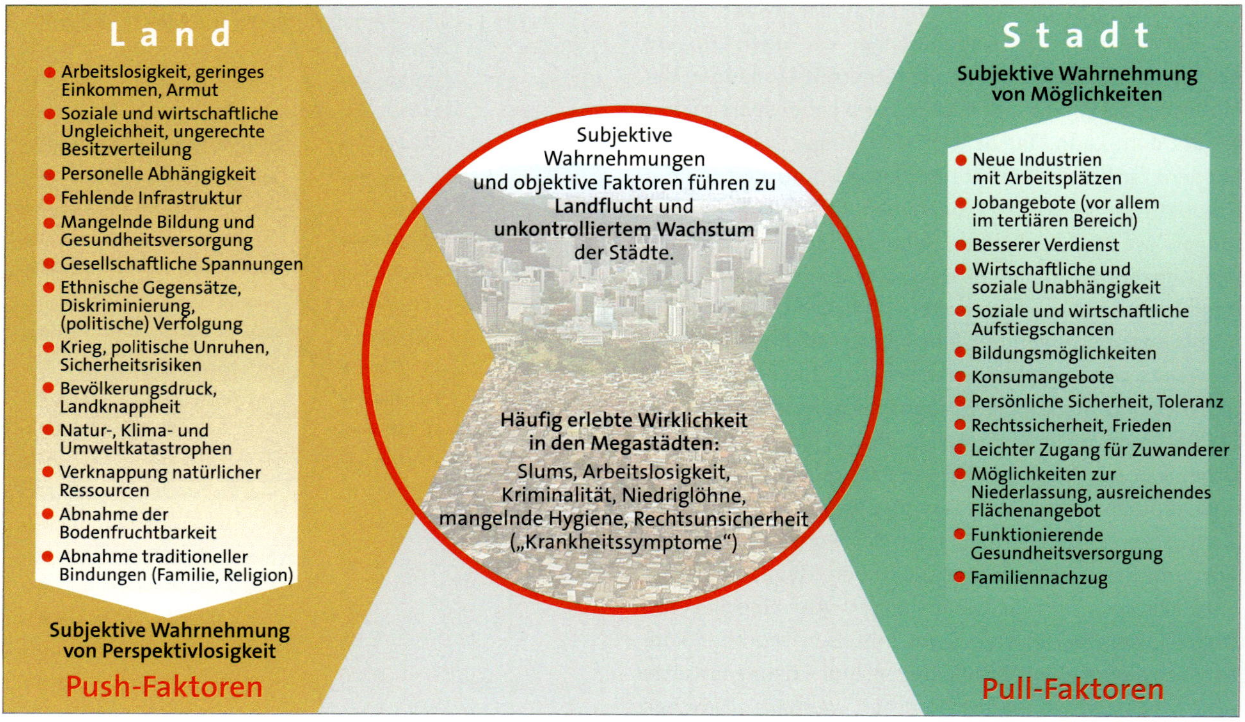

L a n d

- Arbeitslosigkeit, geringes Einkommen, Armut
- Soziale und wirtschaftliche Ungleichheit, ungerechte Besitzverteilung
- Personelle Abhängigkeit
- Fehlende Infrastruktur
- Mangelnde Bildung und Gesundheitsversorgung
- Gesellschaftliche Spannungen
- Ethnische Gegensätze, Diskriminierung, (politische) Verfolgung
- Krieg, politische Unruhen, Sicherheitsrisiken
- Bevölkerungsdruck, Landknappheit
- Natur-, Klima- und Umweltkatastrophen
- Verknappung natürlicher Ressourcen
- Abnahme der Bodenfruchtbarkeit
- Abnahme traditioneller Bindungen (Familie, Religion)

Subjektive Wahrnehmung von Perspektivlosigkeit

Push-Faktoren

Subjektive Wahrnehmungen und objektive Faktoren führen zu Landflucht und unkontrolliertem Wachstum der Städte.

Häufig erlebte Wirklichkeit in den Megastädten:

Slums, Arbeitslosigkeit, Kriminalität, Niedriglöhne, mangelnde Hygiene, Rechtsunsicherheit („Krankheitssymptome")

S t a d t

Subjektive Wahrnehmung von Möglichkeiten

- Neue Industrien mit Arbeitsplätzen
- Jobangebote (vor allem im tertiären Bereich)
- Besserer Verdienst
- Wirtschaftliche und soziale Unabhängigkeit
- Soziale und wirtschaftliche Aufstiegschancen
- Bildungsmöglichkeiten
- Konsumangebote
- Persönliche Sicherheit, Toleranz
- Rechtssicherheit, Frieden
- Leichter Zugang für Zuwanderer
- Möglichkeiten zur Niederlassung, ausreichendes Flächenangebot
- Funktionierende Gesundheitsversorgung
- Familiennachzug

Pull-Faktoren

(eigene Darstellung)

M12 Urbanisierung Mumbais – Ursachen und Symptome des Krankheitsbildes

Da die Erwerbschancen in den Städten anstiegen, drängten immer mehr Menschen in die Kolonialmetropole. Sie wurde zur wohlhabendsten Stadt Indiens, gleichzeitig wurde sie jedoch der Zuwanderung nicht Herr: Die
5 Hälfte der Einwohner lebt in Slums. Extremer Reichtum und tiefste Armut existieren auch heute noch nebeneinander: Exklusive geschlossene Sonderzonen, bewachte Nobelviertel (meist im Westen gelegen) wechseln ab mit Mietskasernen großer Baukooperativen, den sogenann
10 ten Housing Colonies im Norden und Osten der Stadt, und den in der gesamten Stadt verstreut liegenden Slums, vornehmlich entlang der Eisenbahnlinien und Schnellstraßen. Diese aus der Stadt hinausführenden Linien wurden zu Kristallisationspunkten der Suburbs.
15 [...] Die starke Bevölkerungszunahme Bombays in den Jahren von 1981 bis 1991 [...] ist also überwiegend der Eingemeindung zuzuschreiben. Der Anspruch einer Globalizing City, sich in Weltmarktprozesse einzubinden, führt in Mumbai zu neoliberalem Investitionsver
20 halten, das die Kernregionen bevorzugt und den ersten Platz für Großinvestitionen darstellt: 31 der 34 ausländischen Banken haben ihre indischen Zentralen in Mumbai errichtet; die beiden großen Börsen Mumbais erzielen zwei Drittel der Gesamtumsätze aller Börsen
25 Indiens; mehr als die Hälfte der 100 indischen Top-Firmen führen ihren Firmensitz in dieser Stadt. Lediglich auf dem IT-Sektor liegt Mumbai auf Platz zwei hinter

Südindien. Keine andere Stadt Indiens bietet mehr Komfort für ausländische Eliten wie Mumbai: hervorragende Universitäten und Forschungseinrichtungen, ausge 30 zeichnete Schulen, hochspezialisierte Kliniken, vielseitige Freizeit-, Kultur- und Shopping-Angebote, das indische Bollywood – alles ist hier auf höchstem Niveau versammelt. Diese Modernisierung ist aber gleichzeitig mit verheerenden Folgen verbunden, die sich ebenfalls 35 in keiner anderen indischen Stadt so scharf abbilden. Mit der Flächen- und Bevölkerungsexpansion ist die Verbreitung von Elendsquartieren verbunden (Slums und Squattersiedlungen). Unter Slum versteht man eher den baulichen Zustand einer Siedlung, während Squatterge 40 biete illegale Ansiedlungen aus Wellblech, Brettern und Plastikfolien umfassen. Kaum erfasst ist die Zahl der Obdachlosen (Pavement Dwellers), die auf Straßen, unter Brücken, in Hauseingängen und Parks übernachten. Der überwiegende Teil der Zuwanderer lebt als Unter 45 mieter in den informellen Hüttenvierteln, häufig ohne ausreichende Infrastruktur. Die Krankheitsanfälligkeit und damit die Sterblichkeitsrate ist sehr hoch, die Luftverschmutzung enorm. Hochgiftige Abfälle in Produktionsstätten, die jegliche Umweltstandards vermissen 50 lassen, verseuchen Boden und Grundwasser. Ist unter solchen Bedingungen ein nachhaltiges Mumbai überhaupt denkbar?

(Horst Zeitler, in: Praxis Geographie 6/2008, S. 27 f.)

Überblick über eine Wäscherei in einem Slum in Mumbai

M13 Die Slumschlacht – Goldgrube Dharavi?

Nach Dharavi kommt man nur langsam. Der vermutlich größte Slum Asiens liegt mitten in Mumbai, das bis 1995 Bombay hieß. Mitten im täglichen Verkehrschaos, eingepfercht von zwei wichtigen Eisenbahnlinien, der Wes- 5 tern und der Central Railway. Auf dem Weg dorthin passiert man stattliche Gebäude im Kolonialstil, Palmen und weitläufige Rasenflächen, auf denen Jugendliche Kricket spielen. Vor gut hundert Jahren fischten hier Fischer in einem großen Mangrovensumpf. Heute leben 10 zwischen 600 000 und eine Million Menschen in Dharavi; genauere Zahlen hat niemand. Je näher Dharavi im dichten Stadtverkehr rückt, umso düsterer wird das Bild. Grauer und grauer werden die Häuser, bis sie nur noch wie ein Patchwork aus Wellblechplatten erscheinen, das 15 allein Glaube und Hoffnung zusammenhalten. [...]

Dharavi ist die Hölle. Was nicht bedeutet, dass man sich hier nicht häuslich einrichten kann. Raj Khandari, 28, steht vor einem Stapel gegerbter Schafshäute und sortiert sie nach Qualität. „Ich bin sehr glücklich mit 20 meinem Geschäft", sagt der junge Mann mit dem offenen Gesicht und den leuchtenden Augen. Mit seinem Vater betreibt er eine Lederverarbeitungswerkstatt, die der Familie schon in dritter Generation gehört. Heiß und dunkel ist es in dem Raum; die Maschinen sehen 25 aus, als stammten sie aus dem Industriemuseum. Raj ist ein Kastenloser, ein Unberührbarer – wie jeder, der in Indien etwas tut, das die Hindus als „unrein" betrachteten: Wäsche waschen, Toiletten putzen, Tiere schlachten und eben auch Leder verarbeiten. Laut Verfassung ist 30 das Kastensystem abgeschafft, dennoch stehen die Unberührbaren oft noch am Rand der Gesellschaft und finden keine anderen Jobs.

Raj, der verheiratet ist und eine kleine Tochter hat, geht es vergleichsweise gut. Zwar lebt er im Slum, direkt über 35 der Werkstatt. Aber die Familie hat ein regelmäßiges Einkommen. Sie stellen mit zwanzig Mitarbeitern Billigkopien von Markenprodukten wie Handtaschen und Lederjacken her, die sie in ganz Mumbai verkaufen. Raj hat einen Fernseher, ein Handy – solche Konsumgüter un- 40 terscheiden ihn nicht von der Mumbaier Mittelschicht. Doch sein bescheidener Wohlstand ist bedroht, denn die Stadtregierung möchte Dharavi modernisieren. Ursprünglich lag der Slum am Rand Mumbais, aber die schnell wachsende Stadt hat ihn eingeschlossen. Jetzt 45 erstreckt er sich über knapp zwei Quadratkilometer direkt neben dem Finanzdistrikt Bandra Kurla – in bester Innenstadtlage. Das weckt Begehrlichkeiten. Land ist teuer in Indiens Finanzmetropole und die Mieten für

gute Wohnungen und Büros gehören zu den höchsten der Welt. Es gibt noch 2 500 andere Slums in Mumbai, 50 viele davon kaum mehr als Müllhalden am Rande der Stadt, in denen es den Menschen meist viel schlechter geht. Insgesamt leben rund 55 Prozent der 18 Millionen Einwohner Mumbais in Slums. „Wir haben nichts gegen Entwicklung", sagt Raj Khandari, „aber nicht so, wie die 55 Regierung sich das vorstellt. Man hätte zuvor mit uns sprechen müssen."

Werden die Pläne realisiert, wird Dharavi, das bisher aus ein- bis zweigeschossigen Gebäuden besteht, komplett abgerissen. Die bescheidenen Hütten aus Stein wurden 60 teils schon Anfang des letzten Jahrhunderts gebaut und nie modernisiert. Neuere Wellblechkonstruktionen kamen hinzu, die Probleme blieben. Fließendes Wasser gibt's in den Häusern nicht und nur primitive Gemeinschaftstoiletten. 65

Siebenstöckige Hochhäuser sollen die Hütten ersetzen, in ihnen soll jede Slumfamilie umsonst eine Wohnung von etwa 20 Quadratmeter Größe zugewiesen bekommen. Was dann an freien Flächen übrig bleibt, kann die private Entwicklungsgesellschaft gewinnbringend ver- 70 kaufen oder vermieten. Schon heute kostet eine Hütte von 20 Quadratmetern in Dharavi umgerechnet 22 000 Euro. Experten rechnen damit, dass der Preis für eine Wohnung auf 27 000 steigen wird. [...]

Parviz und Gohul halten nichts von den Modernisie- 75 rungsplänen. „Da wollen nur einige Leute Geld machen, und unsere Jobs sind weg", sagt Parviz. Aus der gegenüberliegenden Hütte weht der Duft von frittiertem Gebäck herüber. Zwei Männer kommen herausgelaufen, um die draußen aufgestapelten Pakete voller Knabbe- 80 reien vor dem Regen zu retten. In dem düsteren kleinen Raum, dessen Wände vom offenen Feuer schwarz geworden sind, arbeiten fünf junge Männer. Einer steht an einem riesigen Wok und lässt Teig in das heiße Öl gleiten. Ein Großteil des Salzgebäcks, das die Händler in 85 ganz Mumbai verkaufen, wird in Dharavi hergestellt.

Parviz würde am liebsten gar nicht in Dharavi arbeiten, sondern Ingenieurswissenschaften studieren. Aber so recht glaubt er nicht daran, dass das klappt. „So ein Studium ist teuer und es ist schwer, einen Platz zu finden", 90 sagt er. Wahrscheinlich wird er eher als Töpfer arbeiten, so wie sein Vater.

Die rund 2 000 Töpfer, die von Dharavi aus ganz Mumbai und den umliegenden Bundesstaat Maharashtra mit ihren Waren beliefern, gehören zu den schärfsten Geg- 95 nern der Modernisierungspläne. „Wenn das durchkommt, können wir uns nur noch den Strick nehmen", schimpft Arvind Prajapatti Wadel. Doch der 38-Jährige macht nicht den Eindruck, als würde er es so weit kommen lassen. Ein Karikaturist hat die Stimmung in Dharavis Töpferviertel Kumbharwala treffend eingefangen: Seine Zeichnung zeigt, wie wütende Töpfer den leitenden Architekten der Stadt, Mukesh Mehta, mit tönernen Wurfgeschossen aus ihrem Viertel treiben.

„Das hier ist unser Leben", sagt Arvind Wadel und deutet auf den Brennofen, aus dem dichter, beißender Rauch steigt. Die primitiven Öfen werden mit Abfällen aller Art befeuert eine Praxis, die die Regierung aus Gesundheitsgründen stoppen will. Bharti Parmar hat gerade wieder ein paar Töpfe fertig gemacht. Die 21-Jährige stellt sie auf eine Mauer im Hof zum Trocknen. Das Töpfern ist ein Familiengeschäft, in dem jeder anpackt. „Ich habe von Kind auf gelernt, Töpfe zu machen", sagt Bharti. „Ich kann mir gar nichts anderes vorstellen." Die Frauen sind dafür zuständig, den Ton von Steinen und anderen Verunreinigungen zu befreien und zu bearbeiten. Für Bharti steht fest, dass sie später einen Töpfer aus der Nachbarschaft heiraten wird. Andere Zukunftspläne hat sie nicht.

Die Töpfer sind eine starke Lobbygruppe, weil ihnen im Gegensatz zu vielen Slumbewohnern, die erst in den letzten Jahren illegal nach Dharavi gezogen sind, das Land gehört, auf dem sie leben und arbeiten. [...] Wenn sie ihre Werkstatt verlieren, stehen sie vor dem Nichts. „Schauen Sie sich das an", sagt Wadel und zeigt auf den stinkenden offenen Abwasserkanal direkt vor dem Haus. „Die Regierung schafft es nicht einmal, so etwas zu beheben. Unsere Kinder haben ständig Durchfall und andere Krankheiten. Jetzt behaupten sie, es werde uns allen besser gehen, wenn die Häuser abgerissen werden. Ich glaube kein Wort."

Der Mann, der so viele verärgert, sitzt in einem Büro mit Blick aufs Meer in Mumbais Nobelviertel Bandra. Mukesh Mehta, Architekt und offizieller Regierungsberater, ist genervt, wenn er auf den Widerstand gegen seine Pläne angesprochen wird. „Es gibt einige Nicht-Regierungsorganisationen, die viel Geld im Ausland damit machen, dass sie die Armut vermarkten und diese Leute aufhetzen", schimpft er. „Doch 80 Prozent der Bewohner von Dharavi befürworten meinen Plan." In einer Animation zeigt er, wie Dharavi nach der Sanierung aussehen soll: breite Straßen, Hochhäuser, Schulen, Krankenhäuser, Parkanlagen.

In der Tat unterstützen viele Bewohner Dharavis die Modernisierungspläne – vor allem die, deren Hütte kleiner als 20 Quadratmeter ist; sie erwarten sich eine Verbesserung ihrer Lebensverhältnisse. Vaishali Ashok, 32, etwa wohnt seit zwei Monaten in einem der bereits fertigen Hochhäuser. „Ich bin glücklich hier, die Wohnung ist wirklich besser als vorher", sagt die Hausfrau. Sie hat nun ein gekacheltes Bad und eine gekachelte Küche. Im Wohnzimmer stehen ein Fernseher und sogar ein Computer.

Allerdings ist Vaishali tagsüber allein. Erst abends, wenn alle Familienmitglieder von der Arbeit zurückkommen, stellt sich heraus, dass Dharavi auch nach der Sanierung kein „Weltklasse-Vorort" sein wird – wie Mukesh Mehta es gern formuliert. Denn wenn zwölf Menschen auf 20 Quadratmetern schlafen müssen, ist die Wohnung voll. „Die Familie meines Schwagers schläft auf dem Boden in der Küche", erklärt Vaishali. Dort stehen aber schon zehn volle Wassereimer, die die Familie braucht, um sich morgens zu waschen. Fließendes Wasser oder gar eine Dusche gibt es auch in der neuen Wohnung nicht. „Wir unterstützen den Entwicklungsplan, weil er besser ist als alles, was die Regierung vorher vorgelegt hatte", meint Prashad Anthony von der christlichen NGO „Proud", die seit 1979 in dem Slum arbeitet. Allerdings fordert auch er, dass Gewerbetreibende wie die Töpfer und Lederverarbeiter separat behandelt werden. „Die wirtschaftlichen Aktivitäten dürfen auf keinen Fall gestoppt werden", sagt Anthony. Laut Mukesh Mehta ist das auch gar nicht vorgesehen. Er zeigt seine Pläne, in denen Industriegebiete ausgewiesen sind, in die die Gewerbetreibenden umziehen sollen. Sogar eine Fortbildungsakademie für die Handwerker ist eingeplant. Nach Mehtas Schätzungen wird Dharavis lokale Wirtschaft nach der Modernisierung 2,14 Milliarden Euro im Jahr umsetzen gegenüber bisher 300 bis 400 Millionen. Dennoch sitzt das Misstrauen der Slumbewohner gegen die Regierung tief. „Ich habe mit Mukesh Mehta gesprochen", sagt Raj Khandari. „Er hat vorgeschlagen, dass wir unser Land verkaufen und wegziehen. Aber das ist doch absurd, wo sollen wir denn sonst unsere Lederwerkstatt aufbauen? Wir können uns doch ein anderes Grundstück in Mumbai gar nicht leisten." Auch sein Vater sagt: „Warum können wir unser Land nicht selbst modernisieren?"

Die Antwort ist offensichtlich. Es geht um zu viel Geld in Dharavi. Mehr als hundert private Entwicklungsgesellschaften haben sich laut Mukesh Mehta auf die Ausschreibung zur Sanierung des Slums beworben. „Wir brauchen enorme Summen, das können wir nicht aus der Stadtkasse bezahlen", sagt Iqbal Chahal, Geschäftsführer der Slum Rehabilitation Authority. Insgesamt zwei Milliarden Euro soll das Projekt kosten. Er sieht in dem Entwicklungsplan eine „Win-win-Situation für alle". Die Entwickler verdienen Geld, die Stadt muss nicht zahlen, die Slumbewohner erhalten bessere Wohnungen.

200 Sozialaktivisten wie Simpreet Singh von der National Alliance of People's Movements halten dennoch das Misstrauen der Slumbewohner für berechtigt. „Die indische Regierung hat in den vergangenen Jahren permanent die Armen enteignet, um die Reichen profitieren zu lassen",

205 sagt er. Er weist darauf hin, dass nach offiziellen Regierungsangaben 57 000 Familien in die Sanierungsmaßnahmen einbezogen werden sollen. Dabei geht man davon aus, dass eine durchschnittliche Familie fünf Mitglieder hat. Bei 600 000 Einwohnern würde damit gerade mal

210 die Hälfte der Bewohner von Dharavi eine neue Wohnung erhalten. „Der Rest wird obdachlos", sagt Singh. Oder wohnt mit zehn und mehr Personen in den kleinen Wohnungen wie Vaishali Ashok und ihre Familie. Welche Auswirkungen dies auf die geplante moderne Infrastruktur wie Strom- und Wasserversorgung sowie 215 Plätze in Schulen und Krankenhäusern hat, vermag derzeit niemand zu sagen. Und klar ist auch: Eine Lederwerkstatt mit zwanzig Mitarbeitern und Maschinen wie die Raj Khandaris und seines Vaters kann man in einem der neuen Hochhäuser auf keinen Fall betreiben. „Ich 220 weiß einfach nicht, wie es weitergehen soll", sagt Khandari. „Wenn ich an die Zukunft denke, blicke ich in ein schwarzes Loch."

(Nach: Der Fluter, Nr. 24/2007, S. 39 ff.)

Aufgaben

1 Mumbai – Boombay? Was macht diese Megastadt, die Wirtschaftshauptstadt Indiens, so attraktiv für viele Menschen und Unternehmen? Prüfen Sie anhand der Materialien M 12 und M 13, ob das Modell der Push- und Pullfaktoren (M 11) für Mumbai zutrifft.

2 Mumbai – Slumbai? Erstellen Sie ein „Krankheitsbild" zu Mumbai, das Ursachen und Symptome von Fehlentwicklungen aufzeigt (→ Kap. I, S. 25 ff., Syndrom-Ansatz).

3 „Slumschlacht um Dharavi": Veranschaulichen Sie die Konfliktlinien und Interessen in der Auseinandersetzung um die Zukunft von Dharavi in einem Schaubild. Formulieren Sie zu den Beteiligten Rollenkarten und erproben Sie das Rollenspiel im Kurs.

4 Erörtern Sie, welche politischen, ökonomischen und psychologischen Hürden den Dharavi-Plänen des Stararchitekten Mukesh Mehta entgegenstehen.

5 Bewerten Sie die Dharavi-Pläne aus eigener Sicht. Informieren Sie sich über die aktuellen Entwicklungen. Erörtern Sie im Kurs städtebauliche Alternativen.

6 Erstellen Sie arbeitsteilig Dossiers zu weiteren Megastädten. Zeigen Sie Besonderheiten, jeweilige Chancen und Risiken auf. Viele Informationen finden Sie unter http://www.bpb.de/gesellschaft/staedte/megastaedte.

7 **Filmtipps:** Dharavi, Slum for Sale *oder* Der Elefant erwacht (Dokumentarfilm von Lutz Konermann, 2009); Slumdog Millionaire (Spielfilm von Danny Boyle, 2008, Drehort Dharavi).

2.2 Blick auf die Volksrepublik China, das bevölkerungsreichste Land der Erde

Im bevölkerungsreichsten Land der Erde steuert ein autoritäres Regime mit seiner Ein-Kind-Politik schon seit 1980 die ungebremste Zunahme seiner Bevölkerung. Die staatliche Familienpolitik im Land der Mitte zieht aber neben erkennbaren Erfolgen auch Risiken und Nebenwirkungen nach sich.

M 14 Bevölkerungsentwicklung in China

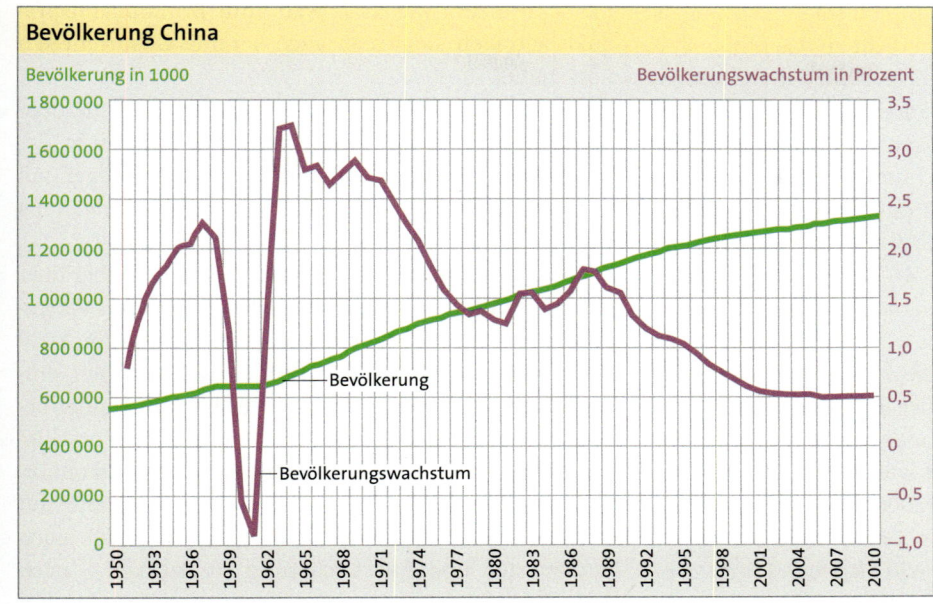

Bevölkerung China

(Quelle: census gov.)

Um die **seit 1980** wirksame **Ein-Kind-Politik** durchzusetzen, richtete die chinesische Regierung Anreize und Sanktionen ein. So erhält die Ein-Kind-Familie zahlreiche materielle Anreize, wie beispielsweise monatliche Prämien bis zum 14. Lebensjahr des Kindes, wie auch Begünstigungen im Bildungs-, Gesundheits- und im Wohnungsbereich (z. B. kostenlose Ausbildung, kosten-

lose Arztbesuche). Bei den Sanktionen handelt es sich hauptsächlich um finanzielle Strafen. Dabei wird beispielsweise ein prozentualer Betrag vom Lohn oder von den Altersbezügen des Ehepaares abgezogen, das Kindergeld gestrichen, die Familie im Wohnungssektor benachteiligt sowie das weitere Kind im Bildungs- und Gesundheitsbereich benachteiligt. (Autorentext)

M 15 Bevölkerungsstruktur Chinas 1970 und 2050

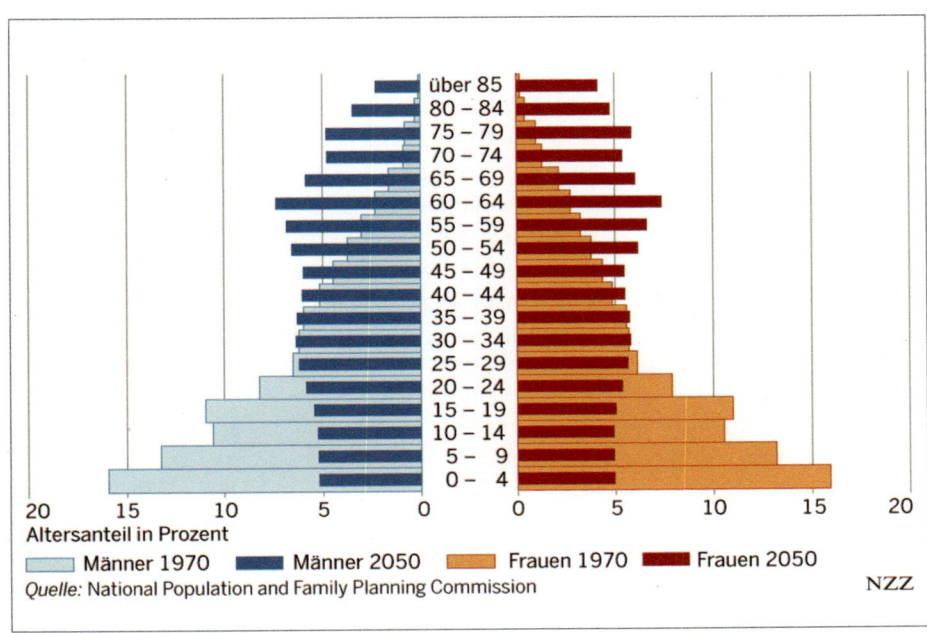

Quelle: National Population and Family Planning Commission

NZZ

(Nach: NZZ, Nr. 172/25.07.2008, S. 25)

M 16 Mörderische Einkindpolitik

Kann eine Nation demografisch schlechter dastehen als Deutschland? Man denke dabei nicht an das Millionärsparadies Monaco, das mit 46 Jahren beim Durchschnittsalter den Weltrekord hält. Es handelt sich auch nicht um
5 das mit 44 Jahren beim Vergreisen zweitplatzierte Japan. Gemeint ist der neue Exportweltmeister China. Wie aber kann das sein? Immerhin gibt es dort pro Frauenleben 1,79 Kinder, in Deutschland aber nur 1,41. Das hiesige Durchschnittsalter von knapp 44 Jahren wird von den
10 Chinesen mit 34 Jahren um ein volles Jahrzehnt unterboten.

Erst die selten betrachtete Relation 15-jähriger Jungen zu fünfjährigen Mädchen zeigt das Problem Chinas. Bei der Annahme eines Altersabstands von zehn Jahren zwi-
15 schen Ehemann und Ehefrau würden in Deutschland 1000 heute 15-jährige Jungen (2008) nur 705 heute fünfjährige Mädchen vorfinden. In China hingegen haben 1000 solcher Jungen nur noch 650 Mädchen hinter sich. In Deutschland ergibt sich der Rückstand aus der ste-
20 tigen Abnahme gebärfähiger Frauen, die in jeder neuen Generation zu weniger Mädchen, aber im gleichen Verhältnis auch zu weniger Jungen führt. In China wirkt dieser Faktor auch. Dazu aber kommt – vorwiegend in ländlichen Regionen – die Tötung neugeborener Mäd-
25 chen oder im städtischen Milieu die – immerhin seit 1995 verbotene – Abtreibung der durch Ultraschall frühzeitig erkannten weiblichen Föten. [...]
Im Ergebnis hat das Reich der Mitte heute auf 100 Mädchen nicht die natürliche Zahl von 105 Jungen, sondern
30 wuchtige 123. Auf 124 Millionen Mädchen unter fünfzehn Jahren kommen 141 Millionen Jungen im selben Alter. [...]
Selbst wenn China in wenigen Jahrzehnten eine Lebensehrfurcht entwickeln sollte, für die man im Westen
35 Jahrtausende hatte, und auch die Einkindpolitik offiziell aufgäbe, könnte es sein demografisches Schicksal kaum wenden. [...]
Auch bei Wegfall des Mehrkindverbots wird Chinas Geburtenrate nicht über die jetzigen 1,79 steigen, sondern
40 den 0,91 bis 1,14 der übrigen ethno-chinesischen Länder näherrücken. Weil Bauern noch 11 Prozent und nicht nur 1,7 Prozent wie in Taiwan zum Bruttoinlandsprodukt beitragen, liegt man auch bei den Geburtenraten noch höher.

Was werden die 17 Millionen chinesischen Jungen unter-
45 nehmen, wenn sie das 15. Lebensjahr überschreiten? [...] Prostitution, Sexualdelikte und Brauthandel mögen zunehmen. Aufstand und Revolution aber stehen nicht ins Haus.

Die Tüchtigsten sehen für sich keine Familien, aber über
50 sich viele Hundert Millionen Rentner, für deren Versorgung der Nachwuchs fehlt. Hier wird die Relation 1000 15-jährige Jungen auf 650 fünfjährige Mädchen entscheidend. Die müssten einmal vier bis fünf Kinder bekommen, um das Blatt noch zu wenden. Sie marschie-
55 ren aber in dieselbe lebenslange Arbeitsmarktkonkurrenz wie ihre Schwestern in Taiwan oder Singapur mit nur noch einem Kind. Deshalb wirkt die Suche nach Einkommen und Alterssicherung im Ausland – nach dem Geburtenminus – als zweitstärkster Grund dafür,
60 dass China alt ist, bevor es reich wird.

600 000 Emigranten jährlich tragen schon jetzt dazu bei, dass die kleinen ethno-chinesischen Staaten demografisch nicht einfach verschwinden. Begehrt aber sind die jungen Chinesen in allen 60 vergreisenden Nationen. [...]
65 So sorgen in Kanada mit seinen 33 Millionen Einwohnern 1,4 Millionen Chinesen dafür, dass das Land weltweit bei Kindern der Zuwanderer die höchste Intelligenz misst. In den USA wiederum, wo Japaner, Koreaner und Chinesen nicht einmal vier Prozent der Bevölkerung aus-
70 machen, stellen sie fast 30 Prozent aller Softwareingenieure. Während von den „Weißen" 29 Prozent Hochschulabschlüsse aufweisen, sind es bei ihnen 50 Prozent.

Auch Deutschland, das weniger Ingenieure ausbildet, als in Rente gehen, hat beim Kampf um fremde Talente
75 nur eine Chance, wenn es aus China mit seinen 27 Millionen Studenten in technisch-naturwissenschaftlichen Instituten zu rekrutieren vermag. 2010 hat die Bundesrepublik gerade zwei Millionen Studenten insgesamt. 1,6 Millionen sollen es 2015 noch sein.
80

(Gunnar Heinsohn, in: Tagespiegel, 23.10.2010; http://www.tagesspiegel.de/meinung/kommentare/moerderischeeinkindpolitik/1708198.html)

Aufgaben

1. Vergleichen Sie die Sanktionen und Anreize der Ein-Kind-Politik (M 14) mit aktuellen familienpolitischen Maßnahmen in der Bundesrepublik. Erläutern Sie die Unterschiede. Begründen Sie, weshalb die politischen Eingriffe der chinesischen Regierung in die Familienplanung nicht mit den Grundrechten unserer Verfassung vereinbar sind.

2. Ziehen Sie eine Bilanz der Ein-Kind-Politik, indem Sie ihre Erfolge (M 14) den Risiken und Nebenwirkungen (M 16) gegenüberstellen. Bewerten Sie die staatlichen Eingriffe in China seit den 1980er-Jahren aus heutiger Sicht.

3. Pulverfass Demografie: Kann China den Übergang meistern? Verorten Sie China im Phasenmodell des demografischen Übergangs. Nutzen Sie bei der Analyse eine Animation zur Bevölkerungsentwicklung Chinas: http://geographie.files.wordpress.com/2008/04/ani_china_1l.gif.

4. Nennen Sie Faktoren (M 16), die für die Bevölkerungsentwicklung der kommenden Jahre in China eine Rolle spielen können. Erläutern und diskutieren Sie die Prognose „China wird alt, bevor es reich wird". Erörtern sie mögliche Risiken, die sich für China und die Welt ergeben.

2.3 Blick auf die globale Migration

Die schnell alternden europäischen Gesellschaften benötigen (überwiegend weibliche) Arbeitskräfte im Dienstleistungsbereich, die weltweit angeworben werden und in den Zielländern zum Teil illegal beschäftigt werden. Da der Anteil von Frauen immer mehr zunimmt, kann von einer Feminisierung der globalen Arbeitsmigration gesprochen werden. Gleichzeitig schottet sich die „Festung Europa" gegen (überwiegend männliche) Flüchtlinge vor allem aus Nordafrika ab, deren Lebensbedingungen sich in den Heimatländern dramatisch verschlechtern.

Nach dem Fall der Mauer 1989 nahm der Frauenhandel zur Prostitution aus Ost- und Südosteuropa signifikant zu und ersetzte vorübergehend Teile der Ströme aus Lateinamerika und Asien. Der illegale Handel mit Frauen, meist verbunden mit Nötigung zu Sexarbeit, entwickelte sich mit der Globalisierung des Welthandels zu einem sehr profitablen Geschäft und Wachstumsmarkt.

Die alternde Bevölkerung in den Ländern mit rückgängigen Geburtenraten und die abnehmende Bereitschaft zur unbezahlten Pflege alter Menschen haben zudem zu einer steigenden Nachfrage nach billigen Arbeitskräften im Pflegebereich geführt. Die Frauen, die zunächst überwiegend aus Osteuropa als schlecht bezahltes Pflegepersonal im häuslichen Bereich angeworben wurden, werden mit zunehmender Stabilisierung der wirtschaftlichen La-

ge in Ost- und Mitteleuropa durch weibliche Arbeitskräfte aus dem globalen Süden ersetzt. Oftmals verlassen die Frauen ihre Heimat und Familien aufgrund der prekären wirtschaftlichen Lage im Herkunftsland, um im Zielland für Kinder oder ältere Menschen im globalen Norden zu sorgen.

„Für die zurückgelassenen Familien im Herkunftsland muss ebenfalls gesorgt werden. Die Emigration einer Frau führt oftmals dazu, dass deren Familie jemanden aus einem ärmeren Gebiet holen muss, der für ihre Kinder bzw. ihre pflegebedürftigen Eltern sorgt. 5 Manchmal kann auch ein anderes Familienmitglied, z. B. eine Schwester, dafür entlohnt werden, dass sie die Pflege übernimmt. Dies schafft eine Migrationskette, die als globale Pflegekette (global care chain) bezeichnet wird. Diese wird definiert als ,eine Serie persönlicher 10 Verbindungen zwischen Menschen auf der ganzen Welt, die auf bezahlter oder unbezahlter Pflegearbeit basiert.' Globale Pflegeketten verdeutlichen, wie durch Migration auf der Ebene der Haushalte wechselseitige Abhängigkeiten zwischen verschiedenen Orten geschaffen wer- 15 den."

(Nach: http://www.bpb.de/gesellschaft/migration/dossier-migration/57289/migration-von-frauen)

M 17 **Billige Kräfte für die Hausarbeit**

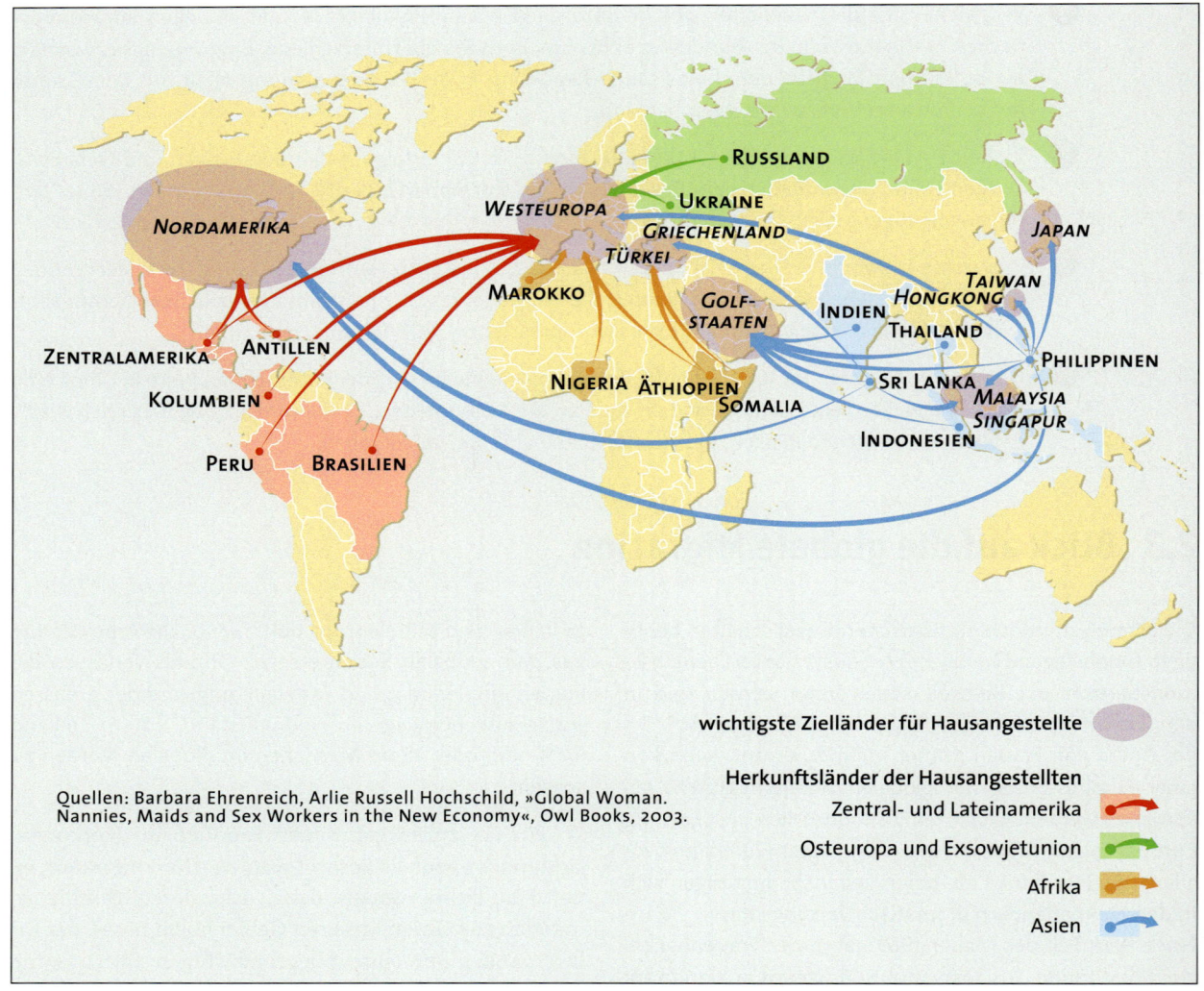

RUSSLAND

WESTEUROPA
UKRAINE
GRIECHENLAND
NORDAMERIKA
TÜRKEI
JAPAN
MAROKKO
TAIWAN
HONGKONG
GOLF-
STAATEN
INDIEN
ZENTRALAMERIKA ANTILLEN
THAILAND
PHILIPPINEN
KOLUMBIEN
NIGERIA ÄTHIOPIEN
SRI LANKA
SOMALIA
MALAYSIA
SINGAPUR
PERU BRASILIEN
INDONESIEN

wichtigste Zielländer für Hausangestellte

Herkunftsländer der Hausangestellten
Zentral- und Lateinamerika
Osteuropa und Exsowjetunion
Afrika
Asien

Quellen: Barbara Ehrenreich, Arlie Russell Hochschild, »Global Woman.
Nannies, Maids and Sex Workers in the New Economy«, Owl Books, 2003.

(Nach: Atlas der Globalisierung, 2007, © taz Verlags- und Vertriebs GmbH/Le Monde diplomatique, Berlin, S. 114)

Methodenschulung

Lebensliniendiagramme – Analyse von Lebenswirklichkeit

Kurvendiagramme spielen im Geographieunterricht eine wichtige Rolle, indem sie allgemeine oder spezifische Entwicklungen raumrelevanter Prozesse visualisieren. Dabei werden die Entwicklungen über Zahlenwerte und Kurven scheinbar objektiv erfasst und in Modellen dargestellt. Die Methode der Lebensliniendiagramme ermöglicht einen Blick auf die *gelebte* Wirklichkeit hinter der *empirisch gemessenen* Wirklichkeit. Denn hinter den quantitativen Daten der Statistiken und abstrakten Größen der Modelle (vgl. Push-Pull-Modell, S. 206, M 11) verbergen sich subjektive Lebenswirklichkeiten, die zeigen, dass die gelebte Wirklichkeit viel komplexer ist, als die empirische Wahrnehmung. Indem konkrete Ereignisse und Entwicklungen im Leben betroffener Menschen in das Lebenliniendiagramm begründet eingeordnet werden, werden empirische Daten durch subjektive Wahrnehmungen ergänzt und in ihre scheinbare Objektivität relativiert.

Im Lebensliniendiagramm werden Motive, Reaktionen, Werte, Überzeugungen und Gefühlslagen betroffener Menschen analysiert und auf einer Positiv-Negativ-Skala verortet. Indem über verschiedene Verortungen im Kurs diskutiert wird, wird die subjektive Dimension des Erlebten und empathisch Nachempfundenen versprachlicht und erweitert.

M 18 **Achsenkreuz für die Lebenslinie von Lydia Flores (vgl. M 19)**

Lebens-gefühl / Ereignisse	1	2	3	4	5	6	7	8	9	10	11	12	13	14	15
positiv +5															
+4															
+3															
+2															
+1															
–1															
–2															
–3															
–4															
–5 negativ															
Lebens-gefühl / Ereignisse	1	2	3	4	5	6	7	8	9	10	11	12	13	14	15

Aufgaben

Beim Erstellen eines Lebensliniendiagramms hat sich die folgende Vorgehensweise bewährt:

1 In Einzelarbeit entscheiden Sie zunächst unabhängig voneinander, wie sich die Ereignisse im Leben einer betroffenen Person (z. B. die Ereignisse im Leben von Lydia Flores, M 19) negativ oder positiv auf das Lebensgefühl dieser Person auswirken. Sie verbinden die einzelnen Punkte im Lebensliniendiagramm (M 18) zu einer „Glückslinie" (hier: Lebenslinie von Lydia Flores). Begründungen Sie Ihre Entscheidungen in Stichpunkten.

2 In nächsten Schritt legen Sie weitere Lebenslinien ebenfalls in den vorliegenden Fall involvierter Personen an. M 19 folgend können Sie z. B. andersfarbige Kurven zur Cousine Aurea, zum Bruder Carlos oder zum Schwager Jose anlegen. Diese weiteren Lebenslinien können im Kurs auch arbeitsteilig erarbeitet werden.

3 Vergleichen und diskutieren Sie Ihre Ergebnisse zunächst in Partnerarbeit, später in der Gruppe. Einigen Sie sich bei den Lebenslinien auf gemeinsame Ergebnisse und halten Sie gegebenfalls fest, wo und warum kein Konsens erreicht werden konnte.

4 Am Ende präsentieren mehrere Gruppen ihre Ergebnisse im Plenum. Hilfreich ist auch der Vergleich zweier Gruppenergebnisse durch Übereinanderlegen von Folien (Overlay-Verfahren).

5 Diskutieren Sie kontroverse und gemeinsame Einschätzungen. Hinterfragen Sie Ihre Bewertungsmaßstäbe.

6 In der abschließenden Methodenreflexion erörtern Sie im Kurs, inwiefern die Methode der Lebensliniendiagramme über die vorher analysierten Statistiken, Karten und Modelle (hier: M 5, M 11, M 17) hinausgehende neue Erkenntnisse und Wahrnehmungen eröffnet hat. Wert und Aussagekraft, Möglichkeiten und Grenzen empirischer Befunde sollten dabei kritisch reflektiert werden.

M 19 Lydia Flores: Aus Lipa nach Frankfurt a. M.

Lydia Flores stammt aus Lipa, einer Stadt mit ca. 260 000 Einwohnern, etwa 80 Kilometer südlich der philippinischen Hauptstadt Manila. Die Stadt ist ein Zentrum für Industrie, Handel und Dienstleistungen sowie ein Stützpunkt der philippinischen Luftwaffe.

Ereignisse in Lydia Flores Leben

1 1998 führt Lydia Flores (28 Jahre) in Lipa/Philippinen ein kleines Schnellrestaurant. Sie ist verheiratet. Ihr Mann heißt Carlos. Sie haben zwei Kinder: Rene (3 Jahre) und Elisa (2 Jahre). Das Geschäft läuft ganz gut, auch wenn sie immer mal Ärger mit dem korrupten Bürgermeister hat.

2 Gegenüber von Lydias Schnellrestaurant macht eine Filiale der größten Fast-Food-Kette des Landes auf. Lydia verliert einen Großteil ihrer Kundschaft. Sie kann ihre Angestellten nicht mehr bezahlen.

3 Während der Asienkrise 1997/98 muss die Druckerei von Carlos Flores schließen. Sein Bruder José, der studiert hat, verdient an einer Tankstelle ein paar Hundert Pesos. Der gesetzliche Mindestlohn beträgt 290 Pesos/Tag, ca. fünf Euro.

4 Lydia fährt mit dem Überlandbus nach Manila: Sie besucht dort einen Kurs, um ein Diplom als Haushälterin zu erwerben. In Manila gibt es mittlerweile viele Kurse, wo man lernt, wie man sich angemessen in einem reicheren Haushalt verhält.

Methodenschulung

5 Lydia Flores bezahlt bei einer Agentur 300 000 Pesos (ca. 5 000 Euro), um die Unterlagen für ein Touristenvisum (Kontoauszug, Vermögensnachweis, Arbeitsbescheinigung) für Deutschland zusammenzubekommen.

6 Lydia lebt und arbeitet illegal in Frankfurt am Main. Jede Woche putzt und hütet sie Kinder für einen Stundenlohn von ca. neun Euro – 60 Stunden die Woche. Das Geld schickt sie nach Hause.

7 Im Frühjahr 1999 folgt ihr Mann Carlos mit einem Touristenvisum nach. Auch er arbeitet als Putzmann ca. 40 Stunden pro Woche. Männern traut man Haushalt einfach nicht so zu.

8 Im Sommer 2000 wird Lydia schwanger. Bei der Organisation „Frauenrecht ist Menschenrecht" (FIM) erhalten Lydia und Carlos Adressen von Ärzten, die gegen Bargeld behandeln und keine Fragen stellen.

9 Rosanna kommt um sieben Uhr morgens zur Welt, nachmittags ist die Familie zu Hause. Im Krankenhaus sollte Lydia ihren Pass vorzeigen.

10 Philippinische Freunde übernehmen Babysitterdienste. Manchmal nehmen Lydia und Carlos ihr Baby Rosanna mit zum Putzen.

11 2002 fliegt ein Bekannter zurück nach Manila. Sie geben ihm ihre Tochter mit. Cousine Aurea kümmert sich jetzt um alle drei Kinder und stellt mit dem Geld aus Deutschland ein junges Mädchen vom Land als Kinderfrau ein, das ein paar Tausend Pesos Lohn erhält.

12 Lydia und Carlos ziehen zum fünften Mal um und finden eine 34 m²-Wohnung. Sie bezahlen 640 Euro Miete jeden Monat bar und verzichten auf Belege, wenn Nachzahlungen für Gas, Wasser und Strom verlangt werden.

13 Einmal in der Woche ruft Lydia mit dem Handy ihre Kinder in Lipa an. Die Kinder erzählen von ihrem Alltag bei der Tante und in der Privatschule. Lydia schaut dabei die Fotos ihrer Kinder an. Manchmal stockt das Gespräch.

14 Ein Freund von Carlos wird auf seinem Rückflug von Manila am Pariser Flughafen mit einem gefälschten Visum erwischt. Er kommt in Abschiebehaft.

15 Die Eltern des 15 Monate alten Ricardo fragen per Handy bei Lydia nach, ob sie sich künftig auch ab und zu abends um den Jungen kümmern kann. Der Vater Ricardos verkauft Wertpapiere in einer Frankfurter Bank, seine Mutter ist Anwältin.

Fakten zusammengestellt nach: W. Uchatius, Das globalisierte Dienstmädchen; in: Die Zeit vom 19.08.2004 (online unter: www.zeit.de/2004/35/migration)

(M 17/M 18 nach: Annette Coen/Karl Walter Hoffmann, Das globalisierte Dienstmädchen; in: Westermann, Praxis Geographie 6/2012, S. 46 f.)

M20 Afrikanische Völkerwanderung und die Festung Europa

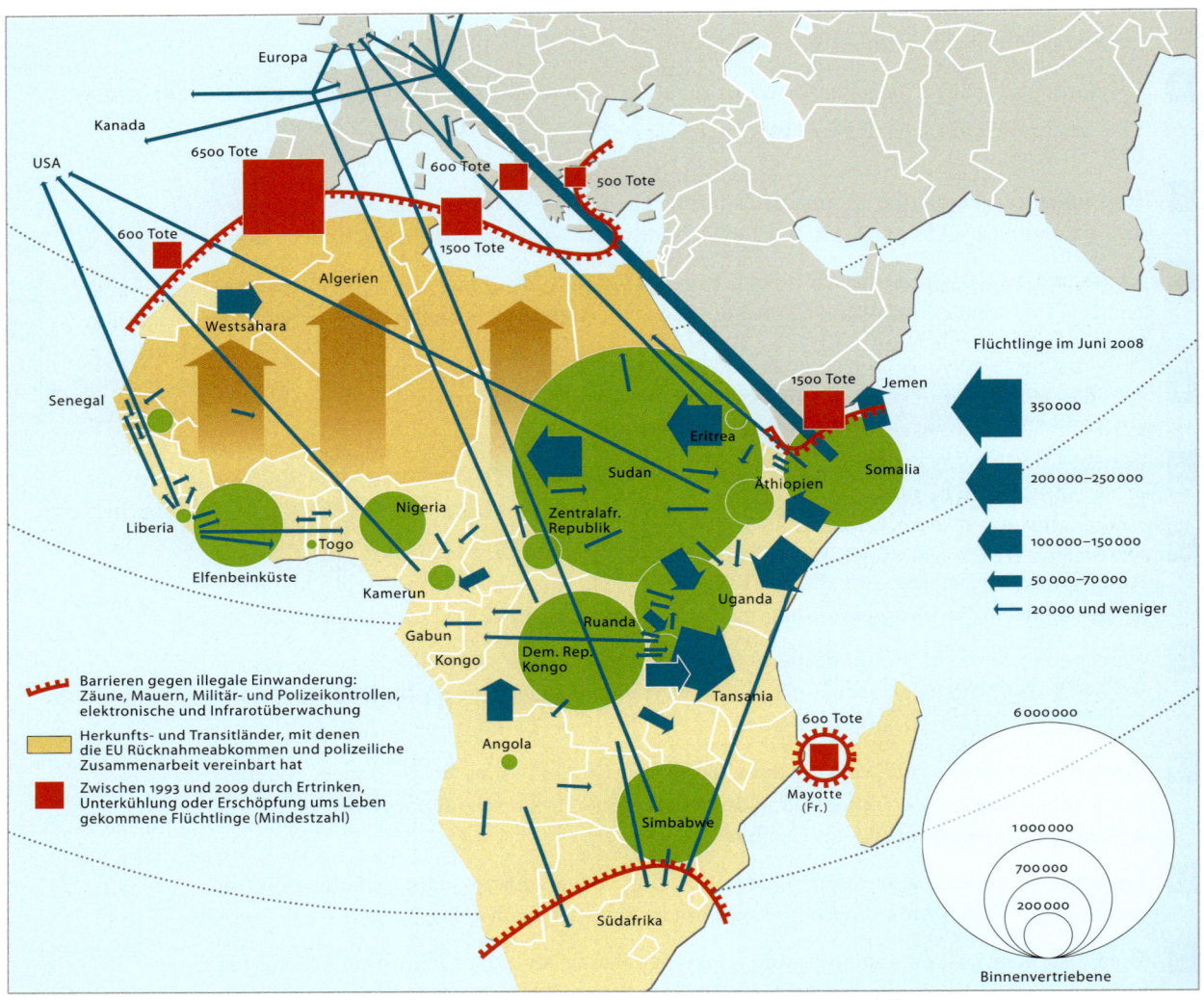

Europa

Kanada

6500 Tote

USA

600 Tote

600 Tote

500 Tote

1500 Tote

Algerien

Westsahara

Flüchtlinge im Juni 2008

Senegal

1500 Tote   Jemen

350 000

Eritrea

200 000–250 000

Sudan   Äthiopien   Somalia

Nigeria   100 000–150 000

Liberia   Zentralafr. Republik

Togo   50 000–70 000

Elfenbeinküste

20 000 und weniger

Kamerun   Uganda

Ruanda

Gabun   Dem. Rep.

Kongo   Kongo

Tansania

6 000 000

Angola   600 Tote

Mayotte (Fr.)

1 000 000

700 000

Simbabwe

200 000

Südafrika

Binnenvertriebene

Barrieren gegen illegale Einwanderung: Zäune, Mauern, Militär- und Polizeikontrollen, elektronische und Infrarotüberwachung

Herkunfts- und Transitländer, mit denen die EU Rücknahmeabkommen und polizeiliche Zusammenarbeit vereinbart hat

Zwischen 1993 und 2009 durch Ertrinken, Unterkühlung oder Erschöpfung ums Leben gekommene Flüchtlinge (Mindestzahl)

(Nach: Atlas der Globalisierung, 2009, © taz Verlags- und Vertriebs GmbH/Le Monde diplomatique, Berlin, S. 137)

M21 Festung Europa?

Die „Europäische Agentur für die operative Zusammenarbeit an den Außengrenzen", kurz Frontex (für *Frontières extérieures*), hat ihren Sitz in Warschau. Von dort aus dirigiert Frontex nationale Einsatzkräfte bei der Küs-
5 tenüberwachung sowie Soforteinsatzteams für Grenzsicherungszwecke. Die Grenzpolizisten kontrollieren die gängigen Routen der Flüchtlinge, die versuchen, nach Europa zu gelangen, vor allem auf hoher See zwischen Afrika und Europa. Die gefährliche Überfahrt in kleinen
10 und überfüllten Holzbooten kostet viele Flüchtlinge das Leben.
Frontex verfügt über moderne Überwachungstechnologien. Außerdem stellen die EU-Staaten Kriegsschiffe,

Hubschrauber und Schnellboote zur Verfügung. Das al-
15 les, um die irreguläre Einwanderung über das Mittelmeer und den Atlantik zu unterbinden. Die Grenzschutzagentur hat verschiedene Einsatzgebiete. Diese werden mit unterschiedlichen Codes gekennzeichnet wie zum Beispiel „Hera" für die Kanarischen Inseln und
20 Westafrika, „Poseidon" für das östliche Mittelmeer bzw. Griechenland, „Nautilus" für den Raum im Mittelmeer zwischen Nordafrika und Süditalien und „Amazon" für die Kontrollen an internationalen Flughäfen. [...]
Seit der Gründung von Frontex gibt es Kritik seitens der
25 Menschenrechts- und Flüchtlingsorganisationen. Kritiker werfen Frontex vor, gegen die Europäische Men-

schenrechtskonvention, das Seerecht und die Genfer Flüchtlingskonvention zu verstoßen. Da jeder Mensch ein Recht auf Asyl habe, hindere Frontex die Flüchtlinge am Grenzübertritt. Mit Kriegsschiffen, Kampfflugzeugen und Hubschraubern gegenüber Schwachen aufzutreten, würde den Grundsätzen der Europäischen Union nicht entsprechen, so der Grundtenor. Frontex beteuerte mehrfach, dass sie den Flüchtlingen helfe, sie auf hoher See rette und sie nicht zur Umkehr zwinge.

35

(Nach: Cüneyt Özadali, in: http://www.swr.de/hunger/laender/ mauretanien//id=6756274/nid=6756274/did=6962504/1ux379b/)

M 22   Menschenrechtskonventionen

Aus der UN-Flüchtlingskonvention

Artikel 3 – Verbot unterschiedlicher Behandlung
Die vertragschließenden Staaten werden die Bestimmungen dieses Abkommens auf Flüchtlinge ohne unterschiedliche Behandlung aus Gründen der Rasse, der Religion oder des Herkunftslandes anwenden.

Artikel 16 – Zugang zu den Gerichten
Jeder Flüchtling hat in dem Gebiet der vertragschließenden Staaten freien und ungehinderten Zugang zu den Gerichten.

Artikel 33 – Verbot der Ausweisung und Zurückweisung
Keiner der vertragschließenden Staaten wird einen Flüchtling auf irgendeine Weise über die Grenzen von Gebieten ausweisen oder zurückweisen, in denen sein Leben oder seine Freiheit wegen seiner Rasse, Religion, Staatsangehörigkeit, seiner Zugehörigkeit zu einer bestimmten sozialen Gruppe oder wegen seiner politischen Überzeugung bedroht sind.

Aus der EU-Menschenrechtskonvention

Artikel 2 – Recht auf Leben
Das Recht jedes Menschen auf Leben wird gesetzlich geschützt. Niemand darf absichtlich getötet werden, außer durch Vollstreckung eines Todesurteils, das ein Gericht wegen eines Verbrechens verhängt hat, für das die Todesstrafe gesetzlich vorgesehen ist.

Eine Tötung wird nicht als Verletzung dieses Artikels betrachtet, wenn sie durch eine Gewaltanwendung verursacht wird, die unbedingt erforderlich ist, um jemanden gegen rechtswidrige Gewalt zu verteidigen; jemanden rechtmäßig festzunehmen oder jemanden, dem die Freiheit rechtmäßig entzogen ist, an der Flucht zu hindern; einen Aufruhr oder Aufstand rechtmäßig niederzuschlagen.

Artikel 3 – Verbot der Folter
Niemand darf der Folter oder unmenschlicher oder erniedrigender Strafe oder Behandlung unterworfen werden.

Artikel 14 – Diskriminierungsverbot
Der Genuss der in dieser Konvention anerkannten Rechte und Freiheiten ist ohne Diskriminierung insbesondere wegen des Geschlechts, der Rasse, der Hautfarbe, der Sprache, der Religion, der politischen oder sonstigen Anschauung, der nationalen oder sozialen Herkunft, der Zugehörigkeit zu einer nationalen Minderheit, des Vermögens, der Geburt oder eines sonstigen Status zu gewährleisten.

Die Bundesrepublik Deutschland hat beide Konventionen unterzeichnet.

M 23a Ceuta und Melilla

Sechs Meter hohe Drahtzäune in drei Reihen schützen die spanischen Exklaven Ceuta und Mellila in Marokko. Infrarotkameras überwachen die Anlage, außerdem wurden Bewegungs- und Geräuschmelder installiert. Mit
5 Hightech-Zäunen will Spanien afrikanische Flüchtlinge abschrecken. Die Szenen von vor sechs Jahren sollen sich nicht wiederholen: In den ersten neun Monaten 2005 versuchten 11 000 Afrikaner, die damals noch niedrigeren Zäune zu überwinden. Nachts stürmten sie auf die Anla-
10 gen zu, warfen Leitern gegen den Draht, kletterten hoch, rissen sich die Haut auf. Nacht für Nacht wiederholte sich dieses traurige Spektakel, die Bilder gingen um die Welt. Wer auf spanischem Boden landete, hatte gewonnen. Viele fielen auf marokkanisches Land zurück, einige
15 ließen ihr Leben am Zaun. Mindestens 14 Menschen starben – durch Schüsse der marokkanischen und spanischen Grenztruppen oder an ihren Verletzungen.

(Nach: Katharina Peters, SPIEGEL ONLINE vom 08.08.2011; http://www.spiegel.de/politik/ausland/ceuta-und-melilla-europas-hightech-festung-in-afrika-a-778304.html)

M 23b Griechische Flüchtlingslager

Der Europarat hat sich entsetzt über die Zustände in griechischen Flüchtlingslagern geäußert. Praktisch alle Lager seien hoffnungslos überfüllt und die hygienischen Bedingungen verheerend, erklärte das Anti-Folter-Komi-
5 tee des Rates [...]. Seit 2005 habe sich die Lage der Flüchtlinge und illegalen Einwanderer nicht verbessert, sondern sogar noch weiter verschlechtert, heißt es im Bericht. In zahlreichen Einrichtungen seien die Menschen „wie Käfig-Tiere" untergebracht – viele von ihnen für
10 mehrere Monate. An einem Posten der Grenzpolizei in der Evros-Region nahe der türkischen Grenze etwa seien zum Zeitpunkt der Visite 146 Männer in einem 110 Quadratmeter großen Bereich eingepfercht gewesen. Für alle Häftlinge habe es nur eine Dusche und eine Toilette gegeben. [...]. In einem anderen Lager trafen die Mitglieder des Anti-Folter-Komitees auf 110 Minderjährige, ein Drittel davon Kinder zwischen 12 und 14 Jahren. Die meisten von ihnen waren laut Bericht ohne Begleitung Erwachsener. [...] Die griechischen Behörden verteidigten diese Zustände mit dem Verweis auf fehlendes Aufsichtspersonal und Geldnot.

(sda/AFP; nach: NZZ Online, 09.01. 2012)

M 24 Lösungen?

(1) Materielle und logistische Unterstützung der nordafrikanischen Staaten beim Aufbau von Auffanglagern und Rückführung der Flüchtlinge in ihre Heimatländer.
(2) Gleichmäßige Verteilung von Flüchtlingen auf alle EU-Staaten (Verteilungsschlüssel: Bevölkerung).
(3) Verteilung der Flüchtlinge innerhalb der EU nach wirtschaftlicher Leistungsfähigkeit des jeweiligen Landes (Verteilungsschlüssel: Wirtschaftskraft).
(4) Geregelte und bedarfsorientierte Zuwanderung von Arbeitskräften nach Antragstellung im Herkunftsland.
(5) Öffnung des europäischen Marktes für landwirtschaftliche Produkte aus afrikanischen Staaten, deren Regierungen bereit und in der Lage sind, ihrer Landbevölkerung realistische ökonomische Perspektiven zu geben.
(6) Materielle und logistische Unterstützung von Regierungen, die vor Ort bereit sind, konkrete und überprüfbare Maßnahmen zur Stabilisierung der politischen, ökonomischen und ökologischen Situation in ihren Ländern zu leisten *(Good Governance)*.
(7) Ökonomische Anreize für Flüchtlinge zur freiwilligen Rückkehr in ihr Heimatland.

Aufgaben

1 Ermitteln Sie die subjektive Dimension der Migration, indem Sie nach dem Beispiel von Lydia Flores (M 19) eine Ereignistabelle für einen nordafrikanischen Flüchtling erstellen. Recherchieren Sie dazu individuelle Flüchtlingsschicksale im Internet (z. B. UNHCR, Pro Asyl, Amnesty International). Stellen Sie Ihren Fall im Kurs vor und lassen Sie Lebensliniendiagramme (M 18) erstellen.

2 Informieren Sie sich über die Regelungen der EU-Menschenrechtskonvention/UN-Flüchtlingskonvention (M 22) und das bundesdeutsche Asylrecht (Stichwort: Bleiberecht/Abschiebung).

3 Festung Europa: Ordnen Sie die Fotos auf S. 219 den Materialien M 21 und M 23 zu. Setzen Sie sich kritisch mit der militärischen Sicherung der Außengrenzen gegen Flüchtlinge auseinander. Unterscheiden und diskutieren Sie: Was ist notwendig, was ist fragwürdig, was ist unhaltbar?

4 Erörtern und beurteilen Sie kritisch die „Lösungsvorschläge" zur Flüchtlingsproblematik (M 24). Berücksichtigen Sie dabei die Kriterien *Machbarkeit, Wirksamkeit, Reichweite, Legalität, Legitimität*.

3. Im Netz der Weltprobleme: Nahrung, Wasser, Klima, Energie

Das nachfolgende Schaubild des österreichischen Physikers Fritjof Capra (M 1) setzt die bisher im Kapitel weitgehend für sich betrachteten globalen Risiken und Probleme in einen komplexen Zusammenhang. Nach der Auffassung Capras, der sich auf wissenschaftliche Studien beruft, müssen die ökonomischen, ökologischen und sozialen Problemkreise als Teilsysteme in ein übergreifendes globales System eingeordnet werden. In der Vernetzung zeigt sich, dass die Veränderung an einem Knotenpunkt des Netzes aufgrund der wechselseitigen Abhängigkeit (Interdependenz) der Problemkreise Kettenreaktionen an vielen anderen Stellen nach sich ziehen kann. Demnach können soziale Probleme wie Hunger und Armut in Län-

dern der südlichen Hemisphäre zur Bedrohung der Lebensgrundlagen auf der ganzen Erde führen. Capra fordert seit den 1970er-Jahren ein fundamentales Umdenken vom nur ökonomisch-technischen zu einem ganzheitlichen systemischen Denken und Handeln. Dieser Paradigmenwechsel strebt zu einem ganzheitlichen Weltbild, das ökonomische, soziale und ökologische Sichtweisen verbindet und auf nachhaltige Entwicklung (*sustainible development*) setzt. Auch wenn Capras „Netz der Weltprobleme" längst nicht alle Fehlentwicklungen und Problemlagen zur Darstellung bringt, ist es bedeutsam für die gegenwärtige Wahrnehmung der Weltprobleme und aktuelle Handlungsstrategien.

M 1 **Das Netz der Weltprobleme**

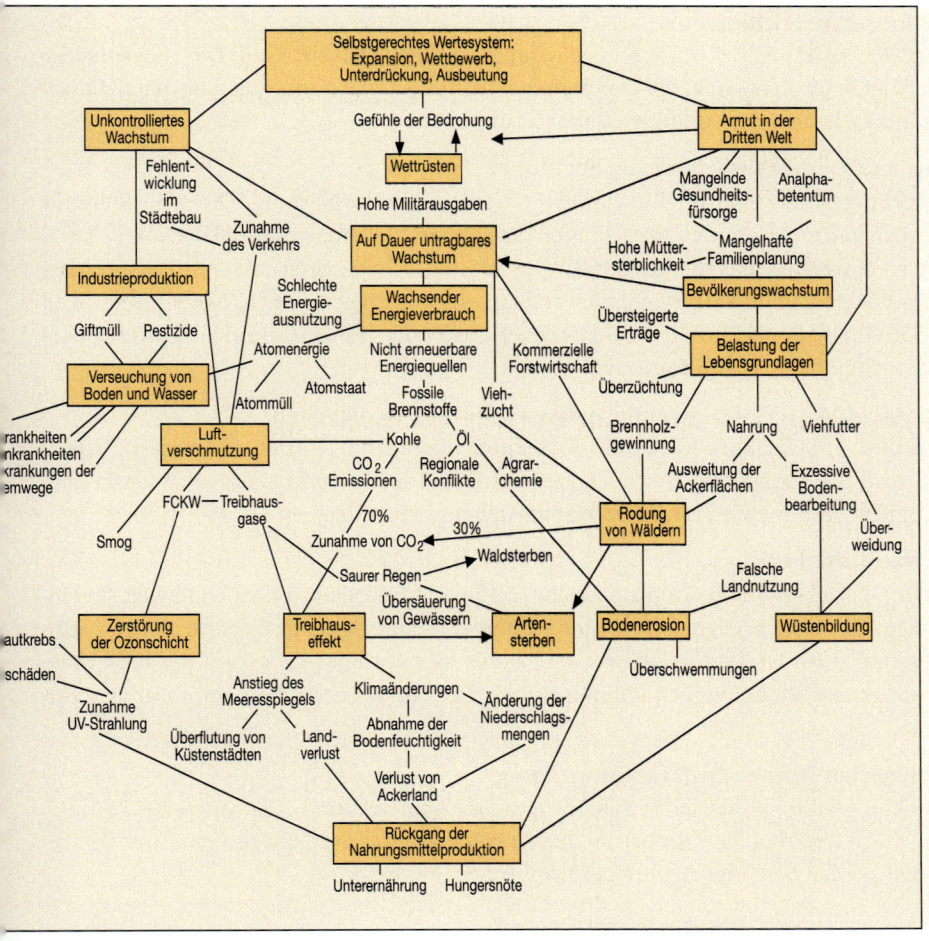

Klima
Kap. I/1.: Skifahren in den Alpen
Kap. II: Geozonen, Küstenregionen
Kap. V/1.5: Klimawandel, World Overshoot Day
Kap. VI/2.: Global Governance, Weltklimakonferenzen

Wasser
Kap. II/2.: Wassernot in Spanien, Nutzungskonflikte
Kap. III/3.: Zukunftsregion EU-MENA, Meerwasserentsalzung mit Solarthermie
Kap. IV/3.: Peru – Gold macht nicht satt

Nahrung
Kap. III/1.: Landwirtschaft in den USA, Weizen als Waffe
Kap. V/1.6: Aspekt Welternährung

Energie
Kap. II/3.: Boreale Zone, Erdgas aus Sibirien
Kap. III/3.: Europa, Energieverbrauch, Energieabgängigkeit

M2 **Von der Diagnose zu Entwicklungszielen: UN-Millenniumserklärung**

Eine Arbeitsgruppe aus Vertretern der UNO, der Weltbank, der OECD und mehreren NGOs erarbeitete im Jahr 2001 eine Liste von Zielen zur Umsetzung der Vorgaben der UN-Millenniumserklärung. Diese acht Ziele für das Jahr 2015 wurden als Millennium-Entwicklungsziele (englisch: Millennium Development Goals, MDGs) bekannt: 5

ZIEL 1	**Bekämpfung von extremer Armut und Hunger** Wann ist ein Mensch extrem arm? Wer die Armut bekämpfen will, muss wissen, wogegen er antritt. Durch neue Daten über die Preisentwicklung in den Entwicklungsländern hat die Weltbank die Armutsgrenze vergangenes Jahr angehoben. Als extrem arm gilt jetzt, wer weniger als den Gegenwert von 1,25 US-Dollar pro Tag zum (Über-)Leben zur Verfügung hat. Bisher war es ein Dollar. Durch den neuen Wert ist die Zahl der Armen noch höher, als zuvor.
ZIEL 2	**Primarschulbildung für alle** Bildung ist ein Schlüssel für eine gerechtere Welt. Wer Wissen hat, wer lesen, schreiben und rechnen kann, wer sich informieren kann, ist weniger auf andere angewiesen, weniger anfällig für Ausbeutung und kann Gelegenheiten nutzen, sich selbst aus der Armut zu befreien.
ZIEL 3	**Gleichstellung der Geschlechter/Stärkung der Rolle der Frauen** Für Frauen ist Bildung besonders wichtig. Denn Bildung macht selbstbewusst. Und selbstbewusste Frauen bilden leichter Netzwerke und begehren schneller gegen ungerechte Situationen auf.
ZIEL 4	**Senkung der Kindersterblichkeit** Tick, tack, tot. Tick, tack, tot. Tick, tack, tot: Alle drei Sekunden stirbt ein Kind. Die Todesursache ist oft eine vermeidbare Krankheit, die durch mangelhaften Impfschutz, verschmutztes Wasser oder unhygienische Lebensbedingungen hervorgerufen wird.
ZIEL 5	**Verbesserung der Gesundheitsversorgung der Mütter** In den Entwicklungsländern stirbt eine von 48 Frauen bei der Entbindung. Die schockierende Quote hängt auch damit zusammen, dass Frauen dort oft viel zu früh, etwa im Alter von 12 bis 14 Jahren, verheiratet werden. Für die jungen Körper ist eine Schwangerschaft sehr risikoreich – von der häufig unzureichenden Gesundheitsversorgung ganz zu schweigen. Noch immer sterben jährlich 536 000 Frauen während der Schwangerschaft oder bei der Geburt aufgrund behandelbarer bzw. vermeidbarer Komplikationen.
ZIEL 6	**Bekämpfung von HIV/AIDS, Malaria und anderen schweren Krankheiten** Allein Malaria tötet in Subsahara-Afrika alle 30 Sekunden ein Kind. Nimmt man weitere Krankheiten hinzu, wird die Statistik noch schockierender. Dabei sind Krankheiten wie Malaria oder Tuberkulose heilbar, andere wie HIV/AIDS grundsätzlich vermeidbar.
ZIEL 7	**Ökologische Nachhaltigkeit** Im Kampf ums Überleben und beim Aufbau einer blühenden Wirtschaft ist die Umwelt scheinbar nur im Weg. Ein fataler Trugschluss. Denn ohne eine ausreichende Schonung der natürlichen Ressourcen ist mittel- und langfristig kein menschenwürdiges Leben auf der Erde möglich. Ohne ökologische Nachhaltigkeit können Erfolge im Kampf gegen die Armut nur von kurzer Dauer sein
ZIEL 8	**Aufbau einer globalen Partnerschaft für Entwicklung** Was ist Entwicklungshilfe: Milde Gabe, Schaffung neuer Absatzmärkte oder Mittel zur Armutsbekämpfung? Ziel 8 überträgt den Industrie- und Entwicklungsländern die gemeinsame Verantwortung für den „global deal" der Armutsbekämpfung.

(Nach: UN Millenniumkampagne Deutschland; http://www.un-kampagne.de/index.php?id=90)

Aufgaben

1 Vergleichen Sie das Netz der Weltprobleme (M 1) mit den Dimensionen der Globalisierung (→ V/1., S. 192, M 2). Welche Aspekte bleiben im jeweiligen Material unberücksichtigt? Ergänzen Sie das Netz der Weltprobleme um weitere Aspekte.

2 Kreisen Sie im Schaubild M 1 die vier Weltprobleme (Nahrung, Wasser, Energie und Klima) ein. Erläutern Sie ihre wechselseitige Abhängigkeit (Interdependenz). Zeigen Sie, inwiefern der Syndrom-Ansatz (→ Kap. I, S. 25ff.) auf Fritjof Capras Netz der Weltprobleme aufbaut.

3 Buchrecherche: Analysieren Sie die vier Weltprobleme mithilfe der Kapitelverweise in M 1. Gehen Sie arbeitsteilig vor und präsentieren Sie Ihre Ergebnisse im Kurs.

4 Markieren Sie im Schaubild (M 1), an welchen „Knotenpunkten" im Netz der Weltprobleme die UN-Millenniumserklärung (M 2) ansetzt.

5 Informieren Sie sich auf den Internetseiten der Millenniumskampagne (www.un-kampagne.de) über den aktuellen Stand der Umsetzung der Milleniumsziele (UN-Bericht).

6 Global denken – Lokal Handeln? Recherchieren Sie aktuelle Projekte der UN-Millenniumskampagne und der Lokalen Agenda 21. Erörtern Sie an konkreten Beispielen, inwieweit lokales oder nationales Handeln zu einer nachhaltigen Entwicklung und einer gerechteren Welt beitragen können.

7 Planen Sie im Kurs selbst ein Projekt, mit dem Sie einen lokalen Beitrag zur Umsetzung des ersten Millenniumszieles (Bekämpfung von Hunger und Armut) leisten können. Setzen Sie das Projekt in der Schule um (siehe nachfolgende Methodenschulung).

Methodenschulung

Projektmethode: Von der Diagnose zum Handeln

Bisher haben Sie in diesem Kapitel Dimensionen und Antriebskräfte beschrieben und globale Risiken und Problemlagen diagnostiziert. Am Ende wurden mit den UN-Millenniumszielen wichtige globale Aufgaben vorgestellt, deren Lösung eine gerechtere Welt und nachhaltige Entwicklung für alle Menschen versprechen. Unterricht muss aber nicht beim globalen Denken stehen bleiben. Gemäß dem Motto der Agenda 21 „Global denken – lokal handeln!" können Sie ein Projekt auf den Weg bringen, bei dem der Kurs sich und andere dazu motiviert, das eigene Handeln – vielleicht nur in bescheidenem Rahmen – so zu ändern, dass es einen Beitrag zu einer gerechteren Welt leistet.

M3 Agenda 21: Gobal denken – lokal handeln

Die Agenda 21 wandte sich mit Handlungsvorschlägen an die globale, nationale und lokale Ebene.

Globale Ebene

1992 wird die Kommission für nachhaltige Entwicklung gegründet (CSD), deren zentrale Aufga-
5 be es ist, die Umsetzung der Rio-Ergebnisse zu koordinieren und weitere Vorschläge zu machen. Nationale Aktionspläne zur Umsetzung sollen an die CSD weitergeleitet werden.

Die Globale Umweltfaszilität (GEF) wird eingerichtet als multilaterales Finanzierungsprogramm der Industrieländer insbesondere für Projekte in Entwicklungsländern, welche die globalen Umweltkonventionen umsetzen. Verwaltet wird die GEF von dem Entwciklungspro-
10 gramm der Vereinten Nationen (UNDP) und dem Umweltprogramm (UNEP). Der Umfang betrug 1994–1997 zwei Mrd. Dollar.

Die UNEP besteht bereits seit 1972 und soll Umweltschutzprobleme identifizieren und Problemlösungen vorschlagen. Die UNEP hat den Status eines Programms, angestrebt wird die Weiterentwicklung als Organisation.

15 **Nationale Ebene**

1995 erschien die Studie „Zukunftsfähiges Deutschland" des Wuppertaler Instituts für Klima, Umwelt und Energie, die große Beachtung fand.

Erst Anfang 2001 wurde durch die Bundesregierung ein Nachhaltigkeitsrat eingerichtet, seit Ende des Jahres 2001 liegt der Entwurf einer nationalen Nachhaltigkeitsstrategie vor, der beim
20 Rio+10-Treffen präsentiert werden soll. Kritisiert wird der Bezug vieler Umweltziele auf das Wirtschaftswachstum. Fraglich ist die Erreichung der Ziele in absehbarer Zeit.

Lokale Ebene

Die Besonderheit des Rio-Prozesses liegt in dem Ziel der breiten Bürgerbeteiligung in den einzelnen Ländern. Offiziell wird den Nichtregierungsorganisationen eine tragende Rolle beigemes-
25 sen. Kommunen, Verbände, Bürgerforen und Zukunftswerkstätten beschäftigen sich vielerorts parteiübergreifend mit den Bereichen Verkehr, Energie, Landwirtschaft und Abfallwirtschaft.

(Eva-Maria Hartmann, in: forum unesco-projekt-schulen, 1/2002, S. 4 ff.)

Im Mittelpunkt eines Projekts steht die (weitgehend) selbstständige Arbeit der Schülerinnen und Schüler an einem selbstgewählten Thema. In unserem Zusammenhang kann es um ein einzelnes Millenniumsziel oder um eine globale Problemlage (Nahrung, Wasser, Energie, Klima) gehen. Bevor Sie beginnen, sollten Sie sich zunächst mit den grundsätzlichen Merkmalen der Projektmethode (Projektunterricht) vertraut machen:

Was heißt eigentlich Projektunterricht?

Methodenschulung

Lehrer/innen und Schüler/innen planen die Arbeit gemeinsam. Je nach Erfahrungsgrad mit sozialen Unterrichtsformen wird die Planungstätigkeit stärker auf Lehrer/innen- oder auf Schüler/innenseite liegen. Das Ziel ist die Selbstständigkeit der Gruppe.

Eine Klasse, Parallelklassen, mehrere Klassen, die ganze Schule, klassenübergreifende Gruppen

Schüler/innen und Lehrer/innen

Zusammenhang mit der Lebenswirklichkeit innerhalb und außerhalb der Schule, Berücksichtigung der Schüler/inneninteressen

„Eine Gruppe von Lernenden nimmt sich ein Thema vor,

Von Lehrer/innen und Schüler/innen gemeinsam formulierte Projekt-Ziele bilden die Grundlage für die weitere Arbeit. Es ist wichtig, sich schon zu Beginn darüber zu verständigen, was mit dem Projekt erreicht werden soll.

setzt sich ein Ziel,

Die Schule öffnet sich, die außerschulische Wirklichkeit wird miteinbezogen.

verständigt sich über Subthemen und Aufgaben,

Eine genaue Festlegung von Aufgabenbereichen und Verbindlichkeiten ist anzustreben.

entwickelt gemeinsam das Arbeitfeld,

Während der eigentlichen Arbeit am Projekt ist es besonders wichtig, immer wieder in kurzen Reflexionsphasen den Verlauf des Projekts und die Zufriedenheit der Teilnehmer zu überprüfen.

führt vorwiegend in Kleingruppen die geplanten Arbeiten durch –

und schließt das Projekt für die Gruppe und die soziale Umwelt sinnvoll ab."

Schüler/innen lernen nicht nur Neues über das Thema, sondern auch geeignete Arbeitsformen in Gruppen zu entwickeln, Interessen aufeinander abzustimmen, Probleme zu definieren und Lösungen zu finden.

Das Ergebnis des Projektes kann ein gemeinsames „Produkt" sein: ein hergestellter Gegenstand, eine Projekt-Zeitung, ein Video-Film, eine Ausstellung oder einfach eine klasseninterne gegenseitige Information. In vielen Projekten werden auch reale Veränderungen in und außerhalb der Schule angestrebt. Den Abschluss eines jeden Projektes bildet eine Evaluationsphase mit einer ausführlichen gemeinsamen Reflexion des Gruppenprozesses.

Es kann sinnvoll sein, die Ergebnisse zu präsentieren (anderen Klassen, Eltern, der Öffentlichkeit). Schüler/innen werden von Konsument/innen zu Produzent/innen und zu Vermittler/innen von Wissen und lernen, im Sinne des Unterrichtsprinzips *Politische Bildung* öffentlich zu handeln und zu wirken.

(Bundesministerium für Bildung, Wissenschaft und Kultur, Grundsatzerlass zum Projektunterricht. Tipps zur Umsetzung, Wien 2001; http://www.bmukk.gv.at/schulen/unterricht/ba/pu_tipps.xml; s. pdf, S. 16)

Beachten Sie bei Ihrem weiteren Vorgehen die folgenden **Phasen der Projektmethode**:

Phase 1: Themenfindung und Projektidee: Wählen Sie im Kurs ein geeignetes problemhaltiges Thema aus, das zur Unterrichtsreihe passt, aktuelle gesellschaftliche Relevanz hat und sich an den Interessen der Beteiligten orientiert. Entwickeln Sie eine Projektidee, die möglichst in konkretes Handeln mündet.

Phase 2: Zielformulierung und Planung: Formulieren Sie ein konkretes Projektziel (Was wollen wir erreichen?) Überlegen Sie sich, auf welche Zielgruppe das Projekt ausgerichtet ist (Wen wollen wir erreichen?). Entwickeln Sie eine originelle Projektidee (Wie wollen wir unser Projektziel erreichen?).

Organisieren Sie sich nun in der Gruppe, indem Sie Projektaufgaben und Rollen verteilen. Einigen Sie sich auf einen Zeitplan für die Vorbereitung und Umsetzung Ihrer Projektidee. Dokumentieren Sie für alle Beteiligten die getroffenen Vereinbarungen.

Phase 3: Projektvorbereitung: Setzen Sie sich inhaltlich mit Ihrem Thema auseinander. Recherchieren Sie im Buch, in der Bibliothek und im Internet. Stellen Sie geeignete Materialien (Filme, Bilder, Texte) zusammen. Bereiten Sie die Umsetzung Ihrer Projektidee vor. Nehmen Sie Kontakt mit Personen und Gremien auf (z. B. Schulleitung, Schülervertretung, Elternvertretung, Experten, Institutionen) und treffen Sie verbindliche Vereinbarungen. Achten Sie in dieser Phase auf die Kooperation aller Teilgruppen und die Einhaltung des Zeitplans. Dokumentieren Sie Ihre Arbeitsschritte und Erfahrungen.

Phase 4: Projektdurchführung: Diese Phase ist das Herzstück der Projektmethode, da sie jetzt Ihre Projektidee umsetzen. Dokumentieren Sie den Projektverlauf und die Reaktionen Ihrer Zielgruppe (eventuell Projektfilm). Laden Sie gegebenenfalls örtliche Medienvertreter ein.

Reflexion und Evaluation: Erörtern Sie im Kurs, was bei der Projektdurchführung gut und weniger gut gelungen ist. Evaluieren Sie über kleine Fragebogen oder Kurzinterviews, wie das Projekt bei der Zielgruppe wahrgenommen wurde. Stellen Sie die Projektziele auf den Prüfstand (Was haben wir tatsächlich erreicht? Trägt das Ergebnis zur Problemlösung bei?). Vereinbaren Sie gegebenenfalls weiterführende Schritte.

M 4 **Fallbeispiel Projektunterricht**

Projektziele
- Schüler/innen, Eltern und Lehrer/innen auf den Zusammenhang zwischen dem Hunger in der Welt und eigenen Essgewohnheiten hinweisen
- Bei einzelnen Personen Änderungen beim Fleischkonsum erreichen
- Fleischfreie Tage in der Schulmensa durchsetzen
- In der Schule einen Beitrag zur Umsetzung des ersten Millenniumsziels leisten

Projektidee: Ein schulischer Aktionstag
- Ausstellung in der Aula zum Thema
- Aktionen beim Mittagessen in der Mensa (Flyer, szenisches Spiel)
- Vorführung eines Dokumentarfilms (z. B. mehrfach ausgezeichnete SWR-Dokumentation „Hunger")
- Podiumsdiskussion am Abend mit Experten von Umweltverbänden, Elternvertretern, Schülervertretern, Caterer

Projektorganisation (mögliche Aufgabenverteilung)

Steuerung und Koordination	**Information**
• Zeitplan	• Recherche
• Einhaltung von Absprachen	• Altersgemäße Materialien
• Unterstützung bei Bedarf	• Vorbereitung der Ausstellung
• …	• …
Interne Kommunikation	**Externe Kommunikation**
• Schulleitung und Kollegium	• Verbände, Experten
• Mensa	• Lokale Medien
• Schülervertretung	• Caterer
• Schulelternbeirat	• …
• Hausmeister	
Aktionen	**Dokumentation**
• Vorbereitung der Podiumsdiskussion	• Bei Projektvorbereitung und Durchführung
• Szenische Aktionen	• Technik (Kamera, Computer etc.)
• Dokumentarfilm	• Evaluation
• …	• …

(Autorentext)

Lesetipp mit vielen praktischen Hinweisen für Projekte: Broschüre Youth Xchange (http://www.bmelv.de/SharedDocs/Downloads/Verbraucherschutz/BroschuereYouthXChange.pdf?_blob=publicationFile)

Anwenden und Vertiefen

Zusammenfassende Arbeitsvorschläge zum Kapitel „Globalisierung und globale Herausforderungen"

S. 192 **1.** Nennen Sie wesentliche Dimensionen, Aspekte und Akteure der Globalisierung.

S. 190 **2.** Nennen Sie bedeutende globale Risiken und Problemlagen.

S. 193 **3.** Erklären und begründen Sie den erweiterten Sicherheitsbegriff.

S. 194 **4.** Erörtern Sie Chancen und Risiken, die durch den beschleunigten Datenverkehr entstehen.

S. 202 **5.** Zeichnen Sie ein idealtypisches Modell des demografischen Übergangs und erläutern Sie damit verbundene Chancen und Risiken.

S. 200/204 **6.** Erläutern und begründen Sie die Begriffe „demografische Spaltung" und „demografische Dividende".

S. 205 **7.** Unterscheiden Sie: Megacities, Hypercities, Global Cities.

S. 206 **8.** Nennen und erläutern Sie Push- und Pull-Faktoren der Verstädterung an einem konkreten Beispiel.

> **Kernbegriffe**
> - Globalisierung
> - Nichtregierungsorganisationen
> - Klimawandel
> - Ökologischer Fußabdruck
> - Virtuelles Wasser
> - Virtuelle Landnahme
> - Index für menschliche Entwicklung (HDI)
> - Demografischer Übergang
> - Demografische Dividende
> - Urbanisierung
> - Verstädterung
> - Megacity
> - Global City
> - Push- und Pull-Faktoren
> - Migration
> - Interdependenz
> - Millenniumsziele
> - Agenda 21

S. 207 **9.** Erstellen Sie ein „Krankheitsbild Mumbais" unter Berücksichtigung von Ursachen und Symptomen.

S. 211 f. **10.** Bilanzieren Sie in knapper Form die Ein-Kind-Politik in China. Erörtern Sie Chancen und Risiken staatlicher Geburtenkontrolle.

S. 212 **11.** Verfassen Sie einen Zeitungskommentar zur Stellung von Mädchen und Frauen in der Volksrepublik China.

S. 213 ff. **12.** Erläutern Sie den Begriff der „globalen Pflegekette" am Beispiel eines konkreten (fiktiven) Falles.

S. 218 ff. **13.** Bewerten Sie die Arbeit der FRONTEX unter Berücksichtigung der UN-Menschenrechtskonvention in einem Leserbrief.

S. 220 **14.** Setzen Sie sich kritisch mit mehreren Lösungsansätzen zur Flüchtlingsfrage an den europäischen Außengrenzen auseinander. Begründen Sie das von Ihnen favorisierte Verfahren.

S. 221 **15.** Erstellen Sie aus Ihrem verfügbaren Wissen ein „Netzwerk der Weltprobleme". Zeigen Sie den Zusammenhang zwischen Armut und Klimawandel auf.

S. 222 **16.** Diskutieren Sie die Ansatzpunkte der UN-Millenniumsziele. Begründen Sie den Vorrang einzelner Entwicklungsziele.

Vernetzung von Sachverhalten zu einem komplexen System

Im Kapitel V haben Sie globale Herausforderungen kennengelernt. Um aktuelle Entwicklungen realistisch bewerten zu können, muss man in der Lage sein, Sachverhalte in einen komplexen Gesamtzusammenhang einzuordnen und zu vernetzen. Fritjof Capra hat dazu mit seinem „Netz der Weltprobleme" (→ 3., S. 221, M 1) eine richtungweisende Vorlage geliefert. Zum „globalen Blick" gehört es, mögliche weltweite Auswirkungen lokaler oder regionaler Fehlentwicklungen einschätzen zu können, indem man sie zu einem komplexen System zusammenfügt.

Aufgaben

1 Ordnen Sie zunächst die folgenden Phänomene und Fehlentwicklungen (M 1a) den vier Problemkreisen (M 1b) zu.

2 Vernetzen Sie im nächsten Schritt dann innerhalb des jeweiligen Problemkreises.

3 Verbinden Sie nun Sachverhalte unterschiedlicher Problemkreise miteinander zu einem ganzheitlichen System.

4 Weisen Sie anhand Ihres Schaubilds nach, wie scheinbar weit auseinanderliegende Entwicklungen miteinander zusammenhängen (z. B. Treibhauseffekt, Fleischkonsum, Hunger)

M 1a Weltprobleme: Phänomene und Fehlentwicklungen

- Internationaler Terrorismus
- nicht nachhaltiges Wachstum
- ethnische Konflikte
- Bevölkerungswachstum
- Ausbeutung und Unterdrückung
- Atomenergie
- Waffenhandel
- Zunahme des Individualverkehrs
- Luftverschmutzung
- Mangelnde Familienplanung
- Überweidung
- Wasserverschwendung
- CO_2-Emmissionen
- Wirtschaftskrisen
- Verlust von Ackerland
- Überflutung von Küstenregionen
- Megacities
- Virtueller Wasserverbrauch
- Beschleunigung des Datenverkehrs
- Subvention eigener Produkte
- Pestizide
- Brennholzgewinnung
- Biokraftstoffe
- Zusammenbruch der Sozialsysteme
- Missachtung von Menschenrechten
- Wettrüsten
- Zerstörung der Ozonschicht
- Verseuchung von Boden und Wasser
- Unkontrollierte Verstädterung
- Konflikte um seltene Rohstoffe
- Verschuldung, Schuldenkrisen
- Atommüll
- Hohe Militärausgaben
- Unterernährung
- Übersteigerte Erträge
- Abschmelzen von Gletschern
- Finanzkrisen
- Treibhausgase
- Smog
- Anstieg des Meeresspiegels
- Nicht erneuerbare Rohstoffe
- Herz-Kreislauf-Erkrankungen
- Landverlust
- Absinken des Grundwasserspiegels
- Veränderung der Essgewohnheiten
- Monokulturen
- Bodenerosion
- Klimawandel

- Kraftfutter für Viehzucht
- Treibhauseffekt
- Zusammenbruch von Staaten (failed states)
- Industrieproduktion
- Soziale Konflikte
- Abholzung von Regenwäldern
- Proliferation von Atomwaffen
- Energieverschwendung
- Virtuelle Landnahme
- Nahrungsmangel
- Abschmelzen der Polkappen
- Kommerzielle Forstwirtschaft
- Ausbau der Weideflächen
- Unkontrollierter Devisenhandel
- Überfischung Agrarchemie
- Mangelnde Energieeffizienz
- Nervenerkrankungen
- Müttersterblichkeit
- HIV/Aids
- Gewalt gegen Frauen
- Migration
- Protektionismus
- Fleischkonsum
- Unterernährung
- Giftmüll
- Artensterben
- Abnahme der Bodenfeuchtigkeit
- Wachsender Energiebedarf
- Bürgerkriege
- Unkontrolliertes Wachstum
- Massentierhaltung
- Wüstenbildung
- Überschwemmungen
- Zunahme UV-Strahlung
- Krebserkrankungen
- Hautkrankheiten
- Erkrankung der Atemwege
- Überzüchtung

- Demografischer Übergang
- Exzessive Bodenbearbeitung
- Internet
- Börsenzusammenbruch
- Fossile Energieträger
- Änderung der Niederschlagsmenge
- Zunahme des Flugverkehrs
- Analphabetentum
- Mangelnde Gesundheitsfürsorge
- Flüchtlingsströme
- Zusammenbruch regionaler Märkte
- Aussaat genmanipulierter Pflanzen
- Cyberangriffe
- Hohe Säuglingssterblichkeit
- Piraterie
- Medizinische Versorgung
- Religiöse Konflikte
- Menschenhandel
- Korruption
- Spekulation mit Nahrungsmitteln
- Massentourismus
- Armut
- Zunahme von Unwettern
- Kinderarbeit
- Terroranschläge
- Umsiedlungen
- Unkontrollierter Fischfang
- Zunahme der Containerschifffahrt
- Mülltransporte
- Extremwetterlagen
- neue Atommächte
- menschenunwürdige Arbeitsbedingungen
- Lärmbelastungen
- Öltransporte und Offshore
- Wirtschaftsblasen
- Slumbildung
- Überernährung, Diabetes
- Organisierte Kriminalität

M 1b Problemkreise

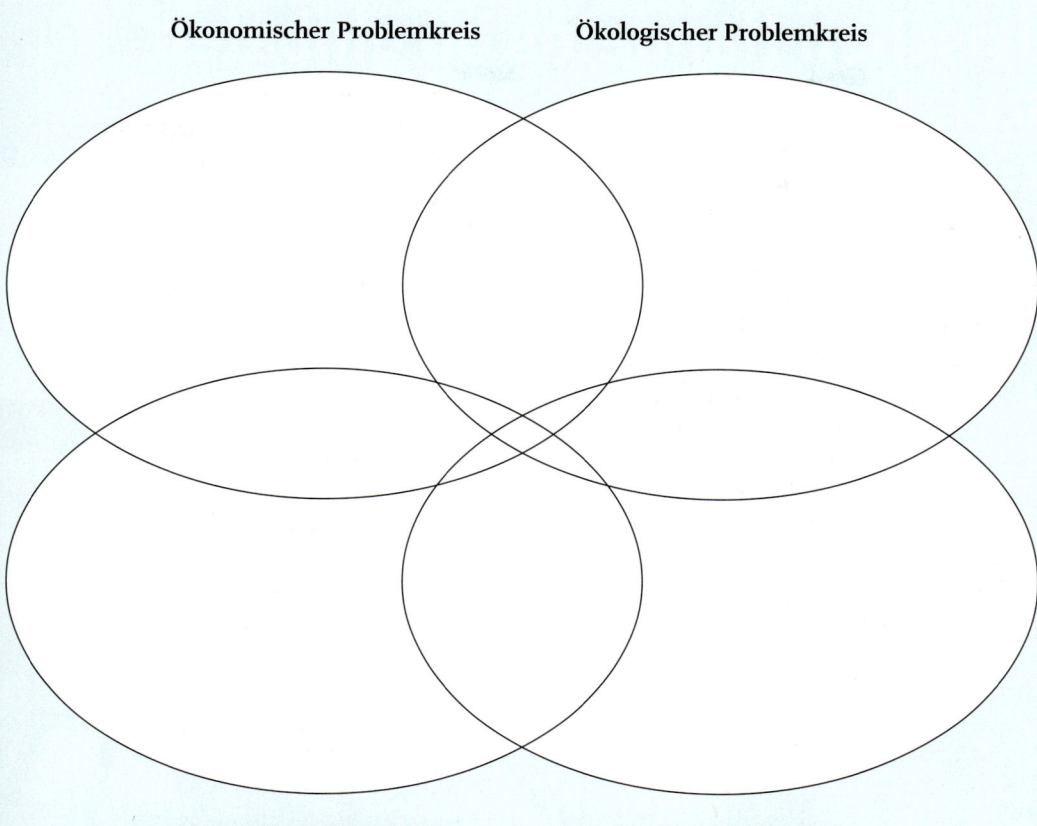

Ökonomischer Problemkreis   Ökologischer Problemkreis

Sozialer Problemkreis   Politischer Problemkreis

VI. Global Governance – Perspektiven politischen Handelns im globalen Maßstab

Globale Probleme – Globale Lösungen?

Im vorigen Kapitel wurden globale Probleme und Herausforderungen vorgestellt und analysiert, vor allem unter den Aspekten der *Komplexität* und *Interdependenz*. Ein wesentliches Merkmal der globalisierten Welt ist ihre *Unübersichtlichkeit*. Dies gilt sowohl für die Beziehungen des Menschen zu seiner natürlichen Umwelt als auch für menschliches Handeln im globalen Maßstab selbst, d. h. im Feld der internationalen Politik. Seit dem Ende des Ost-West-Konflikts treffen Menschen auf internationaler Ebene auf eine zunehmend komplexe und unübersichtliche Welt. Kennzeichen dieser neuen Unübersichtlichkeit ist eine Zunahme der Machtzentren; neue Akteure treten auf den Plan, der Nationalstaat verliert an Bedeutung (*Ende der Epoche der Nationalstaaten?* Czempiel). Globale Risiken sind grenzüberschreitend und lassen sich nicht mehr nationalstaatlich lösen: *Klimawandel, Kollaps des Finanzsystems, Verteilung der Ressourcen* ... Wir leben in einer *Weltrisikogesellschaft* (Ulrich Beck): So ist zum Beispiel die Gefahr der Nutzung atomarer Waffen trotz weltweiter Abrüstungsbemühungen deutlich gestiegen. Kriege zwischen Nationalstaaten sind zwar selten geworden, dafür haben neue und andere Formen kriegerischer Auseinandersetzungen deutlich zugenommen, vor allem Bürgerkriege, die soziale, ökologische, ethnisch-religiöse oder politische Ursachen haben.

Dem Leben in einer unübersichtlichen Weltrisikogesellschaft steht das Bedürfnis der Menschen nach Frieden und Sicherheit gegenüber. Das folgende Kapitel fragt nach den Möglichkeiten politischen Handelns angesichts globaler Problemlagen, die das menschenwürdige Leben sowie das Überleben der Menschheit insgesamt betreffen. Weltweite Probleme bedingen dabei die Notwendigkeit einer globalen Handlungsfähigkeit der Weltgesellschaft. Große Einigkeit bei den Experten herrscht derzeit in der Einschätzung, dass im Rahmen eines internationalen politischen Systems, das im Wesentlichen auf der freiwilligen Kooperation souveräner Nationalstaaten beruht, solche Probleme kaum erfolgversprechend bearbeitet werden können. Den weltumspannenden Problemlagen steht die unzureichende Handlungsfähigkeit der Nationalstaaten und internationaler Organisationen gegenüber.

Leitende Fragestellung des Kapitels ist daher die folgende: *Wie ist internationale Politik im Sinne gemeinsamer Verantwortung vor dem Hintergrund zunehmender grenzüberschreitender Problemlagen möglich?*

Das Kapitel gliedert sich nach dem didaktischen Dreischritt Situationsanalyse – Möglichkeitsanalyse – Urteilsbildung (s. Grundkurs Politik/Geographie, Bd. 1, S. 11):

- **Teilkapitel 1** gibt einen Überblick über die „neue Unübersichtlichkeit" der globalisierten Welt: **Situationsanalyse.**
- **Teilkapitel 2 und 3** behandeln beispielhaft mögliche „Kristallisationspunkte" politischen Handelns im Weltmaßstab: Zum einen geht es um die Inhalte und Handlungsformen einer internationalen Umweltpolitik am Beispiel der Weltklimadiplomatie (Teilkapitel 2), zum anderen um die Herausforderungen für die Friedens- und Sicherheitspolitik mit Fokus auf den handelnden Akteuren (*Wer sichert Frieden?* Teilkapitel 3): **Möglichkeitsanalyse**.
- In **Teilkapitel 4** wird die Frage aufgeworfen, wie sich die Weltgemeinschaft angesichts der drängenden Probleme die notwendige Handlungsfähigkeit verschaffen kann und soll. Als mögliche Perspektive wird das in jüngster Zeit entwickelte Konzept der „Global Governance" vorgestellt: **Urteilsbildung**.

Mit den Materialien dieses Kapitels können sowohl der Aspekt „Klima" im Teilthema 3 (*Weltprobleme Nahrung, Energie, Klima*) als auch Teilthema 4 (*Politik im Zeitalter der Globalisierung*) des Lehrplans in einem Ansatz von 14 – 16 Stunden abgehandelt werden.

Diese Leitfragen spielen im Kapitel „Global Governance – Perspektiven politischen Handelns im globalen Maßstab" eine Rolle:

- Welche globalen Probleme kann die Weltgemeinschaft nur in gemeinsamer Verantwortung bewältigen?
- Wo lassen sich Kristallisationspunkte finden für eine Politik in globaler Verantwortung? (Bereiche Umwelt- und Friedenspolitik)
- Wie funktioniert die internationale Weltklimadiplomatie?
- Welchen Beitrag leistet die Weltklimadiplomatie zum nachhaltigen Schutz der natürlichen Lebensbedingungen des Menschen?
- Wie kann unter den Bedingungen der Globalisierung Frieden politisch gestiftet und gesichert werden?
- Welche Institutionen können Frieden sichern? Welche Bedeutung haben nichtstaatliche Akteure?
- Wie kann sich die internationale Gemeinschaft Handlungsfähigkeit verschaffen?
- Wie stehen die Chancen für eine „Global Governance", wo sind Barrieren und Hindernisse zu erkennen?

1. Situationsanalyse: Unübersichtlichkeit als Zumutung und Herausforderung

In Kapitel V haben Sie sich mit verschiedenen Dimensionen der Globalisierung auseinandergesetzt. Sie sind dabei auf Probleme gestoßen, die die gesamte Menschheit betreffen und nicht an nationalen Grenzen enden. Politik und Medien konfrontieren den Einzelnen permanent mit solchen Weltproblemen, ohne allerdings einfache Lösungsmöglichkeiten anbieten zu können. Die Unübersichtlichkeit solcher Problemlagen ist für den Einzelnen und die Gesellschaft immer eine *Zumutung*. Da hier allerdings das Leben und Überleben jedes Einzelnen und der gesamten Weltgesellschaft betroffen ist, muss diese Zumutung auch als *Herausforderung* begriffen werden. Auch wenn einfache Lösungen nicht auf der Hand liegen, besteht dennoch die Notwendigkeit des Handelns.

Ein erster Schritt, die Herausforderung anzunehmen, besteht darin, Ordnung in die Unübersichtlichkeit der aktuellen Menschheitsprobleme zu bringen. Wissenschaftler haben stets versucht, mithilfe von Modellen und begrifflichen Instrumentarien komplexe globale Problemlagen zu erfassen. Solche Modellbildungen sind eine wichtige Grundlage für politisches Handeln. Dennoch stößt jedes wissenschaftliche Modell angesichts der Komplexität der Wirklichkeit an seine Grenzen. Einfache Handlungsanweisungen lassen sich nicht ableiten. Darüber hinaus lassen sich zukünftige Entwicklungen nicht exakt vorausberechnen, sondern nur noch in der Form unterschiedlicher Szenarien darstellen. Unübersichtlichkeit ist und bleibt eine Zumutung und Herausforderung für die Weltgesellschaft. Dies wird im Folgenden anhand der Beispiele *Klima* bzw. *Frieden und Sicherheit* gezeigt.

M1 **Das Netz der Weltprobleme**

→ V/3., S. 221, M1

Gefahren für Mensch und Umwelt: Klimaszenarien

M2

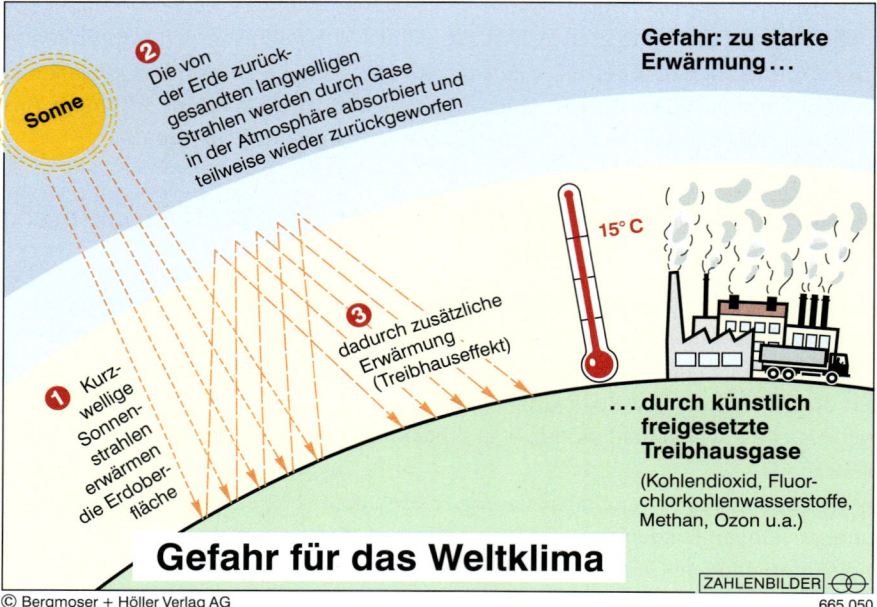

Die von der Erde zurück-gesandten langwelligen Strahlen werden durch Gase in der Atmosphäre absorbiert und teilweise wieder zurückgeworfen

Sonne

Gefahr: zu starke Erwärmung …

15°C

❸ dadurch zusätzliche Erwärmung (Treibhauseffekt)

❶ Kurz-wellige Sonnen-strahlen erwärmen die Erdober-fläche

… **durch künstlich freigesetzte Treibhausgase** (Kohlendioxid, Fluor-chlorkohlenwasserstoffe, Methan, Ozon u.a.)

Gefahr für das Weltklima

ZAHLENBILDER

© Bergmoser + Höller Verlag AG

665 050

→ Vgl. hier auch zur Wiederholung: S. 81 ff., S. 84 f., S. 87 ff.

M3 **Auswirkungen der Klimaerwärmung**

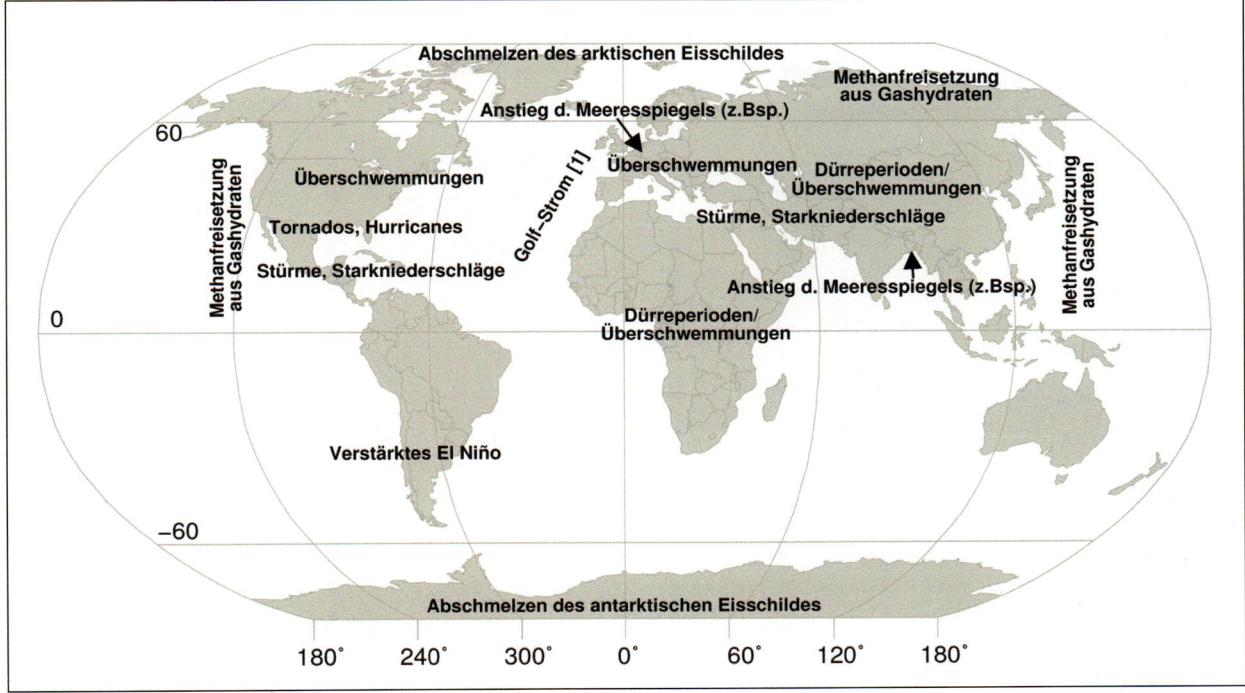

(Nach: Michael Bockhorst, ABC Energie – Eine Einführung mit Lexikon, Bonn 2002)

M4

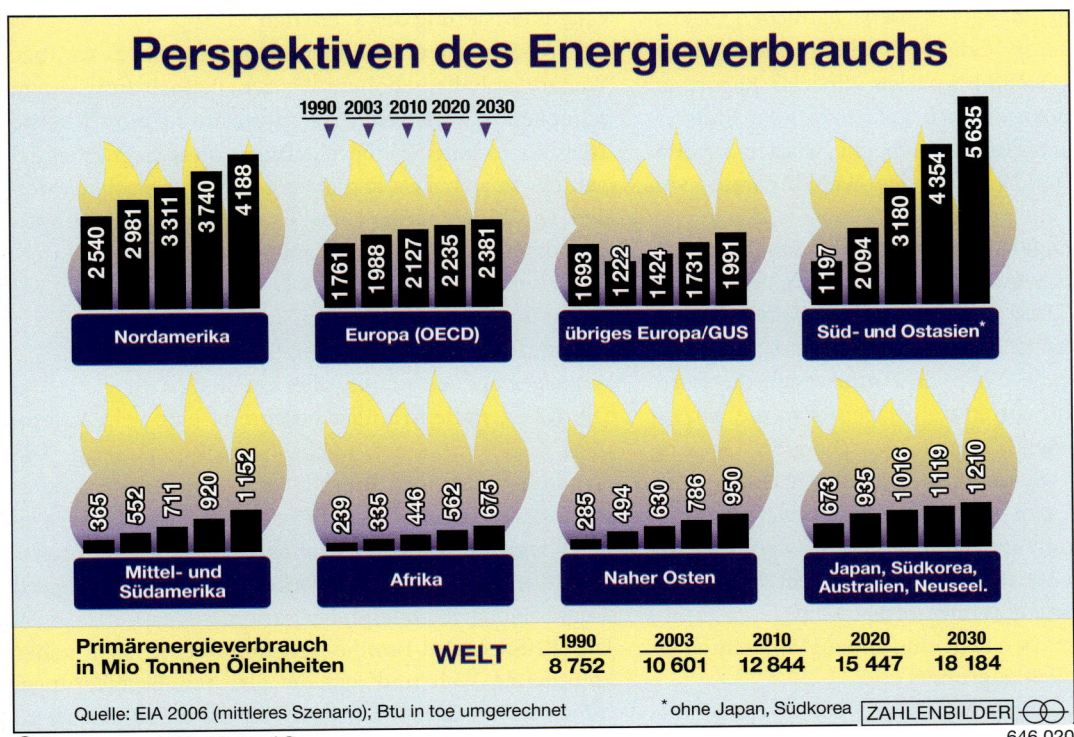

Perspektiven des Energieverbrauchs

Primärenergieverbrauch in Mio Tonnen Öleinheiten	**WELT**	1990	2003	2010	2020	2030
		8 752	10 601	12 844	15 447	18 184

Quelle: EIA 2006 (mittleres Szenario); Btu in toe umgerechnet   * ohne Japan, Südkorea   ZAHLENBILDER

© Bergmoser + Höller Verlag AG

646 020

M 5

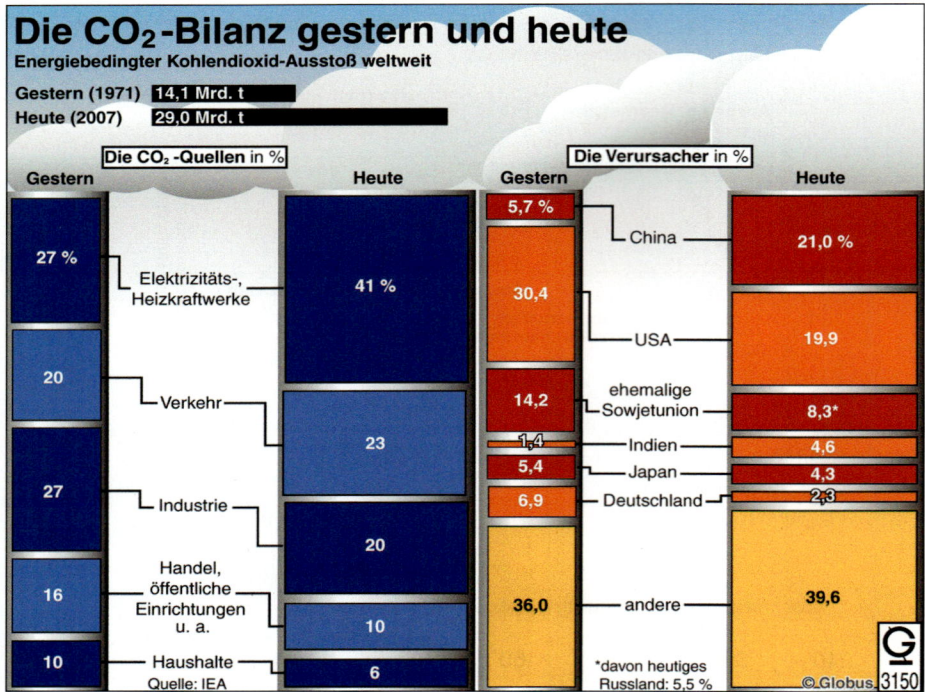

Die CO₂-Bilanz gestern und heute
Energiebedingter Kohlendioxid-Ausstoß weltweit

Gestern (1971) 14,1 Mrd. t
Heute (2007) 29,0 Mrd. t

Die CO₂-Quellen in %

Gestern		Heute
27 %	Elektrizitäts-, Heizkraftwerke	41 %
20	Verkehr	23
27	Industrie	20
16	Handel, öffentliche Einrichtungen u. a.	10
10	Haushalte	6

Quelle: IEA

Die Verursacher in %

Gestern		Heute
5,7 %	China	21,0 %
30,4	USA	19,9
14,2	ehemalige Sowjetunion	8,3*
1,4	Indien	4,6
5,4	Japan	4,3
6,9	Deutschland	2,3
36,0	andere	39,6

*davon heutiges Russland: 5,5 %

©Globus 3150

M 6 **Ergebnisse der internationalen Klimamodellierungsaktivitäten: SRES-Szenarien (2001 und 2007)**

Die Grundlage der aktuellen wissenschaftlichen Diskussion um den weiteren Verlauf des Klimawandels bilden die sogenannten SRES-Szenarien (Special Report on Emission Scenarios), die sich auf zukünftige Emissio-
5 nen der Treibhausgase beziehen. Sie wurden in dem dritten Wissensstandsbericht des Weltklimarates von 2001 vorgestellt.

Insgesamt wurden 40 sogenannte SRES-Szenarien entwickelt, die in vier Szenarienfamilien gruppiert wurden:
10 A1 – A2 – B1 – B2. Den Szenarienfamilien liegt eine Koppelung unterschiedlicher sozioökonomischer Ausgangsannahmen zugrunde. Wichtige Einflüsse auf die sozioökonomischen Infrastrukturen haben etwa die Anzahl der auf dem Planeten lebenden Menschen, der Umgang
15 mit Energie und Ressourcen und die technologische Entwicklung. Bei den Szenarienfamilien werden diese Einflussgrößen miteinander kombiniert, weil man davon ausgeht, dass sie wahrscheinlich für die zukünftige Emissionsentwicklung verantwortlich sind.
20 Jedem dieser Szenarien liegt eine andere Vorstellung einer zukünftigen Welt zugrunde. [...].

Charakterisierung der Szenarien
Die **A1-Szenarien-Familie** beschreibt eine zukünftige Welt mit anhaltend hohem Wirtschaftswachstum, einem schnellen technologischen Fortschritt und eine bis etwa 25 2050 wachsende Weltbevölkerung. Diese Szenarien gehen davon aus, dass Regionen zusammenwachsen werden. Die A1-Szenarien-Familie teilt sich in drei Gruppen auf, die sich in ihrer technologischen Hauptstoßrichtung unterscheiden: 30
– fossil-intensiv (A1FI),
– nichtfossile Energiequellen (A1T),
– ausgewogene Nutzung aller Quellen (A1B).
Die **A2-Szenarien-Familie** beschreibt eine sehr heterogene Welt mit einer wachsenden Bevölkerung. Die 35 Grundthemen sind Autarkie und Bewahrung lokaler Identitäten. Die wirtschaftliche Entwicklung ist vorwiegend regional orientiert und das Pro-Kopf-Wirtschaftswachstum und technologische Veränderungen sind langsamer als in anderen Szenarien. 40
Die **B1-Szenarien-Familie** beschreibt eine sich näher kommende Welt und legt die gleichen Bevölkerungstrends wie in der A1-Szenario-Familie zugrunde. Diese Szenarien sehen eine rasche Strukturänderung in der

45 Wirtschaft in Richtung Dienstleistungs- und Informationswirtschaft, bei gleichzeitigem Rückgang des Materialverbrauchs und Einführung von sauberen und ressourcen-effizienten Technologien voraus. Das Schwergewicht liegt auf globalen Lösungen für eine wirtschaftliche, 50 soziale und umweltgerechte Nachhaltigkeit, einschließlich erhöhter sozialer Gerechtigkeit, aber – wie bei allen SRES-Szenarien – ohne zusätzliche Klima-Initiativen.

Die **B2-Szenarien-Familie** beschreibt eine Welt mit Schwerpunkt auf lokalen Lösungen für eine wirtschaft-55 liche, soziale und umweltgerechte Nachhaltigkeit. Es ist eine Welt mit einer stetig, jedoch langsamer als in A2 ansteigenden Weltbevölkerung, wirtschaftlicher Entwicklung auf mittlerem Niveau und weniger raschem, dafür vielfältigerem technologischen Fortschritt als in den B1- und A1-Modellen. Obwohl das Szenario auch auf 60 Umweltschutz und soziale Gerechtigkeit ausgerichtet ist, liegt der Schwerpunkt auf der lokalen und regionalen Ebene.

(Nach: http://www.bpb.de/gesellschaft/umwelt/klimawandel/38455/klimaszenarien; 10.11.2012)

M7 Klimaszenarien des IPCC im Überblick

Die vier Szenariofamilien des *Fourth Assessment Report* des **IPCC** und die prognostizierte Erhöhung der globalen Durchschnittstemperatur bis 2100

AR4 Summary (PDF)	Wirtschaftsorientiert (ökonomisch ausgerichtet)	Umweltorientiert (ökologisch ausgerichtet)
Globalisierung (homogene Welt)	**A1** (hohes Wirtschaftswachstum) (Szenario-Gruppen: A1T, A1B, A1FI) **1,4–6,4 °C**	**B1** (globale Nachhaltigkeit) **1,1–2,9 °C**
Regionalisierung (heterogene Welt)	**A2** (regionale Wirtschaftsentwicklung) **2,0–5,4 °C**	**B2** (regionale Nachhaltigkeit) **1,4–3,8 °C**

(Nach: Bildungswiki „Klimawandel"; http://tinyurl.com/afpg3oa)

M8 Beispielszenarien: Anstieg der Lufttemperatur

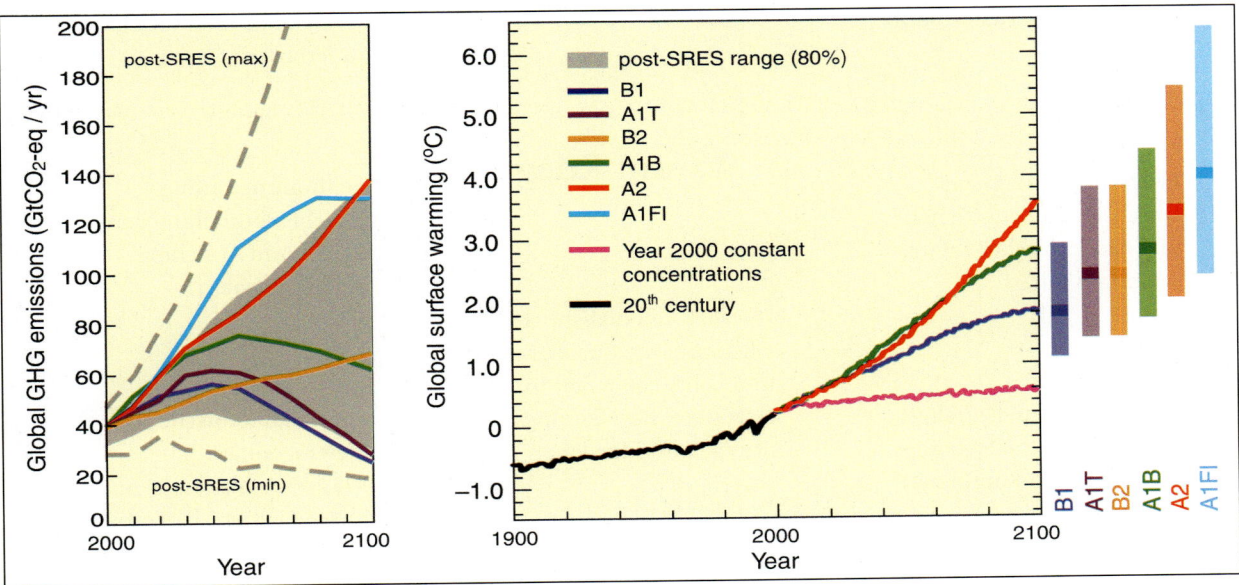

(Nach: Climate Change 2007 – Synthesis Report, IPCC, Genf)

Gefahren für den Frieden: Konfliktbarometer

M 9 Kriegstypologie

Um die Vielzahl der seit Ende des Zweiten Weltkrieges geführten Kriege nach klar festgelegten objektiven Kriterien unterscheiden zu können, wurden von verschiedenen Institutionen unterschiedliche Typologisierungen
5 **entwickelt.**

Die gebräuchlichsten Kriegstypologien im deutschsprachigen Raum stammen vom „Heidelberger Institut für Internationale Konfliktforschung" (HIIK) und von der „Arbeitsgemeinschaft Kriegsursachenforschung"
10 (AKUF), auf deren Typologie in der Folge näher eingegangen wird.

Die „Arbeitsgemeinschaft Kriegsursachenforschung" (AKUF) schlägt folgende Gliederung in fünf Kriegstypen vor:

15 ● **A = Antiregime-Kriege:** Kriege, in denen um den Sturz der Regierenden oder um die Veränderung oder den Erhalt des politischen Systems oder gar der Gesellschaftsordnung gekämpft wird.

● **B = Autonomie- und Sezessionskriege:** Kriege, in denen um größere regionale Autonomie innerhalb des 20 Staatsverbandes oder um Sezession vom Staatsverband gekämpft wird.

● **C = Zwischenstaatliche Kriege:** Kriege, in denen sich Streitkräfte der etablierten Regierungen mindestens zweier staatlich verfasster Territorien gegenüberste- 25 hen, und zwar ohne Rücksicht auf ihren völkerrechtlichen Status.

● **D = Dekolonisationskriege:** Kriege, in denen um die Befreiung von Kolonialherrschaft gekämpft wird.

● **E = Sonstige Kriege** 30

(Nach: http://www.whywar.at/kriegstypologien)

M 10 Kriegsursachen

Staatenkriege

Territorialansprüche
Konkurrenz um Grenzen und Gebiete

Rohstoffbedarf
Konkurrenz um knappe Ressourcen

Machtkonkurrenz
Kampf um Vormachtstellungen in der Region

Herrschaftssicherung
Furcht vor einer Bedrohung von außen

Ablenkung
Ablenkung von Konflikten innerhalb des Staates

Warum Krieg?

Herrschaftsinteressen
Durchsetzung politischer und ökonomischer Interessen durch Eliten

Fehlwahrnehmung
Falsche Beurteilung der Stärke und Absichten anderer Staaten

Interner Kolonialismus
Ökonomische Ausbeutung und politische Unterdrückung von Bevölkerungsgruppen und Regionen

Ethnisch-kulturelle, religiöse, ideologische Heterogenität zwischen Konfliktparteien

Sozio-ökonomische Heterogenität
Krasse soziale und ökonomische Unterschiede zwischen den Konfliktparteien

Bürgerkriege

M 11 a Konfliktforschung

Das Heidelberger Institut für Internationale Konfliktforschung (HIIK) widmet sich der Erforschung, Auswertung und Dokumentation innerstaatlicher und internationaler politischer Konflikte. In seinem jährlich erstellten **Konfliktbarometer** kategorisiert das Institut Konflikte und gibt Hinweise auf ihre Entwicklung und (friedliche) Regelung. Dem Konfliktbarometer liegen Definitionen zugrunde, die für die Analyse und Bewertung internationaler Konflikte sowie angemessener Maßnahmen hilfreich sein können.

M 11 b Definitionen

Konflikt

Konflikte sind Interessengegensätze (Positionsdifferenzen) um nationale Werte von einiger Dauer und Reichweite zwischen mindestens zwei Parteien (organisierte Gruppen, Staaten, Staatengruppen, Staatenorganisationen), die entschlossen sind, sie zu ihren Gunsten zu entscheiden.

Konfliktgegenstände

Das Konfliktbarometer unterscheidet zwischen folgenden Konfliktgegenständen, wobei bis zu drei Konfliktgegenstände pro Konflikt angegeben werden können:

● Territorium, Grenze, Wasser
● Kolonialbesitz/nationale Unabhängigkeit
● ethnische, religiöse, regionale Autonomie
● Ideologie, System
● nationale Macht
● internationale Macht, geostrategische Lage
● Ressourcen
● Sonstige

M 11 c Konfliktintensitäten

Gewaltgrad	Intensitäts-gruppierung	Intensitäts-level	Intensitäts-bezeichnung	Definition
nicht gewaltsam	niedrig	1	Latenter Konflikt	Eine Positionsdifferenz um definierbare Werte von nationaler Bedeutung ist dann ein latenter Konflikt, wenn darauf bezogene Forderungen von einer Partei artikuliert und von der anderen Seite wahrgenommen werden.
		2	Manifester Konflikt	Ein manifester Konflikt beinhaltet den Einsatz von Mitteln, welche im Vorfeld gewaltsamer Handlungen liegen. Dies umfasst beispielsweise verbalen Druck, die offensichtliche Androhung von Gewalt oder das Verhängen von ökonomischen Zwangsmaßnahmen.
gewaltsam	mittel	3	Krise	Eine Krise ist ein Spannungszustand, in dem mindestens eine der Parteien vereinzelte Gewalt anwendet.
	hoch	4	Ernste Krise	Als ernste Krise wird ein Konflikt bezeichnet, wenn wiederholt und organisiert Gewalt eingesetzt wird.
		5	Krieg	Kriege sind Formen gewaltsamen Konfliktaustrags, in denen mit einer gewissen Kontinuität organisiert und systematisch Gewalt eingesetzt wird. Die Konfliktparteien setzen, gemessen an der Situation, Mittel in großem Umfang ein. Das Ausmaß der Zerstörung ist nachhaltig.

(Nach: Heidelberger Institut für Internationale Konfliktforschung, Konfliktbarometer 2008, Vorwort)

M 11 d Konfliktbarometer

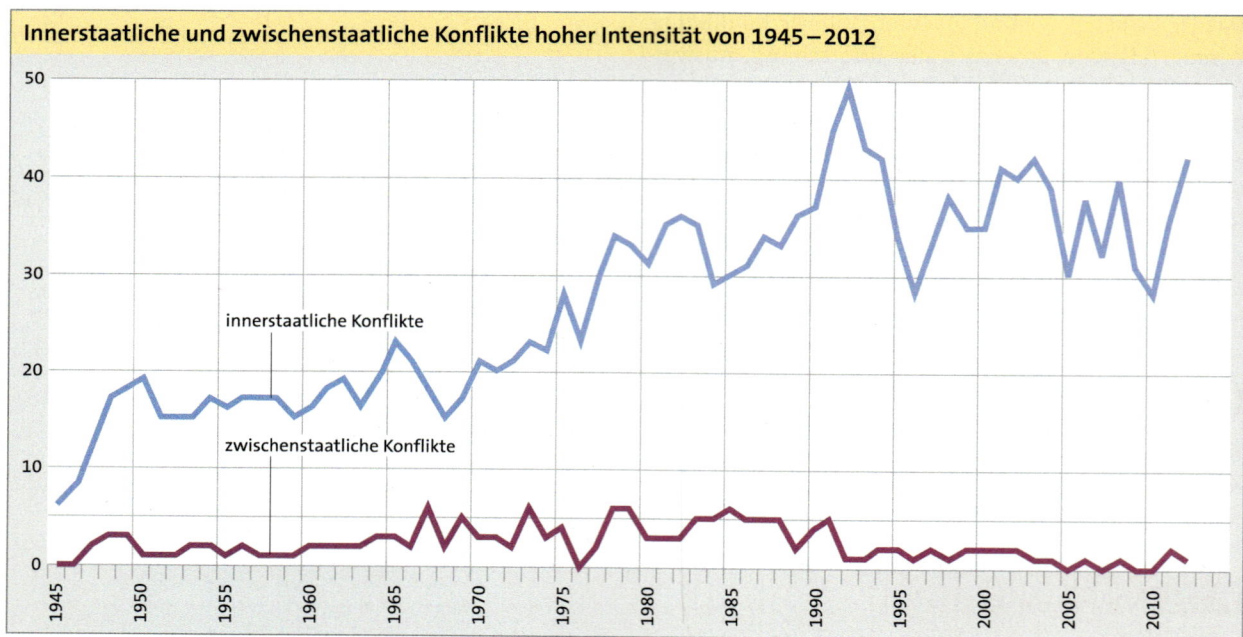

Innerstaatliche und zwischenstaatliche Konflikte hoher Intensität von 1945–2012

(Nach: Heidelberger Institut für Internationale Konfliktforschung, Konfliktbarometer 2012, S. 3)

Aufgaben

1. Erläutern Sie in eigenen Worten: Worin besteht die „Unübersichtlichkeit" der globalisierten Welt?

2. Beschreiben Sie die Ursachen und Auswirkungen der Klimaerwärmung (M 2 bis M 5).

3. Stellen Sie ein Klimaproblem (M 2 bis M 5) in seiner Vernetzung dar (M 1). Stellen Sie Bezüge zum Problemkomplex *Frieden und Sicherheit* her.

4. Erarbeiten Sie wichtige Unterschiede der einzelnen Klimaszenarien (M 6 und M 7). Wie erklären Sie sich den vorausgesagten Anstieg der Lufttemperatur in Abhängigkeit vom jeweiligen Szenario (M 8)? Wie beurteilen Sie die Aussagekraft solcher Prognosen?

5. Suchen Sie aktuelle Beispiele für die verschiedenen Typen des Krieges (M 9). Ordnen Sie Ursachen (M 10) zu. Kann auch der Klimawandel eine Kriegsursache sein?

6. Analysieren Sie ausgewählte internationale Konflikte mithilfe der Kategorien des HIIK (M 11). Nutzen Sie dazu das interaktive Konfliktbarometer unter: http://hiik.de/exhibit_09/.

7. Weiterführende Aufgabe (Projekttage, Projektwochen o. Ä.): Führen Sie eine Zukunftswerkstatt zum Thema Frieden oder Klimawandel durch (➔ Methodenschulung, S. 241). Wo sehen Sie Handlungsmöglichkeiten auf lokaler, auf regionaler bzw. globaler Ebene?

Methodenschulung

Zukunftswerkstatt

Die Zukunftswerkstatt ist als Methode seit den Sechzigerjahren des 20. Jahrhunderts von Robert Jungk entwickelt und vor allem in der Friedens- und Umweltbewegung angewandt worden. Sie versteht sich als basisdemokratisch, integrativ, ganzheitlich, kreativ, kommunikativ und provokativ. Sie versucht, die moralisch-ethische mit der sachlichen Dimension des Gegenstands zu verbinden. Dabei verknüpft sie in jedem ihrer Schritte intuitiv-emotionales mit analytisch-rationalem Lernen. Ausgehend von Schlüsselproblemen der heutigen Welt versucht die Zukunftswerkstatt, in einem ganzheitlichen Ansatz das Denken in Alternativen bzw. das globale Denken (grenzüberschreitendes und vernetztes Denken) zu schulen.

Zukunftswerkstatt als Methode

Bei aller thematischer Offenheit und teilnehmerbezogener Flexibilität von Zukunftswerkstätten sind sie als eigenständige Methode durch ein formales Strukturmodell mit klarem Regelwerk bestimmt:

1. **Vorbereitungsphase:** Festlegung und Ankündigung des Themas sowie praktische Vorbereitungen (u. a. Terminklärung, Suche nach geeigneten Räumen, Vorbereiten der Räume, Besorgen des Moderationsmaterials, Vorbereitungsmappe mit Artikeln zur Einstimmung der Teilnehmer).
2. **Beschwerde- und Kritikphase:** Mit der Kritikphase beginnt die eigentliche Zukunftswerkstatt, deshalb müssen zunächst die Ziele und das Vorgehen der Zukunftswerkstatt erläutert werden. Zentral für die Kritikphase ist das Sammeln von allem, was [...] nicht funktioniert und kritikwürdig ist. [...] Die Kritikpunkte werden gesammelt, gebündelt und die wichtigsten Aspekte werden gemeinsam ausgewählt.
3. **Fantasie- und Utopiephase:** Ziel dieser Phase ist es, über kreativitätsfördernde Methoden eine ideale Vorstellung von der Zukunft zu entwickeln. Ausgangspunkt können die Kritikpunkte der vorherigen Phase sein [...]. Die Ergebnisse dieser Phase werden ebenfalls wieder geordnet und nach Bedeutsamkeit gewichtet.
4. **Realisierungsphase:** Innerhalb dieser Phase geht es nun darum, einige der entwickelten Vorstellungen in realisierbare Umsetzungsschritte zu transformieren. Leitfrage ist z. B.: „Welche unserer Ideen sollten weiterverfolgt und ausgearbeitet werden?"

(Nach: Christian Boeser, Zukunftswerkstatt; in: Sibylle Reinhardt/Dagmar Richter (Hg.), Politik-Methodik. Handbuch für die Sekundarstufe I und II, Berlin (Cornelsen/Scriptor) 2007, S. 90)

M 12

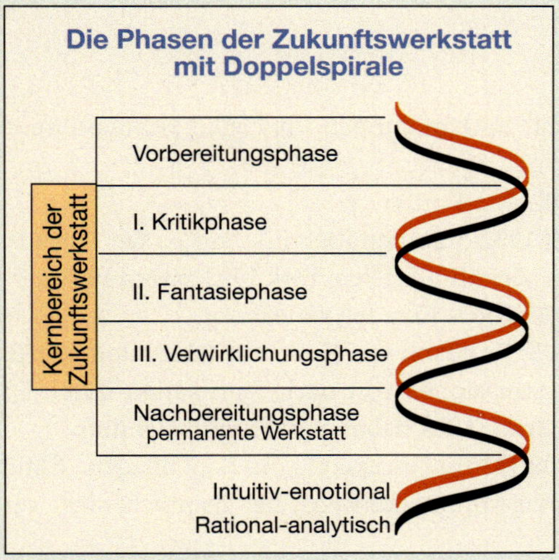
Die Phasen der Zukunftswerkstatt mit Doppelspirale
Kernbereich der Zukunftswerkstatt
Vorbereitungsphase
I. Kritikphase
II. Fantasiephase
III. Verwirklichungsphase
Nachbereitungsphase
permanente Werkstatt
Intuitiv-emotional
Rational-analytisch

(Nach: R. Jungk/N. R. Müllert, Zukunftswerkstätten, München 1989, S. 221)

2. Möglichkeitsanalyse: Von Rio über Kopenhagen nach Rio – Stationen globaler Klimapolitik

Eine gemeinsame Umweltpolitik aller Staaten ist ein mühsamer Prozess mit bescheidenen Ergebnissen. Die erste Umweltkonferenz im Rahmen der Vereinten Nationen, die 1972 in Stockholm stattfand, traf keine völkerrechtlich verbindlichen Entscheidungen, zeigte aber auf, dass ein Bedarf grenzüberschreitender Standards und Regelungen bestand.

Der Bericht der Brundtland-Kommission für die Vereinten Nationen „Unsere gemeinsame Zukunft" machte 1987 erstmals den Zusammenhang von Unterentwicklung und Umweltzerstörung bewusst: Die Kombination von Gewalt, Armut und Umweltzerstörung gefährde die Nachhaltigkeit, belaste also die kommenden Generationen mit irreparablen Schäden.

Der Bericht stieß 1992 den Earth Summit an, die UNO-Konferenz für Umwelt und Entwicklung (UNCED, United Nations Conference on Environment and Development) in Rio de Janeiro als bis dahin größte Konferenz in der Geschichte.

In den 1980er-Jahren gerieten Umweltthemen zunehmend ins Bewusstsein der Bürger, nicht zuletzt da man sich auch in Industriestaaten von lokal und national unbegrenzten Umweltkatastrophen bedroht fühlte (Tschernobyl, Ozonloch, Treibhauseffekt). Dabei bestand – und besteht – gerade aufgrund der internationalen Dimensionen das Problem, Verursacher zu identifizieren und Abhilfe zu organisieren.

Bürgerbewegungen entstanden, die das Thema mit neuen Politikformen verbanden: Bürgerinitiativen richteten sich vor Ort gegen lokale Umweltzerstörung, außerparlamentarischer Widerstand formierte sich gegen Atomenergie, alternative Lebensweise praktizierte die Abkehr von der umweltzerstörenden Konsumgesellschaft. Heute wird das Umweltthema in allen Parteiprogrammen abgedeckt, politische Lösungen werden seit Jahren versucht: Entschwefelung von Kraftwerken, Katalysator für Autoabgase, Müllsortierung mit dem Grünen Punkt.

Zu den teilweise oder gar nicht gelösten bekannten Problemen kommen neue, die in ihren Auswirkungen noch nicht einschätzbar sind, z. B. das Thema Elektrosmog.

Aktive Umweltschützer sind es gewöhnt, lokal, global und langfristig zu denken. Bei der Masse der Bevölkerung endet das Problembewusstsein allerdings häufig dort, wo es mit kurzfristigen Interessen kollidiert.

Wie hat sich der Rio-Gipfel langfristig ausgewirkt? Ist hier ein Wendepunkt zu sehen oder ist der damalige Tatendrang erloschen? Welche Erfolge zeitigten die alljährlichen Klimakonferenzen nach Rio? Wie funktioniert die internationale Klimadiplomatie? Eine erste Bilanz kann nach dem UN-Umweltgipfel „Rio + 20" gezogen werden.

M1 Stationen zur globalen Umweltpolitik

1972: D. Meadows u. a.: „Die Grenzen des Wachstums" – Bericht des Club of Rome

1972: UNO-Umweltkonferenz in Stockholm

1973/79: Ölpreiskrisen

5 **1980:** „Global 2000" – Bericht an den amerikanischen Präsidenten

1985: Ozonloch über der Antarktis entdeckt

1987: Montreal-Protokoll zum Schutz der Ozonschicht

1988: Zwischenbericht der Enquête-Kommission des

10 Deutschen Bundestages „Vorsorge zum Schutz der Erdatmosphäre"

1989: E. U. v. Weizsäcker: „Erdpolitik"

1991: Verhandlungen über eine „Klimarahmenkonvention"

1992: Rio-Konferenz 15

seit 1992: Rahmenübereinkommen der UN zum Schutz des Weltklimas (New York 1992, Kyoto 1997)

2002: Rio + 10 in Johannesburg

2005: Protokoll von Kyoto zur Reduktion von Treibhausgasemissionen tritt nach Ratifikation durch 55 Staaten 20 in Kraft (USA haben nicht unterzeichnet).

2009: Klimakonferenz von Kopenhagen: Einigung auf einen Minimalkonsens, der rechtlich nicht verbindlich ist.

2010: Auf der 16. Weltklimakonferenz im mexikanischen Cancun (Nov./Dez. 2010) sollte ein rechtlich verbindliches Nachfolgeabkommen für das Kyoto-Protokoll verabschiedet werden. Dies gelang jedoch nicht, das Kyoto-Protokoll wurde lediglich bis 2012 verlängert.

2011: Auch auf der 17. Konferenz in Durban wurde nicht wirklich ein Durchbruch erzielt: Beschlossen wurde, dass das Kyoto-Protokoll auf der Folgekonferenz in Qatar mit einer zweiten Laufzeit verlängert werden soll. Ein verbindliches Klimaabkommen soll dann bis 2015 ausgehandelt werden und 2020 in Kraft treten.

2012: Auf der „Konferenz der Vereinten Nationen über nachhaltige Entwicklung" im Juni 2012 in Rio de Janeiro (in Anlehnung an den Rio-Gipfel 1992 „Rio + 20" genannt) einigte man sich auf das Konzept der „Green Economy" als Konzept des nachhaltigen Wirtschaftens, durch das die natürlichen Ressourcen stärker als bisher geschont werden sollen. Zudem hat man sich darauf verständigt, bis 2014 verbindliche Nachhaltigkeitsziele zu formulieren. Darüber hinaus soll das bestehende Umweltprogramm UNEP aufgewertet werden.

(Autorentext)

M2 Die Ergebnisse von Rio '92

Die Klimaschutz-Konvention: Darin verpflichten sich die [...] Unterzeichnerstaaten, das „Klimasystem zum Wohle heutiger und künftiger Generationen der Menschheit zu schützen". Jeder Staat muss regelmäßig veröffentlichen, wie viel er an Treibhausgasen in die Atmosphäre bläst, und Programme starten, die diesen Ausstoß senken, sodass der Anteil des Kohlendioxids in der Atmosphäre sich auf einem Niveau stabilisiert, das eine gefährliche, vom Menschen verursachte Störung des Klimasystems verhindert. Die Industrieländer müssen den Ausstoß von CO_2 und anderen Treibhausgasen auf das Niveau von 1990 zurückbringen. Das bedeutet: Der CO_2-Ausstoß muss sich in den Industrieländern erheblich senken. Allerdings wurde hierfür kein verbindlicher Termin festgesetzt. Die Vertragsstaaten werden in jährlichen Folgekonferenzen die Einhaltung der Verpflichtungen überprüfen und über notwendige Veränderungen beraten und entscheiden. Die erste dieser Vertragsstaatenkonferenzen hat im März/April 1995 in Berlin stattgefunden. Die Bundesregierung strebt an, die CO_2-Emissionen bis zum Jahr 2005 um 25 bis 30 % (bezogen auf das Jahr 1987) zu senken.

Die Artenschutz-Konvention: Sie regelt „den Erhalt der Artenvielfalt, den nachhaltigen Gebrauch ihrer Bestandteile und das faire und gleichberechtigte Teilen der Erträge, die aus der Verwendung der genetischen Ressourcen erwachsen". Die Länder verpflichten sich, bedrohte Tiere und Pflanzen in ihren angestammten Lebensräumen zu erhalten. Die gefährdeten Arten und Biotope und die Ursachen ihrer Gefährdung sollen identifiziert und überwacht werden. Die Entwicklungsländer sollen bei der Erfüllung ihrer Verpflichtungen von den Industrieländern finanziell unterstützt werden. Die erste Vertragsstaatenkonferenz fand im Dezember 1994 auf den Bahamas statt, die zweite im November 1995 in Djakarta. Die USA haben die Konvention nicht unterzeichnet.

Walderklärung: Eine rechtlich verbindliche Konvention zum Schutz der Tropenwälder konnte bisher nicht erreicht werden. Die Entwicklungsländer betonen ihr souveränes Recht auf Nutzung der auf ihrem Territorium stehenden Wälder, während die Industrieländer die Erhaltung und Wiederherstellung der ursprünglichen Regenwälder als eine Aufgabe der Weltgemeinschaft ansehen. In Rio wurde als Kompromiss eine unverbindliche Walderklärung verabschiedet, die Grundsätze zur Waldbewirtschaftung und Walderhaltung festlegt.

Deklaration von Rio: In der rechtlich unverbindlichen Deklaration sind 27 Grundsätze [...] festgelegt worden, die im Bereich Umwelt und Entwicklung künftig das Verhalten der Staaten untereinander und von Staaten zu ihren Bürgern bestimmen sollen. Sie betont das Recht auf Entwicklung unter Beachtung des Umweltschutzes, fordert Armutsbekämpfung und eine angemessene Bevölkerungspolitik, stellt fest, dass die Industrieländer als wesentliche Verursacher der bisherigen globalen Umweltschäden eine besondere Verantwortung haben. Sie weist auf die Pflicht der Staaten hin, über Vorhaben mit möglicherweise grenzüberschreitenden Umweltauswirkungen vorab und in Notfallsituationen sofort zu informieren.

Agenda 21: Die Agenda 21 (der Name verweist auf das [...] 21. Jahrhundert) gibt allen Staaten detaillierte, aber nur politisch (also nicht rechtlich) verbindliche Handlungsanweisungen für alle wesentlichen Bereiche der Umwelt- und Entwicklungspolitik: Armutsbekämpfung, Bevölkerungspolitik, Gesundheitsschutz, Siedlungspolitik, Klimaschutz, Waldschutz, Bekämpfung der Wüstenbildung, ländliche Entwicklung, Schutz der Meere, der Wasserreserven, Umgang mit gefährlichen Abfällen. Die Agenda 21 stellt fest, dass die Kosten für die Maßnahmen grundsätzlich von den jeweiligen Ländern selbst aufzubringen sind, dass aber die Industrieländer den Entwicklungsländern dabei helfen müssen.

(Nach: Claus D. Grupp, Welt im Wandel, Köln (Omnia) [5] 1996, S. 57)

M3 Agenda 21: Gobal denken – lokal handeln

→ V/3., S. 224, M3

M4 20 Jahre danach: „Rio + 20" – eine Bilanz

2012 jährte sich der sogenannte „Weltgipfel" von Rio de Janeiro zum 20. Mal. Die Weltgemeinschaft vereinbarte 1992 unter anderem das entwicklungs- und umweltpolitische Aktionsprogramm „Agenda 21", das als Meilen-
5 stein auf dem Weg zu mehr Nachhaltigkeit gilt. Die dritte Nachfolgekonferenz „Rio + 20 (neben „Rio + 5" 1997 in New York und „Rio + 10" 2002 in Johannesburg) fand vom 20.06. – 22.06.2012 erneut in der brasilianischen Metropole Rio de Janeiro statt. Die Konferenz sollte auf
10 „höchster politischer Ebene" stattfinden, die Staats- und Regierungschefs der Welt wollten der nachhaltigen Entwicklung dort neuen Schwung verleihen.

Vorbereitungen

Die Vorbereitungen für „Rio +20" fanden auf verschie-
15 denen Ebenen statt. Auf den Vorbereitungstreffen wurden Entwürfe ausgehandelt, die schließlich in einem Entwurf des Abschlussdokuments endeten.
Auch in Deutschland fanden Vorbereitungstreffen statt. Das Umweltbundesamt veranstaltete am 29./30. Sep-
20 tember 2011 die internationale Konferenz „Green Markets – World of Sustainable Products", um „zukunftsweisende Perspektiven und strategische Ansätze der Umweltpolitik" im Hinblick auf nachhaltige, grüne Märkte zu diskutieren. [...]
25 Am 10. Januar 2012 wurde der sogenannte „Zero Draft" mit dem Titel „The Future we want" veröffentlicht. Eine Stellungnahme vom Rat für Nachhaltige Entwicklung* stufte diesen positiv ein.

Green Economy

30 Diese Vorbereitungen haben während des ersten Treffens des Vorbereitungskomitees Mitte Mai 2010 im UN-Hauptquartier in New York bereits „mit vielen Fragen und Zweifeln aus Entwicklungsländern" begonnen. Bezüglich des Themenschwerpunktes einer „grüneren"
35 Wirtschaft gerieten reiche und arme Länder verbal aneinander. Während sich Vertreter von Industrieländern für Maßnahmen hin zu einer „grüneren" Wirtschaft aussprachen, befürchteten die Entwicklungsländer wirtschaftliche Nachteile und warfen den Industrienationen
40 vor, „ihre Märkte künftig durch höhere Umweltstandards ab[zu]schotten und dies mit Nachhaltigkeitszielen [zu] begründen. Ein namentlich nicht genannter Dele-

gierter bezeichnete Ideen zu einer „grünen" Wirtschaft als „grünen Neo-Kapitalismus".[...]

Abschlussdokument „The Future we want" 45

Das Abschlussdokument „The Future we want" (Die Zukunft, die wir wollen) wurde bereits auf den Vorbereitungstreffen ausgehandelt und am Abend vor dem Gipfel vorgelegt. Sowohl die EU als auch Deutschland kritisierten das Dokument. Streitpunkte waren vor 50 allem die Erhebung des UN-Umweltprogramms UNEP zu einer vollwertigen UN-Agentur sowie der Plan zum Meeresschutz, indem auf hoher See Schutzgebiete eingerichtet werden sollen. Vor allem die USA und Venezuela waren gegen solche Pläne, da vor allem die USA 55 eine Einschränkung der Mobilität ihrer Kriegsflotte befürchtete.

Inhalt des Dokuments: Kampf gegen die Armut
– Anerkennung und Bestätigung der Rio-Richtlinien und bereits bestehender Umwelt-/Nachhaltigkeits- 60 strategien;
– Entwicklung einer Wirtschaft basierend auf nachhaltiger Entwicklung und der Armutsbekämpfung (Green Economy);
– ein institutioneller Rahmen der nachhaltigen Ent- 65 wicklung, also die Einbindung des Leitbilds in die politischen Systeme der UN-Mitgliedsstaaten und auf internationaler Ebene;
– Erhebung des UN-Umweltprogramms (UNEP) zu einer vollwertigen UN-Agentur. 70

Kritik

Insgesamt wurde der Gipfel sehr gemischt aufgenommen. Der Rat für Nachhaltige Entwicklung hat Stellungnahmen zusammengefasst: Bundeskanzlerin Angela Merkel äußerte sich kritisch zum Abschlussdokument 75 des Nachhaltigkeitsgipfels: „Die Rio-Ergebnisse sind hinter dem zurückgeblieben, was angesichts der Ausgangslage notwendig gewesen wäre." Trotzdem habe es in Rio Schritte in die richtige Richtung gegeben, etwa beim Thema Green Economy oder bei der Stärkung des 80 UN-Umweltprogramms. [...] Der ecuadorianische Wirtschaftswissenschaftler Alberto Acosta kritisierte das Rio-Ergebnis scharf: Das Modell einer Green Economy sei nicht mehr als bloße „grüne Fassade – die grüne Farbe dafür kommt von US-Dollar-Scheinen". Angesichts des 85 ungebremsten Klimawandels und einer Milliarde hungernder Menschen müsse dringend ein Paradigmenwechsel her und den habe Rio keinesfalls eingeleitet: „Wir sind von Rio sehr enttäuscht." Der Visionär Acosta fragte weiter: „Wie können wir eine Gesellschaft aufbau- 90 en, in der die Beziehung zur Natur in den Mittelpunkt gestellt wird?"

Im Gegensatz zu Acosta stellte die deutsche Bundeskanzlerin das Rio-Konzept der Green Economy nicht infrage, sondern sieht in dessen Umsetzung einen wesentlichen Schlüssel zu mehr Nachhaltigkeit: „Unsere Art zu leben und zu wirtschaften zeigt sich als nicht mehr zukunftsfähig. Wenn wir unsere Wirtschaftsweise nicht ändern, dann berauben wir uns unserer Lebensgrundlagen." Sie plädierte für ein qualitatives Verständnis von Wachstum, welches die Bedürfnisse der künftigen Generationen berücksichtige: „Ein solches Verständnis von Nachhaltigkeit setzt sich in Deutschland durch. Was wir in zehn Jahren Nachhaltigkeitsstrategie erreicht haben, kann sich durchaus sehen lassen. Das ist auch ein Verdienst des Nachhaltigkeitsrates."

Umweltorganisationen sahen die Ergebnisse als mangelhaft an, da kaum konkrete Regelungen geschaffen wurden. Der Vorsitzende des Bundes für Umwelt und Naturschutz (BUND), Hubert Weiger, kritisierte die wenig konkreten Zielvorschläge: „Blumige Absichtserklärungen und ein Aufguss früherer Gipfelbeschlüsse helfen dem globalen Ressourcenschutz nicht."

(Nach: Lexikon der Nachhaltigkeit, Stichwort „Weltgipfel Rio + 20"; www.nachhaltigkeit.info/artikel/weltgipfel_rio_20_rio_de_janeiro_201 2_1419.htm)

---

* Der Rat für Nachhaltige Entwicklung wurde im April 2001 von der Bundesregierung berufen. Ihm gehören 15 Personen des öffentlichen Lebens an. Im Lexikon der Nachhaltigkeit finden sich auch vergleichbare Zusammenfassungen zu allen bisherigen Klimagipfeln.

M5 Weltklimagipfel von Rio bis Kopenhagen

Ziel eines Klimagipfels: Ein Klimaschutz-Vertrag

Ziel der Klimakonferenz 2009 war ein Nachfolgeabkommen zum Kyoto-Protokoll, das 2012 auslaufen sollte. Es sollte also ein Vertrag ausgehandelt werden, der für jedes Land eine Senkung der Treibhausgas-Emissionen für die kommenden Jahre verbindlich festlegt. [...]

Zwei Wochen lang verhandelten über 15 000 Teilnehmer aus 194 Ländern – von Afghanistan bis Zimbabwe – in Kopenhagen über Maßnahmen zum Klimaschutz, unter ihnen mehr als 100 Staats- und Regierungschefs. Tausende Journalisten berichteten Tag für Tag von dem „Jahrhundertereignis". Leider umsonst.

Das Ergebnis: Die „Kopenhagener Erklärung" („Copenhagen Accord")

Die Kernpunkte der Erklärung:

- Es wird angestrebt, die Erderwärmung auf durchschnittlich 2 Grad Celsius zu begrenzen.

- Dazu sollen die weltweiten Treibhausgas-Emissionen drastisch verringert werden.
- Die Industrieländer sollen bis Ende Januar 2010 freiwillige Klimaschutzziele angeben und sich international zu diesen verpflichten.
- Die Industrieländer sollen den Schutz von Wäldern finanziell unterstützen.
- Die Industrieländer sollen die Entwicklungsländer finanziell und technologisch beim Klimaschutz unterstützen.

Von den meisten Teilnehmern und Beobachtern wird der Text – und damit das einzige Ergebnis des Klimagipfels – als unzureichend und wirkungslos für den Klimaschutz gewertet, zumal es sich um eine unverbindliche Willenserklärung handelt.

Warum ist der Gipfel gescheitert?

Zu den Gründen gibt es viele Meinungen. Die Interessen der Teilnehmerländer liegen weit auseinander und die UN trifft Entscheidungen nur im Konsens.

Einige Konfliktpunkte:

- Die Schwellenländer wollen die in der Vergangenheit von den Industrienationen in die Atmosphäre gebrachten Treibhausgase mit berücksichtigen – die Industrienationen nicht.
- Kleinere Länder fühlen sich bei den Verhandlungen zu wenig berücksichtigt und werfen den größeren Ländern vor, über ihre Köpfe hinweg zu verhandeln.
- Die afrikanischen Staaten fordern massive Finanzhilfen von den Industrieländern und strengere Klimaschutzziele.
- China und Indien sind gegen unabhängige Kontrollen ihrer Emissionen – und damit de facto gegen jede Art bindender Verträge.
- Inselstaaten, die bei einem Ansteigen des Meeresspiegels von der Landkarte verschwinden werden, fordern schnellere, entschlossenere Klimaschutzaktivitäten als Industrie- und Schwellenländer.
- Zu guter Letzt wurde Kritik an der dänischen Verhandlungsführung des Gipfels laut.

(Nach: http://www.biobay.de/news/ergebnis-des-klimagipfels-2009-in-kopenhagen; 07.07.2010)

M6 Am Ende steht nur eine Erklärung

193 Länder haben auf dem Weltklimagipfel in Kopenhagen verhandelt. Ziel war eigentlich ein neues Klimaschutzabkommen. Ein Nachfolgevertrag für das Kyoto-Abkommen sollte gefunden werden, denn das Protokoll läuft 2012 aus. Das Ergebnis ist davon aber weit entfernt.

(Nach: http://www.tagesschau.de/klima/; 07.07.2010)

M7 Weltklimadiplomatie am Beispiel der Klimakonferenz von Kopenhagen (2009)

(ZEIT ONLINE, Infografik „Die Klimakonferenz", 14.12.2009; Text: Maria Kirady, Infografik: Kristina Düllmann)

M 8

Aufgaben

1. Fassen Sie zusammen, in welchen Bereichen die Rio-Konferenz welche Forderungen stellte. Inwieweit konnten Industrie- und Entwicklungsländer ihre Interessen einbringen?

2. Ziehen Sie eine Bilanz zu den Ergebnissen der Rio-Konferenz aus heutiger Sicht (Rio + 20, M 4 und Internet-Recherche).

3. Erkundigen Sie sich, ob es eine Gruppe „Lokale Agenda 21" an Ihrem Schul- oder Wohnort gibt und ggf. wie und woran die Gruppe arbeitet.

4. Erläutern Sie die Funktionsweise der „Weltklimadiplomatie" (M 5 – M 7).

5. Ermitteln Sie Ziele und Interessen einzelner Akteure auf der Konferenz in Kopenhagen (M 7). Erstellen Sie Rollenkarten und führen Sie ein Rollenspiel durch.

6. Warum wurde die Konferenz von vielen Seiten als gescheitert beurteilt (M 5, M 6, M 8)? Welche Lehren sollten Ihrer Auffassung nach für die nächste Weltklimakonferenz von den einzelnen Akteuren gezogen werden? Gibt es Alternativen zum Konsensprinzip (Bevölkerungsmehrheit)? Wie kann Verbindlichkeit hergestellt werden? Informieren Sie sich in diesem Zusammenhang über Verlauf und Ergebnisse des „alternativen Weltklimagipfels" (Internetrecherche) und entwickeln Sie Vorschläge.

7. Informieren Sie sich über Verlauf, Ergebnisse und Bewertungen der jeweils aktuellen jährlichen Klimakonferenz: Fortschritte in der globalen Umweltpolitik?

3. Möglichkeitsanalyse: Wer sichert Frieden? – Institutionen und Verfahren

➢ Wer sichert unseren Frieden? Ist es die NATO, das größte Militärbündnis der Erde, sind es die weltweiten Sicherheitsstrukturen der Vereinten Nationen? Welche Rolle spielt die sich erst entwickelnde Europäische Sicherheits- und Verteidigungspolitik (ESVP)? Welchen Beitrag leisten die Nicht-Regierungsorganisationen (NGOs)?

Bei allen Unterschieden im Einzelnen: Immer handelt es sich um internationale kollektive (Bündnis-)Systeme, die von ihrem Anspruch her dem Frieden und der Sicherheit verpflichtet sind. Aber sichern sie unseren Frieden wirklich? Und sichern sie auch wirksam? Die militärische und ökonomische Dominanz der einzig verbleibenden Supermacht USA nach dem Zusammenbruch der Sowjetunion nach 1991 wirft die berechtigte Frage auf, inwiefern die für Europa bedeutsamen Sicherheitssysteme überhaupt noch Akteure oder ob sie nicht nur Instrumente politischer Interessen sind.

Auf der anderen Seite zeigen mit besonderer Deutlichkeit die Terrorangriffe des 11. September 2001, dass neue Bedrohungspotenziale herkömmliche militärische Strukturen unterlaufen und umgehen können. Schließlich sorgen mächtige nichtstaatliche Akteure im Zuge der Globalisierung für weltweite ökonomische und informationstechnische Vernetzungen und Abhängigkeiten, die sicherheitspolitisch relevante Chancen und Risiken bergen.

➢ Wer sichert den Frieden der anderen? Zwar organisieren sich jenseits des transatlantischen NATO-Schutzes auch Staatengruppen in Asien, Südamerika oder Afrika in supranationalen Institutionen. Aber wer schreitet hier tatsächlich ein, wenn es um den Frieden geht? Wo handfeste ökonomische und sicherheitspolitische Interessen der mächtigen Staaten der Welt und ihrer *Global Player* keine militärische oder politische Intervention verlangen, wo Medien der (westlichen) Welt keine schockierenden Bilder liefern, wo Warlords jenseits innerstaatlicher Ordnung sich gegenseitig bekriegen, sind die Menschen häufig ohne jede Perspektive auf Frieden unvorstellbarer Gewalt ausgeliefert. In den vielen „vergessenen" Kriegen und Konflikten engagieren sich die mächtigen Staaten kaum.

3.1 Kollektive Sicherheit durch die Vereinten Nationen (UN)?

Das Konzept der kollektiven Sicherheit zielt darauf, den Frieden weltweit durch ein wirksames System, das alle potenziellen Konfliktparteien umfasst, zu sichern. Seine Mitglieder verpflichten sich zu gemeinsamer Gegenwehr gegen jeden vorstellbaren Aggressor. Sowohl der Völkerbund nach dem Ersten Weltkrieg als auch die Vereinten Nationen nach dem Zweiten Weltkrieg konnten diese Erwartungen nicht bzw. nur eingeschränkt erfüllen.

Nach der Überwindung des Ost-West-Konfliktes schienen sich der UNO, die in ihrer Konstruktion und mit ihren Entscheidungsverfahren immer noch Machtverhältnisse von 1945 widerspiegelt, neue Chancen zu bieten. Seit den jüngsten Kriegen im Nahen Osten, in der Golfregion, in Afghanistan und zahlreichen innerstaatlichen Konflikten mit humanitären Katastrophen („arabischer Frühling", insbesondere Bürgerkrieg in Syrien) wird ihre Zukunft aber skeptisch gesehen.

Grundinformation: Charta, Organisation und Institutionen der Vereinten Nationen

M1 Aus der Charta der Vereinten Nationen (UN)

Artikel 1

Die Vereinten Nationen setzen sich folgende Ziele:
1. den Weltfrieden und die internationale Sicherheit zu wahren und zu diesem Zweck wirksame Kollektivmaß-
5 nahmen zu treffen, um Bedrohungen des Friedens zu verhüten und zu beseitigen, Angriffshandlungen und andere Friedensbrüche zu unterdrücken und internationale Streitigkeiten oder Situationen, die zu einem Friedensbruch führen könnten, durch friedliche Mittel nach
10 den Grundsätzen der Gerechtigkeit und des Völkerrechts zu bereinigen oder beizulegen;
2. freundschaftliche, auf der Achtung vor dem Grundsatz der Gleichberechtigung und Selbstbestimmung der Völker beruhende Beziehungen zwischen den Nationen
15 zu entwickeln und andere geeignete Maßnahmen zur Festigung des Weltfriedens zu treffen;
3. eine internationale Zusammenarbeit herbeizuführen, um internationale Probleme wirtschaftlicher, sozialer, kultureller und humanitärer Art zu lösen und die Ach-
20 tung vor den Menschenrechten und Grundfreiheiten für alle ohne Unterschied der Rasse, des Geschlechts, der Sprache oder der Religion zu fördern und zu festigen;
4. ein Mittelpunkt zu sein, in dem die Bemühungen der Nationen zur Verwirklichung dieser gemeinsamen Ziele
25 aufeinander abgestimmt werden.

Artikel 2

Die Organisation und ihre Mitglieder handeln im Verfolg der in Artikel 1 dargelegten Ziele nach folgenden Grundsätzen:
30 1. Die Organisation beruht auf dem Grundsatz der souveränen Gleichheit aller ihrer Mitglieder. [...]
3. Alle Mitglieder legen ihre internationalen Streitigkeiten durch friedliche Mittel so bei, dass der Weltfriede, die internationale Sicherheit und die Gerechtigkeit nicht
35 gefährdet werden.
4. Alle Mitglieder unterlassen in ihren internationalen Beziehungen jede gegen die territoriale Unversehrtheit oder die politische Unabhängigkeit eines Staates gerichtete oder sonst mit den Zielen der Vereinten Nationen
40 unvereinbare Androhung oder Anwendung von Gewalt.
[...]

Artikel 41

Der Sicherheitsrat kann beschließen, welche Maßnahmen – unter Ausschluss von Waffengewalt – zu ergreifen sind, um seinen Beschlüssen Wirksamkeit zu verlei- 45 hen; er kann die Mitglieder der Vereinten Nationen auffordern, diese Maßnahmen durchzuführen. Sie können die vollständige oder teilweise Unterbrechung der Wirtschaftsbeziehungen, des Eisenbahn-, See- und Luftverkehrs, der Post-, Telegraphen- und Funkverbindungen 50 sowie sonstiger Verkehrsmöglichkeiten und den Abbruch der diplomatischen Beziehungen einschließen.

Artikel 42

Ist der Sicherheitsrat der Auffassung, dass die in Artikel 41 vorgesehenen Maßnahmen unzulänglich sein wür- 55 den oder sich als unzulänglich erwiesen haben, so kann er mit Luft-, See- oder Landstreitkräften die zur Wahrung oder Wiederherstellung des Weltfriedens und der internationalen Sicherheit erforderlichen Maßnahmen durchführen. Sie können Demonstrationen, Blockaden 60 und sonstige Einsätze der Luft-, See- oder Landstreitkräfte von Mitgliedern der Vereinten Nationen einschließen.

Artikel 43

1. Alle Mitglieder der Vereinten Nationen verpflichten sich, zur Wahrung des Weltfriedens und der internatio- 65 nalen Sicherheit dadurch beizutragen, dass sie nach Maßgabe eines oder mehrerer Sonderabkommen dem Sicherheitsrat auf sein Ersuchen Streitkräfte zur Verfügung stellen, Beistand leisten und Erleichterungen einschließlich des Durchmarschrechts gewähren, soweit 70 dies zur Wahrung des Weltfriedens und der internationalen Sicherheit erforderlich ist. [...]

Artikel 51

Diese Charta beeinträchtigt im Falle eines bewaffneten Angriffs gegen ein Mitglied der Vereinten Nationen kei- 75 neswegs das naturgegebene Recht zur individuellen oder kollektiven Selbstverteidigung, bis der Sicherheitsrat die zur Wahrung des Weltfriedens und der internationalen Sicherheit erforderlichen Maßnahmen getroffen hat. [...]
80

M2

Die Organisation der Vereinten Nationen – UN

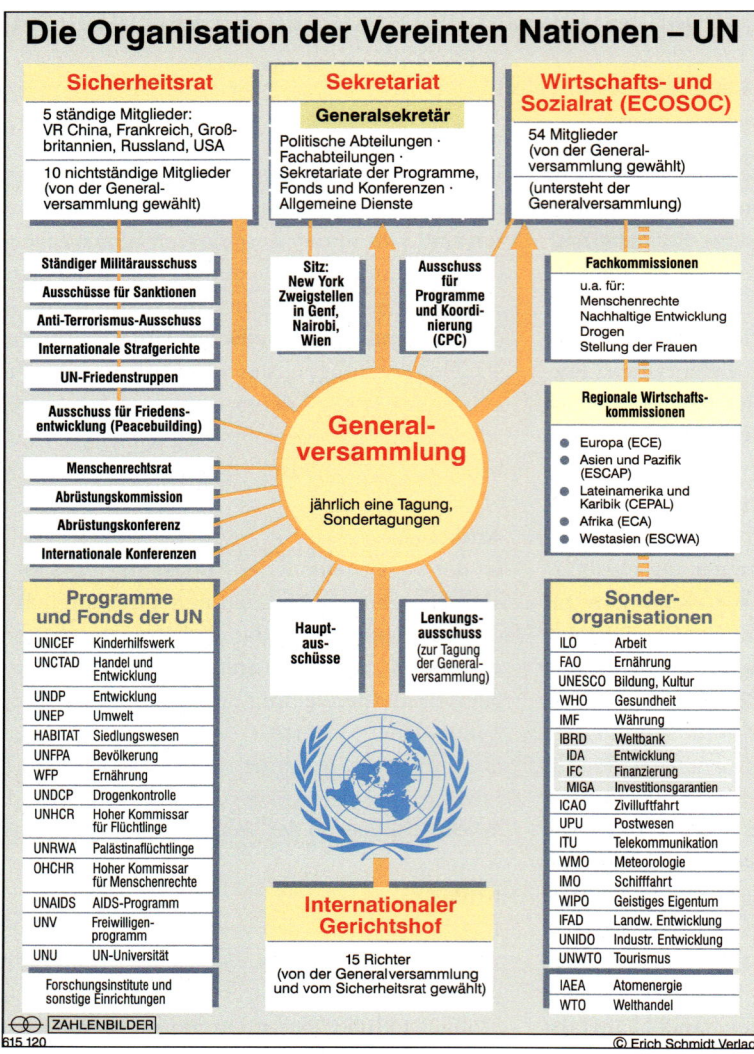

Sicherheitsrat

5 ständige Mitglieder: VR China, Frankreich, Großbritannien, Russland, USA

10 nichtständige Mitglieder (von der Generalversammlung gewählt)

- Ständiger Militärausschuss
- Ausschüsse für Sanktionen
- Anti-Terrorismus-Ausschuss
- Internationale Strafgerichte
- UN-Friedenstruppen
- Ausschuss für Friedensentwicklung (Peacebuilding)
- Menschenrechtsrat
- Abrüstungskommission
- Abrüstungskonferenz
- Internationale Konferenzen

Sekretariat

Generalsekretär

Politische Abteilungen · Fachabteilungen · Sekretariate der Programme, Fonds und Konferenzen · Allgemeine Dienste

Sitz: New York Zweigstellen in Genf, Nairobi, Wien

Ausschuss für Programme und Koordinierung (CPC)

Wirtschafts- und Sozialrat (ECOSOC)

54 Mitglieder (von der Generalversammlung gewählt)

(untersteht der Generalversammlung)

Fachkommissionen

u.a. für: Menschenrechte Nachhaltige Entwicklung Drogen Stellung der Frauen

Regionale Wirtschaftskommissionen

- Europa (ECE)
- Asien und Pazifik (ESCAP)
- Lateinamerika und Karibik (CEPAL)
- Afrika (ECA)
- Westasien (ESCWA)

General-versammlung

jährlich eine Tagung, Sondertagungen

Hauptausschüsse

Lenkungsausschuss (zur Tagung der Generalversammlung)

Programme und Fonds der UN

UNICEF	Kinderhilfswerk
UNCTAD	Handel und Entwicklung
UNDP	Entwicklung
UNEP	Umwelt
HABITAT	Siedlungswesen
UNFPA	Bevölkerung
WFP	Ernährung
UNDCP	Drogenkontrolle
UNHCR	Hoher Kommissar für Flüchtlinge
UNRWA	Palästinaflüchtlinge
OHCHR	Hoher Kommissar für Menschenrechte
UNAIDS	AIDS-Programm
UNV	Freiwilligenprogramm
UNU	UN-Universität

Forschungsinstitute und sonstige Einrichtungen

Internationaler Gerichtshof

15 Richter (von der Generalversammlung und vom Sicherheitsrat gewählt)

Sonder-organisationen

ILO	Arbeit
FAO	Ernährung
UNESCO	Bildung, Kultur
WHO	Gesundheit
IMF	Währung
IBRD	Weltbank
IDA	Entwicklung
IFC	Finanzierung
MIGA	Investitionsgarantien
ICAO	Zivilluftfahrt
UPU	Postwesen
ITU	Telekommunikation
WMO	Meteorologie
IMO	Schifffahrt
WIPO	Geistiges Eigentum
IFAD	Landw. Entwicklung
UNIDO	Industr. Entwicklung
UNWTO	Tourismus
IAEA	Atomenergie
WTO	Welthandel

ZAHLENBILDER
615 120

© Erich Schmidt Verlag

M3

Der Sicherheitsrat der Vereinten Nationen

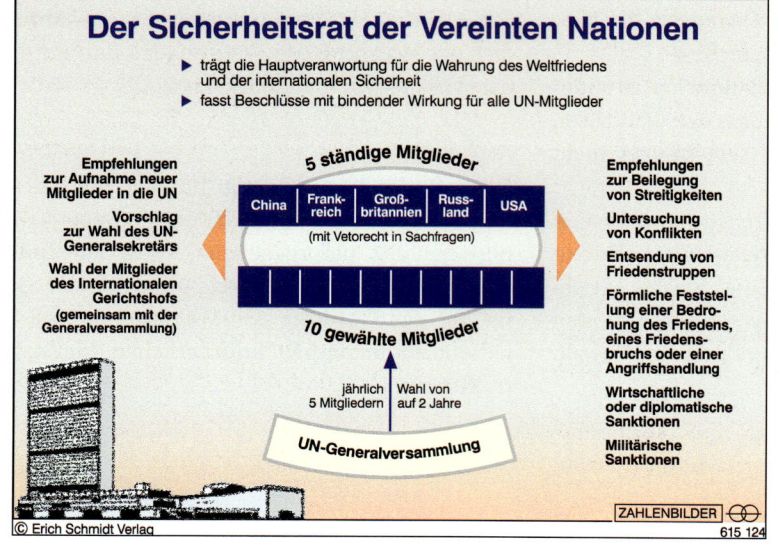

▶ trägt die Hauptveranwortung für die Wahrung des Weltfriedens und der internationalen Sicherheit
▶ fasst Beschlüsse mit bindender Wirkung für alle UN-Mitglieder

5 ständige Mitglieder

China	Frankreich	Großbritannien	Russland	USA

(mit Vetorecht in Sachfragen)

10 gewählte Mitglieder

Empfehlungen zur Aufnahme neuer Mitglieder in die UN

Vorschlag zur Wahl des UN-Generalsekretärs

Wahl der Mitglieder des Internationalen Gerichtshofs (gemeinsam mit der Generalversammlung)

Empfehlungen zur Beilegung von Streitigkeiten

Untersuchung von Konflikten

Entsendung von Friedenstruppen

Förmliche Feststellung einer Bedrohung des Friedens, eines Friedensbruchs oder einer Angriffshandlung

Wirtschaftliche oder diplomatische Sanktionen

Militärische Sanktionen

jährlich 5 Mitgliedern

Wahl von auf 2 Jahre

UN-Generalversammlung

© Erich Schmidt Verlag

ZAHLENBILDER
615 124

Sicherheitsrat – Vollversammlung – Generalsekretär

Bei dem Bemühen um internationale Konfliktregelung und Friedenssicherung liegen die entscheidenden Funktionen bei Vollversammlung, Sicherheitsrat und Sekretariat.

Der **Sicherheitsrat** war nach dem Kriegsende 1945 als eine Art Weltpolizei in Gestalt der fünf Großmächte konzipiert, um mögliche Friedensbrecher abzuschrecken und tatsächliche zu bestrafen; seine Wirkung sollte institutionell gesichert werden, indem in ihm

- alle fünf Großmächte als ständige Mitglieder vertreten waren,
- alle Beschlüsse mit Zustimmung der ständigen Mitglieder gefasst werden mussten (Veto-Recht der Großmächte) und
- Sicherheitsfragen ausschließlich dem Sicherheitsrat vorbehalten blieben.

Mit dem Entstehen des Ost-West-Konflikts begannen die beiden Rivalen USA und UdSSR im Bemühen, das Eingreifen des Sicherheitsrats und damit auch des Gegners in die eigene Einflusssphäre zu verhindern, sich gegenseitig zu blockieren. So war mit dem Sicherheitsrat die UNO insgesamt gelähmt, wenn ein internationaler Konflikt wichtige Interessen einer der beiden Großmächte tangierte. Erst mit dem Ende der Ost-West-Konfrontation nach 1989 trat hier ein grundlegender Wandel ein. Die Entscheidungs- und Handlungsfähigkeit der UN im Golfkrieg 1990/91 wurde als sensationell empfunden; das System kollektiver Sicherheit schien erstmals zu funktionieren und einen internationalen Konflikt ohne Krieg beizulegen. Die UN und zugleich die Hoffnungen auf eine neue Weltordnung scheiterten im ersten Golfkrieg an der Irrationalität eines diktatorischen Regimes, im Bosnien-Krieg am nationalen, religiösen und politischen Fanatismus ethnischer Gruppen und im Irak-Krieg an der Haltung der USA, die glaubten, auf eigene Faust unilateral handeln zu müssen (s. S. 254). Während des Syrien-Konflikts seit 2011 zeigt sich – seit Ende des Ost-West-Konflikts – wieder die Tendenz, dass Großmächte ein gemeinsames Vorgehen blockieren, soweit ihre eigenen Interessen berührt sind.

Die **Generalversammlung** besitzt fünf Funktionen:

- Streitschlichtende und friedenserhaltende Tätigkeit: Untersuchung von Konfliktfällen, Appelle an die Konfliktparteien, Vermittlungsversuche, Aufträge an den Generalsekretär.
- Überwachungsaufgaben: Weisungs- und Kontrollbefugnis gegenüber allen Organen der UN mit Ausnahme des Sicherheitsrats.

- Interessenartikulation: Einzelstaaten oder Staatengruppen können ihre Interessen zum Ausdruck bringen, Forderungen stellen, ggf. Resolutionen durchsetzen.
- Legislative Tätigkeit:
  1. Entschließungen mit qualifizierter Mehrheit besitzen zwar keine Rechtsverbindlichkeit; dennoch kommt ihnen eine gewisse legitimierende Wirkung zu, indem sie sich auf die „Weltmeinung" auswirken. Deshalb bemühen sich alle Staaten, ihre Außenpolitik zumindest dem Anschein nach mit den Zielen und Prinzipien der UN in Einklang zu bringen, auf jeden Fall aber eine Verurteilung der eigenen Politik durch die Vollversammlung zu verhindern.
  2. Abstimmung über die Reform der UN-Charta („Verfassungsfunktion"): In einem ersten Schritt muss die Generalversammlung, in der alle 193 Mitgliedstaaten je eine Stimme haben, die Reform mit Zweidrittel-Mehrheit beschließen. Damit wird die Charta der Vereinten Nationen, die ein völkerrechtlicher Vertrag ist, geändert. Änderungen völkerrechtlicher Verträge müssen aber in einem zweiten Schritt durch die Parlamente der Mitgliedstaaten (Mindestens zwei Drittel ihrer Mitglieder) bestätigt werden. Im ersten Schritt gibt es kein Veto, im zweiten Schritt können die Parlamente der fünf ständigen Mitglieder des Sicherheitsrats das Inkrafttreten der Änderung der Charta durch Nichtratifizierung verhindern.
- Wahlfunktion der Vollversammlung.

Der **Generalsekretär** der UN besitzt zwar ein Initiativrecht gegenüber dem Sicherheitsrat in Fragen der Friedenssicherung, faktisch sind seine Möglichkeiten, in konkreten Konfliktfällen wirksam zu werden, jedoch eng begrenzt. Sein Aktivwerden setzt den Wunsch oder doch zumindest die Duldung der Konfliktgegner sowie die Unterstützung durch den Sicherheitsrat bzw. die Vollversammlung voraus. Eindeutige Stellungnahmen zu politischen Streitfragen und damit das Parteiergreifen für die eine oder andere Seite würden ihm die Unterstützung durch Vollversammlung und Sicherheitsrat entziehen und ihm damit die Möglichkeit nehmen, beratend und vermittelnd auf die Konfliktgegner einzuwirken. Der Erfolg seiner „Makler-Rolle" ist damit auch von seiner Persönlichkeit, seinem Ansehen und Verhandlungsgeschick abhängig.

Die UN als Weltpolizei?

M4

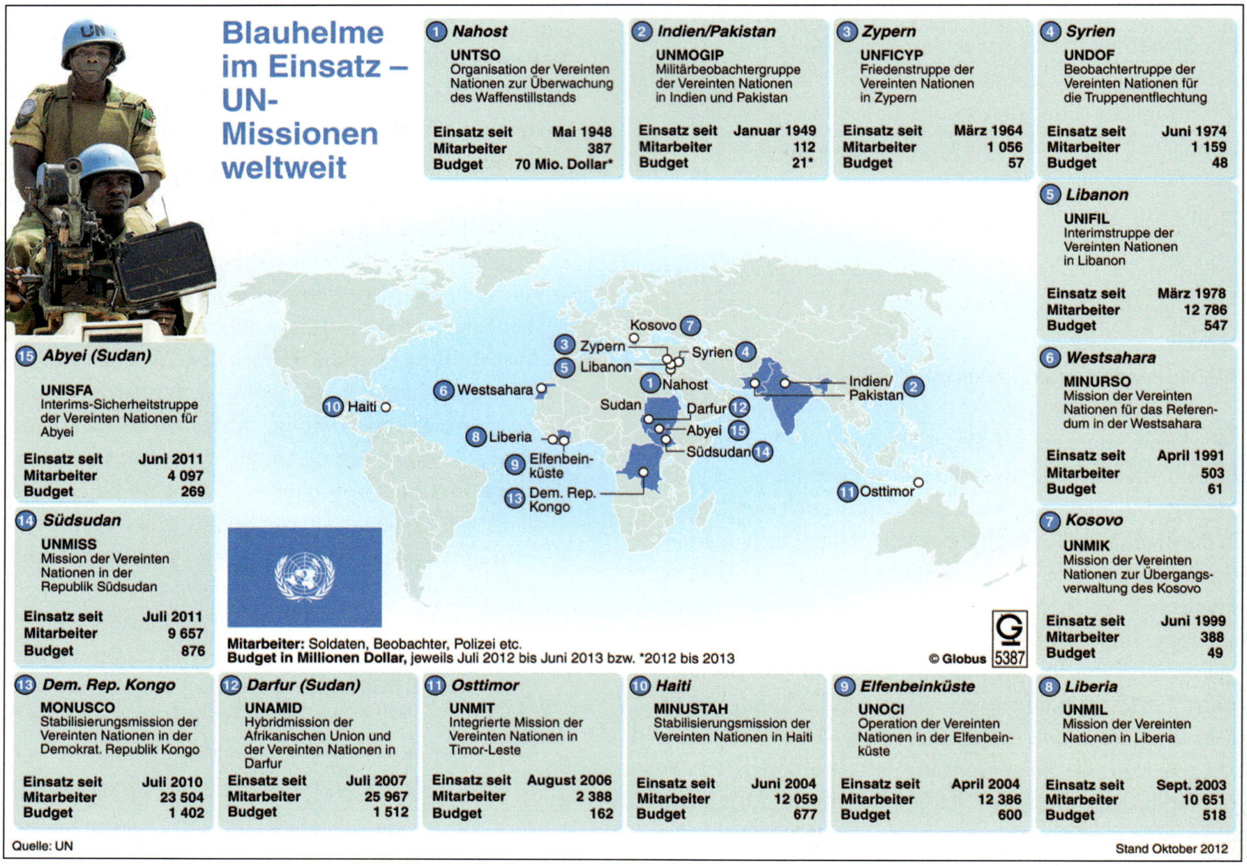
Blauhelme im Einsatz – UN-Missionen weltweit
1 Nahost
UNTSO
Organisation der Vereinten Nationen zur Überwachung des Waffenstillstands
Einsatz seit Mai 1948
Mitarbeiter 387
Budget 70 Mio. Dollar*
2 Indien/Pakistan
UNMOGIP
Militärbeobachtergruppe der Vereinten Nationen in Indien und Pakistan
Einsatz seit Januar 1949
Mitarbeiter 112
Budget 21*
3 Zypern
UNFICYP
Friedenstruppe der Vereinten Nationen in Zypern
Einsatz seit März 1964
Mitarbeiter 1 056
Budget 57
4 Syrien
UNDOF
Beobachtertruppe der Vereinten Nationen für die Truppenentflechtung
Einsatz seit Juni 1974
Mitarbeiter 1 159
Budget 48
5 Libanon
UNIFIL
Interimstruppe der Vereinten Nationen in Libanon
Einsatz seit März 1978
Mitarbeiter 12 786
Budget 547
6 Westsahara
MINURSO
Mission der Vereinten Nationen für das Referendum in der Westsahara
Einsatz seit April 1991
Mitarbeiter 503
Budget 61
7 Kosovo
UNMIK
Mission der Vereinten Nationen zur Übergangsverwaltung des Kosovo
Einsatz seit Juni 1999
Mitarbeiter 388
Budget 49
8 Liberia
UNMIL
Mission der Vereinten Nationen in Liberia
Einsatz seit Sept. 2003
Mitarbeiter 10 651
Budget 518
9 Elfenbeinküste
UNOCI
Operation der Vereinten Nationen in der Elfenbeinküste
Einsatz seit April 2004
Mitarbeiter 12 386
Budget 600
10 Haiti
MINUSTAH
Stabilisierungsmission der Vereinten Nationen in Haiti
Einsatz seit Juni 2004
Mitarbeiter 12 059
Budget 677
11 Osttimor
UNMIT
Integrierte Mission der Vereinten Nationen in Timor-Leste
Einsatz seit August 2006
Mitarbeiter 2 388
Budget 162
12 Darfur (Sudan)
UNAMID
Hybridmission der Afrikanischen Union und der Vereinten Nationen in Darfur
Einsatz seit Juli 2007
Mitarbeiter 25 967
Budget 1 512
13 Dem. Rep. Kongo
MONUSCO
Stabilisierungsmission der Vereinten Nationen in der Demokrat. Republik Kongo
Einsatz seit Juli 2010
Mitarbeiter 23 504
Budget 1 402
14 Südsudan
UNMISS
Mission der Vereinten Nationen in der Republik Südsudan
Einsatz seit Juli 2011
Mitarbeiter 9 657
Budget 876
15 Abyei (Sudan)
UNISFA
Interims-Sicherheitstruppe der Vereinten Nationen für Abyei
Einsatz seit Juni 2011
Mitarbeiter 4 097
Budget 269
Kosovo 7
Zypern 3
Syrien 4
Libanon 5
Nahost 1
Westsahara 6
Haiti 10
Sudan
Darfur 12
Abyei 15
Südsudan 14
Indien/Pakistan 2
Liberia 8
Elfenbeinküste 9
Dem. Rep. Kongo 13
Osttimor 11
Mitarbeiter: Soldaten, Beobachter, Polizei etc.
Budget in Millionen Dollar, jeweils Juli 2012 bis Juni 2013 bzw. *2012 bis 2013
© Globus 5387
Quelle: UN
Stand Oktober 2012

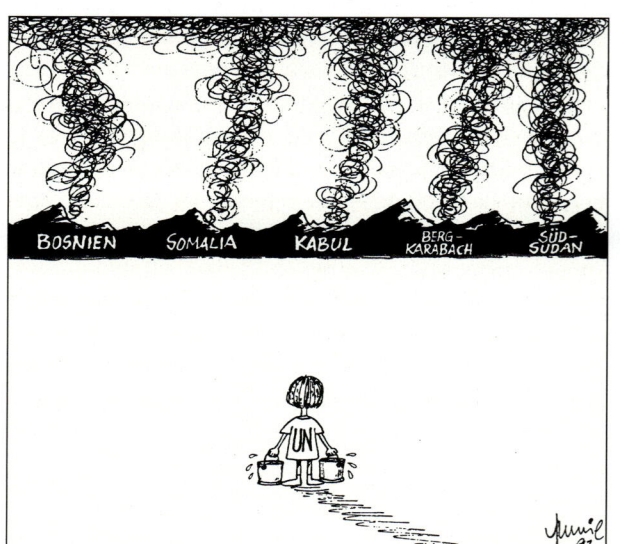

M5

BOSNIEN
SOMALIA
KABUL
BERG-KARABACH
SÜD-SUDAN
UN

M6 Einsätze der UNO

1990/91 Golfkrieg – „klassischer Fall"

VERRECHNET JUNGE!
BRUTALITÄT + FRECHHEIT
× { MACHT / HABGIER +
INTERNAT. FEIGHEIT
= SIEG HEIL

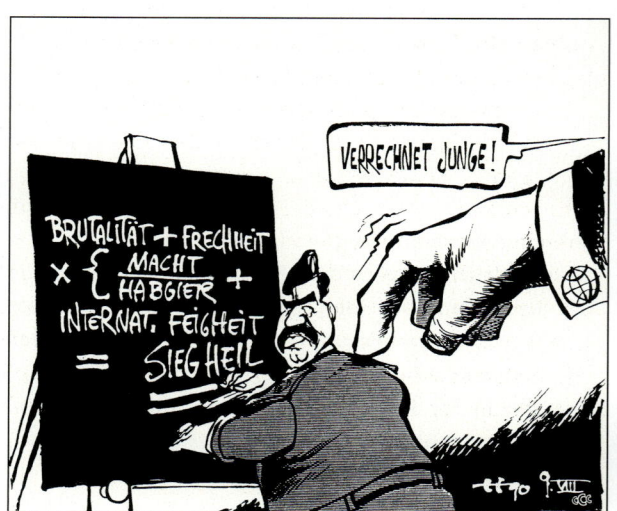

Der Irak überfällt im Sommer 1990 das benachbarte Ku-
wait. Der Sicherheitsrat erteilt – erstmals seit 1950 im
Korea-Krieg – das Mandat zur kollektiven Anwendung
von militärischer Gewalt, weil die USA und Russland
5 keinen Gebrauch von ihrem Vetorecht machen. Die zu-
sammengeschmiedete Golf-Allianz greift unter militärischer Führung der USA in den Krieg ein und entscheidet ihn, ohne Saddam Hussein zu beseitigen, da er als
Stabilitätsfaktor gegen den islamischen Fundamentalis-
10 mus und ethnische Konflikte angesehen wird. Gleichwohl werden Flugverbotszonen eingerichtet zum Schutz
der Kurden im Norden sowie der Schiiten im Süden und
es werden Inspektoren zur Entwaffnung des Iraks ent-
sandt.

1992 Somalia – „Präzedenzfall"?

15 In Somalia herrscht ein Bürgerkrieg, in dem sich rivali-
sierende Familienclans harte Kämpfe liefern. Die Bevölkerung leidet unter Hunger, Not und Verelendung. Der
Sicherheitsrat beschließt ohne Zustimmung Somalias
humanitäre Hilfe für die Not leidende Bevölkerung. Zur
20 Sicherung der humanitären Hilfe bieten die USA militärische Unterstützung an. Die UN beschließen eine entsprechende Operation, an der sich neben den USA noch
eine ganze Reihe weiterer Staaten (seit 1993 auch
Deutschland) beteiligen. Bei diesen Aktionen wird die
25 Grenze zwischen den *Peacekeeping*- und den *Peacema-
king*-Maßnahmen verwischt. Die Mission ist gescheitert,
als amerikanische Soldaten in den Bürgerkrieg als
Kriegspartei verwickelt werden. 1995 beschließt der Sicherheitsrat die Beendigung der Friedensmissionen und
30 den Abzug der Soldaten. Somalia zerfällt und versinkt
im Chaos.

1998/99 Kosovo – „Sündenfall"? (vgl. S. 260)

In der Provinz Kosovo unterdrückt die serbisch-jugosla-
wische Staatsmacht die albanische Bevölkerung und ver-
treibt sie zu Hunderttausenden aus ihren angestammten Wohnsitzen („ethnische Säuberung"). Die westliche 35
Welt reagiert mit Luftangriffen der NATO, nachdem die
Verhandlungen über eine politische Lösung des Kon-
flikts gescheitert waren.
Die NATO-Intervention erfolgt aber ohne ein Mandat
des UN-Sicherheitsrats, weil Russland und China der 40
Militäraktion nicht zustimmen. Ein von Deutschland
vorgelegter Friedensplan ermöglicht es, nach Beendigung der Kampfhandlungen Russland in das weitere
Vorgehen einzubinden und China zu einer duldenden
Haltung im Sicherheitsrat zu bewegen. 45
Die Resolution ermöglicht eine autorisierte Friedens-
mission im Kosovo (Stationierung der zeitlich nicht begrenzten KFOR-Truppen und Aufbau einer Übergangsverwaltung UNMIK) unter dem Schutz der UNO, die in
einen Prozess der Friedenskonsolidierung (*Peacebuil-* 50
ding, Nationbuilding) mündet.

2001 Afghanistan – „Recht auf Selbstverteidigung"? (vgl. S. 261 f.)

Als Reaktion auf Präsident George W. Bushs Mahnung, „bereit zu sein", haben Seeleute des Flugzeugträgers „Abraham Lincoln" an Deck diese Losung gebildet und damit ihre Bereitschaft zur Unterstützung der Operation „Enduring Freedom" zum Ausdruck gebracht.

Nach den Terroranschlägen vom 11.09.2001 in den USA fordert die amerikanische Regierung die Taliban in Afghanistan auf, Osama bin Laden, den die USA für die
55 Terrorakte verantwortlich machen, auszuliefern. Die Taliban weisen die Forderungen zurück. Als Kampf der ganzen freien Welt bezeichnet, knüpfen die USA eine Allianz gegen den Terror, der sich neben der NATO, die erstmals den Verteidigungs- und Bündnisfall erklärt,
60 auch Russland, China und islamische Staaten anschließen. Die USA beginnen, legitimiert durch den Sicherheitsrat, ihre Luftangriffe auf Afghanistan, wobei sie von Großbritannien unterstützt werden; am Ende steht die Beendigung der Talibanherrschaft in Afghanistan. Die
65 UN entsenden eine internationale Sicherheitstruppe (ISAF) unter wechselndem Kommando verschiedener europäischer Länder. Seit 2003 wird die ISAF von der NATO geführt. Auch deutsche Soldaten sind seither in Afghanistan im Einsatz. Ihre Aufgabe besteht darin, für
70 die Sicherheit der afghanischen Regierung in der Hauptstadt Kabul und der Bevölkerung im Nordosten Afghanistans um die Region Kundus und Feisabad zu sorgen. Neben dem militärischen Engagement zur Befriedung unterstützt sie in großem Umfang den zivilen Wieder-
75 aufbau Afghanistans. Seither versuchen die wiedererstarkten Taliban wie auch regionale Kriegsherren, die Bemühungen der internationalen Staatengemeinschaft zur politischen Neuordnung, zum Wiederaufbau und zur Stabilisierung Afghanistans durch gezielte Anschlä-
80 ge zu verhindern.

2002/03 Irak – „Völkerrecht oder Rückfall in den Unilateralismus"?

Die USA wollen einen Regimewechsel im Irak herbeiführen, um vermeintliche Massenvernichtungswaffen im Irak zu beseitigen, die Region zu demokratisieren und die Ölreserven zu sichern. Als Zweifel an der Existenz von Massenvernichtungswaffen und Widerstand in 85 Europa sowie im amerikanischen Kongress artikuliert werden, versucht der amerikanische Präsident, eine Legitimation über ein UN-Mandat zu erhalten. Dies gelingt allerdings nicht. Angesichts der unvereinbaren Haltung der Mitglieder im Sicherheitsrat scheitert die 90 Diplomatie. Nach einem Ultimatum des amerikanischen Präsidenten an Saddam Hussein erfolgt im Frühjahr 2003 die Invasion der „Koalition der Willigen" mit politisch umstrittener Legitimation („präemptive Selbstverteidigung"). 95

Nach dem von Präsident Bush 2003 verkündeten militärischen Sieg finden 2005 die ersten freien Wahlen statt, im Oktober wird eine Verfassung von fast 80 Prozent der Iraker gebilligt, im Dezember mit hoher Wahlbeteiligung ein Parlament und schließlich eine demokratisch 100 legitimierte Regierung gebildet. Im Land herrscht allerdings auch nach der Verurteilung und Hinrichtung Saddam Husseins 2006 alltäglicher Terror. Aufgrund dieser Entwicklung beschließt die US-Regierung 2007, ihre Truppen im Irak massiv zu verstärken und gemeinsam 105 mit irakischen Sicherheitskräften eine Sicherheitsoffensive in Bagdad zu starten.

Während zahlreiche Staaten trotz nachträglichem UN-Mandat zum Wiederaufbau des Landes ihre Soldaten aus dem Irak abziehen, verspricht Präsident Obama einen verantwortungsvollen Abzug der amerikanischen 110 Truppen bis Ende 2011.

Seit 2012 Syrien – „Rückfall in die Blockade"?

Seit Dezember 2010 erfährt die arabische Welt eine Serie von Protesten, Aufständen und Revolutionen gegen au-
115 toritäre Regimes. Sie führten beispielsweise in Tunesien und Ägypten zum Sturz des jeweiligen Machthabers. In

Libyen kam es 2011 zu einer bewaffneten Intervention zum Schutz der Zivilbevölkerung. Der Schutz der Menschenrechte hatte hier eine höhere Priorität als die Achtung der innerstaatlichen Souveränität.
120
Im Zuge dieses „arabischen Frühlings" kommt es im März 2011 auch in Syrien zu Demonstrationen gegen die autoritär herrschende Baath-Partei unter Präsident Baschar al-Assad. Die in einer verarmten Region nach einer langen Dürre ausgebrochenen Proteste werden 125 von der Regierung brutal niedergeschlagen. Schnell weitet sich der Konflikt zu einem offenen Bürgerkrieg aus. Der UN-Sicherheitsrat kann sich nicht auf ein wirksames Vorgehen einigen. Die Veto-Mächte Russland, Verbündeter des Assad-Regimes, und China verhindern 130 von den anderen Mitgliedern gewünschte Maßnahmen. Aus Verärgerung über diese Blockade verzichtet Kofi Annan, ehemaliger UN-Generalsekretär und Friedensnobelpreisträger, im August 2012 auf eine Verlängerung seines Mandats als UN-Sondergesandter für Syrien.
135

Defizite und Reformvorschläge

Ob und wie weit die UN mit ihrem *Peacekeeping* (M 5) Krisen eindämmen oder zumindest deren Eskalation verhindern konnten, vermag niemand exakt zu sagen. Solche Einsätze können zwar politische und vor allem militärische „Zwerge" in die Schranken verweisen, bleiben aber in den weltweit zunehmenden Bürgerkriegen und in Konflikten zwischen mittleren, gut gerüsteten Staaten oft ohnmächtig. Fakt ist, dass sich seit 1989 der Charakter der UN-Friedenseinsätze in der Praxis erheblich gewandelt hat. Standen in der ersten Generation der *Peacekeeping*-Einsätze Blauhelmsoldaten zur Überwachung von Waffenstillständen noch „neutral" zwischen den verfeindeten Fronten, sind die Einsätze im *Peacebuilding*, beim Wiederaufbau staatlicher Strukturen, komplexer und anspruchsvoller geworden; bei *Peace-enforcement*-Einsätzen oder bei „Robusten Mandaten" gehören auch die begrenzte Anwendung von Gewalt und Kampfaufträge zum Anforderungsprofil von UN-Einheiten.

Da die UN über keine eigenen militärischen Machtmittel verfügen und damit auf die Mitgliedstaaten, vor allem die USA mit ihren überragenden Möglichkeiten, angewiesen sind, hängen die Einsatzmöglichkeiten stark von der Bereitschaft und der (strategischen) Interessenlage der Mitgliedstaaten ab. Die ungewissen Erfolge vieler UN-Missionen im Nahen Osten und in Afghanistan, die Misserfolge oder gar Untätigkeit bei ethnischen Konflikten und Stammeskriegen in Afrika und in den Balkan-Kriegen,

die Unfähigkeit, in Konfliktherde am südlichen Rand der ehemaligen Sowjetunion einzugreifen, beschädigten in einer unübersichtlichen und konfliktreichen Staatenwelt Autorität und Effizienz der Vereinten Nationen. Steigende Kosten der Weltorganisation für die ausufernde Zahl von Einsätzen bei gleichzeitig sinkender Zahlungsmoral der Mitglieder, nicht zuletzt aber auch die Abneigung der wichtigsten Mitgliedstaaten, auf nationale Souveränitätsrechte zu verzichten, begleiten diese Entwicklung.

In der Generalversammlung sind alle der inzwischen knapp 200 Mitgliedstaaten gleichberechtigt mit einer Stimme vertreten, trotz riesiger Unterschiede bezüglich Wirtschaftsleistung, Größe, Bevölkerungszahl, Macht und internationalem Engagement. Ihre Resolutionen besitzen als Ausdruck der Universalität (Weltmeinung, Weltgewissen) oft großes moralisches Gewicht, haben aber nur empfehlenden Charakter. Kritik am Sicherheitsrat wurde bis 1989 vor allem wegen seiner Veto- und Patt-Politik geübt. Die herausragende Stellung der fünf ständigen Mitglieder (USA, Russland, China, Frankreich, Großbritannien), ohne deren Zustimmung die UN insgesamt handlungsunfähig bleiben, verstärken bei Ländern der südlichen Hemisphäre den Zweifel an der Neutralität der Weltorganisation, vor allem wenn der Sicherheitsrat die Militäreinsätze der USA und ihrer Verbündeten legitimiert („United Nations of America").

Der Sicherheitsrat gilt in seiner jetzigen Form nicht mehr als repräsentativ für eine Welt, in der seit 1945 mehr als 140 Staaten neue Mitglieder der Vereinten Nationen geworden sind und in den Regionen wie Afrika, Lateinamerika und Asien bei UN-Einsätzen heute eine ganz andere Rolle spielen als früher. Daher fordern vor allem die Staaten des Südens, dass die Zusammensetzung des Sicherheitsrats den neuen Realitäten angepasst wird.

Umstritten ist die Zulässigkeit von Interventionen bei innerstaatlichen Konflikten aus humanitären Gründen, seitdem im Golfkrieg zum Schutz der Kurden und in Somalia zugunsten der hungernden Bevölkerung Präzedenzfälle für eine Nachrangigkeit des Souveränitätsprinzips gegenüber dem Schutz der Menschenrechte (vgl. Charta der Vereinten Nationen, Art. 1 und 2, S. 249) geschaffen wurden. Im Kosovo-Konflikt sowie in Syrien konnten die UN diese Handlungsfähigkeit nicht erreichen, denn im Sicherheitsrat legten China und Russland ihr Veto ein. Daraus leitete die NATO für sich die umstrittene Legitimation ab, zur „Vermeidung einer humanitären Katastrophe" auch ohne UN-Mandat einen Luftkrieg gegen Serbien zu führen. Völkerrechtliches Neuland wurde nach dem Terrorangriff auf die USA am 11. September 2001 betreten. Die militärische Intervention in Afghanistan rechtfertigten die Amerikaner als Staatsnotwehr und Verteidigung gegen den Terrorismus. Der UN-Sicherheitsrat hat in seiner Erklärung zu den Anschlägen das Selbstverteidigungsrecht und die militärische Intervention der USA anerkannt, obwohl Afghanistan selbst nicht angegriffen hatte. Unumstritten ist das klassische Recht auf Selbstverteidigung nach Artikel 51 der UN-Charta. Das schließt auch präventives militärisches Handeln ein, wenn eine aggressive Handlung unmittelbar zu erwarten ist. Während dieses Vorgehen noch völkerrechtlich gedeckt ist, ist ein präemptiver Krieg (preemptive strike), der bereits das Aufkommen einer Gefahr – z. B. vermeintlicher, beabsichtigter oder tatsächlicher Besitz von Massenvernichtungswaffen durch einen verfeindeten Staat oder Terroristen – im Keime ersticken will, völkerrechtlich höchst umstritten und wird von den meisten Mitgliedsländern abgelehnt. Die Vereinigten Staaten als einzig verbliebene Supermacht waren zeitweise bereit, unabsehbare Risiken auch durch unilaterales präemptives Handeln abzuwenden.

Der frühere UN-Generalsekretär Kofi Annan stellte 2005 einen weitgehenden Entwurf zur Reform der UNO vor. Er forderte darin unter anderem eine umfassende Reform des Sicherheitsrats. Seine Mitgliederzahl sollte von derzeit 15 auf bis zu 25 Staaten erweitert werden, sodass er „die internationale Gemeinschaft als Ganzes und die heutige geopolitische Wirklichkeit in stärkerem Maße re-

präsentiert". Diese Forderungen wurden von Deutschland und Japan unterstützt, die aufgrund ihres internationalen Engagements einen ständigen Sitz im Weltsicherheitsrat anstreben. Neben einer Stärkung der Organe des Generalsekretärs und des Wirtschafts- und Sozialrats sah der Reformplan die Schaffung einer permanenten, gut ausgebildeten „Schnellen Eingreiftruppe" unter UN-Kommando vor, die sofort eingesetzt werden kann und die Eskalation von Krisen verhindern soll. Während die meisten Reformpunkte von der Generalversammlung abgelehnt wurden, konnte sich Annan bei der Schaffung eines Menschenrechtsrates (MRR) durchsetzen. Der Rat löste 2006 die Genfer Menschenrechtskommission ab und ist mit verstärkten Kompetenzen ausgestattet. Insbesondere kann er mit 2/3-Mehrheit die Entsendung von Beobachtern zur Überwachung der Menschenrechtssituation in einem Mitgliedsstaat verbindlich beschließen. UN-Generalsekretär Ban Ki Moon, seit 2007 an der Spitze der Weltorganisation, setzt sich weiterhin für eine „Stärkung der Vereinten Nationen für eine bessere Welt" und eine Reform der UNO ein.

M7 Internationaler Strafgerichtshof

Vorgeschichte: Der UN-Sicherheitsrat setzt 1993 das zeitlich und geographisch begrenzte Kriegsverbrechertribunal zur Ahndung von Kriegsverbrechen und Verbrechen gegen die Menschlichkeit im ehemaligen Jugoslawien ein. Mit dem Prozess gegen Milosevic 2002 5 musste sich erstmals ein gewählter Staatspräsident vor dem internationalen Tribunal verantworten.

Gründung: 1998 stimmen der Einrichtung eines ständigen Strafgerichtshofs (ICC) von den 148 anwesenden Staaten 120 Staaten zu, sieben (u. a. die USA) votieren 10 dagegen. Dem ersten auf Dauer eingesetzten Weltgericht gehören 18 Richter und ein Chefankläger an, die ihre Arbeit 2003 in Den Haag aufnehmen [...].

Aufgaben: Das Gericht [ist] für Völkermord, Kriegsverbrechen und Verbrechen gegen die Menschlichkeit, zu 15 denen Massenmorde, Versklavung, Folter und Vergewaltigung zählen, zuständig [...].

Verfahren: Vor das Gericht kommen nur Individuen, die Angehörige eines dem Statut beigetretenen Staates sind oder sich in einem solchen aufhalten, aber nicht 20 Staaten. Als Höchststrafe sind 30 Jahre, in besonders schweren Fällen lebenslange Gefängnishaft vorgesehen. Das Weltgericht wird nur tätig, wenn die nationalen Strafverfolgungsbehörden nicht willens oder in der Lage sind, den Tätern den Prozess zu eröffnen. Kla- 25 gen können alle Staaten, die das Abkommen ratifiziert haben, der UN-Sicherheitsrat und der Anklagevertreter des Gerichts.

Die USA lehnen die Ratifizierung des Vertrages ab, weil sie politisch motivierte Klagen gegen US-Soldaten ebenso befürchten wie die Einschränkung der nationalen Souveränität. Auf Druck der Amerikaner [hat] der UN-

Sicherheitsrat [beschlossen], UN-Soldaten aus Ländern, die das Statut des Weltgerichts nicht ratifiziert haben, Immunität vor dem Tribunal zu gewähren. Diese Regelung gilt zunächst zwar nur für ein Jahr; der Rat hat aber seine Absicht bekundet, sie regelmäßig zu verlängern.

(nach: Harenberg, Aktuell 2003, S. 324)

Aufgaben

1. Erläutern Sie das Schaubild zur Organisation der UN (M 2). Wie weit lassen sich Parallelen zu nationalen Regierungssystemen aufzeigen?

2. Erläutern Sie die Möglichkeiten der UN zur Beilegung von Konflikten. Begründen Sie, welche Maßnahme Ihnen am sinnvollsten erscheint. Zu einem aktuellen Konflikt können Sie auch eine Sitzung des Sicherheitsrats in einem Rollenspiel nachspielen. Teilnehmer sind die fünf ständigen Mitglieder.

3. Erörtern Sie, ob das Veto-Recht im Sicherheitsrat durch eine Mehrheitsentscheidung abgelöst werden sollte.

4. Setzen Sie sich kritisch mit der Rolle der UN als „Weltpolizei" im Golfkrieg, Bosnien-Krieg, Kosovo-Krieg, in Afghanistan, im Irak-Konflikt oder in einem aktuellen Konflikt auseinander. Welche Verdienste/Defizite sind erkennbar? Wo liegen die Ursachen von Defiziten?

5. Erstellen Sie ein Dossier zu einem aktuellen Konflikt unter besonderer Berücksichtigung der Rolle von UNO, NATO und EU (→ Methodenschulung, S. 141 f.). Dokumentieren Sie dabei auch die historischen Hintergründe des sog. „arabischen Frühlings". Berücksichtigen Sie die Materialien in M 6.

6. Stellen Sie tabellarisch zusammen (→ Text S. 255 f.): Defizite im kollektiven Sicherheitssystem der Vereinten Nationen.

7. Erörtern Sie Reformvorschläge zur Behebung bestehender Defizite der Vereinten Nationen. Entwickeln Sie eigene Ideen und recherchieren Sie die neuesten Kontroversen. Diskutieren Sie die Zulässigkeit präemptiver Selbstverteidigung.

8. Diskutieren Sie: Militärisches Eingreifen zugunsten der existenziell bedrohten Bevölkerung nur bei begrenztem Risiko?

9. Wie beurteilen Sie die Haltung der USA zum mehrheitlich beschlossenen internationalen Strafgerichtshof (M 7). Entwerfen Sie einen Presseartikel. Recherchieren Sie aktuelle Verfahren.

3.2 Die Bedeutung der NATO für internationale Konfliktregelung

Bis 1990 war die NATO ein militärisches Defensivbündnis gegen die Sowjetunion und den Warschauer Pakt und Verkörperung des Führungsanspruches der USA. Beides entsprach den damaligen Bedürfnissen Westeuropas. Kernstück des NATO-Vertrags war und ist der Artikel 5, der die Mitgliedstaaten verpflichtet, sich im Falle eines bewaffneten Angriffs auf einen Bündnispartner gegenseitig Beistand zu leisten. Die Entscheidung über den Bündnisfall schließt keine Automatik des Truppeneinsatzes mit ein,

sondern ist immer eine souveräne Entscheidung der Bündnispartner darüber, wie sie ihrer Verpflichtung nachkommen wollen. Der Beistand gilt nur für die Verteidigung. Über den Bündnisfall entscheidet der NATO-Ministerrat einstimmig. Diese relativ lockere formale Bündnisverpflichtung wird politisch wesentlich dadurch verstärkt, dass die meisten NATO-Mitglieder Teile ihrer Armee als NATO-integrierte Streitkräfte eingerichtet haben. Seit dem Jubiläumsgipfel in Washington anlässlich ihres 50-jährigen Bestehens im April 1999 hat die NATO ein „Neues Strategisches Konzept". Es stellt das vorläufige Resultat einer fast zehnjährigen Anpassung des Bündnisses an die sich ständig verändernden sicherheitspolitischen Herausforderungen nach der Überwindung des Kalten Krieges dar. Der Washingtoner Jubiläumsgipfel sollte mit seinem Neuen Strategischen Konzept eine Antwort auf die noch offenen Fragen zur zukünftigen Rolle der NATO geben:

- In welchem Bereich soll die NATO operieren können: nur im Bündnisgebiet, regional begrenzt oder weltweit? Out of area?

- Welche Rolle sollen die Europäer innerhalb der NATO spielen? Soll es zukünftig auch Militäreinsätze ohne die USA geben?
- Wie soll eine Mandatierung der NATO-Einsätze *out of area* erfolgen: nur mit UN- oder OSZE-Mandat? Oder ergänzend ein Recht auf Selbstmandatierung? Out of United Nations?
- Welcher Sicherheitsbegriff soll dem Neuen Strategischen Konzept zugrunde liegen? Gehören im Sinne eines erweiterten Sicherheitsbegriffs auch Terrorismusbekämpfung, Verhinderung der Proliferation von Massenvernichtungswaffen und Sicherung der Rohstoffversorgung zum Aufgabenbereich der NATO? Out of defence?

Grundinformationen zur NATO

M 8 Alte NATO – neue NATO

	„alte" NATO	„neue" NATO
Gründung/Anlass	**Beginn des Kalten Krieges** Berlinblockade 1948/49	Seit 1991: Zerfall der Sowjetunion, Ende des Warschauer Paktes, blutige innerstaatliche Konflikte auf dem Balkan, Kosovo-Kampfeinsätze ohne UN-Mandat 1999: Jubiläum der NATO mit **Neuem Strategischen Konzept** Terroranschläge (v. a. 11.9.2001)
Ziele	Gegenseitiger militärischer Beistand bei einem Angriff auf das Bündnisgebiet: **Bündnisfall nur bei Angriff von außen** (Art. 5 NATO-Vertrag)	Gerechte Friedensordnung in Europa auf der Grundlage der gemeinsamen Werte: nicht nur defensives Verteidigungsbündnis, sondern auch Einsätze zur Konfliktverhütung und Krisenbewältigung einschließlich von Krisenreaktionseinsätzen
Legitimation von Militäreinsätzen	Recht der kollektiven Selbstverteidigung nach Art. 51 der UN-Charta	**UN/OSZE-Mandat** wird angestrebt, aber Entscheidung von „Fall zu Fall" (Neues Strategisches Konzept, 1999)
Aufgabenbereich	Sicherheit durch Bereitschaft zur **militärischen Verteidigung** (**„Kernfunktion"**)	Aufrechterhaltung der Kernfunktion „kollektive Verteidigung": Fähigkeit und Bereitschaft zur Reaktion auf schwer vorhersehbare Risiken, welche die Sicherheit des Bündnisses gefährden könnten (u. a. Sicherung der Ressourcen. Terrorismusbekämpfung, Verhinderung von Proliferation) **Politische Funktionen:** Förderung der Partnerschaft und des Dialogs mit anderen Staaten des euro-atlantischen Raums, politische und militärische Partnerschaften und Gremien mit Russland und anderen osteuropäischen Staaten, aktiver Beitrag zu Abrüstungs- und Nichtverbreitungsabkommen

	„alte" NATO	„neue" NATO
Mitglieder	USA, Kanada, 13 westeuropäische Staaten, Türkei	Mehrere Osterweiterungen der NATO: bis 2006 26 Mitgliedstaaten
Geltungsbereich für Militäreinsätze	Kein Einsatz „out of area"; nur nach Angriff auf Bündnisgebiet ist präventive „Vorneverteidigung" möglich	Verwirklichung der Sicherheitsinteressen im „euroatlantischen Raum", d.h. auch Einsätze „out of area"
Organisation/Entscheidungsverfahren	Zivile und militärische Struktur: Entscheidungen im NATO-Rat auf Ministerebene bzw. durch ständige Vertreter im Botschafterrang (Primat der Politik); Beschlüsse einstimmig und für alle verbindlich	Wie bisher: Primat der Politik und Einstimmigkeit (vgl. M 9)
Grad der Verbindlichkeit	Hohe politische Bindewirkung durch **integrierte Streitkräfte** und eindeutige weltpolitische Konstellationen („Feind im Osten")	Hohe politische Bindewirkung durch integrierte Streitkräfte und die militärische Dominanz der Supermacht USA; mehr Verantwortung für Europa: Aufbau der „Europäischen Verteidigungs- und Sicherheitsidentität"
Strategie/Sicherheitsformel	Seit 1967 Zwei-Säulen-Modell (Harmel-Bericht): **Abschreckung + Entspannung = Sicherheit**; Flexible response: auch atomarer Ersteinsatz möglich	Anpassung der Streitkräfte an das Neue Strategische Konzept zur wirksamen Erfüllung der Anforderungen des gesamten Spektrums der Bündnisaufgaben: Drei-Säulen-Modell; **erweiterter Sicherheitsbegriff** (nicht nur militärisch, s. o.)

M 9   Aufbau der NATO

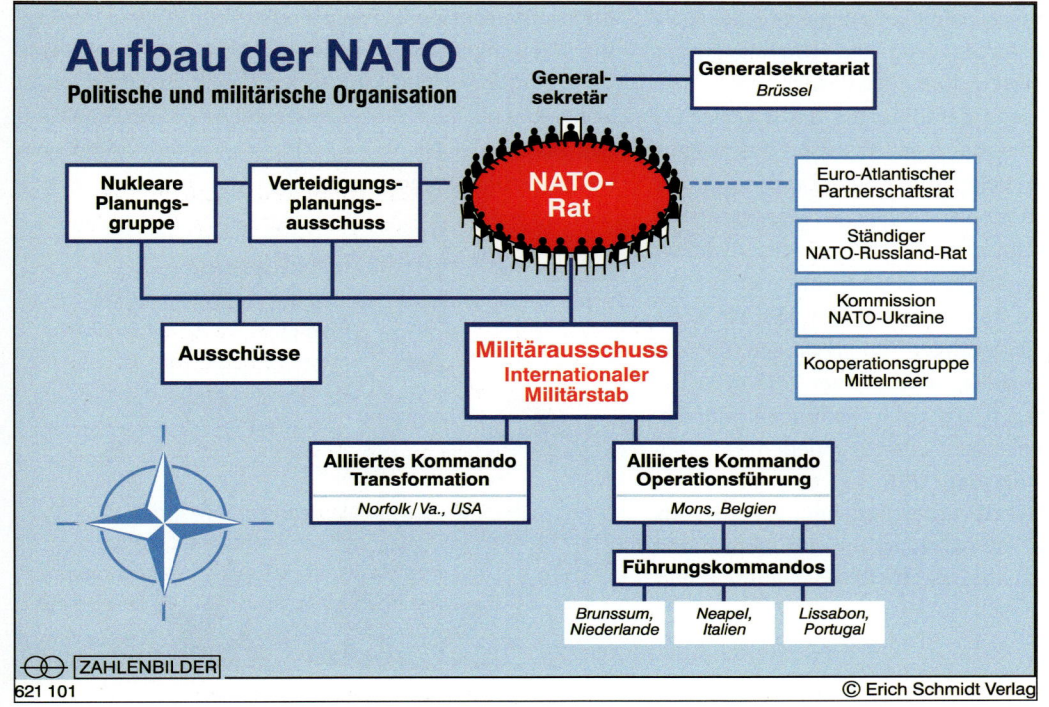

M 10 Über den Rubikon

Allerdings liegen ungeachtet der semantischen Ähnlichkeit Welten zwischen einem Verteidigungsbündnis und einem Interessenverteidigungsbündnis, insbesondere dann, wenn es sich militärischer Mittel zu bedienen ge-
5 denkt. Selbstverteidigung gegen einen bewaffneten Angriff ist eine Reaktionsweise, deren Legitimität außer Frage steht. Verteidigung von Interessen hingegen, betrieben mit Waffengewalt, was den Unterschied zur Durchsetzung von Interessen aufheben würde, ist ein
10 Verhalten, das jedem Rechtsempfinden widerspricht. Die NATO muss damit rechnen, für Aktivitäten, die dem veränderten Aufgabenverständnis entspringen, immer seltener die ungeteilte Zustimmung der internationalen Gemeinschaft zu erlangen, und das heißt konkret: ein Mandat der Vereinten Nationen. Folglich spielt die Fra- 15 ge, wie das Gewaltmonopol der Weltorganisation zu umgehen sei, eine zentrale Rolle in der Strategiedebatte.
Die Selbstmandatierung als ein nicht nur in exzeptionellen Notsituationen gangbarer Ausweg scheint konsensfähig geworden zu sein. Da sich ein Handeln in 20 Übereinstimmung mit der Charta der Vereinten Nationen kaum noch behaupten lässt, wählen ranghohe Repräsentanten zunehmend eine alternative Formulierung: Die NATO handele „im Geist" der Charta.

(Nach: Reinhard Mutz, Über den Rubikon – die neue NATO schafft Fakten; in: Bruno Schoch/Ulrich Ratsch/Reinhard Mutz (Hg.), Friedensgutachten 1999, Münster (LIT) 1999, S. 85)

Die NATO in Konfliktfällen

1994/95 Bosnien – Die NATO als Subunternehmer der UNO

Nach dem Zusammenbruch der Sowjetunion brachen auch auf dem Balkan regionale Konflikte auf, die jahrzehntelang durch das autoritäre sozialistische Regime des jugoslawischen Machthabers Tito überlagert waren. In blutigen Kriegen entluden sich die Spannungen zwischen den verschiedenen ethnischen Gruppen. Nach zwei kurzen Kriegen im Norden Jugoslawiens, die zur Unabhängigkeit Sloweniens und Kroatiens führten, strebte 1991 auch die muslimisch dominierte Regierung des Bundesstaates Bosnien-Herzegowina die Unabhängigkeit vom serbisch dominierten „Rest-Jugoslawien" an.
Zahlreiche diplomatische Bemühungen der UN, der EU und der USA konnten weder eine Eskalation des Krieges noch die jahrelange Belagerung und Zerstörung der Hauptstadt Sarajewo sowie zahlreiche Massaker und Kriegsverbrechen bosnischer Serben an der nichtserbischen Bevölkerung – selbst in UN-Schutzzonen um die Städte Srebrenica und Zepa – verhindern. Um ein Ende dieser „ethnischen Säuberungen" zu erzwingen, flog die NATO zunächst vereinzelte, seit Sommer 1995 systematische Luftangriffe gegen serbische Stellungen. Vor diesem Hintergrund gelangen endlich Friedensverhandlungen unter Führung der USA im amerikanischen Dayton. Die NATO setzte unter Beteiligung Russlands eine internationale Friedenstruppe ein und löste damit die UN-Schutztruppen ab. Das UN-Mandat wurde mehrfach verlängert.

1998/99 Kosovo – Selbstmandatierung: Recht auf humanitäre Intervention?

Das militärische Eingreifen der NATO im Kosovo-Konflikt unter Beteiligung der Bundeswehr entfachte in Wissenschaft, Politik und Öffentlichkeit eine heftige Kontroverse (M 12). Dabei ging es im Kern um die Frage, ob der Kampfeinsatz der NATO ohne Autorisierung des UN-Sicherheitsrates – Russland hatte sein Veto eingelegt – völkerrechtlich abgedeckt ist. Die NATO-Staaten meinten, zum Schutz der Bevölkerung eines Staates vor schweren Menschenrechtsverletzungen, also im Interesse der Humanität, eingreifen zu müssen. Damit nehmen sie eine Verletzung der UN-Charta in Kauf, weil sowohl das Gewaltverbot als auch die einzelstaatliche Souveränität und das Prinzip der Nichteinmischung in innere Angelegenheiten berührt waren.

M 11 Das Legitimationsdilemma

Serbiens Präsident Milosević verletzt die Menschenrechte.

M 12 Die gute Absicht allein ist suspekt

[Entscheidend ist ...] die Frage, ob die neue Bevorzugung der **Menschenrechte** gegenüber dem **Völkerrecht** richtig ist. Der Begriff Menschenrechte legt ihre Höherwertigkeit nahe. Denn diese Rechte genießen dadurch eine hö-
5 here Weihe, dass sie als geboten und dem gesetzten Recht vorrangig angesehen werden. In der Antike schrieb man sie der „Natur" zu und das ewige, ungeschriebene, metaphysisch verankerte Normensystem, dem sie angehören, heißt deshalb bis heute „Natur-
10 recht". Immer hat die Berufung auf das **Naturrecht** dazu gedient, menschliche Satzungen für unmaßgeblich zu erklären und die Anwendung eines höheren, heiligen Rechts zu legitimieren. Freiheit und Gleichheit wurden auf dieser Grundlage erstritten.
15 Es ist aber die Frage, ob man sich mit der Verletzung der **UN-Charta** tatsächlich oberhalb des Völkerrechts befindet – auf einer höheren, humaneren Stufe – oder ob man sich nicht vielmehr unterhalb des Völkerrechts bewegt – auf einer unzivilisierten, primitiveren Ebene. Das Ers-
20 tere wäre der Fall, wenn das Völkerrecht niedrigere Ziele verfolgte als den Schutz der Menschenrechte; das Letztere, wenn die UN-Charta die verfasste, verrechtlichte Form wäre, in der die Menschenrechte global geschützt werden. In diesem zweiten Fall nämlich stünde das Na-
25 turrecht nicht oberhalb der Satzung; die Satzung wäre im Gegenteil seine kodifizierte Fassung.
Die Richtigkeit des zweiten Standpunktes wird klar, wenn man das **Völkerrecht** als Weltkriegs-Verhütungsrecht versteht, das die Menschenrechte nicht übersieht,
30 sondern vor ihrer größten Gefährdung – einem dritten Weltkrieg – bewahren will. Der Konflikt zwischen dem angeordneten Gewaltverbot und der moralisch gebotenen Menschenrechtswahrung wurde in der UN-Charta nicht etwa übersehen; die Versammlung, die sie im Juni
35 1945 verabschiedete, war nicht zu blauäugig, um der Möglichkeit von Massakern, Völkermord und Vertreibung ins Auge sehen zu können. Sie hatte aber etwas anderes im Blick: die Möglichkeit und die Schrecklichkeit eines weiteren Weltkriegs, von dem man angesichts
40 der neu entwickelten Waffen annahm, dass er der Menschlichkeit den Garaus machen könnte. Die Charta hat sich deshalb klar entschieden: Weltkriegsvermeidung geht vor Menschenrechtsverletzungsvermeidung. Nur wenn die als innere Angelegenheiten hinzunehmen-
45 menden Menschenrechtsverletzungen Außenwirkung haben, nur wenn sie ihrerseits die internationale Sicherheit oder den Weltfrieden bedrohen, sollen sie ein militärisches Einschreiten rechtfertigen – und wiederum

nur dann, wenn die führenden Mächte eine einstimmige Entscheidung gefällt haben. Dahinter steht der Gedan- 50 ke: Wenn diese Einigkeit nicht vorliegt, wenn also eine Großmacht gegen das gebotene Eingreifen gestimmt hat, so hat sie dafür Gründe, die sie motivieren könnten, sich auf die Seite des anzugreifenden Staates zu stellen. In diesem Fall nämlich wäre das Ziel der Charta, die 55 Weltkriegsverhütung, verfehlt. [...]
Ist die UN-Charta das Ergebnis einer Güterabwägung, die zwischen dem Schutz des Weltfriedens und der Unverletzlichkeit der Menschenrechte wählen musste, so war ihre Entscheidung zugunsten des Weltfriedens rich- 60 tig. Auch er ist letztens ein Menschenrechtsschutz, und zwar auf höchster Ebene. Er ist der Schutz des Lebensrechts der gesamten Menschheit.

(Sybille Tönnies, in: FAZ, 07.06.1999, S. 12)

Mazedonien – Die NATO als Unternehmer oder Peacekeeping im Auftrag der Konfliktparteien

Das labile Gleichgewicht im Balkanstaat Mazedonien geriet infolge des Kosovo-Konflikts noch stärker ins Schwanken. Rund 360 000 nach Mazedonien geflüchtete Kosovo-Albaner veränderten die ethnische Zusammensetzung der dortigen Bevölkerung (ca. 27 % albanisch-islamische Bevölkerung, slawisch-orthodoxe Mehrheit). Als albanische „Befreiungsarmee" griffen rund 1 000 Aktivisten der albanisch-mazedonischen Befreiungsarmee UCK Dörfer und Städte im Grenzgebiet an, unterstützt von der UCK des Kosovo, und brachten im Frühjahr 2001 den Norden des Landes unter ihre Kontrolle. So entstand eine ähnliche Gefahrensituation wie 1994 in Bosnien-Herzegowina. Auf Druck der EU und der USA stimmten die Konfliktparteien dem NATO-Einsatz „Essential Harvest" zu, bei dem innerhalb von 30 Tagen die Entwaffnung der UCK erfolgte. Als Gegenleistung wurden in Mazedonien albanisch-stämmige Parteien zugelassen und eine Mehrparteien-Regierung musste die albanische Minderheit einschließen.

Afghanistan – Die NATO im Schlepptau der USA

Wegen der Angriffe des 11. September hat die NATO zum ersten Mal seit ihrem Bestehen die gegenseitige Beistandspflicht ausgerufen. Die NATO bot den USA militärische Unterstützung an. Die USA griffen Afghanistan an, ohne aber das Verteidigungsbündnis in Anspruch zu nehmen. Auch bei der Befriedung Afghanistans und ebenso im Irak-Krieg wurden die NATO-Truppen zunächst nicht angefordert. Die Amerikaner organisieren die militärischen Maßnahmen mit ausgewählten Verbündeten selbstständig. Dennoch stellt die NATO logistische Unterstützung zur Verfügung und wird im Rahmen eines

UN-Mandats seit 2003 beim Wiederaufbau des Iraks beteiligt. Auch in Afghanistan übernahm die NATO seit 2003 das Kommando über die ISAF. Dabei operieren zwei unterschiedliche Kampfeinsätze neben- und zunehmend auch miteinander: zum einen die US-geführte Operation „Enduring freedom" im Rahmen des „Kriegs gegen Terror" und auf der anderen Seite die ISAF-Mission der NATO. Der Einsatz, der formal als Stabilitätspakt zur Friedenssicherung begann und bei dem Gewalt nur zur Selbstverteidigung angewendet werden durfte, wird immer mehr zur offensiven militärischen Aufstandsbekämpfung, besonders seit der Verantwortungsbereich der ISAF ab 2006 auch auf das gesamte Land erweitert wurde. Erstmalig beteiligte sich 2009 auch die Bundeswehr an einer Offensive gegen Talibankämpfer. Der internationale Militäreinsatz am Hindukusch gerät zunehmend unter Druck. Zu Beginn des Jahres 2012 fand die Londoner Afghanistan Konferenz statt, die die strategische Ausrichtung neu festlegte. Die Teilnehmer einigten sich darauf, Finanzhilfen und Truppen aufzustocken. Der afghanischen Regierung wird schrittweise die Sicherheitsverantwortung übertragen, um den Abzug der internationalen Truppen ab 2011 zu ermöglichen. Zur Re-Integration früherer Taliban-Kämpfer wurde ein internationaler Fonds eingerichtet. Inwiefern es den Afghanen gelingen wird, eine nach rechsstaatlichen Prinzipien arbeitende Regierung und Verwaltung aufzubauen und zu etablieren, ist eine offene Frage.

Syrien – Die NATO unmittelbar betroffen

Im Zusammenhang mit dem syrischen Bürgerkrieg (s. S. 255) schlugen in der Nacht vom 3. auf den 4. Oktober 2012 syrische Granaten im türkischen Grenzdorf Akcakale ein. Dadurch wurden mehrere Menschen getötet bzw. verletzt. Mit der Türkei war hier ein NATO-Mitglied unmittelbar betroffen. Die NATO hat diesen Zwischenfall als Sicherheitsbedrohung und als eklatante Verletzung internationalen Rechts eingestuft. Die Folge waren Beratungen nach Artikel 4 des NATO-Vertrages, die einberufen werden können, wenn die Sicherheit eines Mitglieds bedroht ist. In Bezug auf Artikel 5, der den eigentlichen „Bündnisfall" vorsieht (Verpflichtung zu bewaffnetem Beistand durch die NATO-Mitglieder), war man bisher noch zurückhaltend. Dennoch wird die Bedrohung aus Syrien sehr ernst genommen, sie betrifft mittlerweile auch die Bundesrepublik Deutschland: Zur Abwehr syrischer Angriffe sind in der Türkei im Januar 2013 deutsche „Patriot"-Luftabwehrsysteme eingetroffen.

Aufgaben

1 Zum neuen strategischen Konzept der NATO: Formulieren Sie anhand von M 8 die Antworten auf die im Autorentext (S. 258) gestellten Fragen.

2 Diskutieren Sie,
a) ob die NATO zu Einsätzen „out of area" unter eigener Regie (z. B. Bosnien) legitimiert ist;
b) welche (politischen) Folgen militärische Fehlschläge bei Einsätzen „out of area" haben könnten (Glaubwürdigkeit, Bündnisverpflichtung).

3 Zeigen Sie die Problematik auf, die der Politologe und Friedensforscher Reinhard Mutz in seinem Artikel „Über den Rubikon" (M 10) im Blick auf Einsätze der NATO, die dem veränderten Aufgabenverständnis entspringen, formuliert.

4 Erörtern Sie, ob die NATO Hindernis oder Brückenbauer für eine Einbindung Russlands in eine gesamteuropäische Sicherheitsarchitektur ist.

5 Diskutieren Sie anhand von M 11 und M 12 das Pro und Kontra einer „humanitären Intervention".

3.3 Die Sicherheitspolitik der Europäischen Union (EU)

Die **Gemeinsame Außen- und Sicherheitspolitik der EU (GASP)** wurde 1992 mit dem Vertrag von Maastricht eingerichtet. Ziel war es, die Außenpolitik der Staaten der Europäischen Union zu harmonisieren. In den Mechanismen der GASP hat allerdings das Konsensprinzip Vorrang, letztendlich entscheiden immer noch die Nationalstaaten. Repräsentiert wird die GASP durch die Hohe Vertreterin („EU-Außenministerin", derzeit die Britin Catherine Ashton). Sie führt den Dialog mit Drittstaaten und vertritt die Standpunkte der Union in internationalen Organisationen und Konferenzen. Darüber hinaus sitzt sie dem Rat für auswärtige Angelegenheiten vor.

Das Ende der Ost-West-Konfrontation hat zwar militärische Konflikte insgesamt reduziert, aber selbst in Euro-

pa nicht zu einer stabilen Friedensordnung geführt. Insbesondere die blutigen Konflikte auf dem Balkan (s. S. 260 f.) haben verdeutlicht, dass ein uneiniges und unfähiges EU-Europa nicht in der Lage ist, eine humanitäre Katastrophe zu verhindern, selbst wenn sie sich „unter seinen Augen" vollzieht und Auswirkungen auch auf EU-Staaten hat (Flüchtlingsströme, Kosten des Wiederaufbaus). Aus dieser Erfahrung heraus beschloss der Europäische Rat in Nizza (2000) den Aufbau einer eigenständigen *Europäischen Sicherheits- und Verteidigungspolitik (ESVP) im Rahmen der GASP*. Mit dem Vertrag von Lissabon erhielt die ESVP ihren neuen Namen **Gemeinsame Sicherheits- und Verteidigungspolitik (GSVP)**.

M 13 Die Strukturen der GASP

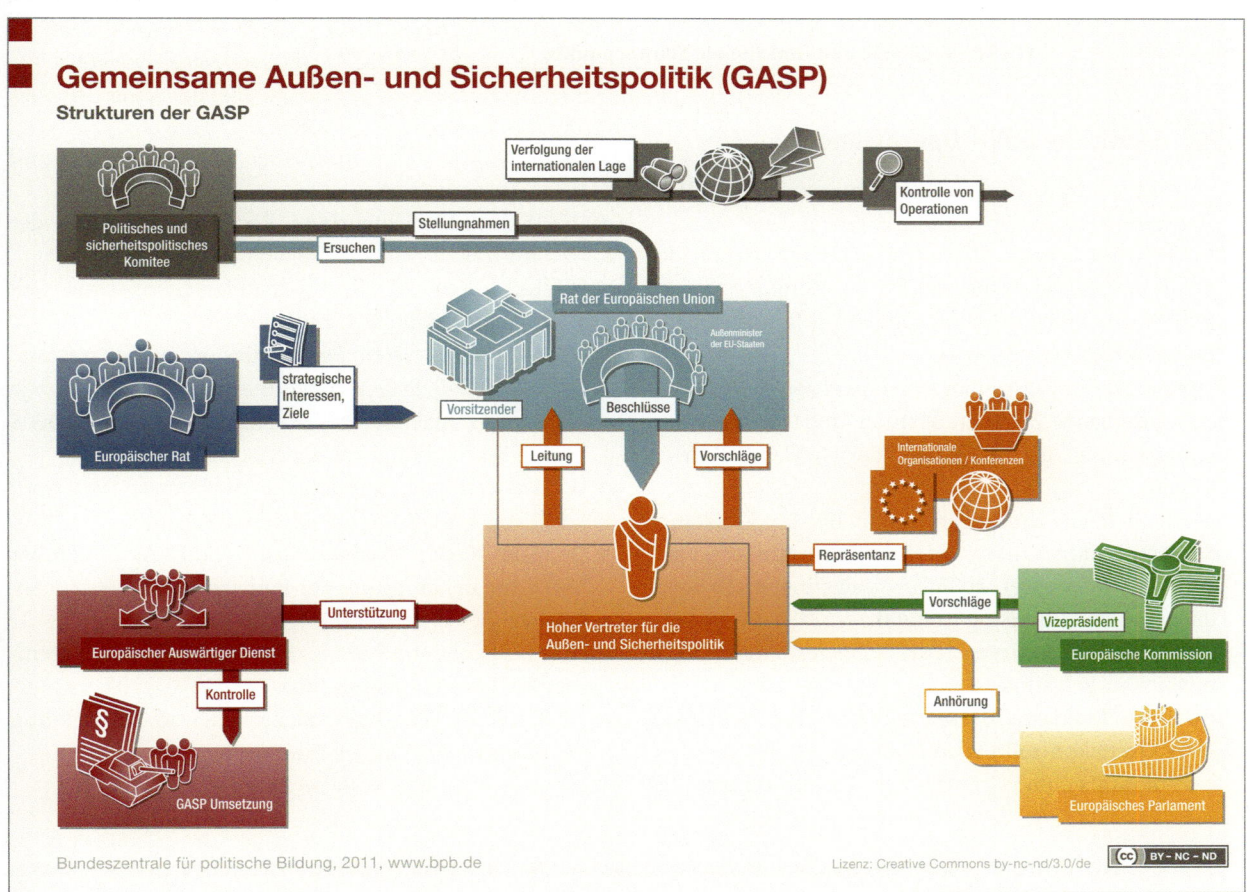

Bundeszentrale für politische Bildung, 2011, www.bpb.de   Lizenz: Creative Commons by-nc-nd/3.0/de   (cc) BY – NC – ND

M 14 Schwerpunkte der GASP

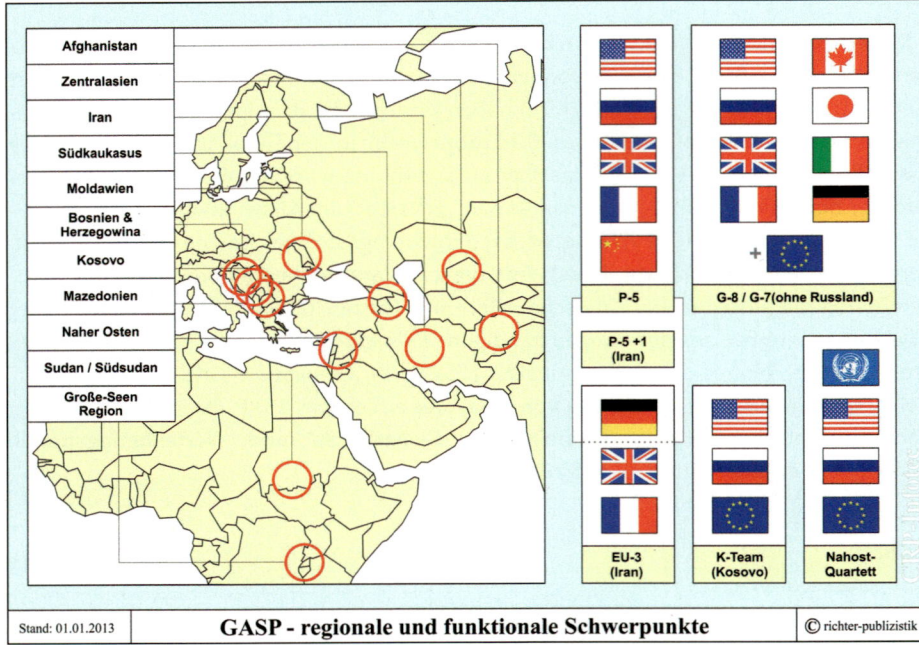

GASP - regionale und funktionale Schwerpunkte

Stand: 01.01.2013

© richter-publizistik

(© richter-publizistik, Bonn)

M 15 Laufende GSVP-Operationen

- EUMM Georgia: Überwachungsmission seit 1991 in Georgien
- EUSEC RD Congo: Mission zur Unterstützung der Sicherheitssektor-Reform in der DR Kongo
- EUPM: EU-Polizeimission seit dem 1. Januar 2003 in Bosnien und Herzegowina
- Operation Althea: Militärische Operation der EUFOR seit Dezember 2004 in Bosnien und Herzegowina (Übernahme der Aufgaben der NATO-geführten SFOR)
- EUBAM Rafah (European Union Border Assistance Mission Rafah): Unterstützende Kontrollmission seit dem 25. November 2005 am palästinensisch-ägyptischen Grenzübergang in Rafah
- EUPOL COPPS: Integrierte Polizeiunterstützungsmission in Palästina
- EUBAM Moldawien/Ukraine: Seit 30. November 2005 Grenzkontrollmission der EU an der moldauisch-ukrainischen Grenze zur Unterbindung des Waffen-, Menschen- und Drogenschmuggels von und nach Transnistrien.
- EUJUST LEX: Integrierte Rechtsstaatsmission der EU im Irak
- EULEX Kosovo: Rechtsstaatlichkeitsmission seit Frühjahr 2008 der EU im Kosovo
- EUPOL Afghanistan: Polizeimission in Afghanistan
- EUPOL RD CONGO: Polizeimission in der DR Kongo
- Operation Atalanta: Militärmission seit Ende 2008 durch Marinekräfte vor der Küste Somalias
- EUTM Somalia: Militärische Ausbildung seit April 2010 von somalischen Soldaten in Uganda
- EUCAP Nestor: Ausbildungsmission seit September 2012 zur Bekämpfung der Piraterie vor der Küste Somalias
- EUAVSEC South Sudan: Unterstützung seit September 2012 am Flughafen Juba
- EUCAP SAHEL Niger: Sicherheit und Entwicklung seit August 2012 in der Sahelzone

(Zusammenstellung Stand November 2012)

Aufgaben

 Erläutern Sie mithilfe von M 13 das Organisationsschema der GASP.

② Internet-Recherche: Informieren Sie sich beim Auswärtigen Amt über Struktur und Instrumente der GSVP. Erstellen Sie ein M 13 vergleichbares Schaubild zur GSVP.

3 Informieren Sie sich über aktuelle zivile und militärische Einsätze im Rahmen der GSVP und über die Einrichtung einer EU-Eingreiftruppe. Informationen bekommen Sie im Internet beim Auswärtigen Amt unter der Adresse http://europa.eu/pol/index_de.htm (Tätigkeitsberichte der EU).

4 Beschreiben und bewerten Sie einen abgeschlossenen oder aktuellen GSVP-Einsatz (M 15).

5 Informieren Sie sich über Friedens- und Sicherheitspolitik der OSZE (Organisation für Sicherheit und Zusammenarbeit in Europa): Ziele, Verfahren, Instrumente.

3.4 Die Rolle der NGOs (Non-Governmental Organizations) in der internationalen Politik

Neben staatlichen Akteuren und internationalen Organisationen spielen auch Nicht-Regierungsorganisationen (NGOs, Non-Governmental Organizations) eine gewichtige Rolle in der internationalen Politik.

M 16 Ambivalente Zwischenbilanzen

Die politischen NGOs verstehen sich als Akteure einer „internationalen Zivilgesellschaft". Ihr Beitrag zur Demokratisierung der internationalen Politik sollte jedoch realistisch eingeschätzt werden.

5 Positiv schlägt zu Buche: NGOs beteiligen sich als eigenständige Kraft an der Entwicklung neuer Kooperationsformen mit staatlichen und wirtschaftlichen Akteuren in internationalen Regimen, artikulieren bisher unterrepräsentierte Interessen und machen Entscheidungspro-

10 zesse öffentlicher und transparenter. Sie tragen zur Herausbildung einer globalen Öffentlichkeit bei und bringen verdrängte oder neue Themen auf die politische Agenda, die sie mit Professionalität und Expertise vertreten. Sie erweitern das Handlungsrepertoire internatio-

15 naler Politik um grenzüberschreitende Formen des Konsumentenboykotts, des Protests, von zivilem Ungehorsam, symbolischen Aktionen und Kampagnen, und

nicht zuletzt tragen die NGOs zur Stärkung und Demokratisierung des UN-Systems bei.

Doch ist trotz dieser unbestreitbar demokratisierenden 20 Leistungen der NGOs vor allzu euphorischen Zwischenbilanzen zu warnen. So macht etwa ein Blick auf die oftmals kargen materiellen Politikergebnisse – man denke nur an die des Rio-Prozesses – deutlich, dass mächtige Nationalstaaten und Staatengruppen wie auch Wirt- 25 schaftsakteure weiterhin zentrale Akteure in der internationalen Arena sind. Die wachsende Zerklüftung und Unüberschaubarkeit der internationalen Politik ist zwar günstig für Wachstum und Beteiligung der NGOs in einzelnen internationalen Regimen, doch ist sie zugleich 30 auch Ausdruck einer Schwächung politischer Regulierungsmöglichkeiten insgesamt. Skeptiker sprechen in diesem Zusammenhang von einer sich abzeichnenden Anarchie der internationalen Politik. NGOs sind zudem oftmals nur Erfüllungsgehilfen staatlicher Interessen 35 oder einer Politik der Privatisierung von Entwicklungshilfe und humanitären Programmen: Staaten wie Wirtschaft nutzen Fachkompetenz, Flexibilität, Effektivität und das öffentliche Ansehen der NGOs. [...]

(Ansgar Klein, Überschätzte Akteure; in: Aus Politik und Zeitgeschichte, hrsg. v. der Bundeszentrale für politische Bildung, Nr. 6–7/2002)

Aufgaben

1 Nennen Sie Beispiele für NGOs, z. B. in der Umweltpolitik oder der Friedens- und Menschenrechtspolitik. Skizzieren Sie Ziele und Handlungsformen.

2 Stellen Sie anhand von M 16 Chancen und Risiken der NGOs als internationale Akteure in einer Tabelle gegenüber.

3 Beurteilen Sie: NGOs als Hoffnungsträger.

4 NGOs müssen nicht notwendigerweise gesellschaftspolitisch wünschenswerte Ziele verfolgen. Letztendlich sind auch Terrornetzwerke „Nicht-Regierungsorganisationen", die im Feld der internationalen Politik wirken. Informieren Sie sich über Strategien und Strukturen des Terrornetzwerkes al-Qaida.

4. Urteilsbildung: Politisches Handeln im Zeitalter globaler Problemlagen

Aktuelle Entwicklungslinien politischen Handelns im internationalen System

M1 **Ein Ordnungsrahmen**

DIE ZEIT

M2 **Das Konzept der „Global Governance"**

Die Globalisierung stellt die internationale Politik vor neue Herausforderungen. Viele grenzüberschreitende, globale Probleme, derer einzelne Staaten nicht mehr allein Herr werden können, gilt es heutzutage gemeinsam
5 zu lösen – hierzu zählen beispielsweise der Klimawandel mit all seinen Auswirkungen auf Mensch und Natur (Klimaflüchtlinge, steigender Meeresspiegel, Artenschwund), die Probleme der internationalen Finanzmärkte, AIDS, Rohstoffknappheit, Armut und Hunger, um
10 nur einige zu nennen.
Das Westfälische Staatensystem mit seinem „ehernen Gesetz" staatlicher Souveränität muss sich daher Modernisierungen öffnen: Die Staaten übertragen Teilbereiche ihrer Souveränität auf supranationale und internationale
15 Organisationen, um von einer politisch übergeordneten Ebene größere Einflussmöglichkeiten auf globale Angelegenheiten zu schaffen.

Zum Begriff der „Global Governance"
Auf Deutsch versteht man unter „Global Governance"
20 Ordnungspolitik, Weltinnenpolitik, oder auch, strittig, Weltordnungspolitik. Mit letztangeführtem Begriff gibt es insofern Probleme, als dass er eine „Weltordnung" oder Weltmacht/Weltregierung implizieren könnte – das soll aber gerade nicht angedeutet werden. [...]
25 Dirk Messner definiert „Global Governance" wie folgt:
„die Entwicklung eines Institutionen- und Regelsystems

und neuer Mechanismen internationaler Kooperation, die die kontinuierliche Problembearbeitung globaler Herausforderungen und grenzüberschreitender Probleme erlauben."
30 Und die UN Commission of Global Governance: „Ordnungspolitik bzw. Governance ist die Gesamtheit der zahlreichen Wege, auf denen Individuen sowie öffentliche und private Institutionen ihre gemeinsamen Angelegenheiten regeln. Es handelt sich um einen kontinu-
35 ierlichen Prozess, durch den kontroverse und unterschiedliche Interessen ausgeglichen werden und kooperatives Handeln initiiert werden kann. Der Begriff umfasst sowohl formelle Institutionen und mit Durchsetzungsmacht versehene Herrschaftssysteme als auch
40 informelle Regelungen, die von Menschen und Institutionen vereinbart oder als im eigenen Interesse angesehen werden." (CGG 1995, 4) [...]

Akteure der „Global Governance"
Franz Nuscheler, seit 2003/04 Gastprofessor an der JKU Linz, erklärt:
45
„Das neue und unterscheidende Konzept der Commission on Global Governance liegt nicht nur in einem Mehr an staatlich organisiertem Multilateralismus, sondern im Zusammenwirken von staatlichen und nichtstaatlichen Akteuren von der lokalen bis zur globalen Ebene".
50
Grundvoraussetzung für Global Governance (GG) ist – und hierfür stehen repräsentativ die Vereinten Nationen

(VN) – die Einsicht der Staaten in ihre begrenzte Steuerungsfähigkeit globaler Entwicklungen und Gefahren. Diese Einsicht muss zur freiwilligen Einschränkung der Souveränitätsrechte, zur Übertragung von Befugnissen an übergeordnete Institutionen führen.

Somit bezeichnet man als Akteure der Global Governance die internationalen Organisationen, UN, Weltbank, WTO, IWF etc., internationale Nicht-Regierungsorganisationen, Akteure des Menschenrechtsregimes, der Umweltschutzbewegung, der Entwicklungszusammenarbeit, ferner private Agenturen (Stichwort: Public Private Partnership, PPP) wie die 1997 von der Weltbank und der World Conservation Union (IUCN) ins Leben gerufene Weltstaudammkommission (World Commission on Dams, WCD) oder der Forest Stewardship Council (FSC) im Bereich der Regelsetzung oder die Global Alliance for Vaccines and Immunisation (GAVI) im Bereich der Umsetzung internationaler Ziele und Regeln. [...]

(Nach: Jenny Louise Becker/RESET-Redaktion; http://reset.to/wissen/global-governance-0; 20.06.2010)

M3 Global Governance-System

Politisches Ziel

Ordnungsrahmen für Global Governance
• Welthandelsordnung • Weltumweltordnung
• internationale Wettbewerbsordnung
• Weltwährungs- und Finanzordnung
• Weltsozialordnung
• Weltfriedensordnung

Zivilisierung der internationalen Beziehungen

Konsensuale Entscheidungsfindung und kooperative Problemlösung; globale Rechtsstaatlichkeit und Rechtsdurchsetzung, Verwirklichung der Menschenrechte

Neudefinition der Rolle von Nationalstaaten, Bildung/Reform multilateraler Institutionen, Zusammenspiel der globalen Akteure (geteilte Souveränitäten), Ausbau internationaler Regime

Neues Verhältnis von Staat, Politik und Markt

Demokratie, Partizipation und Legitimierung im Weltmaßstab

Stärkung der pluralistischen Demokratie, Aufbau von Zivilgesellschaften, Partizipation der Zivilgesellschaft an globalpolitischen Prozessen, »Good Governance« und Bekämpfung der Korruption

Globalisierte Welt

• Akteure: Staaten, internationale Organisationen, Wirtschaft, Zivilgesellschaft mit NGO's

• Handlungsebenen: nationale, regionale und globale Ebene

Das Fundament von Global Governance:

• Elementares Interesse an der Lösung grenzüberschreitender Probleme, die nicht mehr einzelstaatlich oder durch »den Markt« geregelt werden können.

• Kulturelle Grundwerte und zivilisatorische Grundlagen, Achtung der Menschenwürde, Bewahrung der kulturellen Vielfalt, interkultureller Dialog, »Weltethos«.

Aufgaben

1 Beschreiben Sie das Konzept „Global Governance" in eigenen Worten.

2 Skizzieren Sie die Rolle einzelner in M 2 genannter Akteure im Gefüge des internationalen politischen Systems (Recherchetipp: http://www.bpb.de/wissen/MIWJ1A,0,0,Global_Governance.html).

Ausblick: Bestehende Hindernisse für eine „Global Governance"

M 4   „Global Governance" – Probleme und Herausforderungen (1)

Ein Resultat von Globalisierungs- und Entgrenzungsprozessen ist die Ausbreitung von grenzüberschreitenden, nicht oder kaum regulierten Aktivitäten, kurz von „Schattenökonomien" oder Formen der „Schattenglobali-
⁵lisierung", die für mehr und mehr Menschen in Entwicklungs- und Transformationsländern eine prekäre Lebensgrundlage darstellen. Dabei geht es in erster Linie um die Ausbreitung informeller und krimineller Aktivitäten, wenngleich die Grenzen zur formalen Öko-
¹⁰nomie durchaus fließend sind. Phänomene der „Schattenglobalisierung" sind einerseits Ausdruck des Kontrollverlusts staatlicher bzw. internationaler Institutionen, andererseits treiben sie diesen voran. Charakteristisch für die „Schattenglobalisierung" sind u. a.
¹⁵unregulierte Umschlagplätze für Waren, Güter und Dienstleistungen, unregulierte Arbeitsmärkte und Wanderungsbewegungen, informelle Geldtransfers, Kapitalflucht und Steuerhinterziehung, Gewalt- und Kriegsökonomien sowie diverse Formen der organisierten trans-
²⁰nationalen Kriminalität wie Geldwäsche, Schmuggel, Drogen-, Waffen-, Rohstoff- oder Menschenhandel, Marken- und Produktpiraterie, Wirtschaftskriminalität oder Internetkriminalität.
Ein Problem der Global Governance liegt in den Natio-
²⁵nalinteressen der souveränen Staaten. So widersprechen sich diese und die Notwendigkeit von weltumspannenden Problemlösungen häufig (beispielsweise das Streben der USA, ihre Wirtschaft nicht durch das Erfüllen des Kyoto-Protokolls zu behindern).
³⁰Ferner wird die Legitimität der Global Governance-Akteure sehr kontrovers diskutiert; man weist zurecht auf die fehlenden demokratischen Strukturen der UN hin (Stichwort: Input-Legitimität), auch der der NGOs und anderer privater, aber mit exekutiven Befugnissen ausge-
³⁵statteter Akteure; im Hinblick auf die demokratisch strukturierten Staaten, deren Handlungsspielraum aber angesichts der globalen Anforderungen eingeschränkt und die mit den Problemlösungen mithin überfordert

sind, wird von fehlender Output-Legitimation gesprochen.
Hier werden Anstrengungen unternommen, Transparenz und Glaubwürdigkeit auf allen Ebenen zu erreichen; siehe hierzu den UN Global Impact oder den INEF-REPORT.

(Nach: Jenny Louise Becker/RESET-Redaktion; http://reset.to/knowledge/global-governance; 07.07.2010)

M 5   „Global Governance" – Probleme und Herausforderungen (2)

[Es gibt] drei wichtige Gründe dafür, dass ein schlichtes „weiter so" in den internationalen Beziehungen nicht ausreicht, um die Zukunftsaufgaben der Weltgesellschaft anzugehen:
*Erstens: Hegemoniale Politik verhindert kooperative Welt-*⁵*ordnung.* Global Governance ist nur als kooperatives Projekt aussichtsreich. Dies setzt voraus, dass die handlungsmächtigsten Länder der Welt ihre traditionelle Interessenpolitik überdenken. Insbesondere in den USA gibt es einen einflussreichen außenpolitischen Flügel,¹⁰ der die Schwächung der multilateralen Organisationen betreibt und zur Lösung von Weltproblemen nur dann beizutragen gewillt ist, wenn dies zu amerikanischen Bedingungen geschieht. [...]
Auch die EU fördert mit ihrer antiquierten Landwirt-¹⁵schaftspolitik, die vielen Entwicklungsländern ökonomisch nachhaltig schadet, nicht gerade den Geist internationalen Kooperationsmanagements. Die Industrieländer müssen Kooperation in der Weltgemeinschaft einüben, weil sonst in einer zunehmenden Zahl von²⁰Problemfeldern Politikversagen droht. [...]
Zweitens: „Blinde Flecken" der internationalen Politik. Internationales Krisenmanagement funktioniert bisher vor allem dann, wenn die Interessen wichtiger „Global Players" unmittelbar bedroht sind. Die Stabilisierung²⁵der asiatischen Ökonomien ist für das Weltwirtschaftsgefüge und die internationalen Banken von großer Bedeutung: Hier wurde rasch gehandelt und sehr viel Geld mobilisiert, um eine Ausbreitung der Krise zu verhin-

dern. Andere drängende Zukunftsprobleme ganzer Weltregionen werden hingegen mit deutlich weniger Nachdruck angegangen: Die Verhandlungen über die Entschuldung der ärmsten Entwicklungsländer, in denen es um vergleichsweise geringe finanzielle Volumina geht, dauerte über fünfzehn Jahre, bevor auf dem G8-Gipfel in Köln eine erste spürbare Entschuldung eingeleitet wurde. Die Mittel der Geberländer für die Bekämpfung weltweiter Armut sinken tendenziell. Die Logik dieser Entwicklung: Afrika ist für die Industrieländer unwichtig – solange von ihm keine unmittelbaren Krisen ausgehen. [...]

Drittens: „Krisenmanagement" und „Ad hocismus" müssen durch „Global Policy" abgelöst werden. Bisher findet auf internationaler Ebene vor allem „Krisenmanagement" statt [...]. Präventive und institutionalisierte Problemlösungen, also die langfristig orientierte Gestaltung von Entwicklungsprozessen, sind die Ausnahme. Globale Probleme sind jedoch keine „Ausnahmefälle", „Unfälle" oder „temporäre Erscheinungen" mehr, sondern in einer globalisierten Welt der Normalzustand. [...]

(Dirk Messner, Globalisierung – Global Governance und Perspektiven der Entwicklungszusammenarbeit; in: Franz Nuscheler (Hg.), Entwicklung und Frieden im Zeichen der Globalisierung, Bonn (Bundeszentrale für politische Bildung) 2000, S. 99 f.)

Aufgaben

1 Diskutieren Sie vor dem Hintergrund von M 4 und M 5 die in Teilkapitel 3 vorgestellten Problemkomplexe unter der Perspektive „Herausbildung einer globalen politischen Handlungsfähigkeit (?)".

2 Urteilsbildung: Global Governance als Weg zu einer politischen Handlungsfähigkeit in globaler Verantwortung?

3 Arbeiten Sie mit der Internet-Seite http://www.bpb.de/nachschlagen/zahlen-und-fakten/globalisierung/52795/global-governance; hier finden sich weitere Kristallisationspunkte für eine „Global Governance". Wo sehen Sie Erfolge trotz bestehender Hindernisse?

Anwenden und Vertiefen

Zusammenfassende Arbeitsvorschläge zum Kapitel „Global Governance – Perspektiven politischen Handelns im globalen Maßstab"

S. 234 f.   **1.** Stellen Sie Ursachen und Folgen der Klimaerwärmung zusammen (s. auch S. 80–85 zur Wiederholung).

S. 236 f.   **2.** Vergleichen Sie unterschiedliche Klimaszenarien.

S. 243   **3.** Stellen Sie die Ergebnisse der Rio-Konferenz zusammen.

S. 244 ff.   **4.** Bewerten Sie: Wie hat sich der Rio-Gipfel langfristig ausgewirkt.

S. 245 f.   **5.** Erläutern Sie die Funktionsweise der Weltklimadiplomatie am Beispiel der Konferenz von Kopenhagen.

S. 245   **6.** Stellen Sie die Ergebnisse der jeweils aktuellen Weltklimakonferenz zusammen. Bewerten Sie.

S. 245   **7.** Formulieren Sie wünschenswerte Ziele für die jeweils anstehende Weltklimakonferenz.

S. 248–252 **8.** Skizzieren Sie das kollektive Sicherheitssystem der Vereinten Nationen (UN).

S. 252–255 **9.** Skizzieren Sie unterschiedliche Einsätze der UNO und erörtern Sie vergleichend deren Erfolg bzw. Misserfolg (Beispiele: Golfkrieg, Somalia, Kosovo, Afghanistan, Irak).

S. 255 f.   **10.** Diskutieren Sie Reformvorschläge in Bezug auf das kollektive Sicherheitssystem der Vereinten Nationen.

S. 260 ff. **11.** Analysieren Sie das Verhalten der NATO als Akteur in internationalen Konfliktfällen (Beispiele: Bosnien, Kosovo, Mazedonien, Afghanistan).

S. 263 f.   **12.** Wie funktioniert die „Gemeinsame Sicherheits- und Verteidigungspolitik" der Europäischen Union? Dokumentieren Sie an einem selbst gewählten Beispiel.

S. 266 f.   **13.** Erläutern Sie das Konzept der „Global Governance". Beschreiben Sie dabei die Struktur des „Global-Governance-"Systems unter besonderer Berücksichtigung der Akteure.

S. 268 f.   **14.** Diskutieren Sie: „Global Governance – Probleme und Herausforderungen".

Kernbegriffe
- Klimapolitik
- Klimaszenarien
- Kollektives Sicherheitssystem
- UN-Charta
- Völkerrecht
- Peace-keeping
- Peace-making
- Präemptive Selbstverteidigung
- GSVP (Gemeinsame Sicherheits- und Verteidigungspolitik)
- NGOs
- Global Governance

Vorbereitung und Durchführung der mündlichen Abiturprüfung

Tipps zur Vorbereitung der Prüfung:

☞ Die Sachgebiete der zu bearbeitenden Prüfungsaufgaben müssen den Lehrplänen der Qualifikationsphase und mindestens zwei Halbjahren der Qualifikationsphase entnommen sein. Solche Sachgebiete können deckungsgleich sein mit einzelnen Kapiteln des Lehrwerks „Grundkurs Politik/Geografie" (Kapitel V und VI des ersten Bandes bzw. alle Kapitel des zweiten Bandes).

☞ Erarbeiten Sie die Kapitel ausgehend von den Leitfragen am Anfang. Wo haben Sie bereits fundiertes Hintergrund- und Einordnungswissen, wo bestehen noch Lücken?

☞ Erarbeiten Sie die Texte und Materialien des Kapitels im Zusammenhang mit Ihren eigenen Aufzeichnungen. Welche Aufgaben könnten so oder so ähnlich in einer mündlichen Prüfung gestellt werden?

☞ Ihre fachlichen Kompetenzen können Sie anhand der „Zusammenfassenden Arbeitsvorschläge" am Ende eines jeden Kapitels abprüfen. Formulieren Sie vor diesem Hintergrund mögliche Aufgabenstellungen in einer mündlichen Prüfung und überlegen Sie, wie Sie diese in einem mündlichen Vortrag bearbeiten könnten (Rollenspiel mit Mitschülerinnen und Mitschülern).

☞ Erstellen Sie einen längerfristigen Lernplan (Wochenpläne zur Vorbereitung). Vermeiden Sie allzu lange Lerneinheiten über viele Stunden unmittelbar vor der Prüfung. Lieber kürzer, aber dafür regelmäßig!

☞ Berücksichtigen Sie, dass – unabhängig von der Schwerpunktbildung – auch größere fachliche und überfachliche Aspekte zur Sprache kommen können.

Tipps zur Durchführung der Prüfung:

☞ Vor der eigentlichen Prüfung haben Sie ca. 20 Minuten Vorbereitungszeit. Hier werden Ihnen materialgebundene Aufgabenstellungen (Text, Karikatur, Statistik, Grafik, Karte) vorgelegt.

☞ Bereiten Sie Ihren Prüfungsvortrag vor, indem Sie sich an den Methodenschulungen im Grundkurs Politik/Geografie orientieren.

☞ Strukturieren Sie Ihren Vortrag. Machen Sie Übergänge deutlich („So weit meine Ausführungen zu diesem Aspekt, jetzt möchte ich zum nächsten Punkt kommen.").

☞ Verdeutlichen Sie sprachlich, was Sie tun („Nach der Beschreibung und Interpretation der Grafik möchte ich nun selbst kritisch Stellung beziehen.").

☞ Konzentrieren Sie sich im Gespräch ganz auf die Fachprüferin/den Fachprüfer. Mit ihr/ihm führen Sie einen Dialog.

☞ Stellen Sie Rückfragen, wenn Sie einen Impuls der Prüferin/des Prüfers nicht verstanden haben. Die gewollte Antwort „erraten" zu wollen, ist hier unangemessen.

☞ Vermeiden Sie „strategisches" Prüfungsverhalten: keine allgemeinen Ausführungen zu konkreten Fragen, kein inhaltliches Ausweichen.

Glossar

Agenda 21. Entwicklungs- und umweltpolitisches Aktionsprogramm vor dem Hintergrund des Leitbildes → *nachhaltige Entwicklung*. Die Agenda 21 wurde auf der UN-Konferenz für Umwelt und Entwicklung 1992 in Rio de Janeiro beschlossen. Sie sollte sowohl auf globaler, auf nationaler als auch auf lokaler Ebene handlungsleitend sein.

Agrarsystem. Landwirtschaftliches Betriebssystem, das aufgrund bestimmter Merkmale – u. a. Größe, Komplexität durch vor- und nachgelagerte Wirtschaftsbereiche (→ *Agrobusiness*), Spezialisierung – typisch für einzelne Regionen ist.

Agrobusiness. Komplexes landwirtschaftliches Betriebssystem (→ *Agrarsystem*), das den Weg der modernen Nahrungsmittelproduktion vom agrarischen Rohstoff über die Herstellung veredelter Produkte, den Vertrieb und die Vermarktung bis zum Endverbraucher angibt. Es handelt sich um ein weit verzweigtes und voneinander abhängiges Unternehmensgeflecht in einem vertikal organisierten Produktionssystem.

Agronomische Trockengrenze. Anbaugrenze, die landwirtschaftlich genutzte Regionen auf Basis von Niederschlag (Regenfeldbau) von Gebieten mit Bewässerungslandwirtschaft trennt. Sie entspricht etwa der 400 mm-Jahresisohyete, unterliegt aber jährlichen Schwankungen infolge der Niederschlagsvariabilität semiarider Räume.

Al-Qaida. (auch: el-Kaida). Islamistisches Terrornetzwerk ohne feste Organisation, gegründet um 1989 von dem saudischen Millionär Osama bin Laden, der unter anderem als Hauptdrahtzieher für das Attentat auf das World Trade Center in New York am 11. September 2001 gilt. Die Ursprünge des Netzwerkes liegen im Krieg gegen die sowjetische Besatzung in Afghanistan (1979–89).

Arabischer Frühling / Arabellion. Zusammenfassende Bezeichnung für Liberalisierungs- und Demokratisierungsprozesse in zuvor autoritär regierten Staaten Nordafrikas bzw. Arabiens. Ausgangspunkt war 2010 der Regimewechsel in Tunesien; es folgten der Sturz Gaddafis in Libyen sowie die Entmachtung Mubaraks in Ägypten. 2013 steht der blutige Bürgerkrieg in Syrien im Fokus des Weltinteresses. Ob der Wandel zu mehr Freiheit und Demokratie oder zu neuer Gewaltherrschaft führt, ist ungewiss.

Armut. Mangel an Gütern, begrifflich unterschieden werden meist die sog. *absolute Armut* (Durchschnittsverdienst weniger als ein US-Dollar pro Tag) und die *relative Armut* (weniger als 50 % des mittleren Einkommens des jeweiligen Landes).

Ausländische Direktinvestitionen. Kapital-, Wissens- und Technologieexport eines inländischen Investors im Ausland mit dem Ziel (a) des Errichtens von Betrieben und Tochterunternehmen zwecks Erlangung von Steuervorteilen und Subventionen, Umgehung von Handelsschranken oder Erschließung von Absatzmärkten, (b) des Erwerbs von Anteilen an bereits bestehenden Unternehmen zwecks Marktzugang oder (c) des Immobilienerwerbs zur reinen Kapitalanlage.

Außenhandelsdefizit. Passive Außenhandelsbilanz, die angibt, dass in einem Kalenderjahr die Warenimporte wertmäßig die Warenexporte eines Landes übersteigen.

Außenhandelsliberalisierung. Im weitesten Sinne handelt es sich hier um den Wegfall von Handelshemmnissen im Rahmen der Reform des Waren- und Dienstleistungsverkehrs auf internationaler Ebene, gesteuert über die Welthandelsorganisation (WTO) und die Mitglieder der → *OECD-Staaten*. Mit der Befreiung des Außenhandels von Beschränkungen ist auch eine Liberalisierung des Zahlungsverkehrs verbunden.

Belt-System. In den USA im 20. Jahrhundert ausgeprägte, landwirtschaftlich monostrukturell genutzte Anbaugürtel. Typisch für das Belt-System infolge der Spezialisierung auf klimatisch geeignete Nutzpflanzen war die breitenkreisparallele Anordnung der Landwirtschaftsgürtel (u. a. cotton belt, corn belt, dairy belt).

Bewässerungslandwirtschaft. Insbesondere in ariden und semiariden Regionen betriebene landwirtschaftliche Nutzung mittels künstlicher Wasserzufuhr (→ *Inwertsetzung*) jenseits der Trockengrenze, die je nach Anbaufrucht zwischen 250 und 500 mm Jahresniederschlag liegt.

Big Mac-Index. Ein Indikator für die Kaufkraft einer Währung, er vergleicht die Preise des Big Mac in verschiedenen Ländern auf der Grundlage des aktuellen US-Dollar-Kurses.

Bodendegradation. Dauerhafte und irreversible Zerstörung der Bodenfruchtbarkeit (u. a. durch Verlust an Humus, Veränderungen im Bodengefüge, pH-Wert, Korngrößenzusammensetzung) infolge natürlicher (Klimawandel, Niederschlagsvariabilität, Erosion) und/oder anthropogener Einflüsse (z. B. Überweidung, spezifische Methoden der Bodenbearbeitung).

Bodentyp. Begriff für Böden mit ähnlichem Entwicklungszustand aufgrund gleich gelagerter Bildungsprozesse unter verwandten klimatischen, geologischen, reliefbezogenen und zeitlichen Bedingungen. Gemeinsames

Kennzeichen ist eine typische Bodenhorizontabfolge (→ *Podsol*).

Bruttoinlandsprodukt (BIP). Bezeichnet die Summe der wirtschaftlichen Leistungen, die in einem Land während eines bestimmten Zeitraums erbracht werden, unabhängig davon, ob diejenigen, die Arbeitskraft und Kapital einbringen, selbst im Land wohnen oder nicht.

Bruttonationaleinkommen (BNE). Bezeichnet die Summe der wirtschaftlichen Leistungen, die von den dauerhaft in einem Land lebenden Personen erbracht werden (neue Bezeichnung für „Bruttosozialprodukt").

Bruttonationalglück. Das „Bruttonationalglück" ist ein Konzept, das den Entwicklungsstand und Lebensstandard eines Landes weniger über ökonomische Messgrößen (wie z. B. das Bruttonationaleinkommen), sondern vielmehr über Faktoren wie Zufriedenheit, Nachhaltigkeit und humanistische Werte definieren soll. Erdacht wurde der Begriff 1979 durch den damaligen König von Bhutan, der für sein Land eine Wirtschaftsentwicklung in Übereinstimmung mit buddhistischen Werten und unter Rücksichtnahme auf die einzigartige Kultur Bhutans forcierte. Diese Strategie folgt nicht der Strategie rasanten Wirtschaftswachstums, wie sie aus konventionellen Entwicklungskonzepten bekannt ist.

Bruttosozialprodukt (BSP). → *Bruttonationaleinkommen*.

Demografie, demografisch. Unter Demografie versteht man die Untersuchung und Beschreibung von Zustand und zahlenmäßiger Veränderung einer Bevölkerung.

Demografische Spaltung. Gegenläufige Prozesse in der Weltbevölkerungsentwicklung, die in den wohlhabenden Ländern schrumpfende, in den ärmsten Ländern dramatisch steigende Bevölkerungszahlen zeigen.

Desertifikation. Durch Übernutzung stattfindender Prozess der Zerstörung des ökologischen Potenzials einer ariden oder semiariden Region. Der anthropogene, vom Menschen verursachte Landschaftswandel führt durch Schädigung von Geofaktoren (Vegetation und/oder Boden-, Wasserhaushalt) zur Gefährdung dieser Lebensräume und fördert im Zusammenhang mit dem Klimawandel die Bildung wüstenhafter Landschaftsräume.

Entwicklungsland. Der Begriff Entwicklungsland ist ein Sammelbegriff für Staaten, die auf verschiedenen Ebenen (insbesondere Wirtschaft, Soziales, Politik) einen geringen Stand der Entwicklung gemessen an den am weitesten entwickelten Staaten aufweisen. Als Sammelbegriff bildet E. keine Differenzierungen zwischen verschiedenen Entwicklungsländern ab und die Einordnung eines Landes als Entwicklungsland hängt von men-

schgemachten Indikatorensystemen und Maßzahlen ab. Auch die Messung von Entwicklung durch Vergleich mit den sogenannten entwickelten Staaten ist umstritten, da möglicherweise verschiedene Zielstellungen und Wege der Entwicklung existieren können (→ vgl. *Bruttonationalglück*).

Entwicklungsstrategien. Das sind Handlungsempfehlungen, um die Entwicklung eines Landes voranzutreiben; Bsp.: Selbsthilfe- und Grundbedürfnisansatz.

Entwicklungstheorien. Das sind verschiedene Erklärungsmuster für die Ursachen der Unterentwicklung mit unterschiedlicher Reichweite; Bsp.: Geodeterminismus- und Modernisierungstheorie bzw. exogene und endogene Theorien.

Epizentrum. Der senkrecht über einem Erdbebenherd (= Hypozentrum) liegende Punkt der Erdoberfläche mit den stärksten Erschütterungen.

Extensive Landwirtschaft. Form der Agrarproduktion, die sich durch geringen und nachhaltigen Einsatz an Kapital (u. a. Maschinen, Dünger, Pestizide) und Arbeitskraft im Vergleich zur bewirtschafteten Fläche auszeichnet. Trotz geringerem Ertrag gegenüber der Intensivlandwirtschaft ist diese Art der Nutzung als ökologisch angepasster zu betrachten.

Failed states. Als „failed state" oder „gescheiterter Staat" werden jene Länder bezeichnet, in denen die Staatsgewalt nicht mehr ausgeübt werden kann und die damit quasi unregierbar werden. Der Staat übernimmt nicht mehr die Aufgaben zur Pflege des Gemeinwesens. Staatliche Gesetzgebungs- und Kontrollorgane werden weitgehend umgangen und ausgesetzt; Verstöße werden nicht geahndet. Teilweise treten an die Stelle bisheriger Staatsorgane neue Machtapparate (z. B. Warlords, Mafia). „Failed states" sind in der Regel Entwicklungsländer, zumal eine nachhaltige, koordinierte Entwicklung des Gemeinwesens selten noch angestrebt wird bzw. kaum noch möglich ist.

Fossiles Grundwasser. Wasser (fluviale Lagerstätte), das aus erdgeschichtlich jüngeren Zeitaltern stammt, die oft niederschlagsreicher waren als jetzige, und infolge seiner Lagerung in großen Tiefen meist nicht durch Niederschläge erneuert werden kann.

Geodeterminismus. Eine Theorie, die kulturelle Eigenarten und Errungenschaften als direkte Auswirkung der jeweiligen natürlichen Umgebung auf den Menschen betrachtet. Diese insbesondere im 19. und zu Beginn des 20. Jahrhunderts populäre Theorie gilt insofern als widerlegt, als dass zwar die natürliche Umwelt Reaktionen des Menschen erfordert, diese aber sehr verschieden gestaltet sein können. Zudem erweisen sich viele kulturelle Entwicklungen als eher entkoppelt von den spezifischen Einflüssen der Natur.

Geozonen. (auch: *Landschaftszonen, Geoökozonen, Ökozonen*) sind bedingt durch klimatische Differenzen und unterscheiden Regionen in der Regel nach der erwartbaren Vegetation. Zonierung ist deckungsgleich mit der natürlichen Vegetation und das tatsächlich wahrnehmbare Bild vor Ort, das durch Wirken des Menschen entstanden ist, wird nicht berücksichtigt.

Global City. Weltweit bedeutsames Finanz- und Entscheidungszentrum, das internationale Funktionen und Verflechtungen aufweist (z. B. London, New York, Tokio).

Globalisierung. Bezeichnet die durch die beschleunigte Entwicklung der Kommunikationstechnik und eine allgemeine Liberalisierungstendenz in der Weltwirtschaft bedingte starke weltweite Verflechtung der wirtschaftlichen Aktivitäten und Zunahme der internationalen Arbeitsteilung. Allgemein werden vier Dimensionen der Globalisierung unterschieden: Gesellschaft, Ökonomie, Ökologie/Sicherheit, Kommunikation.

Global Player. Weltweit agierendes und im globalen Wettbewerb stehendes Unternehmen, das aufgrund seiner technischen Voraussetzungen, seiner Produktqualität, Organisationsstruktur und Innovationsfreude eine Spitzenposition in seiner Branche einnimmt und infolge Kapitalakkumulation und ökonomisch-politischer Netzwerkbildung diese voranzutreiben vermag. Neben dem Stammsitz in seinem Ursprungsland besitzt das Unternehmen zahlreiche Tochterfirmen auf der ganzen Welt (z. B. VW, BASF).

Greenintelligence. Technologien und Produkte des 21. Jahrhunderts zur nachhaltigen und ressourcenschonenden Energieerzeugung (u. a. Elektromobilität, Windkraft, nachwachsende Rohstoffe aus der Landwirtschaft).

Human Developement Index (HDI). Eine Zahl zwischen 0 und 1, mit der mittels eines komplexen Berechnungsverfahrens die durchschnittliche Entwicklung eines Landes in drei grundlegenden Bereichen menschlicher Entwicklung zusammenfassend bewertet wird: Die Bewertung erfolgt durch die Vereinten Nationen (UNDP) im Entwicklungsbericht Human Development Report (HDR).

Industrie 4.0 (Internet der Dinge). Hightech-Strategie zur Informatisierung der Industrie: Entwicklung intelligenter Fabriken (smart factory), die sich durch Wandlungsfähigkeit und Ressourceneffizienz auszeichnen.

Intensivlandwirtschaft. Form der Agrarproduktion, die sich durch hohen Einsatz an Kapital (u. a. Maschinen, Dünger, Pestizide) und mitunter auch Arbeitskraft (→ *Sonderkulturanbau*) im Vergleich zur bewirtschafteten Fläche auszeichnet. Trotz hohem Ertrag zeigt sich diese Art der Landnutzung ökologisch wenig nachhaltig.

Investition. Anlage von Geld zum Erhalt bzw. zur Erweiterung des Produktionsmittelbestandes. Unterschieden werden Ersatzinvestitionen (zum Ersatz abgenutzter Anlagen), Erweiterungsinvestitionen (zur Vergrößerung des Produktionsmittelbestandes) und Rationalisierungsinvestitionen (zur Verbesserung der Produktivität).

Inwertsetzung. Erschließung und Entwicklung einer extensiv genutzten Region unter kapitalintensiver, vor allem technischer Mittelbereitstellung aus ökonomischen Zwecken.

Kapitalismus. Wirtschafts- und Gesellschaftsordnung, die gekennzeichnet ist durch Privateigentum an Produktionsmitteln; die Steuerung der Wirtschaftsprozesse erfolgt dezentral über den Preis. Nach der marxistischen Theorie impliziert der K. stets wirtschaftliche und soziale Interessengegensätze (Klassengegensätze) zwischen „Kapital" (Unternehmer und Manager) und „Arbeit", die im Sozialismus bzw. Kommunismus überwunden werden sollen.

Konflikt. Grundtatbestand des Politischen; Konflikte entstehen vor dem Hintergrund widerstreitender gesellschaftlicher Interessen. Die Austragung von Konflikten ist in modernen demokratischen Gesellschaften institutionalisiert.

Kryosphäre. Der von Eis bedeckte Teil der Erdoberfläche.

Kyoto-Protokoll. Derzeit einziges völkerrechtlich verbindliches Instrument der Klimaschutzpolitik. Das Kyoto-Protokoll legt verbindliche Zielwerte für die Emission von Treibhausgasen fest. Es ist am 16.2. 2005 in Kraft getreten.

Least-Developed-Countries (LLDCs). Bezeichnung für eine Gruppe von → *Entwicklungsländern*, die nach einem Beschluss der UN-Vollversammlung von 1971 als am wenigsten entwickelte Länder gelten.

Liberalismus. Zentraler Orientierungspunkt des L. ist die in politischer und in wirtschaftlicher Hinsicht zu verwirklichende Freiheit des Individuums. Die individuelle Freiheit ist der normative Bezugspunkt, auf den hin die staatliche und die wirtschaftliche Ordnung auszurichten sind. Vertreter des L. fordern die Verwirklichung des Rechtsstaates (Verfassung, Grundrechte) und der pluralistischen Demokratie. Die Idee der Freiheit soll im Bereich der Wirtschaft durch eine marktwirtschaftliche Ordnung zur Geltung gebracht werden.

Megacity. Stadt mit mehr als zehn Millionen Einwohnern. In manchen Definitonen wird zusätzlich die Bevölkerungsdichte mit zugrunde gelegt (mehr als 2000 Menschen/km²). Oft wird auch der Begriff mega-urbaner Raum benutzt, der städtische Agglomerationen mit mehreren Großstädten einschließt.

Mensch-Umwelt-System. Eine Modellvorstellung, die das komplexe Zusammenwirken von natürlichen und menschgemachten Prozessen (etwa im Bereich der Rohstoffförderung, der Landnutzung sowie der Produktion und Einspeisung von Stoffen in natürliche Abläufe) erfasst. Dabei kommt es zur gegenseitigen Beeinflussung und Rückkopplung zwischen natürlichen und menschlichen Sphären, die dadurch so eng miteinander verwoben sind, dass ein vom Menschen unbeeinflusster Raum de facto nicht existiert (vgl. globale Luftströmungen, Klimawandel). Deshalb muss insbesondere für eine nachhaltige Entwicklung stets im Hinblick auf ein komplexes Mensch-Umwelt-System gedacht und geforscht werden.

Migration. Wanderung einzelner Individuen oder bestimmter Gruppen; unterschieden werden dauerhafte Zu- (*Immigration*) und dauerhafte Abwanderung (*Emigration*). Ursachen von Migrationsbewegungen können sein: Krieg, Hungersnöte, Arbeitslosigkeit, Hoffnung auf besseren Lebensstandard oder bessere Arbeitsbedingungen etc.

Mikro-Finanzierung/Mikro-Kredite. Sind Darlehen bis zu wenigen 100 Euro, die insbesondere ärmeren Menschen in Entwicklungsländern helfen sollen, ihr eigenes Unternehmen voranzubringen oder zu gründen, sodass zukünftig mehr Gewinn erwirtschaftet wird, mit dem der Kredit zurückgezahlt und die Lebenssituation des Kreditnehmers langfristig verbessert werden kann. Finanziert werden auf diese Weise etwa landwirtschaftliche Gerätschaften, Grundausstattungen für den Einzelhandel und kleinere Produktionsmaschinen. Die Kreditnehmer sind oftmals in „Selbsthilfegruppen" organisiert, die sich gegenseitig unterstützen und zum Teil eine gemeinsame Geschäftsidee verfolgen. Die Idee wurde ursprünglich von Muhammad Yunnus mit der Grameen Bank („Bank auf dem Land") ins Leben gerufen, wofür ihm 2006 der Friedensnobelpreis verliehen wurde. In jüngster Zeit wurde mehrfach über den Missbrauch von Mikrokrediten berichtet, sodass strenge Kontrollen notwendig erscheinen, um sie tatsächlich als humanitäre Hilfe zur Selbsthilfe umzusetzen, wie im Sinne ihres Erfinders, statt als lukrative Geschäftsidee auf dem Kreditmarkt.

Milleniumsziele Bezeichnung für acht Entwicklungsziele für das Jahr 2015, die 2001 von einer Arbeitsgruppe aus Vertretern der UN, der Weltbank, des IWF und des Entwicklungsausschusses der OECD formuliert worden sind.

Monsunale Strömungen. Beständig wehende Winde mit halbjährlichem Richtungswechsel von mindestens 120⁰. Im Sommerhalbjahr meist vom Meer aufs Land gerichteten feuchten Luftmassen stehen typisch für den Winter meerwärts sich bewegende trockene Luftströmungen gegenüber (u. a. Indischer Monsun, Ostasienmonsun).

Morpho-hydrographische Gliederung. Zustand und Entwicklung des Wasserhaushaltes in Abhängigkeit von Relief, geologischem Untergrund (u. a. Gesteinsart) und Tektonik (u. a. Verwerfungen in der Lithosphäre).

Nachhaltige Entwicklung. *(sustainable development, dauerhafte Entwicklung).* In der Umweltökonomie seit dem Brundtland-Bericht 1987 international eingeführtes Prinzip: (1) Von einer erneuerbaren Ressource darf nicht mehr genutzt werden, als sich in der gleichen Zeit regeneriert. (2) Es dürfen nur so viel Stoffe in die Umwelt entlassen werden, wie dort aufgenommen werden können. (3) Die Umsätze von Energie und Stoffen müssen auf ein risikoarmes Niveau abgesenkt werden. Mittlerweile auch auf andere Politikbereiche ausgedehntes Leitbild (z. B.: Verkehr, Renten, Steuern).

Nachhaltigkeit. Nachhaltig bedeutet, die Bedürfnisse der heutigen Generation zu befriedigen, ohne die Chancen künftiger Generationen zu beeinträchtigen: „Genug für alle, für alle Zeit!".

Naturkatastrophe. Ein Naturereignis als Veränderung der Erdoberfläche oder Atmosphäre wird dann zur Naturkatastrophe, wenn die Auswirkungen für den Menschen, für sein Leben und seine Gesundheit und für die von ihm genutzten Gebiete verheerend sind. Die Auswirkungen von Naturkatastrophen für den Menschen hängen nicht nur von der Stärke des Ereignisses ab (vgl. Richterskala der Erdbeben), sondern auch vom Ort des Eintreffens (z. B. dicht besiedelter Ballungsraum vs. ländliches Gebiet).

Neoliberalismus. Wirtschaftstheorie, die die Rolle des Staates im Wirtschaftsprozess auf die Schaffung eines ordnungspolitischen Rahmens zur Sicherung der Funktion der Märkte beschränken möchte. Sie steht im Gegensatz zum klassischen Liberalismus, der dem Staat keinerlei Funktionen im Wirtschaftsprozess zubilligte.

NGO (Non-Governmental Organization). Bezeichnung für alle nichtstaatlichen Akteure im Feld der nationalen und internationalen Politik, wie zum Beispiel die Umweltorganisation Greenpeace.

OECD-Staaten. Organisation für wirtschaftliche Zusammenarbeit und Entwicklung. Eine aus 34 Mitgliedsstaaten bestehende Organisation mit hohem pro-Kopf-Einkommen. Sitz des der Marktwirtschaft sich verpflichtet fühlenden Zweckbündnisses ist Paris.

Ökosystem. Ein Ökosystem ist eine Modellvorstellung, die das komplexe Zusammenwirken verschiedener Geofaktoren über die dabei ablaufenden energetischen und stofflichen Prozesse beschreibt. Auch wenn Ökosysteme als offen, im Austausch mit anderen Systemen und damit als prinzipiell veränderbar verstanden werden, spielen gerade Kreislaufprozesse bei ihrer Beschreibung eine große Rolle. Ein besonderer Schwerpunkt der Betrachtung liegt auf dem Zusammenspiel von biotischen und abiotischen Faktoren.

Permafrostboden. Dauerfrostböden der subpolaren und polaren Zone, deren Wasser aufgrund geringer Lufttemperaturen bis in große Tiefen gefroren ist und in Abhängigkeit von der sommerlichen Sonneneinstrahlung oberflächlich auftauen kann und dann typische Vernässungserscheinungen zeigt. Je nach Auftautiefe sind neben der Tundrenvegetation auch inselhafte Baumbestände, Waldtundra, und breite Waldgürtel (→ *Taiga*) vorkommend.

Plattentektonik. Modell zur Erklärung der Bewegung großer Plattenteile der Erdkruste.

Podsol. Bleicherde. Überwiegend in der kalten Zone (→ *Taiga*, → *Tundra*) sich entwickelnder Bodentyp mit humusreichem Oberboden (A-Horizont) und ausgebleichtem Unterboden (B-Horizont) infolge Fortführung von Eisenverbindungen, die bei Anreicherung eine braunschwarze, grundwasserstauende, wurzelundurchlässige Ortstein-Schicht über dem Ausgangsgestein (C-Horizont) bilden.

Produktionsfaktoren. Unverzichtbare Grundlagen bzw. Einsatzgrößen der Güterproduktion. Als klassische Produktionsfaktoren gelten Arbeit, Boden und Kapital.

Raumanalyse (synoptische). Zusammenschauende und mehrperspektivische untersuchende Raumbetrachtung. Räume werden dabei unter verschiedenen Perspektiven betrachtet: als konkret-dingliche, als thematisch geordnete/systematisierte, als individuell wahrgenommene oder als sozial konstruierte Räume. Mehrwert liegt in der Förderung einer raumanalytischen Kompetenz, Erhöhung der Reflexionskultur und Anbahnung eines vernetzenden Denkens in Mensch-Raum-Beziehungen.

Risikogesellschaft. Von Ulrich Beck in seinem 1986 erschienen Buch „Die Risikogesellschaft" geprägter Begriff zur Analyse der Gegenwartsgesellschaft, entstanden kurz nach der Reaktorkatastrophe von Tschernobyl. Dem Autor zufolge ist die Industriegesellschaft von einer neuen Gesellschaftsform abgelöst worden. Merkmale der *Risikogesellschaft* sind: Verlust des linearen Fortschrittsdenkens, Unmöglichkeit der rationalen Kontrolle des Fortschritts. In dieser Situation wird das Individuum aus bisher bestehenden Sicherheiten und kollektiven Lebenszusammenhängen herausgelöst und einer neuen Form individueller sozialer Unsicherheit ausgesetzt. In dieser Gesellschaftsform ist insbesondere die Verteilung von Risiken problematisch geworden.

Seltene Erden. (auch: *Seltenerdmetalle* oder *Seltene Erdelemente*). Metalle, die in der Regel schwer zu fördern sind, weil sie kaum in zusammenhängenden Lagerstätten vorkommen. Zu den Seltenen Erden werden 17 Metalle gezählt: Scandium, Yttrium und Lanthan – und die 14 im Periodensystem auf das Lanthan folgenden Metalle, die sogenannten Lanthanoide.

Sonderkulturanbau. Arbeits- und kostenintensive Form der Pflanzenproduktion von der Saat bis zur Ernte, gestützt auf besondere Pflege der Feld-, Stock- oder Baumfrucht über Bewässerung, Düngung und Pestizideinsatz. Um den risikobehafteten Anbau zu minimieren, müssen optimale klimatische Voraussetzungen (u. a. Frühlingsbeginn, Sonneneinstrahlungsdauer) für den Obst- und Gemüseanbau, Weinbau, Hopfen- und Tabakanbau gegeben sein.

Sonderwirtschaftszonen. Zwecks Steigerung ausländischer Direktinvestitionen (z. B. über joint-ventures) von Staatswegen eingerichtetes, räumlich begrenztes Gebiet, das mit Sonderstatuten im Staats-, Arbeits-, Sozial- und Umweltrecht ausgestattet ist. Langfristiges Ziel bei der Ausweisung solcher Zonen ist infolge der Exportorientierung die Herausbildung eines Wachstums- und Entwicklungspols für das meist vernachlässigte Hinterland, aber auch Impulsgeberfunktion für die Wirtschaftskraft eines Staates insgesamt.

Soziale Marktwirtschaft. Von A. Müller-Armack geprägter Begriff für eine Form der Marktwirtschaft, bei der unter grundsätzlicher Anerkennung des Wettbewerbsprinzips soziale Gesichtspunkte mitberücksichtigt werden. Allgemein wird der Terminus heute für die besondere Ausgestaltung der Marktwirtschaft in der BRD gebraucht.

Sozialismus. Politische Weltanschauung, die darauf abzielt, eine solidarische Gemeinschaft zu schaffen, in der die Grundwerte Freiheit und Gleichheit verwirklicht sind. Durch Kritik und Veränderung der kapitalistischen Wirtschaftsordnung soll der Weg zu einer sozial gerechten Gesellschaftsordnung geebnet werden.

Sozialistische Marktwirtschaft. Bezeichnung für das Wirtschaftssystem Chinas mit einer Kombination von zentraler Planwirtschaft und marktwirtschaftlichen Elementen: einerseits Festhalten an den ideolgischen Grundsätzen des Marxismus-Leninismus (Einparteienherrschaft durch KPCh); andererseits pragmatische Ausrichtung auf Wachstumsziele, die durch Privatinitiativen von Wirtschaftsmanagern erzielt werden sollen.

Subsistenzwirtschaft. Wirtschaftsform ausschließlich zur Selbstversorgung.

Sustainable development. → *Nachhaltige Entwicklung.*

Syndrom-Ansatz. Eine vom Wissenschaftlichen Beirat der Bundesregierung „Globale Umweltveränderungen" (WBGU) entwickelte Methode der Beschreibung komplexer → *Mensch-Umwelt-Systeme.* Ein Syndrom ist hierbei eine Konstellation von Faktoren, Ursachen und Wirkungen mit dem Gesamtbild einer globalen Nachhaltigkeitsproblematik, einer Art „Krankheitsbild" der Erde. Der Syndrom-Ansatz stellt zur Analyse eine Anzahl typischer Ausprägungsmuster von Syndromen bereit, die nicht nachhaltige Ressourcennutzung (z. B. Sahel-Syndrom), nicht nachhaltige Entwicklungsprozesse (z. B. Aralsee-Syndrom) oder nicht nachhaltige Entsorgung (z. B. Müllkippen-Syndrom) beschreiben.

Taiga. Ökosystem der Nordhalbkugel (v.a. Eurasiens) in den hohen Mittelbreiten mit den landschaftsprägenden borealen Nadelwäldern in Anpassung an die klimatischen (lange, schneereiche Winter und kurze, kühle Sommer) und bodenkundlichen (u.a. → *Permafrostboden*) Realbedingungen.

Technologietransfer. Der Begriff bezeichnet den Austausch von technologischem Wissen und seine Verwertung durch Dritte im weltweiten Prozess der Globalisierung zur Förderung von Entwicklungsprozessen im Produktionsprozess.

Transformations- und Schwellenländer. Im Hinblick auf ihre Entwicklung werden Transformations- und Schwellenländer zwischen Entwicklungsländern und den am weitesten entwickelten Staaten eingeordnet, insbesondere hinsichtlich ihrer wirtschaftlichen Entwicklung. Sie weisen ein rasantes Wirtschaftswachstum auf, sodass sie im Begriff sind, sich von der Gruppe der Entwicklungsländer deutlich zu unterscheiden. Maßgeblich sind dabei nicht das Nachvollziehen der Entwicklung der am weitesten entwickelten Länder, sondern individuelle Entwicklungswege, insbesondere zu Dienstleistungs- und Informations- statt Industriegesellschaften.

Tsunami. Eine durch Seebeben ausgelöste Flutwelle.

Tundra. Ökosystem eines baumfreien bis baumarmen Landschaftstypus der subpolaren Zonen auf der Nord- und Südhalbkugel, meist auf → *Permafrostböden.* Typische Vertreter der Pflanzenwelt sind Zwergsträucher, Flechten, Moose und Gräser.

Urbanisierung: Prozess der Ausbreitung städtischer Lebens- und Verhaltensweisen und daraus resultierender Raumstrukturen. Der Begriff der Urbanisierung erweitert den Begriff der Verstädterung, der nur auf demografische und siedlungsstrukturelle Aspekte abhebt, indem er auch sozialpsychologische und sozio-ökonomische Aspekte mitberücksichtigt.

Virtuelles Wasser. Auch als latentes Wasser bezeichnet. Der Begriff wird vor allem bei der Herstellung von landwirtschaftlichen Erzeugnissen angewandt. Er gibt die tatsächlich verbrauchte Wassermenge von 1 kg des jeweiligen Produktes an. Er beinhaltet auch den verdeckten Wasserverbrauch, u. a. durch künstliche Bewässerung.

Wachstumsmodell nach Rostow. Chronologisches Modell i.S. einer Stufentheorie, mit fünf Stadien der wirtschaftlichen Entwicklung: traditionelle Wirtschaft, Übergang, Aufstieg, Reifung, Massenkonsum.

Wasserfußabdruck. Die insgesamt von den Einwohnern eines Staates genutzte Wassermenge unter Berücksichtigung der nutzbaren heimischen Wasserressourcen für die nationale Güterproduktion (Industrie und Landwirtschaft betreffend) und die Haushalte sowie den Import von virtuellem Wasser über Konsum- und Verbrauchsgüter.

Weltklimakonferenz. Jährliche Konferenz der Vertragsstaaten der UN-Klimarahmenkonvention.

World Overshoot Day. Bezeichnet den Tag, von dem an mehr Ressourcen verbraucht werden, als die Erde reproduzieren kann, die Menscheit also „über ihre Verhältnisse" lebt.

Zentrum-Peripherie-Modell. Will das Beziehungsverhältnis zwischen Zentren (Industrieländer) und Peripherie (Entwicklungsländer) in der gegenwärtigen Weltgesellschaft erfassen und abbilden.

Register

Bildquellenverzeichnis

|acatech, München: Nach: Reinhard F. Hüttl / Oliver Bens (Hg.), Georessource Wasser – Herausforderung Globaler Wandel, acatech STUDIE, München (Deutsche Akademie der Technikwissenschaften) 2012, S. 110 59. |Aktion Deutschland Hilft e.V., Bonn: 166. |alamy images, Abingdon/Oxfordshire: Aerial Archives 99 u.; hanohikirf 127 l.. |alimdi.net, Deisenhofen: Nitzschke, Michael 34. |AMAP Arctic Monitoring and Assessment Programme: 78, 78. |AP Photo, New York: Morenatti, Emilio 219. |Astrofoto, Sörth: NASA 137. |Aulis Verlag in der STARK Verlagsgesellschaft mbH & Co. KG , Hallbergmoos: aus: Hoffmann, Karl W./Kersting, Philippe: „Zeigt das wahre Afrika!" Aber welches? Die europäische Wahrnehmung von Ressourcen in Afrika: Naivität oder Strategie? In: Geographie und Schule, Heft 197 (2012), S. 49. Daten nach: World Bank 2009 186; Hallbergmoos 70. |Baaske Cartoons, Müllheim: Behrendt, Fritz 253. |Bergmoser + Höller Verlag AG, Aachen: 234, 235, 250, 250, 259. |Bockhorst, Michael, Bonn: 235. |Brinker, Martin: Gabor Steingart, Weltkrieg um Wohlstand - Wie Macht und Reichtum neu verteilt werden, Müchen/Zürich: (Piper) 2006 92, 92, 92, 92, 92, 92. |Bund der Selbständigen Baden-Württemberg e.V.: 30. |Bundeszentrale für politische Bildung, Bonn: Heiko Pleines / Hans-Henning Schröder (Hg.), Länderbericht Russland, Bonn (Bundeszentrale für politische Bildung) 2010, S. 338 / © www.kartographie-kaemmer.de 74; www.uia.be 193. |Caritas Österreich: 166. |Cassel, Martin: 28. |Chirimoya Tours Reiseveranstalter Lima: 176, 176. |d-maps, Daniel Dalet: 22. |Daase, Prof. Dr. Christopher, Frankfurt am Main: Der erweiterte Sicherheitsbegriff, Working Paper 1/2010, hrsg. v. Projekt Sicherheitskultur im Wandel an der Goethe-Universität Frankfurt 193. |ddp images GmbH, Hamburg: dapd/vectur 143; SIPA PRESS 179. |derStandard.at - DER STANDARD, Wien: 206. |Detemple, Jürgen, Welschbillig: 55, 55, 56, 56, 56, 56, 56, 69, 69, 106, 121, 140. |Deutsche Stiftung Weltbevölkerung (DSW), Hannover: 201, 201, 203, 203. |Deutsches Forschungszentrum für Künstliche Intelligenz (DFKI), Saarbrücken: 94. |DLR Deutsches Zentrum für Luft- und Raumfahrt, Köln: 61. |Domke, Franz-Josef, Hannover: 10, 23, 33, 36, 38, 40, 41, 41, 41, 41, 42, 49, 49, 55, 58, 62, 67, 69, 69, 82, 85, 88, 94, 96, 98, 99, 100, 103, 104, 104, 104, 107, 108, 109, 109, 110, 111, 112, 112, 112, 113, 119, 119, 120, 120, 121, 125, 126, 126, 126, 145, 152, 156, 171, 171, 172, 172, 173, 174, 174, 194, 197, 200, 205, 206, 211. |Düllmann, Kristina: 246. |F.A.Z.-Grafik, Frankfurt/M.: Brocker 122, 133; Walter 134. |F1online digitale Bildagentur GmbH, Frankfurt/M.: AGE/Alba, Jerónimo 50, 62; AGE/Pascual, Juan José 50; AGE/Welsh, Ken 50; First Light 127; Glowimages RF 57; Harding, Robert 57, 57; Imagebroker RM/Schulten, Rolf 57; Ojo Images 57. |fotolia.com, New York: Cmon 47; Dietze, Daniel 47; finecki 46; HLPhoto 58; Ikan, Leonid 68; Koval, Vasiliy 68; maconga 51; Malgavko, Alexey 68; mikheevpavel 68; Nielsen, Inga 46; Peter38 47; Pixeltheater 47; rabbit75_fot 47; rangizzz 58; Reinartz, Petra 47; volff 58; wallixx 154. |Gesellschaft für ökologische Forschung e.V., München: 19, 19. |Getty Images, München: AFP/Romenzi, Alessio 255; Corbis/Everton, Macduff 134; Corbis/Hamilton Smith, Richard 108; Corbis/Steinmetz, George 121; Endres, Patrick/Visuals Unlimited/Corbis 77; Evgeny, Yepanchintsev/ITAR-TASS/Corbis 75; Kazlowski, Steven/Science Faction/Corbis 77; Ocean/Corbis 90, 105; Voigt, C. 17. |Giribas, Jose, Berlin: 50, 62. |Globe Cartoon/www.globecartoon.com, Geneva: © Chappatte in „International Herald Tribune" 195. |Greenpeace Deutschland e.V., Hamburg: 72. |Gust, Dietmar, Berlin: 144. |Haitzinger, Horst, München: 80, 252. |Hartmann, Christian, Bonn: 151, 195. |Heidelberger Institut für Internatione Konfliktforschung e.V., Heidelberg: 240. |Heinrich-Böll-Stiftung e.V., Berlin: 198, 199. |Helga Lade Fotoagenturen GmbH, Frankfurt/M.: Bamboo 63. |Henning, Benjamin, Oxford, OX4 1EG: 188, 188. |Hoekstra, A. Y.: 51, 60, 60. |image2d.com - Bildagentur: 15, 15. |INNOVA-Agentur - Graphik & Design, Borchen: 221, 267. |IPCC, Geneva 2: Based on Climate Change 2007: Synthesis Report. Contribution of Working Groups I, II and III to the Fourth Assessment Report of the Intergovernmental Panel on Climate Change, Figure SPM.5 (right panel). 237. |Joswig, Dominik, Berlin: 25. |Kasang, Dieter Dr., Hamburg: 66. |Kersting, Philipp: 187. |Kohl, Jana, Oxford: 46. |laif, Köln: Torche, Mohamed 232. |Lavinge/Delville 2006: 187. |mauritius images GmbH, Mittenwald: Thonig 54. |Mester, Gerhard, Wiesbaden: 260. |Ministerium des Innern, für Sport und Infrastruktur Rheinland-Pfalz (ISIM), Mainz: 178, 181, 181, 181, 181. |Murschetz, Luis, München: 266. |Nachlass Felix Mussil, Frankfurt/M.: 252. |NASA, Washington: 98. |Neue Zürcher Zeitung - NZZ, Zürich/Schweiz: 211. |OKAPIA KG - Michael Grzimek & Co., Frankfurt/M.: Holt Studios/Cattlin, Nigel 59; imagebroker/Gollnick, Guenter 207. |Omnia Verlag: 156, 203. |photothek.net GbR, Radevormwald: Trutschel, Thomas 133. |Picture-Alliance GmbH, Frankfurt/M.: abaca 219; Aflo / Mainichi Newspaper 21; All Canada Photos/Johnston, Don 107; Andrew Parsons 232; Associated Press/Bustamante, Fernando 50; Bildagentur-online / TET 46; chromorange/Rose, Andreas 191; dap/Gambarini, Maurizio 154; dpa 21, 81, 175; dpa (Chinafotopress) 135; dpa (Chinafotopress), Lu Guang 134; dpa-Bildarchiv 253; dpa-Fotoreport/Piper, Gabriel 254; dpa-infografik 22, 23, 24, 87, 149, 236, 252; dpa-ZB/Tödt, Matthias 68; dpa/Aguilar, Paolo 175; dpa/Air Photo Service/Ho 8; dpa/Arvanitidis, Nikos 219; dpa/Bradshaw, Adrian 116; dpa/dpaweb/Wolf, Jens 130; dpa/Fotoreport/B3514 Getty Platt 232; dpa/Garcia, Jm 63; dpa/Kaufmann, Franziska 131, 131; dpa/Ludbrook 232; dpa/Sadilek, Jan 132; dpa/Steffen, Peter 115; dpa/Vigo, Francisco 168; dpa/Yik, Ym 90; Geisler-Fotopress 132; Mayama, Kimimasa 21. |Richter-Publizistik, Bonn: 139, 264. |Sakurai, Heiko, Köln: 25. |Scholz, Prof. Fred, Berlin: 162. |Schopf, Oliver, Wien: 247. |Schweizerische Konferenz der kantonalen Erziehungsdirektoren (EDK): Schweizer Weltatlas, 2013 87. |sinopictures, Berlin: Phototime 121. |Skimap.info, Italien: 14. |Smetek, Wieslaw, Seevetal: 196, 196, 254. |still pictures, Berlin: Bonneville, Marc 34. |Stratenschulte, Eckart D., Berlin: 263. |Sylt Marketing GmbH, Westerland/Sylt: 83. |taz, Berlin: Le Monde diplomatique 202. |Taz Entwicklungs GmbH & Co. Medien KG, Berlin: 214, 218. |Thomson Reuters (Markets) Deutschland GmbH, Berlin: Kim Kyung Hoon 8. |Tiefbauamt Graubünden: 16. |Universität Bremen, Bremen: Forschungsstelle Osteuropa 75, 76. |Universität Vechta: 106, 106; Vechtaer Materialien zum Geographieunterricht, H.1/2011, S. 257 98, 99. |Val Gardena - Gröden Marketing, St. Christina (BZ): www.valgardena.it 14. |VERLAGSGRUPPE RANDOM HOUSE GmbH: 241. |Visum Foto GmbH, Hannover: Gyarmaty, Jens 90, 149; Panos Pictures 144. |Welthaus Bielefeld e.V., Bielefeld: Die alten Thesen stimmen nicht mehr. 20 entwicklungspolitische Irrtümer und Denkanstöße. Bielefeld 2011 165. |Wiedenroth, Götz/www.wiedenroth-karikatur.de, Flensburg: 88. |wikimedia. commons: Botaurus (gemeinfrei) 70; Dietzel (CC-BY-SA-Attribution-Share Alike 2.5 Generic) 40; Euyasik 171; Generic Mapping Tools (CC-BY-SA-3.0-migrated) 106; Goldlocki aus der deutschsprachigen Wikipedia (CC BY-SA 3.0) 59; Ilosuna (CC-BY-SA-3.0) 37; Marcel Krüger aus der deutschsprachigen Wikipedia (CC BY-SA 3.0) 118; NOAA (Harley D. Nygren) 37; Rohde, Robert A. (für Global Warming Art/CC BY-SA 3.0) 84; Rohde, Robert A. (Global Warming Art) 38. |Wissenschaftliche Buchgesellschaft, Darmstadt: 53. |www.worldmapper.org © SASI Group (University of Sheffield) and Mark Newman (University of Michigan), Sheffield: 190, 190, 190, 190, 190, 190, 190, 190, 194; Hennig, Benjamin 164. |www.zdwa.de: Quelle: UN World Population Prospects, 2004 Revision Population Database 134. |X. Cai/X. Zhang/D. Wang 2011: 186. |Xinhua, Berlin: 121. |© Europäische Union, Berlin: 142.

Dazu gehören unter anderem:

Anforderungsbereich I	Anforderungsbereich II	Anforderungsbereich III
• Beschreiben von natur-, kultur- und wirtschaftsgeographischen Sachverhalten	• Erklären von natur-, wirtschafts- und sozialgeographischen Strukturen und Prozessen	• Prüfen der Anwendbarkeit von Theorien und Modellen auf ein Beispiel
• sachgerechtes Verwenden fachwissenschaftlicher Begriffe	• Erläutern konkurrierender Raumnutzungsansprüche	• Bewerten räumlicher Potenziale für unterschiedliche Nutzungen und konkurrierender Raumnutzung
• Wiedergeben grundlegender Theorien und Modelle	• Anwenden von bekannten Regelhaftigkeiten und Modellen auf nicht behandelte Räume und Sachverhalte	• Erörtern von nachhaltigen Lösungsansätzen
• Lokalisieren grundlegender geographischer Gegebenheiten	• Einordnen von geographischen Informationen in topographische Orientierungsraster	• Stellung nehmen zu Entwicklungskonzepten
• Einsatz grundlegender Arbeitsweisen und methodischer Schritte zur Informationsbeschaffung	• Anwenden grundlegender Arbeitsweisen zur Informationsverarbeitung	• Reflektieren von Zukunftsszenarien
• fachsprachlich korrektes Wiedergeben und graphisches Darstellen bekannter geographischer Sachverhalte	• Analysieren eines nicht behandelten Raumes unter vorgegebener Fragestellung	• begründetes Unterscheiden zwischen realen und virtuellen Welten
• Respektieren von fremden Lebenswelten, anderen Normen und Konventionen	• Vergleichen von Strukturen und Prozessen in verschiedenen Räumen	• selbstständiges Entwickeln einer Arbeitsstrategie zur Lösung einer Aufgabenstellung
	• themenbezogenes, gegliedertes und fachsprachlich korrektes Darstellen	• Beurteilen des Aussagewertes der verwendeten Materialien
	• Erstellen von Grafiken und Kartenskizzen auf der Basis von Informationen	• Reflektieren des erzielten Arbeitsergebnisses im Zusammenhang mit der gewählten Verfahrensweise
	• Erläutern von Gemeinsamkeiten und Unterschieden eigener und fremder Lebenswelten, Normen und Konventionen	• adressatenbezogenes, sachlogisch strukturiertes, fachsprachlich korrektes Präsentieren von Ergebnissen unter Nutzung geeigneter Materialien und Medien
	• Verständnis für die Notwendigkeit nachhaltiger Entwicklung	• Diskutieren von Problemstellungen
		• reflektierter Umgang mit Leitbildern, Normen und Konventionen auch im Kontext eigenen und fremden Handelns